챔피언스리그 레전드

1992-2020,
28편의 풋볼 드라마

EUROPEAN
CHAMPIONS
LEAGUE

챔피언스리그
레전드

bs
브레인스토어

★★★
프 롤 로 그

2007년 5월이었다. 거짓말처럼 UEFA 챔피언스리그 결승전 취재 허가가 떨어졌다. 사실 신청할 때부터 반신반의했다. 잉글랜드 클럽(리버풀)과 이탈리아 클럽(밀란)이 맞붙는 유럽 축구 시즌의 피날레에서 한국 언론사는 철저한 손님이다. 한국인 선수가 없는 결승전에서 유럽축구연맹(UEFA)이 한국인 기자에게 자리를 내줄 가능성은 없어 보였다. 그런데 UEFA 홍보팀이 회신한 이메일에서 '승인됨(approved)'이라는 단어가 눈을 콕 찔렀다. 진짜?

처음 경험하는 UEFA챔피언스리그 결승전의 장소는 그리스 아테네였다. 올림픽스타디움을 덮은 밤하늘 어디선가 올림포스산에서 내려온 신들이 내려보고 있는 것 같았다. VIP 게스트를 맞이하는 여성 행사요원들은 고대 그리스 의상을 입고 있었다. 르네상스 거장들의 회화 작품으로 익숙한 여신 복장을 눈앞에서 보자니 테마파크에 온 듯한 기분이 들었다. 경기장 옆에 초대형 임시 기자실이 설치되어 있었다. 이날 현장에 모인 취재진만 2천여 명에 달했다. 기자실에서는 지구상 존재하는 거의 모든 언어를 들을 수 있었다. 유력 언론사에서 섭외한 왕년의 스타들도 다수 보였다. 유럽 축구 스타라도 챔피언스리그 결승전을 직관할 기회를 얻기가 생각만큼 쉽지 않기 때문에 이들은 언론사 섭외 요청을 기꺼이 받아들인다.

기자석으로 이동해 주위를 둘러봤다. 킥오프가 한참 남았지만 관중석은 이미 가득 찬 상태였다. 빨간색의 리버풀 팬, 빨강과 검정이 섞인 밀란 팬이 좌우로 나뉘어 필승을 연호하고 있었다. '인증샷' 찍기에 정신이 없는 기자들, 발에 치일 정도로 많은 유명인, 귀빈석에서 여유 있게 담소를 나누는 전 세계 최고 권력자들, 그리고 그라운드 위에서 몸을 푸는 유럽 축구 최강 후보 선수들까지 눈에 보이는 모든 것이 유럽 축구 시즌의 피날레 무대다웠다. 꿈 같은 90분이 지났다. 아테네 수호신 아테나는 밀란을 선택했다. 밀란의 몸싸움을 도운 이는 아마도 전쟁의 신 아레스였을 것이다. 그라운드에서 파올로 말디니, 알레산드로 네스타, 카카, 안드레아 피를로, 젠나로 카투소, 필리포 인자기, 카를로 안첼로티 감독 등 2007년 축구의 신들이 모여 로소네리 찬가를 노래했다. 잠시 후, 실비오 베를루스코니 이탈리아 총리가 근엄한 걸음걸이로 선수단에 다가가 축하 인사를 전했다.

아테네 결승전을 포함해 나는 챔피언스리그 결승전을 네 차례나 현장에서 지켜보는 행운을 누렸다. 리오넬 메시의 황제 등극을 두 번 봤고, 모스크바에서는 박지성의 엔트리 제외 사실에 '멘붕'에 빠지기도 했다. 사실 지금도 매번 챔피언스리그 결승전이 다가오면 꿈틀거리는 현장 취재 욕구를 다스리느라 애를 쓴다. 희소성 면에서 훨씬 큰 대회인 FIFA월드컵에는 별 감흥이 없는데 UEFA챔피언스리그 결승전은 언제나 직관 욕구가 넘쳐흐른다. 이유는 뻔하다. UEFA 챔피언스리그야말로 지구상에 존재하는 가장 위대한 축구를 관전할 기회이기 때문이다. 매 시즌 유럽 빅클럽은 수단과 방법을 가리지 않고 전술을 가다듬고 최고의 선수를 영입해서 빅이어에 도전한다. 현실적 제약으로 개인 기량에 의존하는 국가대항전과는 비교할 수 없을 정도로 수준 높은 축구를 경험할 수 있다. UEFA챔피언스리그에서 성공한 전술은 단계적으로 아래로 퍼져 전술 트렌드로 자리 잡는다. 흔히 우리가 말하는 '선진 축구'에 가장 잘 들어맞는 축구가 제일 먼저 구현되는 대회가 바로 UEFA 챔피언스리그다.

아주 오래전부터 UEFA 챔피언스리그에 관한 책을 쓰겠다고 마음먹었다. 최선단의 축구가 어떻게 이루어지는지, 어떻게 전 세계 축구를 리드하는지, 길게 이어지는 축구 역사의 물길이 언제 어디서 굽이쳤는지를 많은 독자와 함께 나누고 싶었다. 매체에 속한 상태에서는 도저히 집필을 위한 여유를 찾을 수 없었다. 어쩌다 보니 혼자 일하는 상황이 주어진 덕분에 오래전 결심을 실행에 옮기기로 했다. 마음 같아선 1955년 원년 대회부터 모든 행적을 쫓고 싶었지만, 가능한 많은 스포츠 독자에게 쉽게 다가가고 싶어 현재 대회 명칭으로 리브랜딩된 1992/93시즌에서 출발선을 그었다. 전체 역사의 절반도 되지 않는 시간축이긴 해도 유럽 축구 시장이 본격적으로 팽창하기 시작한 분기점이 바로 90년대 초였기 때문에 전체 맥락을 이해하기에는 큰 문제가 없다고 믿는다. 유럽 축구를 즐기는 원초적 이유가 한국인 선수인 팬들로서는 관심 밖 이야기가 많을지도 모른다. 하지만 유럽 축구의 대세를 이해한다면 박지성과 손흥민이 UEFA 챔피언스리그 결승전 무대에 선 의미도 좀 더 객관적 시각에서 재평가할 수 있지 않을까 싶다. UEFA 챔피언스리그에 오신 걸 환영한다.

차례

★★★

1992 / 93 시즌

역사의 시작

❀ **키워드** ❀

#챔피언스리그 #리브랜딩 #마르세유스캔들

백그라운드 Background

1992/93시즌은 유럽 축구의 신기원이었다. 1955년 출범한 '유러피언 챔피언스클럽컵(ECC; 유러피언컵)'이 'UEFA 챔피언스리그'로 리브랜딩한 원년 시즌이기 때문이다. 1990년 몰타에서 열린 유럽축구연맹(UEFA) 총회를 주최한 렌나르트 요한손 회장과 게르하르트 아이그너 사무총장은 유러피언컵의 개편 필요성을 제창했다. UEFA의 의뢰를 받은 마케팅에이전시 'TEAM(Television Event And Media Marketing)'이 대회 개편안을 마련했다. 주된 내용은 다음과 같았다.

조별 풀리그 추가

이전까지 유러피언컵은 32강부터 홈&어웨이 토너먼트로만 진행되었고 결승전만 단판으로 치러졌다. 출전팀이 보장받는 경기 수가 2경기에 불과했고 인기 팀이 초반에 탈락하는 변수가 상존했다. 조별리그를 추가하면 출전팀이 보장받는 경기 수가 많아져 티켓 판매, TV 중계권, 스폰서십 수입을 확대할 수 있다.

통합 마케팅 도입

대회 전체의 스폰서십 및 TV 중계권 판매를 각 클럽이 개별 판매하는 방식이 아니라 UEFA가 일괄 위임받아 통합 판매하기로 한다. 현장에서 일괄된 마케팅 계획을 실행함으로써 각종 수입을 극대화한 뒤에 UEFA가 그 수입을 출전팀들에 재분배한다. 주로 올림픽이나 월드컵처럼 단기 대회에서 사용되던 방식을 매년 열리는 대회에 도입하는 첫 시도였다.

TV 중계권 및 스폰서십 극대화

국가별 TV 방송사 1개사와 독점 계약을 맺어 계약 규모를 극대화한다. 대회 메인 스폰서도 업종별 1개사, 총 8개사까지로 숫자를 대폭 축소하는 대신에 금액을 키운다. 'Less is More'라는 소수정예 전략에 따라 계약자에 독점적 지위를 부여하는 동시에 스폰서십 노출 기회를 극대화한다.

대회 정체성 재정립

대회의 새로운 정체성을 일관되고 통일성 있게 전달하기 위해 명칭, 로고, 주제곡을 새롭게 마련한다. 모든 경기장에 통일된 디자인을 적용함으로써 마케팅 메시지를 효과적으로 전달해 리브랜딩 효과를 극대화한다.

UEFA는 가장 먼저 조별리그 개편안을 1991/92시즌부터 적용했다. 32강과 16강을 기존 토너먼트 방식으로 진행하고 살아남은 8개 팀이 2개 조로 나뉘어 풀리그를 치른다. 각 조 1위 2개 팀이 결승전에서 단판 승부로 우승자를 가리는 식이었다. UEFA는 8개 팀 2개 조 단계를 '챔피언스리그'라는 별칭으로 불렀다. 챔피언스리그의 로고가 별 8개로 구성된 배경이었다. 'TEAM'의 개편안을 전폭 수용한 UEFA가 새롭게 디자인한 대회를 본격적으로 시작한 시점이 바로 1992/93시즌이었다. 당시까지만 해도 '유러피언컵'과 '챔피언스리그' 명칭이 혼용되었지만, 1995년 UEFA는 1992/93시즌부터 모든 기록을 '챔피언스리그'로 통합 표기하기 시작했다.

28개국 리그 챔피언이 1차 라운드(32강)에 직행했다. 나머지 네 자리에는 아일랜드, 몰타, 에스토니아, 페로제도, 이스라엘, 라트비아, 슬로베니아, 우크라이나 리그 챔피언 8개 팀의 플레이오프 승자 4개 팀이 합류했다. 당시 리그별 시드 제도가 없었기 때문에 초반부터 강팀끼리 맞대결 가능성이 불가피했다. TV 중계권 수입의 75%를 차지하는 5대 리그 소속 클럽이 초반에 탈락하면 UEFA로서는 수입이 크게 줄어드는 위험성이 있었다. 팀별 외국인 선수는 경기당 5인까지 가능하되 최소 2인은 클럽 연고 국가에서 5년 이상 거주해야만 하는 '3+2 규정'이 적용되었다.

▌1, 2차 라운드

시드가 없었기 때문에 독일 챔피언 슈투트가르트와 잉글랜드 챔피언 리즈 유나이티드가 1차 라운드부터 맞붙었다. UEFA는 시드 제도를 원했으나 당시 축구계에서는 여전히 공평함이란 전통 가치를 수호해야 한다는 의견이 많았다. 슈투트가르트가 홈 1차전에서 3-0으로 쾌승을 거뒀다. 축구 시장의 큰 부분을 차지하는 잉글랜드 챔피언 리즈가 2경기 만에 탈락할 위기에 처한 것이다. 리즈는 엘런드 로드에서 치러진 2차전을 4-1로 이겨 합산 스코어를 4-4로 만들었지만 원정 득점에서 뒤져 탈락을 피하지 못했다. 경기 종료 후, 뜻밖의 해프닝이 벌어졌다. 2차전 종료 8분을 남기고 슈투트가르트의 크리스토프 다움 감독이 투입한 요보 시마니치가 '3+2 규정'에 부합하지 않는다는 사실이 밝혀졌다. 리즈가 재빨리 UEFA에 이의를 제기했다. 사실을 확인한 UEFA는 부정 선수 기용이라는 결론으로 2차전 결과를 슈투트가르트의 0-3 몰수패로 확정했다. 합산 스코어 3-3이 되었기 때문에 두 팀은 중립 지역인 바르셀로나 누캄프에서 단판 승부로 16강행 주인공을 정했다. 7천 명밖에 되지 않는 관중 앞에서 리즈는 고든 스트라칸과 칼 셔터의 2골을 앞세워 2-1로 승리해 극적으로 16강에 올랐다. 하지만 리즈는 2차 라운드에서 스코틀랜드 강자 레인저스에 2연속 1-2 패배를 당해 허무하게 탈락했다.

뜻밖의 결과를 낸 또 하나의 팀은 디펜딩챔피언 바르셀로나였다. 1차 라운드에서 바르셀로나는 노르웨이의 바이킹과 무기력한 모습을 연발하며 합산 1-0 신승을 거뒀다. 바르셀로나는 2차 라운드 원정 첫 경기에서 러시아 챔피언 CSKA모스크바와 1-1로 비겼다. 홈에서 열린 2차전에서 전반 12분과 31분에 각각 골을 터뜨려 2-0으로 앞서며 조별리그 진출을 낙관했다. 하지만 전반 종료 직전 예프게니 부쉬마노프에 추격골을 허용한 뒤 후반 들어 두 골을 더 내줘 2-3 역전패를 당해 합산 3-4로 충격적인 탈락을 맛봐야 했다.

당시 유럽에서 가장 화려한 스쿼드를 보유했던 두 팀 밀란과 마르세유는 1차 라운드에서 7-0과 8-0 대승을 거뒀고 2차 라운드에서도 무실점으로 조별리그에 합류했다. PSV의 브라질 공격수 호마리우는 2차 라운드 홈 2차전 해트트릭으로 팀의 조별리그 진출을 견인했다.

조별리그 Group Stage

'챔피언스리그'로 명명된 조별리그 8개 팀 대진이 완성되었다. A조에 마르세유, 레인저스, 클럽 브뤼헤, CSKA모스크바가 배정되었고, B조에 밀란, 예테보리, 포르투, PSV가 들어갔다. A조에서는 마르세유와 레인저스가 2강 구도를 형성했다. 원정 3차전에서 마르세유는 CSKA와 1-1로 비겼다. 곧바로 열린 홈 4차전에서 CSKA를 상대해야 하는 마르세유 쪽에서 위기감이 감지되었다. 하지만 1차전에서 선전했던 CSKA 선수들이 이례적 부진 끝에 0-6으로 무너졌다. 경기 후 CSKA 측은 "경기 전 마르세유가 제공한 물이 의심스럽다"라며 음모론을 펼쳤다. 마르세유를 둘러싼 잡음은 레인저스와 경쟁에서도 불거졌다. 레인저스 공격수 마크 헤이틀리가 네 번째 경기인 브뤼헤전을 앞두고 "마르세유 경기(5차전)에 결장하면 돈을 주겠다는 제안을 받았다"라고 폭로했다. 마르세유는 모든 의혹을 부인했지만 헤이틀리가 브뤼헤전에서 퇴장당하는 바람에 마르세유전에 결장 처분을 받아 의심스러운 분위기가 이어졌다. 승점 7점 동률 상태에서 맞이한 조별리그 최종전에서 마르세유는 브뤼헤를 1-0으로 꺾은 반면 레인저스는 CSKA와 득점 없이 비겼다. 말도 많고 탈도 많은 마르세유가 승점 1점 차로 레인저스를 따돌리고 결승행 티켓을 손에 넣었다.

반대편 B조의 상황은 심플했다. 밀란은 첫 경기에서 마르코 판바스턴이 혼자 4골을 터트려 4-0 쾌승 스타트를 끊었다. 파비오 카펠로 감독이 이끄는 밀란은 플랫 4-4-2 포메이션에 바탕을 둔 압박 전술을 완성한 상태였다. 밀란은 2차전에서 PSV의 호마리우에게 내준 한 골로 실점을 틀어막으며 질주했고, 5차전에서 예테보리를 다시 1-0으로 꺾어 한 경기를 남기고 결승 진출을 확정했다. 최종전에서도 밀란은 PSV를 2-0으로 제압해 6전 전승 23득점 1실점이란 압도적 성적으로 '포스트 아리고 사키' 체제에서 3년 만에 결승 무대에 서는 강세를 되찾았다.

결승전 Final

마르세유 1 : 0 밀란 | 1993.05.26 | 뮌헨, 올림피아슈타디온

마르세유는 2년 전 결승전 멤버가 3인(바실리 볼리, 에릭 디메코, 아베디 펠레)밖에 없었던 반면 밀란 쪽에서는 1989년, 1990년 유럽 2연패 당시 멤버가 여덟 명이나 건재했다. 조별리그에서 보인 강세 덕분에 경기 전 승부 예측은 밀란 쪽에 쏠렸다.

밀란의 카펠로 감독은 시즌 내내 발목 부상으로 경기에 거의 출전하지 못했던 판바스턴을 선발로 기용했다. 클럽 수뇌진과 관계가 틀어진 뤼트 홀리트는 최종 명단에서 제외되어 논란을 낳았다. 오른쪽 날개로 선발 출전한 로베르토 도나도니는 날카로운 돌파로 밀란 공격의 활로를 뚫는 역할을 수행했다. 마르세유는 강력한 피지컬을 갖춘 바실리 볼리가 스위퍼로 수비를 책임졌고, 마르셀 드사이와 요셀린 앙로마가 백3 수비진을 구성했다. 중앙에서 프랑크 소제가 볼을 배급했고, 오른쪽 측면에서 아베디 펠레가 스피드와 개인기를 앞세워 공격 기회를 만들었다.

경기는 초반부터 밀란이 주도했다. 당대 최고 스타 판바스턴은 장기 공백에도 페널티박스 근처에서 감각적인 플레이로 마르세유 골문을 위협했다. 전반 17분 결정적 왼발 터닝슛이 상대 골키퍼 파비앙 바르테즈의 슈퍼세이브에 막혀 땅을 쳤다. 전반 42분 마르세유의 펠레가 과감한 돌파로 코너킥을 얻었다. 오른쪽에서 직접 차올린 코너킥을 공격에 가담한 스위퍼 볼리가 프랑크 레이카르트의 맨마크를 따돌리고 머리로 연결해 선제골을 터트렸다.

다급해진 밀란은 후반 총공세에 나섰다. 후반 9분 카펠로 감독은 도나도니를 빼고 마르세유에서 영입한 장피에르 파팡을 투입했다. 당시 세계 최고액 몸값(1300만 파운드)의 주인공 잔루이지 렌티니도 왼쪽 측면을 겁 없이 공략했다. 마르세유의 최후방 수비진은 놀라운 집중력을 선보이며 밀란의 모든 공격 시도를 봉쇄했다. 볼리의 선제골을 90분 동안 지킨 마르세유가 프랑스 클럽 최초로 유럽 왕좌에 등극했다. 한 시대를 풍미한 천재 공격수 판바스턴의 현역 마지막 경기였다.

마르세유의 영광은 오래가지 못했다. 며칠 뒤 발랑시엔의 자크 글라스만이 리그앙 최종전(5월 20일)을 앞두고 마르세유로부터 승부조작 제안을 받은 사실을 고백했다. 밀란과 결승전을 앞두고 주전들의 체력을 아끼기 위해 마르세유의 베르나르 타피 회장이 발랑시엔 선수 3인을 매수한 것이다. 프랑스축구협회는 마르세유의 리그 우승을 박탈하고 2부 강제 강등 징계를 내렸다. 하지만 UEFA 측은 챔피언스리그와 무관하다는 이유로 우승 기록을 살리되 다음 시즌 UEFA 슈퍼컵과 인터콘티넨털컵 출전 자격만 박탈하는 선에서 사태를 수습했다. 심혈을 기울여 출범한 챔피언스리그 원년 대회의 우승을 취소한다면 대회 권위에 심각한 타격을 입을 게 뻔했기 때문이다.

마르코 판바스턴 Key Player
비운의 천재

1993년 뮌헨 결승전은 축구사에서 시작과 끝을 공유하는 단판 승부였다. 전 세계 클럽 축구계의 최고봉이자 황금알이 된 챔피언스리그의 첫 번째 결승전이라는 점에서 시작에 해당한다. 동시에 위대한 골잡이 마르코 판바스턴의 현역 마지막 경기이기도 했다. 브라질 레전드 호마리우가 대회 득점왕을 차지했지만, 1992/93시즌을 이야기하면서 판바스턴을 빼놓을 수 없는 이유다.

챔피언스리그가 출발했던 1992년 당시 판바스턴은 자타공인 월드 No.1이었다. 1991/92시즌 판바스턴은 세리에A에서만 25골로 득점왕을 차지했다. FIFA와 UEFA 양쪽에서 '올해의 선수'에 뽑힌 데 이어 1992년 12월 생애 세 번째 발롱도르까지 독식했다. 11월부터 시작된 챔피언스리그 조별리그 첫 경기에서 판바스턴은 예테보리를 상대로 혼자 4골을 터트렸다. 1경기 4골은 대회 역사상 최초 기록이었다. 특히 오른쪽에서 날아온 크로스를 정면에서 오버헤드킥으로 연결한 득점 장면은 유로 88 결승전 발리슛과 함께 판바스턴의 하이라이트로 손꼽힌다.

고질적 발목 부상이 천재의 득점 행진을 가로막았다. 12월 13일 세리에A 안코나전 후 판바스턴은 4개월 동안 그라운드에 서지 못했다. 4월 말 우디네세전에서 복귀했지만 3경기 만에 발목 상태가 악화했다. 파비오 카펠로 감독은 열흘 뒤로 다가온 마르세유 결승전을 위해서 판바스턴을 제노아전에서 제외했다. 뮌헨 결승전을 앞두고 판바스턴의 출전 여부가 초미의 관심사였다. 발목은 여전히 불편한 상태였지만, 냉정한 카펠로 감독마저 판바스턴의 선발 출전을 선택했다. 그 정도로 판바스턴의 존재감은 절대적이었다. 마르세유 수비진은 엄청난 피지컬로 판바스턴을 거칠게 다뤘다. 결국 세계 최고 스타는 이렇다 할 장면을 만들지 못한 채 경기 종료 5분을 남기고 에라니오와 교체되어 그라운드를 빠져나왔다.

이후 판바스턴은 여러 번 수술과 재활을 거치면서 그라운드 복귀 희망을 부여잡았다. 하지만 망가진 발목은 천재를 외면했다. 2년을 통째로 쉰 판바스턴은 결국 29세란 한창의 나이로 축구화를 벗어야 했다. 1995년 산시로에서 열린 마지막 홈 경기에서 판바스턴은 로쏘네리 팬들에게 작별을 고했다. '냉혈한' 카펠로 감독마저 현장에서 눈물을 흘리며 슈퍼스타의 마지막 가는 길을 안타까워했다.

• 조별리그 결과 •

(★ 결승 진출)

A조	순위	팀명	전	승	무	패	득	실	득실	승점
	★1	마르세유	6	3	3	0	14	4	+10	9
	2	레인저스	6	2	4	0	7	5	+2	8
	3	클럽 브뤼헤	6	2	1	3	5	8	−3	5
	4	CSKA 모스크바	6	0	2	4	2	11	−9	2

1차전 — 득점자
레인저스	2	맥스웨건 76', 헤이틀리 82'
마르세유	2	복시치 31', 펠러 55'
클럽 브뤼헤	1	아모카치 17'
CSKA 모스크바	0	–

2차전 — 득점자
마르세유	3	소제 4'(p), 복시치 10', 26'
클럽 브뤼헤	0	–
CSKA 모스크바	0	–
레인저스	1	퍼거슨 13'

3차전 — 득점자
CSKA 모스크바	1	파이줄린 55'
마르세유	1	펠레 27'
클럽 브뤼헤	1	지유빈스키 44'
레인저스	1	후이스트라 72'

4차전 — 득점자
마르세유	6	소제 4'(p), 34', 48', 펠레 42', 페레리 70', 드사이 78
CSKA 모스크바	0	–
레인저스	2	듀런트 40', 니스벳 71'
클럽 브뤼헤	1	스타엘렌스 52'

5차전 — 득점자
마르세유	1	소제 18'
레인저스	1	듀런트 52'
CSKA 모스크바	1	세르게예프 18'
클럽 브뤼헤	2	스차에센스 43', 베르헤옌 83'

6차전 — 득점자
클럽 브뤼헤	0	–
마르세유	1	복시치 2'
레인저스	0	–
CSKA 모스크바	0	–

• 조별리그 결과 • (★ 결승 진출)

B조	순위	팀명	전	승	무	패	득	실	득실	승점
	★1	밀란	6	6	0	0	11	1	+10	12
	2	예테보리	6	3	0	3	7	8	−1	6
	3	포르투	6	2	1	3	5	5	0	5
	4	PSV 에인트호번	6	0	1	5	4	13	−9	1

1차전 / 득점자

밀란	4	판바스턴 33', 52'(p), 61', 62'
예테보리	0	–
포르투	2	마갈헹스 35', 제카를루스 75'
PSV 에인트호번	2	호마리우 43', 60'

2차전 / 득점자

예테보리	1	에릭손 87'
포르투	0	–
PSV 에인트호번	1	호마리우 66'
밀란	2	레이카르트 19', 시모네 62'

3차전 / 득점자

PSV 에인트호번	1	누만 7'
예테보리	3	닐손 19', 엑스트롬 34', 44'
포르투	0	–
밀란	1	파팡 71'

4차전 / 득점자

예테보리	3	닐손 2', 엑스트롬 44', 마르틴손 48'
PSV 에인트호번	0	–
밀란	1	에라니오 31'
포르투	0	–

5차전 / 득점자

예테보리	0	–
밀란	1	마사로 70'
PSV 에인트호번	0	–
포르투	1	제카를루스 77'(p)

6차전 / 득점자

밀란	2	시모네 5', 18'
PSV 에인트호번	0	–
포르투	2	제카를루스 42', 티모프테 56'
예테보리	0	–

• 결승전 •

1 : 0

1993.05.26. 뮌헨,
올림피아슈타디온 (64,400명)

마르세유

밀란

득점

볼리 43' | –

펠러(토마스 79') 복시치 펠레
데상 소제
디메코 에이델리에
드사이 양로마(듀랑 62')
볼리
바르테즈

레이몬드 후탈스 | **1-4-2-3**

마사로 판바스턴
(에라니오 86')
렌티니 레이카르드 알베르티니 도나도니
(장피에르파팽 58')
말디니 바레시 코스타쿠르타 타소티
로시

파비오 카펠로 | **4-4-2**

벤치

올메타(GK), 카소니, 페레리 | 쿠디치니(GK), 나바, 에바니

경고/퇴장

디메코 31', 볼리 56', 바르테즈 70' / – | 렌티니 39' / –

주부심: 커트 뢰슬스베르거(SUI), 지반코 포포비치(SUI), 에르빈 크라이그(SUI)
대기심: 세르지 무멘탈러(SUI)

• 득점순위 •

득점	이름		클럽명	
7골	호마리우	(BRA)	PSV 에인트호번	(NED)
6골	마르코 판바스턴	(NED)	밀란	(ITA)
	프랑크 소제	(FRA)	마르세유	(FRA)
	알렌 복시치	(SER)	마르세유	(FRA)
5골	요니 엑스트룀	(SWE)	예테보리	(SWE)
4골	마르코 시모네	(ITA)	밀란	(ITA)
	게르트 베르베엔	(BEL)	클럽 브뤼헤	(BEL)
	제 호베르투	(BRA)	포르투	(POR)
	에밀 코스타디노프	(BUL)	포르투	(POR)
	툴리우	(BRA)	시온	(SUI)

타피와 마르세유 드림

원년 대회의 주연은 단연 마르세유였다. 결승전에서 맞붙은 마르세유와 밀란은 신흥 갑부가 소유한 클럽이라는 공통점이 있었다. 1986년 며칠 사이로 베르나르 타피 회장과 실비오 베를루스코니 회장은 마르세유와 밀란을 각각 인수했다. 두 사람은 각자의 야망을 투영한 클럽을 위해 공격적으로 투자했다. 특히 마르세유는 완벽한 '타피의 클럽'이었다. 본인 스스로 "우리 팀에는 감독이 없고 코치들만 있다. 내가 바로 감독이니까"라고 공개적으로 말할 정도로 자신감이 넘쳤다. 뮌헨 결승전에서 무전기를 통해 벤치에 직접 작전을 전달하는 모습이 포착되기도 했다.

프랑스 최초로 유럽을 정복하겠다는 타피 회장의 야심은 구단 인수 5년 만에 이루어지는 듯했다. 1991년 유러피언컵 결승전에서 마르세유는 구 유고슬라비아 대표팀이 즐비한 레드스타 베오그라드에 득점 없이 비긴 뒤 승부차기에서 패하고 말았다. 2년 만에 결승전 무대를 다시 밟자 타피 회장, 마르세유 그리고 프랑스 축구계가 합심해 우승 의지를 불태웠다. 리그 최종전에서 손쉬운 승리를 위해 발랑시엔 선수단 매수를 실제 행동으로 옮겼고, 결승 하루 전에 볼리의 아내는 도마뱀을 제물로 바치는 의식까지 치르며 남편의 행운을 기원했다. 경기 중 아베디 펠레는 무릎 통증이 심해 못 뛰겠다고 호소했지만 "회장님이 계속 뛰라고 말씀하셨어"라는 팀닥터의 대답을 들어야 했다. 결국 펠레는 통증을 참아가며 끝까지 뛰어야 했다.

후탈스 감독의 공로를 과소평가해선 안 된다. 당대 최강의 스쿼드를 보유했던 밀란을 상대로 마르세유는 거친 중원 압박을 펼쳤다. 후탈스 감독은 "우리 진영에서 밀란에 압도되면 이길 방법이 없다. 그래서 우리는 골문에서 50m 앞 지점부터 과감하게 수비를 시작하는 모험을 걸어야 했다"라고 설명했다. 잔뜩 전진한 맨마킹 라인에 걸려 밀란은 중원에서 좀처럼 빌드업을 하지 못한 채 측면으로 밀려나는 패턴을 반복했다. 마르세유는 챔피언스리그 역사상 최초의 우승팀인 동시에 프랑스 최초의 유럽 챔피언에 등극하는 영광을 누렸다. 창단 이래 최고의 영광이 몰락의 시작이었다는 사실이 역설적이다.

★★★
1993/94 시즌
드림팀의 종말

#크루이프 #드림팀 #밀란 #카펠로

백그라운드 Background

소련과 유고슬라비아의 붕괴로 인해 독립한 국가들이 유럽축구연맹(UEFA)에 속속 가입했다. 35개국 전후에서 유지되던 UEFA 회원국 수는 1993년 45개국, 1995년 50개국으로 빠르게 팽창했다. 챔피언스리그도 문호를 넓혔다. 이전 시즌에 출전했던 36개국에서 신입 회원 6개국이 가세해 총 42개국이 유럽 최정상 무대에 출전했다.

UEFA 클럽 랭킹 상위 22개국 리그 챔피언이 1차 라운드(32강 토너먼트)에 직행했다. 나머지 열 자리는 하위 20개 팀의 플레이오프 승자 10개 팀이 차지했다. 1, 2차 라운드를 통과한 8개 팀이 이전 시즌과 동일하게 2개 조로 나뉘어 조별리그를 벌였다. UEFA는 각 조 1위 2개 팀이 결승전에서 맞붙었던 기존 방식에 변화를 줬다. 조 1, 2위 4개 팀이 엇갈려 단판 승부를 가리는 준결승 단계를 추가했다. 조 1위만 결승전에 진출하는 기존 방식에서 조별리그 후반부에 무의미한 매치업이 발생하는 문제를 방지하려는 조치였다.

1, 2차 라운드

예비 라운드에서 잡음이 생겼다. 새롭게 합류한 조지아의 디나모 트빌리시가 북아일랜드의 린필드를 합산 3-2로 제치고 1차 라운드에 진출했다. 하지만 사후 조사에서 트빌리시 측이 홈 경기의 주심 매수를 시도했다는 정황이 드러났다. UEFA는 사실을 확인한 즉시 트빌리시의 퇴출을 결정하고 패했던 린필드에 1차 라운드행 자격을 부여했다. 라트비아의 스콘토는 슬로베니아의 올림피아 류블랴나와 2차전에서 승부차기 11-10이란 보기 드문 스코어로 1차 라운드에 진출했다.

프리미어리그 원년 챔피언 맨유는 25년 만에 대회에 출전했다. 맨유는 1차전에서 헝가리의 키스페스트 혼베드를 합산 5-3으로 꺾었지만, 2차전에서 갈라타사라이에 원정 득점으로 밀려 유럽 빅5 리그 챔피언 중 유일하게 조별리그에 도달하지 못해 팬들을 실망시켰다. 알렉스 퍼거슨 감독의 친정팀인 레인저스도 실망스러운 결과를 낳았다. 지난 시즌 조별리그에서 마르세유의 수상한 작업에 밀려 결승행 티켓을 아깝게 놓친 아쉬움을 만회하겠다는 의욕과 달리 1차 라운드에서 불가리아의 복병 레프스키 소피아에 원정 득점에 밀려 탈락했다.

디펜딩챔피언 마르세유가 출전 자격을 잃은 프랑스에서는 리그앙 3위 모나코가 대타로 출전했다. 리그앙 2위 파리 생제르맹이 자국 컵대회 우승팀 자격으로 UEFA컵에 출전하는 덕분이었다. 아르센 벵거 감독을 비롯해 위르겐 클린스만, 엔조 시포, 릴리안 튀람 등 스타플레이어들이 버틴 모나코는 AEK 아테네와 스테아우아 부쿠레슈티를 연달아 제치며 당당히 조별리그의 일각을 차지했다.

요한 크루이프 감독의 '드림팀' 바르셀로나는 1차 라운드 첫 경기에서 디나모 키예프에 1-3으로 패해 전 세계 팬들에게 충격을 안겼다. 다행히 누캄프에서 열린 2차전에서 주장 바케로의 두 골을 앞세워 4-1로 승리해 승부를 뒤집었다. 2차 라운드에서는 오스트리아 빈을 합산 5-1로 대파하며 조별리그에 합류했다.

지난 대회 준우승팀 밀란도 1차 라운드부터 슬로우스타트를 끊었다. 스위스 약체 FC 아라우를 상대로 두 경기에서 한 골밖에 넣지 못하면서도 무실점 방어 덕분에 합산 1-0으로 2차 라운드에 올랐다. 밀란은 각성이라도 한 듯이 2차 라운드 첫 경기에서 덴마크의 코펜하겐을 6-0으로 대파한 데 이어 홈에서도 장피에르 파팽의 결승골로 1-0 승리를 보태 조별리그행을 확정했다.

조별리그 & 준결승 Group Stage & Semi-finals

A조는 바르셀로나, 모나코, 스파르타크 모스크바, 갈라타사라이로 꾸며졌다. 바르셀로나의 우세 속에서 1, 2차 라운드 4경기에서 16골을 터트린 스파르타크가 다크호스로 떠올랐다. B조에서는 밀란과 포르투, 베르더 브레멘, 안더레흐트가 각축을 벌였다.

A조 첫 경기에서 모나코는 스파르타크를 4-1로 대파했다. 막강한 바르셀로나에 홈과 원정에서 모두 패했지만, 스파르타크와 갈라타사라이 원정에서 승점 3점을 얻어 조 2위를 차지했다. 바르셀로나는 6경기에서 4승 2무로 예상대로 조 1위를 달성했다. B조에서는 우승 후보 밀란이 이탈리아 특유의 실리 축구를 구사했다. 6경기에서 6골밖에 넣지 못하면서도 실점을 2개로 틀어막아 2승 4무로 조 1위를 차지했다. 오토 레하겔 감독이 이끄는 베르더 브레멘은 화끈한 오픈 스타일을 선보였다. 안더레흐트전에서 브레멘은 0-3으로 뒤진 후반 21분부터 다섯 골을 몰아쳐 5-3 대역전승을 거두며 팬들을 열광시켰다. 하지만 준결승 티켓 결정전이었던 5차전에서 포르투에 0-5로 무릎을 꿇었다.

준결승 대진은 밀란과 모나코, 바르셀로나와 포르투로 정해졌다. 홈&어웨이 방식이 아니라 조 1위의 홈경기장에서 열리는 단판 승부라서 모나코와 포르투로서는 자기 실력 이상을 발휘해야 했다. 밀란은 산시로 홈경기에서 14분 마르셀 드사이가 코너킥을 헤더로 연결해 선제골을 뽑았다. 하지만 40분 수비 주축인 알레산드로 코스타쿠르타의 퇴장으로 위기에 빠졌다. 8분 뒤 데메트리오 알베르티니가 통렬한 프리킥 추가골로 카펠로 감독에게 보은했다. 모나코는 수적 우위의 이점을 살리지 못했고 66분 다니엘레 마사로의 쐐기골로 밀란이 3-0 완승을 마무리했다. 프랑코 바레시가 경고를 받는 바람에 밀란은 결승전을 앞두고 주전 센터백 두 명을 모두 잃은 결과가 옥의 티였다.

누캄프 준결승전의 스코어도 동일했다. '시한폭탄' 흐리스토 스토이치코프가 전반전에만 두 골을 몰아쳐 바르셀로나가 2-0으로 앞섰다. 크루이프 감독의 바르셀로나는 현란한 패싱게임으로 이베리아반도 경쟁자에 틈을 주지 않았다. 후반 중반 센터백 로날드 쿠만이 볼을 몰아 하프라인을 넘었다. 지친 포르투 선수들은 쿠만을 내버려 뒀다. 활짝 열린 공간에서 쿠만은 30m가 넘는 거리에서 그대로 오른발 강슛으로 때려 본인의 대회 8호 골을 터트렸다. 이 골은 쿠만의 경력에서 1992년 유러피언컵 결승전 득점과 함께 회자된다.

결승전 Final

밀란 4 : 0 바르셀로나 | 1994.05.18 | 아테네, 올림픽스타디움

크루이프 감독의 바르셀로나는 '드림팀'이란 찬사를 받으며 라리가 4연패 전성기를 구가했다. 경기 전, 크루이프 감독은 "밀란 팬들은 바르셀로나의 경기를 즐기길 바란다. 이렇게 아름다운 스타일을 이탈리아에서는 볼 수 없기 때문이다"라며 승리를 호언장담했다. 1994년 아테네 결승전은 크루이프 드림팀이 영원불멸의 존재로 역사에 남는 대관식처럼 인식되었다. 2년 연속 결승 진출에 성공한 밀란의 스타일은 정반대였다. 세리에A에서 단 36골로 우승을 차지하는 '짠물' 축구였다. 리그에서 1-0 승리가 아홉 차례나 되었고 골키퍼 로시는 929분 연속 무실점을 기록했다.

결승전에서 밀란은 전력 손실이 컸다. 주전 센터백 두 명이 징계로 빠진 데다 판바스턴과 렌티니는 부상 결장, 플로랑 라두치오, 장피에르 파팽, 브라이언 라우드럽은 외국

24 | 챔피언스리그 레전드

인 출전 규정에 걸려 엔트리에서 제외되었다. 카펠로 감독은 예상을 깨고 드사이를 수비형 미드필더, 풀백 말디니를 센터백으로 옮겼다. 천방지축 공격수 데얀 사비체비치의 선발 기용도 의외의 카드였다.

경기 전부터 현격하게 기운 예측이 오히려 바르셀로나에 독, 밀란에 약이 되었다. 22분 사비체비치가 상대 센터백 나달을 무너트리며 완벽한 크로스를 보냈다. 반대편에 있던 마사로가 밀어 넣어 밀란이 '깜짝' 리드를 빼앗았다. 밀란의 전방위적 압박에 말려 바르셀로나는 특유의 연계 플레이를 선보이지 못하며 고전했다. 전반전 종료 직전 마사로가 두 번째 골을 터트려 승부를 갈랐다. 후반 시작과 동시에 사비체비치의 천재성이 빛을 발했다. 상대 진영에서 볼을 빼앗은 직후 먼 거리에서 골키퍼의 키를 넘기는 아름다운 로빙슛으로 스코어를 3-0으로 만들었다.

밀란이 바르셀로나의 중원 빌드업을 깨는 데에는 드사이의 허슬플레이가 결정적이었다. 드사이는 압도적 피지컬을 앞세워 상대의 최대 장점을 산산조각 냈다. 58분에는 직접 팀의 네 번째 골까지 뽑아내는 맹활약으로 인생 최고의 순간을 맛봤다. 바르셀로나는 스토이치코프가 압박에 묶이는 바람에 최전방 스트라이커 호마리우에게 이렇다 할 슈팅 기회를 제공하지 못했다. 스코어가 4-0이 된 뒤에도 밀란의 슈팅 시도가 많았을 정도로 바르셀로나는 철저히 봉쇄되었다. 결국 모든 이의 예상을 깨고 밀란이 결승전에서 좀처럼 보기 드문 4-0 스코어로 통산 다섯 번째 유럽 챔피언에 등극했다.

데얀 사비체비치와 로날드 쿠만 Key Player

1991년 데얀 사비체비치는 레드스타의 유러피언컵 우승으로 발롱도르 투표에서 장피에르 파팽에 이어 2위에 오를 정도로 높은 평가를 받았다. 이듬해인 1992년 여름 사비체비치는 밀란으로 이적했다. 밀란에는 이미 판바스턴, 홀리트, 레이카르트 외에도 파팽과 보반까지 있었다. 사비체비치는 외국인 출전 규정에 막혀 기회를 얻지 못했다. 카펠로 감독의 수비적 전술 운용도 악재였다. 이적 첫 시즌 세리에A 출전 수가 10경기에 그쳤다. 마르세유를 상대했던 1993년 챔피언스리그 결승전에서도 최종 명단 제외라는 아픔을 겪었다. 시즌 종료 후, 팀을 떠나겠다는 사비체비치를 베를루스코니 회장이 만류했다.

1993/94시즌 들어서도 사정은 나아지지 않았다. 카펠로 감독은 사비체비치의 게으른 훈련 태도를 못마땅하게 여겼다. 리그 5경기 연속 선발에서 제외되자 사비체비치는 언론 인터뷰에서 카펠로 감독의 전술에 공개적으로 의문을 표시했다. 둘 사이는 점점 멀어졌다. 판바스턴의 부상 장기화가 도움이 되었다. 결국 1994년 챔피언스리그 결승전을 앞두고 카펠로 감독은 사비체비치 선발 카드를 선택했다. 결승전 당일, 카펠로 감독은 사비체비치에게 "데얀, 너는 우리 팀의 천재야. 오늘 밤 우리를 배신하지 마"라고 동기부여를 했다. 결승전에서 사비체비치는 마사로의 선제골을 만들었고, 후반 초반 승리에 쐐기를 박는 팀의 세 번째 골을 터트렸다. 20m가 넘는 거리에서 골키퍼의 키를 넘긴 로빙 슛은 챔피언스리그 결승전에서 터진 가장 멋진 골 중 하나로 손꼽힌다.

대회 득점왕은 엉뚱하게도 바르셀로나의 수비수 로날드 쿠만이었다. 쿠만은 축구사에서 길이 남을 만한 '수트라이커' 중 한 명이다. 강력한 슈팅 능력을 바탕으로 중거리포와 프리킥 골을 양산했다. 1980년 17세 나이로 네덜란드 흐로닝언에서 프로 데뷔한 쿠만은 아약스를 거쳐 1986년 PSV로 이적했다. 1987/88시즌 거스 히딩크 감독과 함께 쿠만은 자국 리그와 컵대회, 유러피언컵까지 차지하는 유러피언 트레블 멤버로 기록되었다. 해당 시즌 PSV는 리그에서만 117골을 터트렸는데 센터백 쿠만이 시즌 26골이라는 믿기지 않는 기록을 남겼다.

크루이프 감독 아래서 쿠만은 스위퍼 역할을 완벽하게 소화했다. 경기를 읽는 눈과 강력한 맨마크, 스트라이커에 맞먹는 득점력을 살려 드림팀의 라리가 4연패를 이끌었다. 챔피언스리그 결승전에서는 밀란에 충격적인 0-4 대패를 당했지만, 해당 시즌 쿠만은 라리가 11골과 함께 챔피언스리그에서 8골을 터트려 대회 득점왕에 빛났다. 리오넬 메시가 등장하기 전까지 쿠만은 프리킥 최다 득점자(25골) 타이틀을 보유했다. 프로 685경기 239골, 네덜란드 A매치 78경기 14골을 묶어 현역 개인 득점이 무려 253골이나 된다. 현역 은퇴 후, 쿠만은 자신이 뛰었던 네덜란드 빅3(아약스, PSV, 페예노르트)와 국가대표팀 그리고 바르셀로나에서 모두 감독으로 일하는 특이한 기록도 써가고 있다.

• 조별리그 결과 •

(★ 준결승 진출)

A조	순위	팀명	전	승	무	패	득	실	득실	승점
	★1	바르셀로나	6	4	2	0	13	3	+10	10
	★2	모나코	6	3	1	2	9	4	+5	7
	3	스파르타크 모스크바	6	1	3	2	6	12	−6	5
	4	갈라타사라이	6	0	2	4	1	10	−9	2

1차전 / 득점자

모나코	4	클린스만 17', 익페바 41', 조르카에프 62'(p), 튀람 89'
스파르타크 모스크바	1	피사레프 49'
갈라타사라이	0	–
바르셀로나	0	–

2차전 / 득점자

바르셀로나	2	베기리스타인 16, 27'
모나코	0	–
스파르타크 모스크바	0	–
갈라타사라이	0	–

3차전 / 득점자

모나코	3	시포 36', 조르카에프 41', 클린스만 52'
갈라타사라이	0	–
스파르타크 모스크바	2	로디오노프 77', 카르핀 88'
바르셀로나	2	스토이치코프 11', 호마리우 67'

4차전 / 득점자

갈라타사라이	0	–
모나코	2	시포 54', 냐코 90'
바르셀로나	5	스토이치코프 33', 아모르 75', 쿠만 77', 80', 에우세비오 77'
스파르타크 모스크바	1	카르핀 3'

5차전 / 득점자

스파르타크 모스크바	0	–
모나코	0	–
바르셀로나	3	아모르 21', 쿠만 70'(p), 에우세비오 77'
갈라타사라이	0	–

6차전 / 득점자

모나코	0	–
바르셀로나	1	스토이치코프 13'
갈라타사라이	1	시하트 86'
스파르타크 모스크바	2	오뇹코 55', 카르핀 83'

· 조별리그 결과 ·

(★ 준결승 진출)

B조	순위	팀명	전	승	무	패	득	실	득실	승점
	★1	밀란	6	2	4	0	6	2	+4	8
	★2	포르투	6	3	1	2	10	6	+4	7
	3	베르더 브레멘	6	2	1	3	11	15	−4	5
	4	안더레흐트	6	1	2	3	5	9	−4	4

1차전 / 득점자

안더레흐트	0	−
밀란	0	−
포르투	3	도밍고스 7', 후이 호르헤 34', 제호베르투 82'
베르더 브레멘	2	홉슈 85', 루퍼 86'

2차전 / 득점자

밀란	3	라두치오 16', 파누치 39', 마사로 63'
포르투	0	−
베르더 브레멘	5	루퍼 66', 89', 브라체스 72', 홉슈 81', 보데 83'
안더레흐트	3	알베르트 16', 보핀 18', 33'

3차전 / 득점자

밀란	2	말디니 48', 사비체비치 68'
베르더 브레멘	1	바슬러 54'
안더레흐트	1	닐스 88'
포르투	0	−

4차전 / 득점자

베르더 브레멘	1	루퍼 52'(p)
밀란	1	사비체비치 74'
포르투	2	드롤로비치 9', 세크레타리오 90'
안더레흐트	0	−

5차전 / 득점자

밀란	0	−
안더레흐트	0	−
베르더 브레멘	0	−
포르투	5	후이 필리페 11', 코스타디노프 35', 세크레타리오 70', 도밍고스 74', 티모프테 90'(p)

6차전 / 득점자

포르투	0	−
밀란	0	−
안더레흐트	1	보스만 45'
베르더 브레멘	2	보데 33', 65'

• 준결승 결과 • (★ 결승 진출)

			득점자
밀란 ★	3		드사이 14', 알베르티니 48', 마사로 66'
모나코	0		–

			득점자
바르셀로나 ★	3		스토이치코프 10', 35', 쿠만 72'
포르투	0		–

· 결승전 ·

4 : 0

1994.05.18. 아테네,
올림픽스타디움 (70,000명)

밀란

바르셀로나

득점

마사로 22', 45'+2, 사비체비치 47', 드사이 58'	–

밀란 포메이션

마사로　사비체비치

도나도니　드사이　알베르티니　보반

파누치　말디니　갈리　타소티
(나바 83)

로시

파비오 카펠로　**4-4-2**

바르셀로나 포메이션

베기리스타인　호마리우　스토이치코프
(에우세비오 51')

바케로　아모르

과르디올라

세르지　나달　쿠만　페레르
(에스테바란즈 71')

수비사레타

요한 크루이프　**4-3-3**

벤치

이엘포(GK), 카르보네, 렌티니, 시모네	부스케츠(GK), 후안 카를로스, 고이고체아

경고/퇴장

타소티 35', 마사로 45', 알베르티니 53', 파누치 88' / –	스토이치코프 24', 바케로 48', 나달 54', 세르지 55', 페레르 58' / –

주부심: 필립 돈(ENG), 롭 해리스(ENG), 로이 피어슨(ENG)
대기심: 마틴 보던엄(ENG)

· 득점순위 ·

득점	이름		클럽명	
8골	로날두 쿠만	(NED)	바르셀로나	(ESP)
	윈턴 루퍼	(NZL)	베르더 브레멘	(GER)
7골	루크 닐스	(BEL)	안더레흐트	(BEL)
	흐리스토 스토이치코프	(BUL)	바르셀로나	(ESP)
5골	베른트 홉슈	(GER)	베르더 브레멘	(GER)
	발레리 카르핀	(RUS)	스파르타크 모스크바	(RUS)
4골	마르코 보데	(GER)	베르더 브레멘	(GER)
	위르겐 클린스만	(GER)	모나코	(FRA)
	다니엘레 마사로	(ITA)	밀란	(ITA)
	빅토르 오놉코	(RUS)	스파르타크 모스크바	(RUS)
	장피에르 파팡	(FRA)	밀란	(ITA)
	니콜라이 피사레프	(RUS)	스파르타크 모스크바	(RUS)
	세르게이 로디오노프	(RUS)	스파르타크 모스크바	(RUS)
	쿠빌라이 튀르키일마즈	(SUI)	갈라타사라이	(TUR)

카펠로 밀란의
완성

1980년대 말부터 90년대 초에 걸쳐 세계 축구 전술의 흐름은 '콤팩트'하게 변해간다. 아리고 사키 감독은 혁신적 공간 압박 개념을 통해 밀란을 유러피언컵 2연패로 이끌었다. 1991년 판바스턴의 기용 문제로 인한 불화로 사키가 떠나자 베를루스코니 회장은 자신의 오른팔인 카펠로를 후임으로 앉혔다. 여론의 반응은 냉랭했다. 그때까지만 해도 카펠로의 이미지는 지도자보다 밀란의 프런트 직원에 가까웠기 때문이다. 카펠로는 '준비된 리더'였다. 사키가 남긴 스쿼드 유산에 규율과 효율성을 보태며 첫 시즌 무패 우승을 달성함으로써 주위의 비관론을 깨끗이 지웠다.

1993/94시즌은 카펠로 축구가 가장 잘 나타난 때였다. 세리에A 34경기에서 밀란은 36골밖에 넣지 못하면서 실점을 15점으로 틀어막아 리그 3연패를 달성했다. 카펠로 전술은 철저히 반응적(reactive)이었다. 강력한 공간 압박과 경기 전 분석을 통해 상대의 장점을 봉쇄해 결과를 남기는 방식이었다. 해당 시즌 리그에서 밀란은 1-0 승리가 아홉 차례나 되었다. 당시 공격수로 활약한 파팡조차 "관중석에서 보기가 따분하다고 하는데 직접 뛰면 더 따분하다"라고 말했을 정도다. 프로에서 '이기는 자가 강하다'라는 믿음을 고수한 결과라고 할 수 있다. 이런 스타일은 카펠로 감독 이후 조제 모리뉴, 디에고 시메오네, 안토니오 콘테를 거치며 지금까지 프로축구계의 주류 전술로 계승된다.

수비적 전술로 세리에A 타이틀을 방어해냈기 때문에 1994년 결승전에서 4-0 대승이 더욱 이례적 결과로 남는다. 막강 바르셀로나를 상대로 카펠로 감독은 완벽하게 반응했다. 드사이의 수비형 미드필더 기용과 사비체비치, 도나도니의 양 날개 기용이 상징적이었다. 결승전 90분 동안 드사이는 압도적 운동 능력을 앞세워 바르셀로나의 연계와 창의력의 싹을 잘랐다. 사비체시비와 도나도니는 무에서 유를 창조하는 개인 돌파로 위협적인 공격 기회를 계속 만들었다. 사비체비치는 1골 1도움, 도나도니는 1도움으로 팀의 대승에 일조했다. 수비적이라고 손가락질하기에 카펠로 축구는 너무나 정교했다. 완벽하게 설계한 반응형 전술의 완성이었다.

★★★

1994/95 시즌
마이티 아약스

⚽ **키워드** ⚽

#아약스 #토탈사커 #밀란 #루이스판할

백그라운드 Background

대회 방식이 큰 폭으로 바뀌었다. UEFA는 대회 리브랜딩 후 첫 두 시즌 동안 유지했던 토너먼트 후 조별리그 방식의 선후를 맞바꾸기로 했다. 출전팀 수도 UEFA 국가랭킹 상위 24개 팀으로 제한했다. 24개 팀 체제는 1957/58시즌 이후 최소 규모다. 구소련, 구유고슬라비아 붕괴로 인한 회원국 급증으로 인해 경기 수준 하락 현상이 나타나자 UEFA는 하위 대회 격인 UEFA컵을 키워 25위 이하 각국 챔피언들을 흡수했다. 화요일 UEFA컵, 수요일 챔피언스리그, 목요일 컵위너스컵 일정이 자리 잡았다. 이는 1999년 컵위너스컵이 역사의 뒤안길로 사라지면서 화, 수요일 챔피언스리그, 목요일 UEFA컵 체제로 바뀐다.

UEFA랭킹 1위부터 8위(밀란, 바이에른, 안더레흐트, 바르셀로나, 벤피카, 스파르타크, 맨유, 아약스)까지 각국 리그 챔피언은 조별리그로 직행했다. 9위부터 24위까지 16개 팀은 홈&어웨이 방식의 예비 라운드를 거쳐 승자 8개 팀이 조별리그에 합류했다. 조별리그는 1개 조 4개 팀, 총 4개 조가 풀리그로 운영되며 조 1, 2위가 8강에 진출했다. 현재 대회 방식이 시작된 원년이라고 할 수 있다. 출전팀 수는 줄어도 수입은 늘었다. 인기 팀들의 홈 3경기 포함 총 6경기 중계를 TV 방송사에 보장함으로써 TV 시청률을 극대화해 중계권 및 스폰서십 수입을 확대했다. 출전 클럽들도 홈 3경기를 보장받은 덕분에 입장권 판매 수입을 확보했다.

예비 라운드에서는 전 시즌 맨유를 따돌리고 조별리그에 진출했던 갈라타사라이가 룩셈부르크의 아브니르 베겐을 합산 9-1로 대파해 2연속 챔피언스리그 티켓을 땄다. 크로아티아의 하이둑 스플릿은 동유럽 라이벌 폴란드의 레기아 바르샤바를 합산 5-0으로 제쳤고, 조지 웨아와 라이를 앞세운 PSG도 헝가리의 바크 FC를 5-1로 물리쳐 조별리그 진출에 성공했다.

조별리그 Group Stage

A조에서는 예테보리, 바르셀로나, 맨유, 갈라타사라이가 경쟁했다. 맨유는 1993/94시즌 국내 더블을 달성하며 잉글랜드 최강자로 기세가 등등했지만, 유럽 무대에서는 생각대로 일이 풀리지 않았다. 수문장 피터 슈마이켈과 에릭 칸토나가 장기 결장했고, 스코

틀랜드, 북아일랜드, 웨일스 출신 선수들이 전부 외국인 규정에 묶여 전력 누수가 심했다. 6경기에서 맨유는 2승 2무 2패로 바르셀로나와 나란히 6점을 기록하면서도 맞대결인 누캄프 원정 0-4 패배로 인해 이번 시즌에도 탈락의 고배를 마셨다. 스웨덴의 예테보리가 승점 9점으로 바르셀로나와 함께 8강 티켓을 손에 넣었다.

B조에서는 PSG가 폭주했다. 프랑스 TV 채널 〈카날+〉의 전폭적 지원 덕분에 PSG는 아프리카 슈퍼스타 조지 웨아를 비롯해 브라질 현역 국가대표팀 주장 라이, '꽃미남' 다비드 지놀라 등 탄탄한 스쿼드를 갖췄다. PSG는 첫 경기에서 유럽 명문 바이에른을 2-0으로 잡은 것을 비롯해 대회 유일의 6전 전승 기록으로 8강에 올랐다. PSG의 기세에 눌린 바이에른은 스파르타크와 4점 동률 상태에서 6차전 디나모 키예프를 상대했다. 스파르타크는 조 1위를 일찌감치 확정해 느긋한 PSG를 상대했다. 바이에른은 최종전에서 이겨도 스파르타크가 힘을 뺀 PSG를 꺾으면 승자승에서 원정 득점에 뒤져 불리했다. 다행히 PSG는 마지막까지 최정예를 내세워 스파르타크를 4-1로 완파했고, 바이에른은 장 피에르 파팽의 2골 활약에 힘입어 키예프를 같은 스코어로 꺾어 가까스로 조 2위 자리를 확보했다.

C조에서는 크로아티아 대표로 출전한 하이둑 스플릿이 대회 우승 경력이 있는 스테아우아 부쿠레슈티를 1점 차이로 밀어내고 조 2위를 달성하는 이변이 벌어졌다. 포르투갈의 벤피카는 아르헨티나 국가대표팀 스트라이커 클라우디오 카니자의 활약을 앞세워 조 1위로 8강 고지를 밟았다.

디펜딩챔피언 밀란은 D조에서 루이스 판할 감독의 아약스를 비롯해 카지노 잘츠부르크, AEK 아테네를 상대했다. 전 시즌 결승전에서 바르셀로나 전성기에 종지부를 찍은 밀란은 첫 경기에서 요한 크루이프 감독의 또 다른 유산인 아약스를 만나 시선을 끌었다. 평균연령 23세인 아약스는 기계적 토털풋볼을 앞세워 밀란을 2-0으로 완파했다. 산시로 원정에서도 아약스는 야리 리트마넨의 활약을 앞세워 2연속 2-0 승리를 장식하는 파란을 일으켰다. 밀란은 카지노 잘츠부르크전에서 위기를 맞이했다. 홈 팬이 던진 병에 상대 골키퍼 오토 콘라드가 맞은 것이다. 경기에서는 밀란이 3-0으로 이겼지만, UEFA는 관중 통제 실패의 책임을 물어 승점 2점 감점과 향후 홈 2경기 개최 금지 징계를 내렸다. 트리에스테에 있는 스타디오 네레오 로코에서 남은 홈 2경기를 치른 끝에 밀란은 카지노 잘츠부르크를 상대전적으로 조 밀어내고 겨우 8강에 합류했다. 조 1위는 활기찬 축구로 4승 2무를 기록한 아약스의 차지였다.

토너먼트 Tournament

이듬해 3월 8강 일정이 시작되었다. 최고의 매치업은 바르셀로나와 신흥 강호 PSG의 맞대결이었다. 바르셀로나는 겨울 오프시즌에 골잡이 호마리우가 향수병에 못 이겨 브라질 플라멩구로 돌아가 버렸다. 누캄프 1차전에서 양 팀은 1-1로 비겼다. 파리에서 벌어진 2차전에서 바르셀로나는 후반 호세 바케로의 선제골로 앞섰지만, 막판 라이와 벵상 게랑이 연속 골을 터트린 PSG가 2-1로 역전승을 거뒀다. 이날 PSG는 상대 골대만 다섯 번 맞히는 공격력을 과시했다. 크루이프 드림팀은 챔피언스리그 8강 탈락은 물론 라리가에서도 4위로 추락했다.

PSG는 준결승전에서도 기세를 잇고 싶었다. 상대는 디펜딩챔피언 밀란이었다. 조별리그를 간신히 통과한 밀란은 8강에서 마르코 시모네의 득점 활약으로 벤피카를 합산 스코어 2-0으로 따돌렸다. 파르크데프랑 1차전에서 PSG는 밀란의 노련한 수비를 뚫지 못한 채, 후반 추가시간 즈보니미르 보반에게 결승 헤딩골을 내줘 0-1로 패했다. 산시로로 돌아온 밀란은 데얀 사비체비치의 2골 활약을 등에 업고 PSG를 합산 3-0으로 완파해 3연속 결승전 진출 쾌거를 달성했다. PSG는 웨아(7골)의 득점왕 타이틀에 만족해야 했다.

조별리그에서도 고전했던 바이에른은 겨울 휴식기에서도 불운을 겪었다. 평가전에서 베테랑 로타 마테우스가 크게 다쳐 시즌 아웃 판정을 받았다. 8강 1차전에서 바이에른은 홈어드밴티지를 살리지 못하고 0-0 무승부에 그쳤다. 예테보리 원정 2차전도 가시밭 길이었다. 경기 시작 22분 만에 골키퍼 스벤 슈어가 퇴장당해 한 명이 부족한 상태로 버텨야 했다. 다행히 바이에른은 경기를 2-2 무승부로 마무리하며 원정 득점 규정으로 준결승행에 성공했다. 하지만 거기까지였다. 준결승 상대가 다름 아닌 아약스였기 때문이다. 8강에서 아약스는 하이둑의 돌풍을 합산스코어 3-0으로 가볍게 잠재워 유럽 4대 천왕의 한 자리를 차지했다. 조별리그부터 아약스의 플레이스타일은 70년대 전성시대를 떠올릴 만큼 매력적이었다.

준결승 1차전에서 바이에른과 아약스는 득점 없이 비겼다. 암스테르담에서 벌어진

2차전에 모든 이의 관심이 집중되었다. 뚜껑을 열어보니 아약스의 완벽한 쇼케이스였다. 스타플레이어 데니스 베르캄프를 보내고 데려온 아리 리트마넨이 선제골을 터트렸다. 바이에른은 마르셀 비테체크가 동점골을 터트려 희망을 키웠다. 소용없었다. 아약스의 활화산 같은 득점포가 41분, 44분, 46분에 터지면서 사실상 승부가 갈렸다. 양 팀이 한 골씩 더 주고받아 경기는 아약스의 5-2 대승으로 종료되었다. 해당 경기는 이번 대회 아약스 공격력의 하이라이트로 손꼽힌다. 행운도 따랐다. 후반전 상대 슛을 손으로 막은 다니 블린트가 퇴장이 아닌 경고로 넘어간 덕분에 결승전 결장 위기를 모면했다.

결승전 Final

아약스 1 : 0 밀란 | 1995.05.24 | 빈, 에른스트하펠 슈타디온

1994/95시즌 유럽 최고의 두 팀이 만났다. 아약스는 판할 감독과 함께 자국 리그에서 27승 7무로 무패 우승을 달성했다. 106골이나 터트리는 동안 실점은 28골밖에 되지 않았다. 밀란의 국내 성적은 기대 이하였다. 리그 4위로 처지면서 다음 시즌 챔피언스리그 출전권을 우승팀 유벤투스에 내준 상태였다. 빈 결승전에서 믿을 구석은 유럽 무대에서 쌓은 관록이었다. 조별리그 5차전에 아약스에 패한 뒤 밀란은 5경기 연속 무실점 행진을 이어갔다. 파울로 말디니는 최근 7시즌 중 다섯 차례 진출했던 결승전을 전부 경험했다. 1년 전 결승전에서 뛴 선수가 무려 8명이나 된다는 점도 밀란 팬들에겐 든든했다. 아약스는 레이카르트와 블린트를 제외한 9명이 모두 25세 이하로 패기가 넘쳤다.

조별리그 2연승은 아약스 선수들에게 큰 자신감으로 작용했다. 경기 초반부터 아약스는 밀란 진영을 공략했다. 2선 중앙에 있는 리트마넨에게 볼을 투입한 뒤 좌우 측면을 거쳐 크로스로 이어지는 빌드업이 원활했다. 밀란의 대처는 뚜렷했다. 중앙 영역을 단단히 지키면서 볼을 빼앗으면 좌우 측면을 향해 쇄도하는 동료에게 다이렉트패스를 넣어주는 패턴이었다. 스트라이커 시모네가 왼쪽 측면으로 빠지는 장면이 많았고, 오른쪽 측면은 라이트백 파누치가 과감한 오버래핑으로 커버했다. 전반전 종료 직전, 시모네의 결정적 논스톱 왼발 슛이 아약스 수문장 판데르사르의 선방에 막혔다.

후반 들어 아약스의 주도가 뚜렷해졌다. 판할 감독은 18세 공격수 은완코 카누와 파트리크 클루이베르트를 투입해 힘과 속도를 높였다. 후반전 중반으로 갈수록 밀란은 체

력이 떨어지면서 고전했다. 볼 점유를 내준 채 오로지 경험과 요령으로만 아약스의 활기에 버티는 꼴이었다. 85분 밀란 출신 레이카르트가 원래 포지션에서 과감하게 전진해 밀란 진영의 페널티박스까지 접근해 오른쪽에 있던 클루이베르트에게 패스를 보냈다. 박스 안에서 클루이베르트는 보반의 몸싸움을 힘으로 견뎌내 왼발 선제골을 터트렸다. 당시 클루이베르트는 18세 327일 나이로 챔피언스리그 역대 결승전 최연소 득점자 기록을 작성했다. 한 골 뒤진 밀란의 카펠로 감독은 부랴부랴 잔루이지 렌티니와 스테파노 에라니오를 교체 기용했지만 역부족이었다. 별다른 반격 없이 경기는 아약스의 1-0 승리로 마무리되었다.

경기 후 카펠로 감독은 "디펜딩챔피언을 한 시즌에 세 번이나 꺾은 팀이라면 우승할 자격이 충분하다"라며 완패를 인정했다. 결승골 주인공 클루이베르트는 "엄마가 결승전에서 내가 골을 넣는 꿈을 꿨다고 말해줬다. 엄마가 예지력을 갖고 있진 않았지만, 어쨌든 꿈이 정말 이루어졌다"라며 감격했다. 시즌 종료와 함께 현역 은퇴를 선언한 상태였던 레이카르트는 현역 마지막 경기에서 챔피언스리그 우승으로 화려한 대미를 장식했다.

조지 웨아 Key Player
발롱도르에서 대통령까지

아프리카 축구 역사상 최고 레전드로 손꼽히는 조지 웨아가 챔피언스리그에서 가장 뚜렷한 족적을 남긴 시즌이었다. PSG의 주전 스트라이커로서 웨아는 조별리그 6골, 8강 1차전 1골을 합쳐 7골로 대회 득점왕을 차지했다. 시즌 종료 후 웨아는 밀란으로 이적해 전성기를 이어갔고, 그해 말 FIFA 올해의 선수와 발롱도르를 독식했다. 두 시상식 역사상 처음이자 마지막 아프리카 수상자였다.

빈민가 출신, 발롱도르 수상자, 자국 대통령으로 이어지는 웨아의 인생은 판타지 소설이라고 해도 좋다. 1966년 빈민가에서 태어난 웨아는 고등학교 중퇴 후 축구선수가 되기로 했다. 국내 리그의 활약 덕분에 웨아는 카메룬 리그에 진출했다. 1988년 카메룬 국가대표팀 클로드 르로이 감독의 소개로 아르센 벵거의 모나코 이적에 성공했다. 벵거 감독과 웨아는 1992년 컵위너스컵 결승 진출이란 성과를 남겼다. 결승전에서는 아쉽게

브레멘에 0-2로 패했지만, 웨아는 곧 신흥 강호 PSG에서 기회를 얻었다. 이후 웨아는 UEFA컵 준결승, 컵위너스컵 준결승에 이어 1994/95시즌 최고 권위 대회인 챔피언스 리그에서도 준결승에 오르는 실적을 쌓았다. 1995/96시즌 이적한 밀란에서는 로베르토 바조, 데얀 사비체비치, 마르코 시모네와 최전방 공격 라인을 꾸며 당시 세계 최고 무대 였던 세리에A에서 맹활약했다. 1996/97시즌 베로나전에서 터트린 골은 지금도 리그 역 사상 가장 위대한 골 중 하나로 기억된다. 상대 코너킥을 가로챈 웨아는 혼자 그라운드 를 가로질러 상대 페널티박스 안까지 들어가 통렬한 골을 작렬했다.

웨아의 가치는 유럽 리그보다 조국 라이베리아에서 더욱 빛난다. 80년대부터 본격화 된 내전으로 라이베리아 국민은 신음하고 있었다. 웨아는 사비를 들여 국가대표팀 동료 들의 유럽 리그 진출을 지원했다. 1996년 친인척들이 무장 괴한들에게 약탈당하는 사건 도 벌어졌지만, 웨아는 조국을 저버리지 않았다. 2003년 현역 은퇴한 웨아는 2년 뒤 대 통령 대선에 출마했다가 낙선했다. 고등학교 중퇴 이력이 약점이었다. 웨아는 고등학교 검정고시를 거쳐 미국 더브리대학교에서 경영학과를 졸업하고 돌아와 2014년 국회의원 당선에 이어 2017년 대선에서 승리해 라이베리아 제25대 대통령에 올랐다. 건국 이래 최초의 평화적 정권 교체였다. 대선 유세에서 웨아는 "사람들은 내가 정치 경험이 부족 하다고 말한다. 내가 처음 유럽 리그에 도전했을 때도 똑같은 소리를 들었다"라고 말해 대중의 마음을 얻었다.

• 조별리그 결과 • (★ 토너먼트 진출)

A조	순위	팀명	전	승	무	패	득	실	득실	승점
	★1	**예테보리**	6	4	1	1	10	7	+3	9
	★2	**바르셀로나**	6	2	2	2	11	8	+3	6*
	3	맨체스터 Utd	6	2	2	2	11	11	0	6
*상대전적 우세	4	갈라타사라이	6	1	1	4	3	9	−6	3

B조	순위	팀명	전	승	무	패	득	실	득실	승점
	★1	**파리 생제르맹**	6	6	0	0	12	3	+9	12
	★2	**바이에른 뮌헨**	6	2	2	2	8	7	+1	6
	3	스파르타크 모스크바	6	1	2	3	8	12	−4	4
	4	디나모 키예프	6	1	0	5	5	11	−6	2

C조	순위	팀명	전	승	무	패	득	실	득실	승점
	★1	**벤피카**	6	3	3	0	9	5	+4	9
	★2	**하이둑 스플릿**	6	2	2	2	5	7	−2	6
	3	스테아우아 부쿠레슈티	6	1	3	2	7	6	+1	5
	4	안더레흐트	6	0	4	2	4	7	−3	4

D조	순위	팀명	전	승	무	패	득	실	득실	승점
	★1	**아약스**	6	4	2	0	9	2	+7	10
	★2	**밀란**	6	3	1	2	6	5	+1	5*
*홈 관중 통제	3	잘츠부르크	6	1	3	2	4	6	−2	5
실패로 2점 감점	4	AEK 아테네	6	0	2	4	3	9	−6	2

· 토너먼트 결과 · (★ 승자)

8강

	1차전	2차전	합산	득점자
바이에른 뮌헨★	0	2	2*	**1차전** — **2차전** 지클러 64', 넬링거 72'
예테보리	0	2	2	**1차전** — **2차전** 릴렌보리 79', 마르틴손 90'

*원정득점 우세

	1차전	2차전	합산	득점자
하이둑 스플릿	0	0	0	**1차전** — **2차전** —
아약스★	0	3	3	**1차전** — **2차전** 카누 39', F.더부르 43', 67'

	1차전	2차전	합산	득점자
바르셀로나	1	1	2	**1차전** 코르네프 48' **2차전** 바케로 49'
파리 생제르맹★	1	2	3	**1차전** 웨아 54' **2차전** 라이 72', 게랭 83'

	1차전	2차전	합산	득점자
밀란★	2	0	2	**1차전** 시모네 63', 75' **2차전** —
벤피카	0	0	0	**1차전** — **2차전** —

준결승

	1차전	2차전	합산	득점자
바이에른 뮌헨	0	2	2	**1차전** — **2차전** 비테체크 36', 숄 75'(p)
아약스★	0	5	5	**1차전** — **2차전** 리트마넨 12', 46', 피니디 41', R.더부르 44', 오베르마스 88'

	1차전	2차전	합산	득점자
파리 생제르맹	0	0	0	**1차전** — **2차전** —
밀란★	1	2	3	**1차전** 보반 90'+1 **2차전** 사비체비치 21', 68

• 결승전 •

아약스

1 : 0

1995.05.24. 빈,
에른스트-하펠 슈타디온 (49,730명)

밀란

득점

클루이베르트 85'

–

루이스 판할 | **3-4-3**

파비오 카펠로 | **4-4-2**

벤치

그림(GK), 보가르데, 판포센

이엘포(GK), 갈리, 스트로파

경고/퇴장

오베르마스 33', 블린트 44' / –

– / –

주부심: 이온 크라치우네스쿠(ROU), 니콜라이 그리고레스쿠(ROU), 투도르 콘스탄티네스쿠(ROU)
대기심: 아드리안 포롬보이우(ROU)

· 득점순위 ·

득점	이름		클럽명	
7골	조지 웨아	(LBR)	파리 생제르맹	(FRA)
6골	야리 리트마넨	(FIN)	아약스	(NED)
4골	마그누스 엘링마르크	(SWE)	예테보리	(SWE)
	마르코 시모네	(ITA)	밀란	(ITA)
3골	호세 마리 바케로	(ESP)	바르셀로나	(ESP)
	호마리우	(BRA)	바르셀로나	(ESP)
	흐리스토 스토이치코프	(BUL)	바르셀로나	(ESP)
	클라우디오 카니자	(ARG)	벤피카	(POR)
	크리스티안 넬링거	(GER)	바이에른 뮌헨	(GER)
	메흐메트 숄	(GER)	바이에른 뮌헨	(GER)
	빅토르 레오넨코	(UKR)	디나모 키예프	(UKR)

루이스 판할과
마이티 아약스

1994년 밀란은 크루이프 감독의 바르셀로나 전성시대에 마침표를 찍으며 유럽을 제패했다. 불과 1년 뒤, 밀란의 황활기가 또 다른 크루이프의 유산에 의해 막을 내린 것은 운명의 장난이었다. 루이스 판할 감독의 1994/95시즌 아약스는 크루이프 스타일을 개선해 '마이티 아약스'라는 미칭으로 축구사에 기록되었다.

여기서 아이러니가 드러난다. 크루이프와 판할이 서로 철저히 무시하며 불편한 관계를 유지했다는 사실이다. 선수 시절부터 악연이 시작된다. 아약스 유스에서 판할은 유망한 플레이메이커로 촉망받았지만 정작 1군에서는 한 경기도 뛰지 못했다. 70년대 토털풋볼의 핵심이었던 크루이프와 요한 네스켄스의 벽이 높았기 때문이다. 팀을 벗어난 판할은 벨기에 무대를 거쳐 스파르타 로테르담에서 겨우 자리를 잡을 수 있었다. 지도자가 된 뒤로도 두 사람은 티격태격 기 싸움을 벌였다.

1991년 레오 벤하커 감독이 레알 마드리드로 떠나자 아약스는 판할을 감독으로 영입했다. 3년 전 바르셀로나로 떠난 크루이프 감독의 손길이 클럽 곳곳에 남은 상태였다. 판할 감독은 라이벌의 4-3-3, 3-4-3 시스템을 그대로 살리면서 자기만의 보완책을 세웠다. 선수 각자에게 확실한 임무를 부여해 조직력을 극대화했다. 크루이프 감독의 창의적 토털풋볼이 판할 감독의 조직적 토털풋볼로 변신하는 계기가 되었다.

감독 부임 후 첫 이적시장(1992년)에서 판할 감독은 마르크 오베르마스, 야리 리트마넨, 로날드 더부르를 영입했다. 이듬해 1993/94시즌을 앞둔 이적시장에서 팀 내 최고 스타인 베르캄프를 인테르로 팔아 팬들로부터 거센 비난을 받았다. 판할 감독의 선택이 옳았다. 리트마넨이 리그 26골을 포함해 36골을 터트리며 아약스가 4년 만에 에레디비시에 왕좌로 복귀했기 때문이다.

이어진 1994/95시즌은 아약스 역사상 최고의 시간이 되었다. 판할 감독은 그라운드에서 뛰는 11명이 항상 정해진 위치에서 주어진 임무를 100% 소화하도록 팀을 조련했다. 10대 공격수 카누와 클루이베르트의 득점까지 폭발하면서 아약스는 리그 34경기에서 무려 106골을 기록하면서 무패 우승을 달성했다. 챔피언스리그에서도 아약스는 천하무적이었다. 조별리그에서 당대 최강 밀란을 두 번 연속 2-0으로 꺾은 데 이어 결승전에서도 1-0 승리해 평균 연령 23세인 아약스는 유럽 패권까지 차지했다. 해당 시즌, 아약스는 국내 컵대회 8강 연장 1-2 패전이 유일한 패배였다.

★ ★ ★

1995 / 96 시즌

격변의 시즌

⚽ 키워드 ⚽

#보스만 #유벤투스 #아약스 #리피

█ 백그라운드 Background

유럽축구연맹(UEFA)은 공격 축구에 독려하기 위해 조별리그 승점을 2점에서 3점으로 조정했다. 출전팀 수와 대회 방식은 지난 시즌과 동일하게 적용되었다. 우리에게 익숙한 현재 대회 방식의 원년이라고 할 수 있다. 무엇보다 1995/96시즌의 역사적 의미는 그라운드 바깥에서 새겨졌다. 조별리그와 토너먼트를 사이에 둔 1995년 12월 15일 룩셈부르크 소재 유럽연합법원(European Court of Justice)에서 '보스만 판결'이 선고되었기 때문이다. 벨기에 출신의 무명 선수 장마르크 보스만이 벨기에축구협회와 UEFA를 상대로 거둔 승소는 유럽 축구 시장을 영원히 바꿨다.

당시 선수 이적 제도의 기본은 '선보유 후이적(Retain & Transfer)'이었다. 클럽은 계약이 만료한 선수라도 선수등록권을 보유(retain)해 타 클럽에 이적료(선수등록 권리금)를 요구할 수 있었다. 해당 규정 넉분에 클럽은 주축 선수를 장기 보유할 수 있었고, 한 번 완성된 강팀은 유러피언컵에서 2연패, 3연패가 가능했다. 축구 시장의 이런 기본 틀이 '보스만 판례'로 인해 완전히 깨졌다.

1990년 벨기에 클럽 RFC 리에주와 보스만의 계약이 만료되었다. 리에주 측은 재계약할 의사가 없었기 때문에 보스만은 새 팀을 물색했다. 수소문 끝에 보스만은 프랑스의 덩케르크로부터 영입을 제안받았다. 리에주는 보스만의 선수등록권리를 양도하는 대가로 이적료를 요구했다. 양 클럽은 이적료 50만 파운드에 합의했으나 리에주의 일시불 선납 요구를 덩케르크가 거절하면서 이적시장 폐장 직전에 이적이 무산되었다. 낙동강 오리알 신세가 된 보스만은 원 소속팀인 리에주와 새 계약을 맺을 수밖에 없었다. 리에주는 기존 연봉에서 75%를 삭감한 월 500파운드 조건을 제시했다. 보스만은 벨기에축구협회에 이의를 제기해 이후 이적료 없이 프랑스 2부 올랭피크 생캔틴와 가까스로 계약할 수 있었다. 해당 건으로 보스만은 클럽들 사이에서 문제아로 낙인찍혀 클럽들이 암암리에 보스만과 계약을 거절했다. 결국, 보스만은 하위 리그를 전전해야 했다.

이때 신참 변호사 장 루이 듀폰이 보스만 앞에 나타났다. 듀폰은 '선보유 후이적' 규정이 유럽연합(EU) 헌법에 위배된다며 보스만에게 법적 투쟁을 설득했다. EU 헌법은 1957년 로마 조약과 1993년 개정판 마스트리흐트 조약을 근간으로 하는데 'EU 지역 내 공정경쟁 및 노동자 이주의 자유를 보장한다'는 조항이 법적 근거였다. 두 사람은 벨기에축구협회 및 UEFA를 상대로 소송을 제기했다. 벨기에 법원은 고민 끝에 해당 건을

EU 법원으로 이관했다.

소송 초기 별다른 관심을 끌지 못했던 사건이 시간이 지날수록 심각하게 흘러갔다. UEFA는 물론 각국 축구협회 및 리그가 힘을 합쳐 '선보유 후이적' 제도의 사수에 나섰다. 부랴부랴 UEFA는 유럽 최고 변호인단을 꾸려 맞대응했다. 하지만 1995년 9월 EU 법원의 칼 오토 렌츠 대법관은 보스만의 손을 들어주는 골자의 의견서를 법원에 제출했다. 11월 9일 UEFA를 비롯해 49개 회원국의 축구협회장단은 "EU 내에서 현 이적 제도가 위헌 결정을 받으면 프로축구는 파멸적 악영향을 받는다"라는 공동성명을 발표하며 필사적으로 저항했다. 보스만 측은 "UEFA가 소송 취하를 조건으로 거액의 합의금을 제안했다"라고 폭로했다.

운명의 날이 밝았다. 12월 15일 EU 법원의 판결은 축구 기득권의 걱정보다 훨씬 충격적이었다. 첫째, 렌츠 의견서의 권고대로 '계약 만료자는 자유롭게 다른 클럽과 계약할 권리가 있다'며 보스만의 손을 들어줬다. 두 번째 명령은 한발 더 나아갔다. 'EU 내에서 노동자 이주의 자유를 보장해야 한다'는 내용이었다. UEFA 주관 대회 및 각국 리그의 외국인 관련 제한 규정을 EU 국적자에게 적용할 수 없다는 뜻이었다. 설상가상 EU법원은 '판결 내용은 지금 즉시 유효하다'고 못 박았다. 유럽 축구 시장이 영원히 바뀌는 순간이었다.

UEFA는 당장 주관 대회에서 경기당 외국인 3인 외에 소속 기간 5년 이상 외국인 2인까지만 출전할 수 있는 '3+2 규정'을 폐기해야 했다. 예를 들어, 전년도 챔피언스리그 결승전에서 밀란은 마르셀 드사이(프랑스)와 즈보니미르 보반(크로아티아)을 기용했다. 두 선수 모두 EU 국적자이므로 새로운 규정상 비EU 국적자(남미 등)를 두 명 더 기용할 수 있게 된다. UEFA 및 산하 모든 협회, 리그, 클럽들은 시즌 도중 대혼란을 막기 위해 해당 판결을 다음 시즌부터 적용하기로 신사협정을 맺었다.

보스만 판례 이후 유럽 축구 시장은 완전히 바뀌었다. 리그와 클럽 간 빈부격차가 크게 벌어졌다. 외국인 규정의 완화로 이적 건이 크게 늘어 막대한 자금이 유입되기 시작했다. 돈이 많은 프리미어리그에서 외국인 숫자가 급증하기 시작한 것도 보스만 판례 직후부터였다. 정확히 10년 뒤인 2005년 2월 14일 아스널의 선발 11인 명단에서 자국 선수가 멸종했다.

아약스 같은 중소 리그 소속 클럽들은 직격탄을 맞았다. 아카데미 출신자를 중심으로 유럽 챔피언 스쿼드를 완성했지만, 보스만 판례 이후 주축 선수들이 재계약을 거부하며 자유 이적으로 줄줄이 빅클럽으로 이적했다. 아약스는 계약 만료 전에 스타 선수들을 팔아 이적료 수입을 취하는 고육지책을 선택했다. 그 결과, 90년대 최강 중 한 곳이었던 '마이티 아약스'는 1999년 유벤투스로 이적한 에드빈 판데르사르를 끝으로 완전히 해체 되었다.

전 세계 축구선수들에게 '대박' 기회를 선물한 보스만은 승소 후 어떤 행보를 걸었을 까? 축구계는 세상을 바꾼 선구자에게 냉담했다. 승소 보상금 100만 유로는 소송비와 세금으로 모두 사라졌다. 국제축구선수협회(FIFPro)가 보스만을 돕기 위한 자선 경기를 기획했으나 유럽 내 모든 국가에서 경기 개최를 거부하는 바람에 무산되었다. 동업자들 을 백만장자로 만든 보스만이었지만 정작 본인은 보호받지 못한 공익제보자 신세가 되 어 쓸쓸한 인생을 보내고 있다.

조별리그 Group Stage

예비라운드에서 디나모 키예프가 올보리를 합산 4-1로 꺾고 조별리그에 진출했다. 키예프는 1차전에서 그리스 강호 파나시나이코스를 1-0으로 꺾었다. 경기 후 이날 휘슬 을 분 스페인 출신 주심 안토니오 로페스 니에토가 "경기 전일, 키예프 이사진으로부터 모피 코트를 선물받았다"라고 폭로했다. UEFA는 해당 건을 심판 매수로 판단해 키예프 를 즉시 퇴출 및 향후 2년간 UEFA 주관 대회 출전 금지 징계를 내렸다. 키예프의 빈자 리는 예비라운드 상대였던 올보리에게 돌아갔다. 일주일 뒤 파나시나이코스는 올보리 원정에서 다시 1차전을 치렀지만 1-2로 또 패했다. 하지만 파나시나이코스는 전열을 가 다듬어 3승 2무 1패로 조 1위를 차지하며 8강에 올랐다.

B조에서는 러시아 명문 스파르타크 모스크바가 6전 전승으로 쾌속 질주했다. 기대를 모았던 1994/95 프리미어리그 챔피언 블랙번은 첫 3경기에서 내리 패하는 망신을 당했 다. 모스크바 원정으로 치러진 5차전에서 블랙번은 경기 도중 그래엄 르쇼와 데이비드 베티가 동료끼리 주먹다짐을 벌이는 코미디 끝에 조 최하위로 탈락했다. 최종전에서 블 랙번은 로젠보리를 상대로 조별리그 유일한 승리를 챙겼는데, 그 결과 덕분에 같은 날 패한 레기아 바르샤바가 조 2위 행운을 안았다.

1994/95시즌 마르셀로 리피 감독 아래서 세리에A 우승을 탈환한 유벤투스는 C조에서 압도적 경기력을 과시했다. 원정 1차전에서 신흥 강호 도르트문트의 돌풍을 3-1로 가볍게 잠재웠다. 이후 조별리그 4연승으로 두 경기를 남기고 조 1위를 확정했다. 신예 알레산드로 델피에로가 로베르토 바조의 공백을 완벽하게 메웠고 잔루카 비알리와 파브리치오 라바넬리도 공격을 이끌었다. 디펜딩챔피언 아약스도 D조에서 딱히 적수를 찾을 수 없었다. 10대 스트라이커 라울 곤살레스를 앞세운 레알도 아약스 앞에선 속수무책으로 2연패를 당했다. 아약스는 6경기에서 15득점 1실점이란 발군의 기록으로 8강에 선착했고 레알이 조 2위를 차지했다.

토너먼트 Tournament

라리가에서 망신스러운 행보를 보이는 레알은 챔피언스리그에서 체면을 회복해야 했다. 1월 감독 교체를 단행해 분위기 반전을 노렸으나 불행히 8강에서 유벤투스와 맞닥뜨렸다. 홈 1차전에서 레알은 라울의 결승골로 1-0 승리를 거둬 희망을 키웠으나 원정에서 델피에로와 미켈레 파도바노에게 연속 골을 내줘 합산 1-2로 탈락의 고배를 마셨다. 리피 감독의 수비 전술에서도 유벤투스는 원할 때 골을 넣을 수 있는 강팀이었다. 준결승전에서도 낭트에 두 경기에서 4골을 기록하며 결승 진출 티켓을 획득했다. 조별리그 유일한 6전 전승 팀 스파르타는 겨울 이적시장에서 골키퍼 스타니슬라프 체르체소프 등 주축을 대거 잃는 바람에 힘 한번 써보지 못하고 8강에서 낭트에 패해, 짐을 쌌다.

아약스는 8강에서 도르트문트에 합산 3-0 완승을 했다. 원정을 2-0으로 잡은 뒤 암스테르담에서도 1-0으로 이겼다. 2차전 결승골의 주인공은 K리그 FC서울에서 잠시 뛰었던 키키 무삼파였다. 아약스의 준결승 상대는 레기아 바르샤바를 제친 파나시나이코스였다. 암스테르담 1차전에서 파나시나이코스는 막판 역습 한 방으로 1-0 '깜짝 승리'를 거뒀다. 챔피언스리그에서 아약스가 21경기 만에 당한 패배였기 때문에 해당 결과는 세계적 관심을 끌었다. 아테네의 열정적 7만 관중이 운집한 가운데 2차전이 열렸다. 각성한 아약스는 달랐다. 아리 리트마넨이 킥오프 4분 만에 선제골을 터트려 승부를 원점으로 돌렸고, 후반 들어 리트마넨의 추가골과 노르딘 우터의 쐐기골이 터졌다. 아약스가 합산 3-1 승리로 판을 뒤집어 2년 연속 결승전에 진출했다.

결승전 Final

아약스 1 : 1 (p. 2 : 4) 유벤투스 | 1996.05.22 | 로마, 스타디오 올림피코

아약스는 전년도 결승전 선발 멤버 7명이 로마의 스타디오 올림피코에 섰다. 공격 핵심은 2선 중앙에 있는 리트마넨이었다. 유벤투스는 4-3-3 대형을 콤팩트하게 유지하는 시스템을 유지했다. 결승전 장소가 로마인 덕분에 유벤투스는 홈 분위기를 누릴 수 있었다.

경기 초반부터 아약스는 빠른 패스를 좌우 측면으로 보내 크로스에 주력했다. 유벤투스가 이런 움직임을 간파했다. 센터서클 부근부터 모든 선수가 강하게 압박해 볼을 소유한 상대 선수를 괴롭혔다. 아약스 수비의 작은 실수가 선제 실점의 빌미를 허용했다. 프랑크 더부르가 머리로 걷어낸다는 볼이 잘못 맞아 높이 떴다가 본인과 골키퍼 에드빈 판데르사르의 사이로 떨어졌다. '은빛 여우' 라바넬리가 빈틈을 놓치지 않고 발을 뻗어 볼을 빼앗은 뒤 사각에서 절묘한 슛을 성공시켰다.

아약스는 순순히 물러서지 않았다. 40분 상대 페널티박스 앞 오른쪽에서 프리킥을 획득했다. 프랑크 더부르의 프리킥이 너무 강했던 탓에 골키퍼 안젤로 페루치가 손으로 쳐냈다. 불행히 볼은 동료 센터백 치로 페라라의 몸에 맞고 리트마넨 앞에 떨어졌다. 골잡이 리트마넨이 침착하게 대회 9호 골로 1-1 동점을 만들었다.

후반전이 되자 역시 루이스 판할 감독이 먼저 움직여 파트릭 클루이베르트를 투입했다. 카누와 함께 높이와 속도를 겸비한 투톱으로 상대를 공략한다는 노림수였다. 하지만 유벤투스의 중원 압박이 빛을 발하면서 전반전 주도권을 후반전까지 이어갔다. 최전방에서는 비알리와 라바넬리가 허슬플레이로 볼을 지켜냈다. 경기 막판으로 갈수록 유벤투스는 세차게 아약스의 골문을 두드렸지만 골운이 따르지 않았다. 정규시간 종료 후 연장전에서도 유벤투스가 일방적으로 두드리고 아약스의 판데르사르가 막아내는 장면이 반복되었다. 두 팀은 결국 120분 동안 승부를 가리지 못한 채 승부차기에 돌입했다. 아약스의 첫 키커 에드가 다비즈가 페루치의 선방에 막혔다. 유벤투스 키커들이 계속 성공한 뒤, 아약스의 네 번째 키커인 소니 실로이가 다시 페루치의 벽을 넘지 못했다. 유벤투스의 유고비치가 네 번째 페널티킥에 침착하게 성공하면서 유벤투스의 우승이 확정되었다.

유고비치는 1991년(레드스타)에 이어 두 번의 우승을 모두 승부차기로 쟁취하는 인연을 만들었다. 유벤투스는 1985년에 이어 통산 두 번째 우승이었지만 감회가 남달랐다. 당시 결승전 현장에서 킥오프 직전 스탠드가 무너져 39명이 목숨이 잃는 헤이젤 참사가 발생했기 때문이다. 유벤투스 레전드 출신 임원 로베르토 베테가는 "1985년에는 우승 후에도 기뻐할 수가 없었다. 이런 날을 너무나 오래 기다렸다"라면서 감격했다. 패장 판할 감독은 경기 후 인터뷰에서 "승부차기를 시작할 때 이미 결과를 알았다. 순서를 정할 때 지원자가 적으면 누구나 어느 팀이 이길지 직감할 수 있다"라며 선수들의 자신감 부족에 한숨을 뱉었다.

· 조별리그 결과 ·

(★ 토너먼트 진출)

A조

순위	팀명	전	승	무	패	득	실	득실	승점
★1	파나시나이코스	6	3	2	1	7	3	+4	11
★2	낭트	6	2	3	1	8	6	+2	9
3	포르투	6	1	4	1	6	5	+1	7
4	올보리 BK	6	1	1	4	5	12	−7	4

B조

순위	팀명	전	승	무	패	득	실	득실	승점
★1	스파르타크 모스크바	6	6	0	0	15	4	+11	18
★2	레기아 바르샤바	6	2	1	3	5	8	−3	7
3	로젠보리	6	2	0	4	11	16	−5	6
4	블랙번 로버스	6	1	1	4	5	8	−3	4

C조

순위	팀명	전	승	무	패	득	실	득실	승점
★1	유벤투스	6	4	1	1	15	4	+11	13
★2	보루시아 도르트문트	6	2	3	1	8	8	0	9
3	스테아우아 부쿠레슈티	6	1	3	2	2	5	−3	6
4	레인저스	6	0	3	3	6	14	−8	3

D조

순위	팀명	전	승	무	패	득	실	득실	승점
★1	아약스	6	5	1	0	15	1	+14	16
★2	레알 마드리드	6	3	1	2	11	5	+6	10
3	페렌츠바로스	6	1	2	3	9	19	−10	5
4	그라스호퍼	6	0	2	4	3	13	−10	2

· 토너먼트 결과 · (★ 승자)

8강

	1차전	2차전	합산	득점자
🟡 보루시아 도르트문트	0	0	0	**1차전** — **2차전** —
🔴 아약스★	2	1	3	**1차전** 다비즈 8', 클루이베르트 83' **2차전** 무삼파 75'

	1차전	2차전	합산	득점자
레기아 바르샤바	0	0	0	**1차전** — **2차전** —
파나시나이코스★	0	3	3	**1차전** — **2차전** 바르지하 34', 58', 보렐리 72'

	1차전	2차전	합산	득점자
레알 마드리드	1	0	1	**1차전** 라울 20' **2차전** —
유벤투스★	0	2	2	**1차전** — **2차전** 델피에로 17', 파도바노 54'

	1차전	2차전	합산	득점자
낭트★	2	2	4	**1차전** 은도람 28', 퀘덱 67' **2차전** 퀘덱 63', 86'
스파르타크 모스크바	0	2	2	**1차전** — **2차전** 니키포로프 32', 38'

준결승

	1차전	2차전	합산	득점자
아약스★	0	3	3	**1차전** — **2차전** 리트마넨 4', 77', 우터 86'
파나시나이코스	1	0	1	**1차전** 바르지하 87' **2차전** —

	1차전	2차전	합산	득점자
유벤투스★	2	2	4	**1차전** 비알리 49', 유고비치 66' **2차전** 비알리 17', 소사 50'
낭트	0	3	3	**1차전** — **2차전** 카프론 44', 은도람 69', 레노 82'

◆ 결승전 ◆

2 : 4 p

1 : 1

1996.05.22. 로마,
스타디오 올림피코 (70,000명)

아약스 **유벤투스**

득점

리트마넨 41'	라바넬리 13'

승부차기

다비즈	○○○○○ 0-1 ●○○○○		페라라
리트마넨	○○○○● 1-2 ●●○○○		페소토
숄텐	○○○●● 2-3 ●●●○○		파도바노
실로이	○○○●● 2-4 ●●●●○		유고비치

루이스 판할 | **3-4-3**

마르셀로 리피 | **4-3-3**

벤치

그림(GK), 판덴베르흐	람풀라(GK), 포리니

경고/퇴장

피니디 조지 22', 다니 블린트 83', 노르딘 우터 90'+2 / –	블라디미르 유고비치 50', 디디에 데샹 87', 모레노 토리첼리 102', 안젤로 디리비오 106' / –

주부심: 마누엘 디아스 베가(ESP), 호아킨 올모스 곤살레스(ESP), 마누엘 페르난도 트레사코 그라시아(ESP)
대기심: 호세 마리아 가르시아아란다(ESP)

득점순위

득점	이름		클럽명	
9골	야리 리트마넨	(FIN)	아약스	(NED)
6골	알레산드로 델피에로	(ITA)	유벤투스	(ITA)
	라울	(ESP)	레알 마드리드	(ESP)
	크시슈토프 바르지하	(POL)	파나시나이코스	(GRE)
5골	파트릭 클루이베르트	(NED)	아약스	(NED)
	유리 니키포로프	(RUS)	스파르타크 모스크바	(RUS)
	니콜라 퀘덱	(FRA)	낭트	(FRA)
	파브리치오 라바넬리	(ITA)	유벤투스	(ITA)
4골	마이크 뉴얼	(ENG)	블랙번 로저스	(ENG)
	이반 사모라노	(CHI)	레알 마드리드	(ESP)

리피

수비적이지만 화끈하다

1990년대 말부터 실비오 베를루스코니 회장의 밀란은 유럽 최강자로 군림했다. 세리에A 역대 최다 우승팀 유벤투스의 마음이 편할 리 없었다. 1990년 유벤투스의 회장이 된 비토리오 키우사노는 왕좌를 되찾기 위해 대대적 투자로 로베르토 바조, 잔루카 비알리 등 스타들을 영입하기 시작했다. 1994년 여름 화룡점정이 새겨졌다. 나폴리의 마르셀로 리피 감독을 손에 넣은 것이다. 부임 첫 시즌 리피 감독은 밀란의 리그 4연패를 저지하며 스쿠데토를 차지했다. 코파델레이에서 우승을 보태 국내 더블을 달성했고 UEFA컵 결승 진출도 일궜다. 그리곤 두 번째 시즌 챔피언스리그까지 접수해 왕가 부활에 앞장섰다.

리피 감독은 수비를 중시하는 이탈리아 전술 철학을 바탕에 깐 위에 현대적 역습 스타일을 보탰다. 4-3-3 포메이션을 콤팩트하게 유지하고 아웃필더들이 각자 위치에서 마크맨에게 일대일 압박을 가해 볼을 탈취하고, 볼을 빼앗는 즉시 역습을 가해 득점 기회를 만드는 스타일이었다. 리피 감독은 전술에 선수들을 맞추기보다 보유한 선수들의 능력을 극대화할 수 있는 시스템을 찾고자 노력했다. 중원에서 파울로 소사는 전방을 향해 과감한 패스를 제공하는 딥라잉 미드필더 역할을 소화했고, 데샹은 특유의 경기 읽는 센스를 살려 수비형 미드필더 포지션에서 상대 공격을 원천 차단했다.

부임 1년 만에 리피 감독은 슈퍼스타 로베르토 바조를 처분해 언론과 팬으로부터 거센 비난을 받았다. 1995/96시즌을 준비하면서 리피 감독은 비알리와 라바넬리, 델피에로로 최전방 공격진을 꾸몄다. 비알리는 몸싸움을 마다하지 않는 9번 역할, 라바넬리는 뒷공간을 노리는 공간 침투로 공격을 풀었다. 델피에로가 2선 중앙으로 내려와 4-3-1-2로 전환하거나 다이아몬드 4-4-2를 구사하기도 했다. 리피 감독의 유벤투스는 수비적이면서도 속도감 넘치는 공격 덕분에 따분하지 않았다. 논란 속에서 시작된 부임 두 번째 시즌에서 리피 감독과 유벤투스는 챔피언스리그를 제패했다.

★★★

1996 / 97 시즌

독일 축구의 부활

⚽ 키워드 ⚽

#독일 #도르트문트 #히츠펠트 #세트피스

백그라운드 Background

보스만 판례가 적용된 첫 시즌이었다. TV 중계권 계약 '대박'을 터트린 프리미어리그 클럽들이 외국인 제한에 적용되지 않는 EU 국적 스타들을 끌어모으기 시작했다. 전년도 챔피언스리그 결승전 선제골의 주인공 파브리치오 라바넬리가 프리미어리그 중위권 미들즈브러로 이적해 팬들을 놀라게 했다. 공격 파트너 잔루카 비알리는 자유계약 신분으로 첼시 유니폼으로 갈아입었다. UEFA 주관 대회의 '3+2 규정'이 사라져 대회 우승을 노리는 빅클럽들의 외국인 등록 숫자가 대부분 증가하는 추세를 보였다.

시즌 개막 전인 1996년 여름에는 잉글랜드에서 유로 96이 개최되었다. 개최국 잉글랜드를 4강 제물로 삼은 독일이 결승전에서 체코를 2-1로 꺾고 통산 세 번째이자 통일 이후 첫 우승을 차지했다. 후반전 선제 실점에도 불구하고 교체로 들어간 올리버 비어호프가 동점골 및 연장전 골든골을 터트렸다. 동독 출신인 리베로 마티아스 잠머는 대회 최우수선수로 선정되었고 같은 해 말 발롱도르의 영예까지 안았다. 독일 축구가 국제 경쟁력을 발휘하기 시작한 시즌이었다.

디펜딩챔피언 유벤투스와 함께 UEFA 랭킹 1~7위 리그 챔피언 7개 팀(밀란, 옥세르, 도르트문트, 포르투, 아틀레티코, 아약스, 맨유)이 조별리그에 직행했다. 이탈리아는 자국 챔피언 밀란이 나서 2개 팀이 조별리그에 합류했다. 랭킹 8위에서 23위까지 16개 팀이 조별리그 잔여 여덟 자리를 놓고 플레이오프를 펼쳤다.

조별리그 Group Stage

조별리그 최대 이변은 D조에서 벌어졌다. 최근 대회 10시즌 중 결승 진출 5회, 우승 3회에 빛나는 밀란이 포르투, 예테보리, 로젠보리와 함께 배정되었다. 파비오 카펠로 감독이 레알 마드리드로 떠났다고 해도 밀란은 여전히 세계 최고 스타들이 모인 메가 클럽이었다. 실비오 베를루스코니 회장은 우루과이 출신의 명장 오스카 타바레스 감독을 후임으로 영입했다. 밀란은 조별리그 1차전에서 포르투에 2-3으로 패해 불안하게 출발했다. 원정 2차전에서 밀란은 마르코 시모네의 해트트릭 활약에 힘입어 세미프로 선수들로만 구성된 노르웨이의 로젠보리를 4-1로 대파했다. 국내 리그에서 고전을 면치 못하자 베를루스코니 회장은 타바레스 감독을 3개월 만에 해고하고 '구관' 아리고 사키를 재영입했다. 홈에서 로젠보리(6점)를 상대하는 조별리그 최종전에서 밀란은 승점 7점, 조 2위인 덕분에 비기기만 해도 8강에 오를 수 있었다. 사키 감독이 처음 지휘봉을 잡은 홈 6차전에서 밀란은 로젠보리에 충격의 1-2 패배를 당했다. 승점 9점이 된 로젠보리가 2위로 8강행 티켓을 땄고 밀란은 짐을 쌌다. 1980년대 말부터 90년대 중반까지 이어졌던 '밀란 천하'가 끝나는 순간이었다. 베를루스코니 회장은 "밀란을 맡은 이래 가장 수치스러운 날"이라며 분통을 터뜨렸다. 해당 시즌 밀란은 세리에A에서도 11위라는 치욕을 맛보곤 카펠로 감독을 다시 데려오며 갈팡질팡했다.

세리에A 라이벌 유벤투스는 조별리그에서 순항했다. C조에 배정된 유벤투스는 맨체스터 유나이티드(맨유), 페네르바체, 라피드 빈과 8강행을 다퉜다. 비알리와 라바넬리를 처분하고도 리피 감독의 유벤투스는 알렌 복시치, 크리스티안 비에리, 지네딘 지단을 영입해 오히려 더 강해진 상태였다. 뛰어난 공수 밸런스를 갖춘 유벤투스는 조별리그 6경기에서 한 골만 내주면서 5승 1무라는 압도적 전력으로 8강에 선착했다. 알렉스 퍼거슨 감독 아래서 지난 시즌 국내 더블을 달성했던 맨유는 페네르바체(7점)에 1점 뒤진 조 3위 상태로 최종전에서 라피드 빈을 상대했다. 페네르바체의 상대는 유벤투스였다. 맨유로서는 조 1위를 확정한 유벤투스가 버려도 되는 경기에서 최선을 다해주길 바라야 했다. 기도가 통했다. 유벤투스가 로테이션에도 불구하고 페네르바체를 2-0으로 제압했다. 맨유는 라이언 긱스와 에릭 칸토나의 골로 라피드 빈을 2-0으로 꺾어 챔피언스리그 리브랜딩 후 잉글랜드 클럽으로서 최초로 8강에 오르는 기쁨을 안았다.

A조에서는 창단 첫 리그앙 우승을 차지한 옥세르가 승점 12점을 획득해 조 1위로 8강에 올랐다. 루이스 판 할 감독의 아약스는 최종전에서 승점 동률 그라스호퍼와 맞대결을 1-0으로 가져간 덕분에 조 2위로 8강에 합류했다. 아약스는 조별리그 6경기에서 2패나 당하며 보스만 판례의 상처가 점점 악화하고 있음을 보였다. B조에서는 아틀레티코와 도르트문트가 분위기를 주도해 승점 동률로 나란히 토너먼트에 안착했다.

▌▌**토너먼트** Tournament

1991년 오트마르 히츠펠트 감독의 부임 이후 도르트문트는 꾸준히 성장했다. 세리에A에 진출했던 안드레아스 묄러를 비롯해 위르겐 콜러, 마티아스 잠머, 하인츠 리들레 등 독일 현역 국가대표 멤버들을 영입하는 투자도 병행했다. 1994/95, 1995/96시즌 분데스리가를 연거푸 제패하는 기세를 유럽 무대까지 이어갔다. 8강에서 도르트문트는 옥세르를 상대로 2연승을 거두며 지난 대회 성적(8강)을 뛰어넘어 준결승 무대를 밟았다.

결승행 길목에서 만난 상대는 맨유였다. '레전드' 칸토나를 비롯해 긱스, 골잡이 앤디콜, 신입생 올레 군나르 솔샤르와 조르디 크루이프(요한 크루이프의 아들) 등이 공수 밸런스를 유지하면서 활기찬 공격력을 선보였다. 8강에서 맨유는 강호 포르투를 홈 4-0 대승을 발판 삼아 당당히 4강 대열에 합류했다. 도르트문트는 준결승 홈 1차전을 앞두고 주축들인 스테판 사쮀자, 리들레, 콜러, 잠머가 대거 결장해 고전이 예상되었다. 콜러의 백업으로 출전한 레네 트레초크의 중거리슛이 개리 팔리스터의 몸에 맞고 굴절되어 들어가 1-0 신승을 거둘 수 있었다. 올드 트래퍼드 2차전은 맨유의 때리기와 도르트문트의 버티기가 맞섰다. 킥오프 8분 만에 유스 출신인 신예 라스 리켄이 선제골을 뽑아 도르트문트가 합산 두 골을 앞서갔다. 맨유는 홈 팬들의 열띤 성원을 등에 업고 총공세를 펼쳤다. 상대 수문장 슈테판 클로스의 놀라운 선방쇼를 망치기에는 역부족이었다. 도르트문트가 창단 첫 챔피언스리그 결승 무대를 밟게 되었다. 이날 경기는 맨유 레전드 칸토나의 마지막 유럽 경기 출전이 되고 말았다. 해당 시즌이 끝나고 30세 나이로 돌연 은퇴해버렸기 때문이다.

반대편 대진에서는 전년도 결승 진출 2개 팀이 단연 돋보였다. 아약스는 8강 홈 1차전에서 아틀레티코와 1-1로 비긴 뒤 원정 2차전에서 승부를 봐야 했다. 90분이 지나고 양 팀은 한 골씩 주고받아 합산스코어가 2-2 동점이 되어 연장전에 돌입했다. 팽팽했던 균형이 연장전에서 깨졌다. 아약스가 한 골 앞서가자 아틀레티코가 곧바로 응수해 다시 3-3 동점 상황이 되었다. 연장 종료 1분 전, 아약스가 역습을 가했다. 1996년 애틀랜타 올림픽 금메달 주역 티자니 바방기다가 페널티박스 안 오른쪽에서 볼을 잡았다. 상대 골키퍼가 전진해 각도가 좁아진 상황에서 바방기다는 영리한 칩슛을 골문 안으로 보내 아틀레티코 홈 팬들의 가슴에 비수를 꽂았다. 전력 누수에도 불구하고 아약스는 4강에 오르는 저력을 발휘했다.

8강에서 로젠보리를 합산스코어 3-1로 따돌린 유벤투스가 준결승전에서 아약스와 만나 전년도 결승전 매치업이 재현되었다. 하지만 양 팀의 전력 차이는 1년 사이에 크게 벌어져 있었다. 암스테르담 원정에서 유벤투스는 2-1로 승리한 데 이어 스타디오 델레알피에서 맞이한 2차전에서도 비에리, 지단 등의 득점 활약을 앞세워 아약스를 4-1로 대파했다. 아약스는 결승 문턱에서 라이벌 유벤투스에 합산스코어 2-6이란 대패를 당하면서 무릎을 꿇었다. 밀란으로부터 바통을 이어받은 유벤투스가 2년 연속 챔피언스리그 결승전에 진출했다.

결승전 Final

보루시아 도르트문트 3 : 1 유벤투스 | 1997.05.28 | 뮌헨, 올림피아슈타디온

1993년 UEFA컵 결승전에서 만났던 두 팀이 4년 뒤 최고의 무대에서 재회했다. 도르트문트로서는 독일이 결승 장소라는 이점을 살릴 수 있었다. 묄러, 콜러, 로이터, 소사가 유벤투스 출신이었기 때문에 동기부여도 좋았다. 소사는 지난 시즌 막판 부상 중인 자신을 정리 대상으로 삼은 유벤투스에 악감정을 가진 상태였다. 경기 전 예상은 물론 당대 최강 유벤투스 쪽으로 기울었다. 전년도 결승전에 출전했던 선수가 다섯 명으로 경험 면에서 앞섰다. 양 팀의 객관적 전력 차이가 컸던 탓에 도르트문트는 유벤투스의 타이틀 방어를 위한 들러리처럼 다루어졌다. 결승 하루 전 수문장 페루치가 출산하는 아내의 곁을 지키기 위해 이탈리아를 다녀올 만큼 유벤투스 측 분위기는 여유로웠다.

도르트문트의 백3 전술에서 주축은 역시 잠머였다. 상황에 따른 개인 판단으로 공수를 자유롭게 오가면서 경기를 주도했다. 최전방 투톱 중 샤퓌자는 측면에 치우쳐 수비수 유인과 공간 활용을 병행했고 리들레가 페널티박스 안에서 공격을 마무리하는 역할이었다. 유벤투스는 지단을 2선 중앙 플레이메이커로 세우는 4-3-1-2 포메이션을 유지했고 볼 소유를 내준 상황에서는 지단이 후진해 다이아몬드 4-4-2 형태로 전환했다.

초반부터 유벤투스가 경기를 주도했다. 최전방 투톱인 비에리와 복시치가 강한 피지컬을 앞세워 상대 마크맨을 무너트리는 패턴을 반복하며 도르트문트 문전을 위협했다. 도르트문트는 상대의 중원 압박과 힘 있는 공격에 밀려 하프라인을 넘어가기도 쉽지 않았다. 29분 도르트문트는 역습으로 얻은 코너킥 상황에서 리들레가 팀의 첫 슈팅을 기록했고, 이는 도르트문트의 선제골로 이어졌다. 의외의 득점이 경기 분위기를 어수선하게 만들었고, 5분 뒤 도르트문트는 동일한 왼쪽 코너킥에서 다시 리들레가 깔끔한 헤딩 슛으로 추가골을 뽑았다.

하프타임, 리피 감독은 부상에서 갓 복귀한 라이트백 포리니를 빼고 델피에로를 넣어 추격의 고삐를 당겼다. 지단과 델피에로가 창의적 패스와 돌파를 선보이며 다시 도르트문트 수비진을 공략했다. 65분 지단의 스루패스를 받은 복시치가 크로스를 보냈고, 니어코너에서 델피에로가 감각적인 백힐로 추격골을 터뜨렸다. 도르트문트의 히츠펠트 감독은 체력이 떨어진 사뮈자를 내리고 패기 넘치는 리켄을 기용했다. 그라운드를 밟은 지 16초 만에 리켄의 앞에 절묘한 공간 패스가 떨어졌다. 골문과 꽤 먼 거리였지만, 리켄은 퍼스터치로 전진해 있던 페루치의 키를 넘기는 로빙슛으로 승부에 쐐기를 박았다. 경기 후 리켄은 "들어가기 전부터 '페루치가 너무 나와 있어'라고 계속 생각했다"라며 상대의 허를 찌른 판단을 설명했다.

유벤투스의 절박한 공격 시도는 잠머의 눈부신 수비 능력 앞에서 번번이 무산되었다. 경기 막판 투입된 니콜라 아모루소와 알레시오 타키나르디도 도르트문트의 끈질긴 수비망에 걸려 결정적 장면을 만들지 못했다. 헝가리 출신 산도르 풀 주심의 경기 종료 휘슬이 울리면서 도르트문트는 가장 중요한 경기에서 거인을 쓰러트리며 창단 첫 챔피언스리그 역사를 썼다. 국가대표팀의 유로 96 우승으로 시작해 도르트문트의 챔피언스리그 우승, 샬케의 UEFA컵 우승에 이르기까지 1996/97시즌은 독일 축구 역사에서 가장 빛나는 한 해가 되었다.

마티아스 잠머 Key Player
독일 전차군단의 마지막 리베로

1996/97시즌은 독일과 마티아스 잠머를 위한 해였다. 1996년 여름 잉글랜드에서 개최된 유로 96에서 잠머는 압도적 경기 지배력으로 팀을 우승을 이끌어 대회 최우수선수로 선정되었다. 같은 해 말 수비수로서는 21년 만에 발롱도르를 차지하는 영광을 안았고, 무릎 부상으로 고생하면서도 결국 챔피언스리그 우승으로 시즌 피날레를 화려하게 장식했다.

잠머는 동독 출신이다. 디나모 드레스덴에서 시작해 부친 클라우스 잠머 아래서 프로 데뷔했다. 1990년 독일 통일 이후 슈투트가르트를 거쳐 2년 뒤 인테르행으로써 세계 최고 무대에 서게 된다. 잠머는 이탈리아 생활에 적응하지 못한 채 시즌 도중 도르트문트

이적으로 독일로 복귀했다. 당시 도르트문트는 히츠펠트 감독 아래서 힘을 키우고 있었다. 시즌 도중에 합류한 새 팀에서 잠머는 UEFA컵 결승 진출을 이끌었다. 다음 시즌 도중 도르트문트의 스위퍼 네드 젤리치가 부상을 당했다. 히츠펠트 감독은 잠머에게 한두 경기만 해당 포지션을 소화해달라고 부탁했는데, 이를 계기로 미드필더 잠머는 잠재했던 리베로 능력을 세상에 알렸다. 70년대 프란츠 베켄바우어로부터 시작된 독일 리베로의 전통은 80년대 말 로타어 마테우스를 거쳐 90년대 잠머로 계승되었다. 백3 수비진의 중앙에 서는 잠머는 공격 빌드업에서 직접 드리블로 라인 전체를 끌어올리는 역할뿐 아니라 정확한 롱패스로 다이렉트 공격 시도의 시발점이 되기도 했다.

UEFA컵 결승 진출로 큰돈을 번 도르트문트는 세리에A에 진출했던 독일 현역 국가대표를 속속 영입했다. 전력이 급상승한 도르트문트와 잠머는 1994/95시즌 분데스리가 최종전에서 극적으로 우승을 차지했고 이듬해에도 타이틀을 방어했다. 그렇게 위닝 멘털리티를 갖춘 도르트문트가 챔피언스리그 도전 2년 만인 1996/97시즌 우승까지 차지하는 '대박 사고'를 친 것이다. 해당 시즌 잠머는 무릎 부상으로 고전했지만, 결승전을 앞두고 어떻게든 컨디션을 회복해 우승에 기여했다. 한 시즌 안에 국가대표팀과 클럽에서 빛나는 업적을 남겼지만, 뮌헨 결승전 이후 잠머는 무릎 부상이 악화되었다. 향후 두 시즌 동안 3경기밖에 출전하지 못할 정도로 몸이 망가진 끝에 1998년 현역 은퇴를 선언했다. 은퇴 후 지도자로 변신한 잠머는 2002년 감독으로서 도르트문트를 다시 분데스리가 우승으로 이끌어 '절대 레전드' 반열에 올랐다.

• 조별리그 결과 •

(★ 토너먼트 진출)

A조	순위	팀명	전	승	무	패	득	실	득실	승점
	★1	**옥세르**	6	4	0	2	8	7	+1	12
	★2	**아약스**	6	4	0	2	8	4	+4	12
	3	그라스호퍼	6	3	0	3	8	5	+3	9
	4	레인저스	6	1	0	5	5	13	−8	3

B조	순위	팀명	전	승	무	패	득	실	득실	승점
	★1	**아틀레티코 마드리드**	6	4	1	1	12	4	+8	13
	★2	**보루시아 도르트문트**	6	4	1	1	14	8	+6	13
	3	비제프 우치	6	1	1	4	6	10	−4	4
	4	부쿠레슈티	6	1	1	4	5	15	−10	4

C조	순위	팀명	전	승	무	패	득	실	득실	승점
	★1	**유벤투스**	6	5	1	0	11	1	+10	16
	★2	**맨체스터 Utd**	6	3	0	3	6	3	+3	9
	3	페네르바체	6	2	1	3	3	6	−3	7
	4	라피드 빈	6	0	2	4	2	12	−10	2

D조	순위	팀명	전	승	무	패	득	실	득실	승점
	★1	**포르투**	6	5	1	0	12	4	+8	16
	★2	**로젠보리**	6	3	0	3	7	11	−4	9
	3	밀란	6	2	1	3	13	11	2	7
	4	예테보리	6	1	0	5	7	13	−6	3

· 토너먼트 결과 ·

(★ 승자)

8강

	1차전	2차전	합산	득점자
🔵 보루시아 도르트문트★	3	1	4	**1차전** 리들레 12', 슈나이더 54', 묄러 83' **2차전** 리켄 61'
옥세르	1	0	1	**1차전** 라무시 75' **2차전** –

	1차전	2차전	합산	득점자
맨체스터 Utd★	4	0	4	**1차전** 메이 22', 칸토나 34', 긱스 61', 콜 80' **2차전** –
포르투	0	0	0	**1차전** – **2차전** –

	1차전	2차전	합산	득점자
아약스★	1	3	4	**1차전** 클루이베르트 53' **2차전** R. 더부르 49', 다니 100', 바방기다 119'
아틀레티코 마드리드	1	2	3	**1차전** 에스나이더 8' **2차전** 키코 29', 판티치 105'(p)

	1차전	2차전	합산	득점자
로젠보리	1	0	1	**1차전** 솔브베트 51' **2차전** –
유벤투스★	1	2	3	**1차전** 비에리 53' **2차전** 지단 29', 아모루소 89'(p)

준결승

	1차전	2차전	합산	득점자
🔵 보루시아 도르트문트★	1	1	2	**1차전** 트레초크 76' **2차전** 리켄 8'
맨체스터 Utd	0	0	0	**1차전** – **2차전** –

	1차전	2차전	합산	득점자
아약스	1	1	2	**1차전** 리트마넨 66' **2차전** 멜키오트 75'
유벤투스★	2	4	6	**1차전** 아모루소 14', 비에리 41' **2차전** 롬바르도 34', 비에리 36', 아모루소 79', 지단 80'

◆ 결승전 ◆

3 : 1

1997.05.28. 뮌헨,
올림피아슈타디온 (59,000명)

보루시아 도르트문트

유벤투스

득점

리들레 29', 34', 리켄 71'	델피에로 65'

오트마르 히츠펠트	3-5-2	마르셀로 리피	4-3-1-2

벤치

데비어(GK), 트레초크	람풀라(GK), 페소토

경고/퇴장

소사 23', 리켄 71' / –	포리니 19', 율리아노 90' / –

주부심: 산도르 풀(HUN), 라스지오 하마르(HUN), 임레 보조키(HUN)
대기심: 아틸라 주호스(HUN)

득점순위

득점	이름		클럽명	
5골	밀린코 판티치	(YUG)	아틀레티코 마드리드	(ESP)
4골	니콜라 아모루소	(BRA)	유벤투스	(ITA)
	아르투르	(BRA)	포르투	(POR)
	알렌 복시치	(CRO)	유벤투스	(ITA)
	알레산드로 델피에로	(ITA)	유벤투스	(ITA)
	마리우 자르데우	(BRA)	포르투	(POR)
	라스 리켄	(GER)	보루시아 도르트문트	(GER)
	칼하인츠 리들레	(GER)	보루시아 도르트문트	(GER)
	마르코 시모네	(ITA)	밀란	(ITA)
	크리스티안 비에리	(ITA)	유벤투스	(ITA)
	디에고 시메오네	(ARG)	아틀레티코 마드리드	(ESP)

오트마르 히츠펠트

세트피스의 효용성

1997년 도르트문트의 우승은 이변이 아니었다. 1991년 부임한 히츠펠트 감독과 함께 발전을 거듭한 여섯 시즌째 거둔 수확이었기 때문이다. 부임 당시 도르트문트 팬들은 이름값이 떨어지는 스위스 리그 출신 지도자를 의심 섞인 시선으로 바라봤다. 설상가상 첫 시즌 레비어 더비에서 샬케에 2-5로 대패했고 DFB포칼에서도 탈락했다. 경질 위기에서 히츠펠트 감독은 인기 골키퍼 테디 데비어를 20세 신예 슈테판 클로스로 교체하는 파격을 단행했다. 큰 논란을 불렀던 이 결정은 수비 안정의 열쇠로 작용해 분데스리가 2위라는 역대 최고 순위를 가능하게 했다.

히츠펠트 감독의 최대 장점은 선수를 고르는 선구안이었다. 1992년 여름 본인의 안방이었던 스위스 리그에서 골잡이 스테판 사퀴자를 영입했다. 데뷔 시즌 사퀴자는 리그 20골을 터트리며 도르트문트의 비약적 발전에 앞장섰다. 1993년 UEFA컵 결승 진출에서 챙긴 TV 중계권 수입으로 도르트문트는 세리에A에 진출했던 독일 국가대표선수를 속속 영입했다. 히츠펠트 감독의 실용적 전술은 우수 자원들에 의해 꽃피었다. 부임 4년째인 1994/95시즌 히츠펠트 감독은 리그 최종전에서 극적으로 브레멘을 끌어내려 역전 우승에 성공했고, 다음 시즌에도 타이틀을 방어해 명실상부한 독일 최강으로 거듭났다.

히츠펠트 감독의 상대 분석력이 가장 돋보였던 경기가 바로 1997년 챔피언스리그 결승전이었다. 당시 유벤투스에는 세계 최고 수준의 개인 기량을 갖춘 스타플레이어들이 즐비했다. 도르트문트는 하프라인부터 강한 맨마크로 대응했다. 스코틀랜드 출신 폴 램버트는 지단을 밀착 마크해 상대의 공격 빌드업을 헝클었다. 무엇보다 도르트문트는 단판 승부에서 세트피스가 얼마나 효과적인지 입증했다. 볼 점유를 내주면서도 도르트문트는 전반 중반 이후 코너킥 2개를 모두 득점으로 연결해 승기를 잡았다. 후반 투입한 리켄의 퍼스트터치 득점도 상대 골키퍼가 지나치게 전진한다는 점을 간파한 결과였다. 독일 현역 국가대표로 채워진 백3와 좌우 윙백이 꾸민 최후방 수비진이 끝까지 조직력을 유지했고 잠머라는 절정의 기량 덕분에 스타플레이어들의 개인플레이를 봉쇄할 수 있었다.

★★★

1997/98 시즌

레알 마드리드
왕조 부활

◈ 키워드 ◈

#레알마드리드 #외국인선수 #하인케스 #대회확장

백그라운드 Background

1992/93시즌 대회 리브랜딩 과정에서 각 리그의 챔피언만 출전한다는 의미로 대회 명칭을 '챔피언스리그'라 정했다. 더는 아니다. 1997/98시즌부터 UEFA는 1~8위 리그의 2위에도 문호를 개방했다. 챔피언들만 출전했던 대회가 갑자기 46개국 55개 클럽이 출전하는 '모두의 이벤트'로 확장한 첫 시즌이었다.

유럽 축구의 공영보다 축구 시장의 주도권 싸움이 부른 결정이었다. 1992년 챔피언스리그 리브랜딩은 TV중계권 및 스폰서십 계약 '대박'을 터트렸다. 잉글랜드 〈BSkyB〉를 비롯해 유럽 각지에서 유료 위성방송 채널들이 속속 개국했고, 축구 중계가 가입자 유치를 위한 핵심 콘텐츠라는 사실이 입증되면서 TV중계권 가격이 폭등하기 시작했다. 돈 냄새를 맡은 빅클럽들이 챔피언스리그를 떠나 '그들만의 리그', 즉 '유러피언 슈퍼리그' 창설 계획을 논의하기 시작했다. 이런 움직임을 간과할 수 없었던 UEFA가 꺼낸 카드가 바로 챔피언스리그의 규모 확대였다. 그동안 챔피언스리그의 높은 문턱을 넘지 못했던 리그 및 클럽들로부터 환영받는 변화일 뿐 아니라 경쟁 리그의 출현 가능성을 씨앗 단계부터 없앨 전략적 판단이었다.

UEFA는 1~8위 리그에서 1, 2위 각 2개 팀에 출전권을 부여했다. 예전 UEFA컵으로 내려보냈던 하위 리그 챔피언들을 1, 2차 예선 단계로 재소환해 몸집을 불렸다. 아르메니아, 아제르바이잔, 마케도니아, 슬로바키아의 리그 챔피언들이 출전 기회를 얻었다. 조별리그도 기존 4개 조에서 6개 조로 50% 확대되었다. 대회 방식은 이렇다. UEFA 1~8위 리그 챔피언 8개 팀이 조별리그에 직행한다. 하위 리그 챔피언 30개 팀이 1차 예선을 벌인다. 2차 예선에서는 1차 예선 승자 15개 팀, 상위 리그 2위 팀들, 중상위 리그 챔피언들이 홈&어웨이 방식으로 조별리그 진출을 다툰다. 2차 예선 승자 16개 팀과 선착해 있는 최상위 8개 팀, 총 24개 팀이 6개 조로 나뉘어 본선에 해당하는 조별리그에서 풀리그 경쟁한다. 각 조 1위 6개 팀과 조 2위 그룹의 최다 승점 2개 팀이 토너먼트 8강에 오른다.

조별리그에 직행해야 할 UEFA 랭킹 8위 터키의 챔피언 갈라타사라이는 2차 예선부터 시작하는 불운을 겪었다. 분데스리가 1위 바이에른과 본 대회 디펜딩챔피언 도르트문트가 조별리그 직행권을 받은 탓에 2차 예선으로 밀리고 말았다. 분데스리가는 2위 레버쿠젠도 2차 예선 출전권을 얻어 대회 역사상 최초로 한 시즌에 3개 팀이 출전하는 리그가 되었다.

조별리그 Group Stage

루이스 판할 감독이 이끄는 바르셀로나는 PSV, 뉴캐슬, 디나모 키예프와 함께 C조에 배정되었다. 전문가들의 예상을 깨고 키예프가 돌풍을 일으켰다. 2년 전 모피코트 사건 이후 복귀한 키예프의 수장은 전설적 명장 발레리 로바노프스키 감독이었다. 첫 경기부터 키예프는 강호 PSV를 원정에서 3-1로 격파했다. 세르히 레브로프와 안드리 셉첸코의 젊은 투톱이 돋보였다. 홈 3차전에서 바르셀로나까지 3-0으로 제압했지만, 하이라이트는 2주 후 누캄프에서 벌어진 4차전이었다. 셉첸코가 전반전 해트트릭을 터트려 거함 바르셀로나를 4-0으로 대파한 것이다. 결국, C조에서 키예프는 승점 11점 단독 선두로 8강에 오르는 이변을 낳았다. 바르셀로나는 첫 경기부터 뉴캐슬에 2-3으로 패하는 등, 망신 끝에 조 최하위로 탈락하고 말았다.

우승 후보 유벤투스는 B조에서 맨유, 페예노르트, 코시체와 경쟁했다. 지난 시즌 4강 진출로 자신감을 얻은 맨유가 파죽의 5연승으로 독주했다. 홈 2차전에서는 당대 최강이었던 유벤투스를 상대로 3-2 역전승을 거둬 프리미어리그의 부활을 알렸다. 킥오프 24초 만에 알레산드로 델피에로에게 선제 실점을 허용했으나 유럽 최고 드리블러 라이언 긱스의 맹활약을 앞세워 유벤투스를 제압해 홈 팬들을 열광시켰다.

5차전까지 치른 시점에서 유벤투스는 승점 9점에 그쳤다. 조 2위 그룹에서 D조 로젠보리보다 1점 뒤진 탓에 8강행이 멀어지는 듯했다. 유벤투스는 최종전에서 맨유를 반드시 꺾고 로젠보리가 무승부 이하 성적을 거두기만 바라야 했다. 홈에서 유벤투스는 경기 막판까지 맨유의 골문을 열지 못했다. 설상가상 로젠보리는 올림피아코스에 2-1로 앞서고 있었다. 불안감이 가중되던 84분 필리포 인자기가 극적 결승골을 터트렸다. 4분 뒤, 아테네에서 로젠보리가 올림피아코스에 뼈아픈 2-2 동점골을 허용했다. 마지막 순간, 유벤투스가 승점 12점이 되어 11점에 그친 로젠보리를 추월해 극적으로 8강에 올랐다.

독일은 도르트문트와 바이에른이 A조, E조에서 1위를 차지한 데 이어 레버쿠젠(F조)도 조 2위 그룹 수위(13점)에 올라 전원 8강 진출에 성공했다. 자국 리그 2위 중 8강 진출팀은 레버쿠젠이 유일했다. PSG는 운명의 장난에 땅을 쳤다. E조에서 승점 12점으로 바이에른과 동률을 이뤘으나 상대 전적에서 뒤지는 바람에 2위로 밀렸고, 조 2위 그룹 경쟁마저 유벤투스와 승점 동률 상태에서 골 득실에 밀려 짐을 싸야 했다. C조 1위로 8강에 진출한 키예프보다 승점이 1점 많았기 때문에 PSG 팬들은 대회 방식을 맹비난했다.

▌▌토너먼트 Tournament

유벤투스는 우승 후보답게 토너먼트 단계부터 기지개를 켰다. 8강 홈 1차전에서 키예프와 1-1로 비겨 우려를 샀으나 원정 2차전 4-1 대승으로 준결승에 올랐다. 2차전 주인공은 인자기였다. 인자기는 유벤투스 데뷔 시즌부터 세리에A 18골로 아틀레티코로 떠난 크리스티안 비에리의 그림자를 지웠다. 진짜 시험대가 된 8강에서 인자기는 1차전 1골과 2차전 해트트릭으로 맹활약했다. 키예프는 홈 10만 관중의 열광적 성원을 받으면서도 유벤투스 스타들의 높은 벽을 절감해야 했다.

유벤투스는 준결승전에서 모나코와 만났다. 21세 동갑내기 다비드 트레제게와 티에리 앙리가 공격을 이끄는 상대였다. 8강전에서 맨유와 홈 0-0 무승부 후 원정에서도 1-1로 비겨 원정 득점으로 준결승까지 올랐다. 유벤투스는 강했다. 토리노 1차전에서 델피에로가 35분 프리킥 선제골과 페널티킥 2개를 보태 해트트릭을 달성하며 모나코의 패기를 4-1로 짓눌렀다. 원정에서는 앙리가 골을 터트린 모나코가 3-2로 승리했으나 합산 6-4로 유벤투스가 3년 연속 결승 진출에 성공했다.

반대편 대진에서는 독일 3개 팀이 몰린 탓에 8강부터 바이에른과 도르트문트가 자국 맞대결을 펼쳐야 했다. 1차전 0-0 무승부에 이어 2차전에서도 두 팀은 정규시간 내 득점에 실패해 연장전에 돌입했다. 연장 19분 도르트문트의 해결사 스테판 사퀴자가 극적 1-0 결승골을 터트려 베스트팔렌 슈타디온을 메운 홈 팬들을 열광시켰다. 다른 8강전에서 레버쿠젠이 레알에 합산 1-4로 패하는 바람에 4강에는 도르트문트만 남았다.

레알과 도르트문트가 유벤투스의 결승 상대 자리를 놓고 맞붙었다. 산티아고 베르나베우에서 열린 1차전에서 해프닝이 벌어졌다. 양쪽 선수들이 경기 전 그라운드에 도열한 상황에서 갑자기 레알 서포터즈 쪽 골대가 뒤로 넘어갔다. 열혈 팬들이 기어오른 철조망이 무게를 견디지 못해 무너졌고 골네트가 걸려 함께 무너진 것이다. 네덜란드 출신 마리오 판데엔데 주심은 선수들을 철수시킨 사이 UEFA와 홈팀 레알 측 스태프가 돌발 상황에 대처했다. 경기장에 여분 골대가 없어 레알 스태프가 훈련장까지 가 골대를 직접 공수해야 했다. 도르트문트 측의 경기 취소 요구는 받아들여지지 않았고, 예정 시간보다 1시간 15분이 지연된 후에야 경기가 시작되었다. 레알은 페르난도 모리엔테스와 크리스티앙 카랑뵈의 골로 2-0으로 이겼지만, UEFA로부터 1억1500만 페세타 제재금 및 다음 시즌 챔피언스리그 무관중 징계를 받아야 했다. 레알은 원정 2차전을 0-0 무승부로 틀어막아 1980/81시즌 이후 17년 만에 챔피언스리그 결승 무대를 밟게 되었다.

결승전 Final

유벤투스 0 : 1 레알 마드리드 | 1998.05.20 | 암스테르담, 암스테르담 아레나

유벤투스와 레알 마드리드. 레알 레전드 알프레도 디스테파노는 "유러피언컵 결승전은 원래 이래야 한다"라며 눈부신 매치업 성사를 반겼다. 리피 감독도 "꿈같은 결승전"이라고 감상을 밝혔다. 현실적으로 승부 추는 '결승 단골' 유벤투스 쪽으로 기울었다. 리피 감독 아래서 유벤투스는 3년 연속 세리에A 제패와 챔피언스리그 결승 진출로 명실상부한 유럽 최강으로 자리매김했다. 레알로서도 우승 필요성은 명확했다. 해당 시즌 레알은 라리가에서 4위로 추락했다. 챔피언스리그 우승만이 다음 시즌 출전을 위한 유일한 방법이었다.

리피 감독은 이전 두 번의 결승전과 달리 백3 전술을 선택했다. 부상 결장한 치로 페라라의 센터백 임무를 마르크 율리아노가 맡았다. 디디에 데샹과 에드가 다비즈가 허리를 지키고, 지단이 최전방 인자기와 델피에로를 지원했다. 레알의 하인케스 감독은 다이아몬드 4-4-2 전술을 선택했다. 유벤투스가 딱딱하다면 레알은 부드러웠다. 선수들이 기본 포메이션에 얽매이지 않고 자유롭게 상황에 대응했다. 시도르프는 미들서드에서, 라울과 미야토비치는 파이널서드에서 정해진 포지션이 없이 이동하는 탓에 유벤투스 선수들은 장점인 맨마크를 살리지 못했다.

경기 초반부터 유벤투스가 강하게 밀어붙였다. 거의 모든 공격 빌드업은 지단을 거치면서 만들어졌다. 레알은 미야토비치가 좌우 측면에 좋은 위치에서 계속 프리킥을 획득해 세트피스 기회를 만들었다. 득점 없이 전반전을 마친 리피 감독은 디리비오를 내리고 알레시오 타키나르디를 기용하면서 공격적 3-4-3 포메이션으로 전환했다. 레알의 후반전 플레이를 이끈 선수는 시도르프였다. 66분 시도르프가 오른 측면에서 만든 상황에서 볼이 왼쪽으로 흘렀다. 전진한 풀백 호베르투 카를루스의 강한 왼발 슛이 율리아노의 몸에 굴절되어 뒤로 빠졌다. 페루치보다 한발 앞서 볼을 빼낸 미야토비치가 좁은 각도에서 선제골을 터트렸다. 경기를 주도하면서도 선제 실점을 허용한 리피 감독은 다니엘 폰세카, 안토니오 콘테를 넣어 전진 압박 강도를 높였다. 75분 다비즈가 저돌적인 중앙 돌파로 골키퍼와 맞섰지만, 재차 수문장 일그너의 선방에 막혔다. 이에로와 산치스를 중심으로 한 레알 수비는 유벤투스의 세찬 공세에 끝까지 버텨냈다. 레알이 37년 만에 통산 일곱 번째 유럽의 별을 쟁취했다.

2년 전, 레알에서는 로렌소 산스가 회장에 당선되었고 연말 '보스만 판례'가 이어졌다. 90년대 내내 바르셀로나에 밀렸던 레알은 자금력을 앞세워 호베르투 카를루스, 크리스티안 파누치, 클라렌스 시도르프, 다보르 수케르, 보도 일그너 등 외국인 스타들을 영입했다. 그 결과 1996/97시즌 라리가를 제패했고 이듬해 챔피언스리그 우승까지 해냈다. 이런 흐름이 플로렌티노 페레스 회장 체제까지 이어진 결과가 갈락티코 정책 및 독보적 강자 등극이다.

알레산드로 델피에로 Key Player
수비 나라에서 온 예술 왕자

이탈리아 축구의 이미지는 명확하다. 단단한 수비, 전술적 움직임, 상대 장점의 무력화, 그리고 1-0 승리다. 90년대 세리에A가 유럽을 지배할 때도 이탈리아의 간판 멤버들은 대부분 수비수였다. 이런 땅에서 갑자기 예술적 테크닉으로 관중의 눈을 사로잡는 꽃미남 스트라이커 알레산드로 델피에로가 등장했다.

유벤투스 입단 5년째인 1997/98시즌은 델피에로 개인사에서 특별한 의미를 지닌다. UEFA 챔피언스리그 득점왕(10골)을 차지했을 뿐 아니라 세리에A 21골, 코파이탈리아 1골을 보태 총 32골로 개인 경력 최다 득점을 기록했기 때문이다. 지단 영입 후 리피 감독은 델피에로를 득점에 전념하도록 전진 배치했다. 챔피언스리그 조별리그에서만 델피에로는 5골을 기록하며 팀 득점을 이끌었다. 최고 하이라이트는 모나코를 상대했던 준결승 1차전이었다. 8강부터 본격적으로 기어를 올린 유벤투스는 델피에로의 해트트릭으로 모나코를 4-1로 대파해 결승 진출의 발판을 만들었다. 3골 모두 데드볼 상황에서 나왔다. 35분 정교한 프리킥으로 선제골을 터트린 델피에로는 전반 막판과 후반 초반에 페널티킥 2개를 모두 성공하며, 해트트릭을 달성했다. 원정 2차전에서도 델피에로는 한 골을 추가해 10골 고지를 밟았다. 챔피언스리그에서 두 자릿수 득점은 1988/89시즌 밀란의 마르코 판바스턴 이후 9년 만에 작성된 기록이었다. 특히 전년도 득점 1위가 5골에 그쳤던 터라 델피에로의 10골 기록은 축구 팬들에게 큰 즐거움이었다.

리피 감독은 "델피에로는 유벤투스다"라고 말했다. 1993/94시즌부터 2011/12시즌까지 델피에로는 유벤투스에서만 19시즌을 뛰며 역대 최다 출장(705경기), 역대 최다 득점(290골), 역대 최다 결승골(135골) 등 불멸의 기록을 남겼다. 승부조작 스캔들 징계로 2부 강제 강등되었던 2006/07시즌에도 팀을 떠나지 않고 리그 20골로 1년 만의 세리에 A 복귀에 앞장서 유벤투스 팬들로부터 절대적 추앙을 받는다. 디에고 마라도나는 "지네딘 지단과 다른 선수다. 델피에로는 영혼으로 느낄 줄 안다. 두 선수 중 한 명을 고르라면 나는 델피에로다"라고 극찬했다. 1부로 복귀했던 2007/08시즌 델피에로는 33세 나이로 개인 경력에서 두 번째로 많은 시즌 24골을 기록해 클래스를 입증했다. 프란체스코 토티가 장군이라면 델피에로는 예술가에 비유된다. 아름다운 테크닉, 창의적 드리블, 예상을 뒤집는 피니시뿐 아니라 한 클럽을 위해 19년씩이나 충성했던 진정성까지 겸비한 레전드다.

· 조별리그 결과 · (★8강)

A조

순위	팀명	전	승	무	패	득	실	득실	승점
★1	보루시아 도르트문트	6	5	0	1	14	3	+11	15
2	파르마	6	2	3	1	6	5	+1	9
3	스파르타 프라하	6	1	2	3	6	11	−5	5
4	갈라타사라이	6	1	1	4	4	11	−7	4

B조

순위	팀명	전	승	무	패	득	실	득실	승점
★1	맨체스터 Utd	6	5	0	1	14	5	+9	15
★2	유벤투스	6	4	0	2	12	8	+4	12
3	페예노르트	6	3	0	3	8	10	−2	9
4	코시체	6	0	0	6	2	13	−11	0

C조

순위	팀명	전	승	무	패	득	실	득실	승점
★1	디나모 키예프	6	3	2	1	13	6	+7	11
2	PSV 에인트호빈	6	2	3	1	9	8	+1	9
3	뉴캐슬 Utd	6	2	1	3	7	8	−1	7
4	바르셀로나	6	1	2	3	7	14	−7	5

D조

순위	팀명	전	승	무	패	득	실	득실	승점
★1	레알 마드리드	6	4	1	1	15	4	+11	13
2	로젠보리	6	3	2	1	13	8	+5	11
3	올림피아코스	6	1	2	3	6	14	−8	5
4	포르투	6	1	1	4	3	11	−8	4

E조

순위	팀명	전	승	무	패	득	실	득실	승점
★1	바이에른 뮌헨	6	4	0	2	13	6	+7	12*
2	파리 생제르맹	6	4	0	2	11	10	+1	12
3	베식타쉬	6	2	0	4	6	9	−3	6
4	예테보리	6	2	0	4	4	9	−5	6

*상대전적 우세

F조

순위	팀명	전	승	무	패	득	실	득실	승점
★1	모나코	6	4	1	1	15	8	+7	13*
★2	바이어 레버쿠젠	6	4	1	1	11	7	+4	13
3	스포르팅 CP	6	2	1	3	9	11	−2	7
4	리에세	6	0	1	5	3	12	−9	1

*상대전적 우세

조 2위 순위표

순위	팀명	전	승	무	패	득	실	득실	승점
★1	바이어 레버쿠젠	6	4	1	1	11	7	+4	13
★2	유벤투스	6	4	0	2	12	8	+4	12*
3	파리 생제르맹	6	4	0	2	11	10	+1	12
4	로젠보리	6	3	2	1	13	8	+5	11
5	PSV 에인트호번	6	2	3	1	9	8	+1	9
6	파르마	6	2	3	1	6	5	+1	9

*골득실 우세

• 토너먼트 결과 • (★ 승자)

8강

	1차전	2차전	합산	득점자
유벤투스★	1	4	5	**1차전** 인자기 69' **2차전** 인자기 29', 65', 73', 델피에로 88'
디나모 키예프	1	1	2	**1차전** 후신 56' **2차전** 레브로프 54'

	1차전	2차전	합산	득점자
모나코★	0	1	1*	**1차전** – **2차전** 트레제게 5'
맨체스터 Utd	0	1	1	**1차전** – **2차전** 솔샤르 53'

* 원정득점 우세

	1차전	2차전	합산	득점자
바이어 레버쿠젠	1	0	1	**1차전** 바인리히 18' **2차전** –
레알 마드리드★	1	3	4	**1차전** 카랑뵈 74' **2차전** 카랑뵈 52', 모리엔테스 57', 이에로 89'(p)

	1차전	2차전	합산	득점자
바이에른 뮌헨	0	0	0	**1차전** – **2차전** –
보루시아 도르트문트★	0	1	1	**1차전** – **2차전** 사퀴자 109'

준결승

	1차전	2차전	합산	득점자
유벤투스★	4	2	6	**1차전** 델피에로 35', 45'+3(p), 62'(p), 지단 87' **2차전** 아모루소 15', 델피에로 74'
모나코	1	3	4	**1차전** 코스티냐 42' **2차전** 레오나르드 38', 앙리 50', 스페하르 83'

	1차전	2차전	합산	득점자
레알 마드리드★	2	0	2	**1차전** 모리엔테스 24', 카랑뵈 67' **2차전** –
보루시아 도르트문트	0	0	0	**1차전** – **2차전** –

• 결승전 •

JUVENTUS
유벤투스

0 : 1

1998.05.20. 암스테르담,
암스테르담 아레나 (48,500명)

레알 마드리드

득점

–	미야토비치 66'

마르셀로 리피	**3-4-1-2**	유프 하인케스	**4-3-3**

벤치

람풀라(GK), 디마스, 비린델리, 아모루소	카니사레스(GK), 산스, 빅토르 산체스, 샤비우

경고/퇴장

다비즈 34', 몬테로 79' / –	이에로 23', 호베르투 카를루스 37', 카랑뵈 56', 시도르프 90'+4 / –

주부심: 헬무트 크루그(GER), 토르스텐 바스티안(GER), 크리스티안 샤뢰르(GER)
대기심: 한스–위르겐 베버(GER)

· 득점순위 ·

득점	이름		클럽명	
10골	알레산드로 델피에로	(ITA)	유벤투스	(ITA)
7골	티에리 앙리	(FRA)	모나코	(FRA)
6골	필리포 인자기	(ITA)	유벤투스	(ITA)
	세르히 레브로프	(UKR)	디나모 키예프	(UKR)
5골	앤디 콜	(ENG)	맨체스터 Utd	(ENG)
	안드리 셉첸코	(UKR)	디나모 키예프	(UKR)
4골	슈테판 바인리히	(GER)	바이어 레버쿠젠	(GER)
	옥타이 데렐리오클루	(TUR)	베식타스	(TUR)
	에메르송	(BRA)	바이어 레버쿠젠	(GER)
	빅터 익페바	(NGR)	모나코	(FRA)
	카르스텐 얀커	(GER)	바이에른 뮌헨	(GER)
	페르난도 모리엔테스	(ESP)	레알 마드리드	(ESP)
	시구르드 루시펠트	(NOR)	로젠보리	(NOR)
	다보르 수케르	(CRO)	레알 마드리드	(ESP)
	다비드 트레제게	(FRA)	모나코	(FRA)
	스테판 샤퓌자	(SUI)	보루시아 도르트문트	(GER)
	하랄드 브라트바크	(NOR)	로젠보리	(NOR)
	로아르 스트란드	(NOR)	로젠보리	(NOR)

유프 하인케스

왕조를 부활시킨 불운의 명장

국내 팬들에겐 잘 알려지지 않았지만 유프 하인케스의 경력은 화려함 그 자체다. 선수 시절 보루시아 묀헨글라드바흐의 골잡이로서 1975년 UEFA컵 우승을 차지했고, 서독 국가대표팀에서는 1972년 유로, 1974년 월드컵 우승 멤버였다. 감독으로서도 레알과 바이에른에서 각각 챔피언스리그 우승을 기록한 드문 실적의 소유자다. 승리가 의무인 바이에른이 네 번이나 하인케스를 감독으로 선임한 것은 결코 인지상정이 아니었다.

1997/98시즌은 하인케스에게 고난과 영광이 병립한 시간이었다. 아틀레틱 빌바오와 테네리페에서 검증을 마친 하인케스 감독은 밀란으로 복귀한 카펠로 감독의 후임으로 레알에 입성했다. 곧바로 난관에 부딪혔다. 산스 회장이 매집한 국내외 스타플레이어들이 안하무인이었기 때문이다. 선수 잘 다루기로 소문난 하인케스 감독조차 산티아고 베르나베우의 라커룸에선 보스의 권위를 유지하기 어려웠다.

불안한 팀 분위기가 고스란히 성적으로 나타났다. 전년도 챔피언 레알은 라리가에서 4위까지 미끄러졌다. 엘클라시코 2연패가 비난을 불렀고 코파델레이에서도 우승에 실패했다. 챔피언스리그 결승전을 일주일 앞두고 하인케스 감독은 산스 회장과 면담에서 "너무 지쳤다. 팀 안에 못된 새끼들이 7~8명 있다. 그 자식들과 도저히 함께할 수 없다"라고 불만을 터뜨렸다. 산스 회장은 독일인 감독보다 '못된 새끼들'을 선택했다. 32년 만의 챔피언스리그 우승이란 값진 성과를 낸 지 불과 8일 후 하인케스 감독이 경질된 이유였다. 산스 회장은 "하인케스 감독은 성격이 너무 좋았을지 모른다"라고 말해 라커룸 안 분위기를 간접적으로 설명했다. 풀백 크리스티안 파누치도 "분명히 좋은 지도자였지만 선수들을 지나치게 존중했다"라고 덧붙였다. 하인케스 감독도 "이런 환경에서는 계속 일할 수 없다"라고 말했으니 일방적 해임보다 합의 이혼이었다고 해야 옳다.

1998년 결승전에서 하인케스 감독의 경기 운영은 거의 완벽했다. 레돈도와 카랑뵈가 더블볼란치로 유벤투스의 막강한 2선 공격 빌드업을 차단했다. 중원 3인 중 한 명인 시도르프는 정해진 포지션 없이 자유롭게 움직이면서 상대 수비 조직에 혼란을 가중했다. 최전방 라인에서도 라울과 미야토비치가 쉼 없이 자리를 바꾸며 상황에 맞게 대응했다. 무엇보다 1998년 우승은 레알 역사에서 의미가 크다. 1966년 우승 이후 무려 32년이나 멀어졌던 유럽 챔피언 타이틀을 되찾았기 때문이다. 하인케스 감독의 우승을 발판으로 레알은 지금까지 전 세계 클럽 축구의 독보적 '원톱'으로 군림하고 있다.

★★★

1998 / 99 시즌

맨유 트레블 신화

⚽ **키워드** ⚽

#맨유 #알렉스퍼거슨 #트레블 #프리미어리그

▌ **백그라운드** Background

1998년 프랑스월드컵으로 인해 유럽 축구계는 짧은 여름 휴가를 마치고 바쁘게 새 시즌을 시작했다. 챔피언스리그는 1차 예선 출전팀 수를 2개 늘린 것을 제외하곤 전년도 방식을 유지했다. 경기장 밖에서는 큰 움직임이 있었다. 밀란 소재 마케팅대행사 '메디아 파트너스'의 기획 아래서 빅클럽 12개 구단(아약스, 바르셀로나, 바이에른, 도르트문트, 인테르, 유벤투스, 리버풀, 맨유, 마르세유, 밀란, 포르투, 레알 마드리드)이 '유러피언 슈퍼리그' 창설을 논의하기 시작했다. 빅클럽들은 유럽축구연맹(UEFA)이 주관하는 클럽대항전 일정에서 벗어나 독자적 주중 리그를 운영함으로써 수입을 독점하겠다는 뜻에 잠정 합의했다. 90년대 초반부터 TV중계권 및 스폰서십 수입 폭증이 빅클럽의 야망을 부채질한 것이다. 시장에서 압도적 팬 지지층을 보유한 빅클럽은 군이 UEFA의 우산 아래에서 수입을 나눌 필요가 없다고 판단했다.

UEFA는 빅클럽 모임의 시장 역린을 좌시할 수 없었다. 렌나르트 요한손 회장은 각국 축구협회를 경유해 빅클럽 대표들과 '밀당'을 시작했다. 빅클럽 측도 UEFA와 결별하는 선택의 위험성을 잘 알고 있었다. 현실적으로 슈퍼리그 창설안은 UEFA 주관 대회 출전에 따른 클럽 분배금 규모를 늘리겠다는 협박성 카드에 가까웠다. 조별리그가 절반 정도 지난 시점에서 결국 UEFA와 빅클럽 협의체는 협상을 타결했다. 슈퍼리그 창설 추진을 보류하는 대신에 1999/2000시즌부터 UEFA 주관대회의 빅리그 출전권 및 클럽 분배금을 확대하기로 합의한 것이다. 갈리아니 단장은 "우리는 UEFA와 함께 일하기로 했다. 우리도 약속을 지킬 테니까 UEFA도 그래야 한다"라고 못 박았다. 실제로 1998년 우승 당시 레알은 UEFA로부터 총 8백만 파운드를 수령했는데, 4년 뒤 우승 시즌의 분배금은 두 배 가까이 증가했다.

UEFA와 빅클럽 사이에 상호 견제의 불씨가 완전히 꺼졌다고 안심하긴 어려웠다. 2000년 빅클럽 14곳이 모여 'G-14'이란 조직을 공식 출범시켰고, 2008년부터는 회원 클럽 수를 대폭 늘려 '유러피언 클럽 어소시에이션(ECA)'로 확장해 지금까지 유지 중이다. 2020년 빅클럽 중심으로 보도된 '슈퍼리그' 창설 계획의 기원이 바로 1998/99시즌이었다.

조별리그 Group Stage

1, 2차 예선을 통과한 16개 팀과 조별리그 직행 8개 팀(UEFA 랭킹 1~7위 리그 챔피언 및 레알 마드리드)이 6개 조로 나뉘어 경쟁했다. 각 조 1위 6개 팀과 조 2위 그룹 상위 2개 팀이 토너먼트 8강에 오르는 방식이다. 바이에른, 맨유, 바르셀로나, 브뢴비가 들어간 D조에 팬들의 관심이 집중되었다. 루이스 판할 감독의 바르셀로나는 크루이프 후유증을 털지 못한 채 5차전에서 맨유와 3-3으로 비겨 탈락이 확정되었다. 로타어 마테우스를 비롯해 독일 국가대표가 즐비한 바이에른이 조 1위로 8강에 올랐고, 잉글랜드에서 승승장구하던 맨유가 조 2위 그룹 경쟁에서 생존해 토너먼트에 올랐다.

B조에서 격전이 펼쳐졌다. 유벤투스, 갈라타사라이, 로젠보리, 아틀레틱 빌바오가 경쟁했다. 1998년 월드컵 우승의 영웅 지네딘 지단이 버티고 있음에도 유벤투스의 발걸음은 더뎠다. 필리포 인자기의 원맨쇼로 근근이 버틴 유벤투스는 최종전을 앞두고 승리 없이 5무로 승점 5점에 그쳐 8점인 로젠보리와 갈라타사라이에 뒤졌다. 홈경기장에서 열린 최종전에서 유벤투스는 로젠보리를 반드시 꺾을 뿐 아니라 타 구장에서 갈라타사라이가 아틀레틱 원정에서 패하기만 바라야 했다. 1999년 12월 9일 열린 B조 최종전의 결과가 정확히 그렇게 나왔다. 유벤투스, 로젠보리, 갈라타사라이가 승점 8점 동률을 이뤘고, 상대 전적에서도 우열을 가릴 수 없었다. 결국, 골 득실까지 따진 끝에 유벤투스(+2)가 8강 행운을 누렸다. 하지만 유벤투스는 세리에A에서도 부진을 거듭했고 이듬해 2월 마르셀로 리피 감독이 사임하는 지경에 이르렀다.

E조에 속한 발레리 로바노프스키 감독의 디나모 키예프는 2시즌 연속 파란을 이어갔다. 프리미어리그 및 FA컵 더블을 달성한 아스널이 유리할 것으로 보였지만, 안드리 셉첸코와 세르히 레브로프의 키예프는 철저한 수비와 번개 역습 전술로 승점을 쌓아 당당히 2년 연속 조 1위 8강행을 확정했다. 아르센 벵거 감독의 아스널은 6경기에서 2승만 거둔 채 일찍 짐을 쌌다. A조에서는 전통의 강호 아약스와 포르투가 8강행 티켓을 다툴 것으로 예상되었다. 뚜껑을 열자 그리스 리그 3연패를 달성한 올림피아코스가 홈 3경기를 모두 잡아 '깜짝' 조 1위를 차지했다. C조에서는 인테르가 승점 13점으로 8강에 올랐고, 1점 뒤진 디펜딩챔피언 레알은 거스 히딩크 감독과 함께 조 2위 그룹 최다 승점으로 8강 턱걸이했다. 분데스리가 챔피언 카이저슬라우테른도 녹록지 않은 기세를 몰아 F조 1위를 차지했다.

토너먼트 Tournament

조별리그 통과 후 레알의 히딩크 감독은 내부 정치 다툼에 희생되었다. 레알 수뇌진은 곧바로 웨일스 출신 존 토샥 감독을 데려와 8강전을 준비했다. 상대는 패기 넘치는 키예프였다. 맞대결의 주인공은 키예프 골잡이 셉첸코였다. 산티아고 베르나베우 1차전에서 키예프는 셉첸코의 원정 득점으로 1-1 무승부를 기록했다. 키예프의 올림픽 스타디움에서 열린 2차전에서 셉첸코는 다시 두 골을 터트려 합산 3-1 승리의 영웅이 되었다. 키예프의 준결승 상대는 분데스리가 맞대결에서 결정되었다. 전년도 리그 타이틀은 카이저슬라우테른의 차지였지만, 유럽 대회 경험 면에서 바이에른에 한참 뒤졌다. 바이에른은 합산 6-0 대승으로 4강의 한 자리를 차지했다.

키예프는 유럽 강호 바이에른 앞에서도 움츠러들지 않았다. 전성기를 향해 달려가는 셉첸코는 1차전에서 대회 7, 8호 골을 기록하며 팀의 2-0 리드를 이끌었다. 이후 한 골씩 주고받아 키예프가 3-1로 앞선 채 경기는 마무리 단계에 접어들었다. 하지만 키예프는 관리 미숙으로 경기 막판 연속 실점을 허용하는 바람에 3-3 무승부에 그쳤다. 원정 득점을 3골이나 얻은 바이에른은 홈에서 열린 준결승 2차전을 1-0으로 잡아 1986/87시즌 이후 12년 만에 챔피언스리그 결승전 진출에 성공했다. 해당 시즌 종료 후 셉첸코는 밀란으로 이적했고, 로바노프스키 감독은 3년 뒤 리그 경기 도중 심장마비로 세상을 떠났다. 1998/99시즌 키예프의 4강 진출은 지금까지 구소련 체제 국가 클럽이 거둔 최고 성적으로 남아있다.

바이에른과 함께 D조에서 올라온 맨유는 8강에서 세리에A 2위 인테르를 상대했다. 베테랑과 20대 중반 아카데미 황금 멤버가 어우러진 맨유는 어엿한 강자로 성장해 있었다. 여름 이적시장에서 영입한 드와이트 요크가 1차전에서 두 골을 터트렸고 2차전에서는 폴 스콜스의 결승골로 합산 3-1 승리를 거둬 준결승에 올랐다. 반대편 8강전에서는 카를로 안첼로티 신임 감독의 유벤투스가 올림피아코스의 돌풍을 합산 3-2 승리로 잠재우고 올라왔다.

맨유는 90년대 이어진 유벤투스 징크스를 깨야만 했다. 올드 트래퍼드에서 열린 준결승 1차전에서 맨유는 또다시 0-1로 끌려갔다. 다행히 후반 추가시간 라이언 긱스가 1-1 동점골을 터트려 팀을 살렸다. 스타디오 델레 알피에서 운명의 2차전이 열렸다. 유벤투스는 경기 초반 인자기가 킥오프 6분과 11분에 연달아 골을 터트려 홈 팬들을 열광시켰다. 그런데 예전의 맨유가 아니었다. 카리스마 넘치는 주장 로이 킨이 코너킥을 머리로 연결해 추격의 불씨를 댕겼고, 요크가 다시 헤더를 성공시켜 2-2 동점골을 터트렸다. 합산 3-3 동점에서 원정 득점이 많은 맨유가 앞서가기 시작했다. 유벤투스는 총공세를 폈지만, 경기 종료 6분 전, 앤디 콜에게 쐐기골을 맞아 패하고 말았다. 1988/89시즌부터 챔피언스리그 10시즌 중 결승 진출 9차례에 빛났던 세리에A 독과점이 끝나는 순간이었다.

결승전 Final
맨체스터 유나이티드 2 : 1 바이에른 뮌헨 | 1999.05.26 | 바르셀로나, 누캄프

맨유는 1985년 헤이젤 대참사로 인한 출전 금지 징계 이후 챔피언스리그 결승전에 오른 첫 잉글랜드 클럽이라는 영예를 누릴 겨를이 없었다. 5월 13일 맨유는 프리미어리그 최종전에서 승점 1점 차 우승을 확정했고, 9일 뒤인 22일에는 FA컵까지 차지했다. 그로부터 나흘 뒤 경기가 바로 챔피언스리그 결승전이었다. 양 팀 모두 정상 컨디션이 아니었다. 맨유는 준결승전 경고로 '절대 주장' 로이 킨을 기용할 수 없었다. 폴 스콜스도 징계로 빠졌다. 바이에른은 해당 시즌 최다 득점자인 지오반 에우베르와 레프트백 비상테 리자라주를 부상으로 잃었다.

결승전에서 퍼거슨 감독은 데이비드 베컴을 중앙으로 옮기고 라이언 긱스를 오른쪽 측면에 배치하는 변칙을 시도했다. 9만 관중 앞에서 시작된 결승전은 이른 선제골 변수와 맞닥뜨렸다. 아크 왼쪽에서 카르스텐 얀커가 획득한 프리킥을 바이에른 전담 키커 마리오 바슬러가 깔끔하게 성공시켰다. 수비벽을 넘어오는 시도를 대비했던 슈마이켈은 벽의 오른쪽으로 휘어져 들어온 원바운드 슛에 선 채로 당하고 말았다.

맨유가 세차게 반격했다. 바이에른은 마테우스의 전방위적 플레이를 중심으로 단단히 버티면서 빠른 역습을 노렸다. 후반까지 흐름이 이어졌다. 득점이 절실했던 퍼거슨 감독은 백업 스트라이커 테디 셰링엄과 올레 군나르 솔샤르를 투입했다. 맨유의 공수 밸런스가 완전히 무너지자 바이에른이 연거푸 역습 기회를 잡았다. 79분 메흐메트 숄의 로빙슛이 맨유의 왼쪽 골대를 맞고 나왔다. 5분 뒤 얀커의 오버헤드킥도 크로스바를 강타했다. 절체절명의 위기를 두 번이나 넘긴 맨유는 한 골 뒤진 채 추가시간 3분 안에 기적을 바라야 했다.

추가시간 1분, 왼쪽 코너킥을 에펜베르그가 걷어낸다는 것이 너무 짧았다. 아크에서 긱스가 오른발로 때렸고 골문 왼쪽 앞에 있던 셰링엄이 이어 차서 극적 동점골을 뽑아 냈다. 1분 뒤 맨유가 다시 똑같은 위치에서 코너킥을 얻었다. 베컴의 코너킥을 셰링엄이 니어코너로 달려가며 머리로 방향을 바꿨다. 볼이 날아간 지점에 정확히 솔샤르가 있었 다. 솔샤르의 오른발에 맞은 볼은 바이에른 골대 오른쪽 상단에 꽂혔다. 후반전 교체 투 입된 두 명이 추가시간에 넣은 2골 덕분에 맨유는 대회 역사상 가장 짜릿한 우승을 차지 했다.

기적 같은 명승부는 많은 이야깃거리를 생산했다. 리그 2위 자격으로 출전했던 맨유 는 대회 역사상 최초의 비(非)챔피언 출신 우승팀이 되었다. 31년 만의 우승으로 맨유는 잉글랜드 최초, 유럽 네 번째 유러피언 트레블 클럽(셀틱, 아약스, PSV)에 등극했다. 1-0 상태에서 시상식을 위해 귀빈석을 떠난 1층으로 이동한 렌나르트 요한손 UEFA회장은 "내려가 보니 이긴 팀은 울고 진 팀이 춤추고 있더라"라며 어리둥절했다. 경기 직후 첫 TV 인터뷰에서 "아~ 축구, 젠장"이라는 유명한 어록을 만든 퍼거슨 감독은 귀국 후 영 국 엘리자베스 2세 여왕으로부터 기사 작위와 경 칭호(Sir)를 받았다.

맨유 92년 황금 멤버 Key Player

1998/99시즌 맨유는 1군 등록자 30명 중 절반인 15명이 25세 이하였다. 특히 결승전 에서 선발 출전했던 긱스, 베컴, 버트, G.네빌과 벤치의 P.네빌, 웨스 브라운은 맨유가 직 접 육성한 아카데미 졸업생이었다. 1950~60년대 맨유의 전설 맷 버스비 감독이 추구했 던 유소년 육성 철학을 퍼거슨 감독이 계승한 결과였다.

1992년 맨유 유스는 FA유스컵에서 우승했다. 에릭 해리슨 감독이 지도했던 당시 팀 에 긱스, 베컴, 버트 G.네빌이 있었다. 이듬해 같은 대회 결승전에는 스콜스와 P.네빌이 출전했다. 여섯 명은 나란히 80년대부터 맨유 아카데미에서 축구를 배우기 시작했고 전 원 10대 나이로 1군 데뷔했다. 1995/96시즌을 준비하면서 퍼거슨 감독은 폴 인스, 마크 휴즈, 안드레이 칸첼스키스 등 노장들을 처분하고 과감히 아카데미 졸업생 6인을 중용 했다. 개막전에서 맨유는 애스턴 빌라에 1-3으로 패했다. 경기 후, 리버풀 레전드이자 〈BBC〉 해설위원이었던 앨런 한센은 "꼬마들 갖고는 아무것도 이룰 수 없다"라고 단언했다. '퍼기의 햇병아리들(Fergie's Fledglings)'은 전문가 예상을 뒤엎었다. 20세 전후의 아카데미 졸업생들은 패기 넘치는 플레이로 팀이 기여했고, 맨유는 그 시즌에 프리미어 리그와 FA컵을 모두 차지하는 더블을 달성했다. 한꺼번에 배출된 톱클래스 아카데미 졸업생들은 에릭 칸토나, 피터 슈마이켈 등 베테랑들과 함께 맨유 전성기의 주역으로 성장했고, 그 결과가 바로 1999년 유러피언 트레블 달성이었다.

긱스는 2014년 은퇴할 때까지 맨유의 모든 프리미어리그 우승(13회)을 경험하는 진기록을 남겼다. 프로 963경기 출전은 맨유 역대 최다 기록이기도 하다. 긱스와 같은 해에 발굴되었던 베컴은 세상에서 가장 유명한 축구선수로 군림했다. 1999년 발롱도르 투표에서 2위까지 올랐으니 그의 기량도 의심의 여지가 없었다. G.네빌은 로이 킨의 주장 완장을 물려받았고 동생 P.네빌은 베컴이 소유한 미국 MLS 인터 마이애미에서 지휘봉을 잡고 있다. 맨유의 '클래스 오브 92' 멤버는 90년대 아약스, 2000년대 바르셀로나와 함께 아카데미 육성의 대표적 성공 스토리로 평가된다.

· 조별리그 결과 · (★8강)

A조	순위	팀명	전	승	무	패	득	실	득실	승점
	★1	올림피아코스	6	3	2	1	8	6	+2	11
	2	자그레브	6	2	2	2	5	7	−2	8
	3	포르투	6	2	1	3	11	9	+2	7
	4	아약스	6	2	1	3	4	6	−2	7

B조	순위	팀명	전	승	무	패	득	실	득실	승점
	★1	유벤투스	6	1	5	0	7	5	+2	8*
	2	갈라타사라이	6	2	2	2	8	8	0	8
	3	로젠보리	6	2	2	2	7	8	−1	8
*골득실 우세	4	아틀레틱 빌바오	6	1	3	2	5	6	−1	6

C조	순위	팀명	전	승	무	패	득	실	득실	승점
	★1	인테르나치오날레	6	4	1	1	9	5	+4	13
	★2	레알 마드리드	6	4	0	2	17	8	+9	12
	3	스파르타크 모스크바	6	2	2	2	7	6	+1	8
	4	스투름 그라츠	6	0	1	5	2	16	−14	1

D조	순위	팀명	전	승	무	패	득	실	득실	승점
	★1	바이에른 뮌헨	6	3	2	1	9	6	+3	11
	★2	맨체스터 Utd	6	2	4	0	20	11	+9	10
	3	바르셀로나	6	2	2	2	11	9	+2	8
	4	브뢴비	6	1	0	5	4	18	−14	3

E조	순위	팀명	전	승	무	패	득	실	득실	승점
	★1	디나모 키예프	6	3	2	1	11	7	+4	11
	2	랑스	6	2	2	2	5	6	−1	8
	3	아스널	6	2	2	2	8	8	0	8
	4	파나시나이코스	6	2	0	4	6	9	−3	6

F조	순위	팀명	전	승	무	패	득	실	득실	승점
	★1	카이저슬라우테른	6	4	1	1	12	6	+6	13
	2	벤피카	6	2	2	2	8	9	−1	8
	3	PSV 에인트호번	6	2	1	3	10	11	−1	7
	4	HJK	6	1	2	3	8	12	−4	5

조 2위 순위표	순위	팀명	전	승	무	패	득	실	득실	승점
	★1	레알 마드리드	6	4	0	2	17	8	+9	12
	★2	맨체스터 Utd	6	2	4	0	20	11	+9	10
	3	갈라타사라이	6	2	2	2	8	8	0	8
	4	벤피카	6	2	2	2	8	9	−1	8
	5	랑스	6	2	2	2	5	6	−1	8
	6	자그레브	6	2	2	2	5	7	−2	8

◆ 토너먼트 결과 ◆

(★ 승자)

8강

	1차전	2차전	합산	득점자
맨체스터 Utd ★	2	1	3	**1차전** 요크 7', 45'+1 **2차전** 스콜스 88'
인테르나치오날레	0	1	1	**1차전** − **2차전** 벤톨라 63'

	1차전	2차전	합산	득점자
유벤투스 ★	2	1	3	**1차전** 인자기 37', 콘테 78' **2차전** 콘테 85'
올림피아코스	1	1	2	**1차전** 니니아디스 90'(p) **2차전** 고지치 12'

	1차전	2차전	합산	득점자
레알 마드리드	1	0	1	**1차전** 미야토비치 67' **2차전** −
디나모 키예프 ★	1	2	3	**1차전** 셉첸코 54' **2차전** 셉첸코 63', 79'

	1차전	2차전	합산	득점자
바이에른 뮌헨 ★	2	4	6	**1차전** 에우베르 31', 에펜베르그 35' **2차전** 에펜베르그 9'(p), 얀커 22', 39', 바슬러 57'
카이저슬라우테른	0	0	0	**1차전** − **2차전** −

준결승

	1차전	2차전	합산	득점자
맨체스터 Utd ★	1	3	4	**1차전** 긱스 90'+2 **2차전** 킨 24', 요크 34', 콜 83'
유벤투스	1	2	3	**1차전** 콘테 25' **2차전** 인자기 6', 11'

	1차전	2차전	합산	득점자
디나모 키예프	3	0	3	**1차전** 셉첸코 16', 43', 코조브스키 50' **2차전** −
바이에른 뮌헨 ★	3	1	4	**1차전** 타르나트 45', 에펜베르그 78', 얀커 88' **2차전** 바슬러 35'

• 결승전 •

2 : 1

1999.05.26, 바르셀로나,
누캄프 (90,245명)

맨체스터 유나이티드

바이에른 뮌헨

득점

셰링엄 90'+1, 솔샤르 90'+3	바슬러 6'

알렉스 퍼거슨	**4-4-2**	오트마르 히츠펠트	**1-4-2-3**

벤치

판더고흐(GK), 메이, P.네빌, 브라운, 그리닝	드레허(GK), 헬머, 스트룬츠, 알리 다에이

경고/퇴장

- / -	에펜베르그 60' / -

주부심: 피에루이지 콜리나(ITA), 젠나로 마체이(ITA), 클라우디오 푸글리시(ITA)
대기심: 플로렌초 트레오시(ITA)

• 득점순위 •

득점	이름		클럽명	
8골	안드리 셉첸코	(UKR)	디나모 키예프	(UKR)
	드와이트 요크	(TRI)	맨체스터 Utd	(ENG)
7골	즐라츠코 자호비치	(SVN)	포르투	(POR)
6골	필리포 인자기	(ITA)	유벤투스	(ITA)
5골	뤼트 판니스텔로이	(NED)	PSV 에인트호번	(NED)
	누누 고메스	(POR)	벤피카	(POR)
4골	소니 안데르송	(BRA)	바르셀로나	(ESP)
	마리오 바슬러	(GER)	바이에른 뮌헨	(GER)
	앤디 콜	(ENG)	맨체스터 Utd	(ENG)
	슈테판 에펜베르그	(GER)	바이에른 뮌헨	(GER)
	라이언 긱스	(WAL)	맨체스터 Utd	(ENG)
	시니사 고지치	(CYP)	올림피아코스	(GRE)
	세르히 레브로프	(UKR)	디나모 키예프	(UKR)
	위르겐 리셰	(GER)	카이저슬라우테른	(GER)
	폴 스콜스	(ENG)	맨체스터 Utd	(ENG)

알렉스 퍼거슨

촉이 살아있다

알렉스 퍼거슨 감독은 역사상 가장 성공한 축구 감독이다. 카리스마 넘치는 리더 이미지가 강하지만 1998/99시즌 트레블은 그가 90분의 승부를 얼마나 잘 꿰뚫고 있는지를 보여준다.

퍼거슨 감독은 화려한 대륙 빅클럽에 심플한 플랫 4-4-2 전술로 맞섰다. 상대에게 쉽게 분석 당할 수 있다는 전술 약점이 존재했지만, 퍼거슨 감독은 잉글랜드 축구 특유의 터프한 플레이와 장점이 확실한 선수 기용으로 만회했다. 그 중심이 주장 킨이었는데 결승전에서 경고 누적으로 결장하는 사고가 발생했다. 전문가들은 긱스의 중원 배치를 예상했다. 퍼거슨 감독은 고민 끝에 그 자리에 베컴을 세웠고, 긱스를 본래 포지션인 왼쪽이 아니라 오른쪽에 배치했다. 상대 주전 레프트백 리자라주가 없다는 점을 간파한 노림수였다. 이른 선제 실점 탓에 경기 대부분을 뒤진 상태에서 소화해야 했지만, 긱스는 오른쪽 측면 돌파로 바이에른 수비진을 마구 흔들어댔다. 기적의 역전승을 만든 두 선수가 전부 후반전 교체로 들어간 셰링엄과 솔샤르였다는 사실도 퍼거슨 감독 특유의 촉을 말해준다.

결승전에서 격돌했던 두 팀의 스쿼드 자체만 비교하면 바이에른이 앞섰다. 마테우스가 녹슬지 않는 클래스를 유지했고 중원의 에펜베르그와 전담 키커 바슬러는 '월드클래스' 미드필더였다. 퍼거슨 감독의 맨유에는 스탐과 슈마이켈을 제외하곤 국제무대에서 미검증 선수가 대부분이었다. 종합점수에서는 떨어질지 몰라도 맨유 선수들은 각자 특별한 장점이 있었다는 점이 중요했다. 베컴의 롱패스는 복잡한 공격 빌드업을 위한 수고를 덜어주는 만능열쇠였다. 긱스의 드리블, 요크와 콜의 투톱 호흡도 일품이었다. 동점골과 역전골을 터트린 셰링엄과 솔샤르는 벤치 스타트에도 불구하고 문전 결정력만큼은 누구에게도 뒤지지 않는 전문 골잡이들이었다.

무엇보다 1999년 트레블을 달성한 팀이 퍼거슨 감독이 13년에 걸쳐 조각해왔다는 점이 중요하다. 장기 집권을 통해서 퍼거슨 감독은 유소년에서 1군까지 일관된 축구 철학을 심을 수 있는 환경을 조성했다. 제아무리 스타플레이어라고 해도 최소한 맨유 안에서는 퍼거슨 감독을 넘어설 수 없었다. 1986년 퍼거슨의 감독 부임 후 맨유는 과거의 팀에서 유럽 최정상급으로 눈부시게 발전했다.

역사상 첫
동일 국가 결승전

◈ 키워드 ◈

#레알마드리드 #발렌시아 #스페인 #라울

백그라운드 Background

1년 전 빅클럽 협의체는 '유러피언 슈퍼리그' 창설을 무기로 유럽축구연맹(UEFA)을 압박해 두 가지 소득을 건졌다. 첫째, 빅리그 인기 클럽의 출전권을 늘리고, 둘째, 출전 수당을 대폭 인상했다. 합의 내용에 따라 UEFA는 3년 주기로 대회 방식을 조정하는 계획을 1년 앞당겨 1999/2000시즌부터 적용했다.

1년 전 허용한 비(非)챔피언팀의 출전 수를 늘리기로 했다. UEFA 랭킹(1994~1998년 UEFA 주관 대회 성적 평균값 기준) 1~3위 리그에서 각 4개 팀, 4~6위 리그에서 각 3개 팀, 7~15위 리그에서 각 2개 팀에 출전 자격이 주어졌다. 따라서 톱랭커인 이탈리아, 독일, 스페인 리그에서만 무려 12개 팀이 출전권을 획득했다. 예선 라운드부터 1~3차로 늘어난 것은 물론 대회 본선에 해당하는 조별리그가 아예 두 단계로 재편되었다. 1차 소별리그를 기존의 4개 팀, 6개 조 방식에서 4개 팀, 8개 조로 확장(24팀에서 32팀으로)했고, 각 조 1, 2위 16개 팀이 4개 조로 나뉘는 2차 리그를 신설했다. 2차 리그의 각 조 1, 2위 8개 팀이 토너먼트(8강)에 진출하는 방식이다.

1차 예선: 18개 팀

2차 예선: 1차 예선 승자 9개 팀 + 19개 팀 = 28개 팀

3차 예선: 2차 예선 승자 14개 팀 + 18개 팀 = 32개 팀

1차 조별리그: 3차 예선 승자 16개 팀 + 16개 팀 = 32개 팀

2차 리그: 1차 조별리그 각 조 1, 2위 16개 팀

토너먼트(8강): 2차 리그 각 조 1, 2위 8개 팀

빅클럽 측은 대회 규모 확장을 환영했다. 2차 리그까지 진출할 가능성이 높아 최소 12경기(홈 6경기)를 보장받을 수 있는 덕분이었다. 경기 수가 늘어날수록 입장권 판매, TV 중계권 및 마케팅 수입 분배금이 커진다. 대대적 대회 리모델링은 부작용도 낳았다. 빅리그 빅클럽이 다수 출전하기 때문에 대회 전체가 이미 강자가 된 팀들에

의해 과점 될 위험성이 불가피했다. 일정 과밀 현상도 문제였다. 9월 중순부터 11월 초까지 1차 조별리그를 소화한 뒤에 이어진 2차 리그가 11~12월(1, 2차전)과 이듬해 3월(3~6차전)로 분산되어 허리가 끊긴 모양새가 되었다. 국내 경쟁이 심한 빅리그일수록 대회 출전팀들이 선수단 피트니스 유지에 애를 먹었다. 그동안 자국 컵대회 챔피언이 출전했던 컵위너스컵은 1999년 결승전을 마지막으로 폐지되었다. UEFA컵에 출전했던 다수 클럽이 챔피언스리그로 편입되었기 때문에 UEFA는 빈자리를 자국 컵대회 챔피언들로 채웠다. 출전할 팀이 없어졌으므로 컵위너스컵은 역사 속으로 퇴장했다.

조별리그 Group Stage

대회 확장 혜택을 받은 빅리그 클럽 중 일부가 예선에서 망신을 당했다. 세리에A 4위로 3차 예선에 직행한 파르마가 스코틀랜드 챔피언 레인저스에 합산 1-2로 패해 탈락했다. 딕 아드보카트 감독이 이끈 레인저스의 1, 2차전 선발 명단에는 스코틀랜드 국적자가 배리 퍼거슨 한 명밖에 없어 '보스만 판례'의 영향을 알 수 있었다.

대세는 예상대로 흘러갔다. 1차 조별리그에 분데스리가 4개 팀, 이탈리아, 스페인, 네덜란드, 잉글랜드 각 3개 팀이 포함되어 빅리그의 지배력이 강화되었다. B조에서 바르셀로나(루이스 판할 감독)가 6경기 19골을 터트려 조 1위로 2차 리그에 진출했다. 프리미어리그 2위 아스널은 이전 시즌처럼 웸블리에서 홈경기를 치렀으나 조 3위에 그쳐 UEFA컵으로 자리를 옮겨야 했다. 디펜딩챔피언 맨유는 D조 4차전 마르세유 원정에서 0-1로 패해 대회 연속 무패 기록이 18경기에서 멈췄으나 조 수위 계획에는 이상이 없었다. H조에서는 밀란이 최종전에서 갈라타사라이에 패해 조 최하위 탈락하는 치욕을 맛봤다. 갈라타사라이는 조 3위 자격으로 UEFA컵으로 강등되었는데 이듬해 5월 결승전에서 아스널을 꺾고 우승을 차지했다.

2차 리그 A조에서 바르셀로나는 1차전 헤르타 베를린과 1-1로 비긴 뒤 나머지 5경기를 모조리 잡아 8강에 선착했다. 판할 감독은 선발 라인업의 절반을 아약스 시절 제자로 채워 1, 2차 리그 12경기에서 36골, 경기당 3골이란 공격력을 선보였다. 그러나 자국 내 팬들 사이에서는 크루이프 시대 멤버들이 푸대접받는다는 불만도 존재했다.

맨유는 피오렌티나 원정 0-2 패배에서 되살아나 승점 13점으로 조 1위 8강행에 성공했다. 보르도를 2-0으로 꺾은 홈 3차전에서는 경기장 인근 고속도로가 사고 처리로 두 시간이나 막히는 바람에 킥오프가 늦어지는 해프닝이 있었다.

C조에서는 바이에른이 1위를 확정한 상태에서 최종전을 맞이했다. 7점 동률인 레알과 디나모 키예프가 각각 로젠보리와 바이에른을 상대했다. 양 팀 모두 승리해 승점 10점이 되었지만, 상대 전적에서 1승 1무로 앞선 레알이 8강행 티켓을 손에 넣었다. 전체 골 득실에서 맨유에 앞섰던 키예프의 발레리 로바노프스키 감독은 상대 전적 기준 순위 결정 방식에 분통을 터트렸다. 처음 출전한 첼시(프리미어리그 3위)는 외국인 선수들의 활약에 힘입어 D조 2위를 기록해 2차 리그에서도 살아남았다. 보스만 판례 이후 첼시는 뤼트 훌리트, 잔루카 비알리, 잔프랑코 졸라, 마르셀 드사이, 디디에 데샹 등 검증된 베테랑 외국인 스타를 대거 영입해 선력을 강화했다. 2차 리그 D조 2차전에서 첼시의 비알리 감독 겸 선수는 선발 11인을 전부 외국인으로 채웠다.

토너먼트 Tournament

UEFA 랭킹 3위인 스페인이 8강 여덟 자리 중 세 자리를 차지하는 기염을 토했다. 2차 리그 A조 1위 바르셀로나, B조 2위 발렌시아, C조 2위 레알이 8강에 진출했다. UEFA 1위인 세리에A는 라치오, 2위 분데스리가는 바이에른만 8강에 진출해 머쓱한 신세가 되었다.

8강 최고 하이라이트는 2년 전 챔피언 레알과 디펜딩챔피언 맨유의 맞대결이었다. 1차전을 무득점 무승부로 끝낸 두 팀은 올드 트래퍼드에서 4강행 티켓을 다퉜다. 비센테 델보스케 감독의 파격 전술이 승부를 갈랐다. 레알은 처음 사용하는 백3 전술로 로이 킨의 자책골과 라울의 두 골을 묶어 52분 만에 3-0으로 앞섰다. 팀의 세 번째 골을 만든 페르난도 레돈도의 백힐 드리블 돌파는 극상의 테크닉이었다. 맨유는 데이비드 베컴과 폴 스콜스의 득점으로 추격했으나 결국 2-3으로 패해 탈락했다. 이날 승리로 델보스케 감독은 '착한 아저씨' 이미지를 털고 승부사로 거듭났다.

레알의 라이벌 바르셀로나도 뒤를 따랐다. 첼시 원정 1차전에서 1-3으로 패한 바르셀로나는 누캄프 2차전 막판까지 2-1로 앞서 합산스코어 3-4 패배 위기에 몰렸다. 후반 교체로 들어간 다니 가르시아가 83분 극적인 세 번째 골을 터트려 승부를 원점으로 돌렸다. 정규시간 종료 직전 히바우두가 페널티킥을 실축해 불안감이 감돌았다. 하지만 연장 9분 두 번째 페널티킥은 빗나가지 않았다. 바르셀로나는 연장 14분 파트릭 클루이베르트의 쐐기골로 2차전을 5-1로 잡아 1차전 패배를 뒤집어 준결승에 진출했다. 신흥 강자 발렌시아(헥토르 쿠페르 감독)도 힘을 냈다. 8강 1차전에서 발렌시아는 그동안 수비적이란 평가와 달리 라치오(스벤고란 에릭손 감독)를 5-2로 대파해 사실상 승부를 갈랐다. 마지막 4강 티켓은 포르투를 합산 3-2로 제친 바이에른에 돌아갔다.

대회 역사상 최초로 4강에 동일 국가 클럽이 셋이나 오르는 일이 벌어졌다. 준결승 매치업은 발렌시아와 바르셀로나의 라리가 맞대결, 레알과 바이에른의 빅매치로 정리되었다. 발렌시아는 미드필더 가이스카 멘디에타가 전방위적 활약을 펼치며 1차전 4-1, 2차전 2-1로 2연승을 기록하며 거함 바르셀로나를 꺾고 결승전에 오르는 이변을 낳았다. 바르셀로나는 라리가에서도 데포르티보 라코루냐에 우승을 내줘 시즌을 무관으로 마쳤다. 팬들의 거센 비난은 판할 감독과 호세 루이스 누녜스 회장의 동반 사퇴로 이어졌다. 다른 준결승전에서는 레알이 바이에른을 압도했다. 델보스케 감독은 '문제아' 니콜라스 아넬카를 1, 2차전에서 모두 선발 기용했다. 아넬카는 2경기 연속 득점으로 화답했다. 레알은 합산 3-2 승리로 2년 만에 다시 결승전 무대를 밟았다. 이로써 챔피언스리그 역사상 첫 동일 국가 클럽 맞대결 결승전이 성사되었다.

결승전 Final

레알 마드리드 3 : 0 발렌시아 | 2000.05.24 | 파리, 스타드프랑스

라리가 천하. 결승전 역사상 첫 동일 국가 맞대결이 펼쳐졌다. 장소는 1956년 챔피언스리그 최초의 결승전이 벌어진 프랑스 파리였다. 사실 레알과 발렌시아는 의외의 주인공들이었다. 레알에선 시즌 내내 국내 성적 부진, 감독 교체, 내부 항명(아넬카), 클럽 부채 증가 등 안팎에서 시끄러웠다. 발렌시아는 1971/72시즌 이후 챔피언스리그와 인연이 없었던 신참이었지만 1999/2000시즌 부임한 헥토르 쿠페르 감독의 선수비 후역습 스타일로 결승전까지 진격했다. 레알은 전통의 흰색이 아닌 검은색, 발렌시아도 흰색과 검은색 조합이 아닌 주황색 유니폼을 선택했다. 원정팀인 발렌시아의 1, 2순위 유니폼 채도가 레알의 흰색 유니폼과 비슷했기 때문이다. 두 팀의 유니폼은 흑백 화면에서도 명확히 구분되어야 하는 것이 축구 경기의 기본 원칙이다.

레알은 8강 2차전에서 찾은 최적 조합 3-4-1-2 포메이션을 결승전에서도 적용했다. 이케르 카시야스는 18세 나이로 결승전에서 선발 출전해 레알의 골문을 책임졌다. 델보스케 감독은 정통 중앙 미드필더가 레돈도 한 명밖에 없는 변칙 전술로 승부를 걸었다. 발렌시아는 다이아몬드 4-4-2 포메이션을 선택했다. 최대 장점인 멘디에타와 킬리 곤살레스의 측면 플레이를 거치는 빠른 역습에 무게를 뒀다.

서로 잘 아는 탓에 경기 초반 신중한 플레이가 반복되었다. 레알은 무리한 전방 볼 투입보다 레돈도, 맥마나만, 호베르투 카를루스의 개인 돌파에 주력했다. 발렌시아는 '믿을맨' 수비형 미드필더인 하비에르 파리노스가 밸런스를 유지하면서 볼 탈취 즉시 전방 롱패스로 빠른 역습을 시도했다. 전반적인 주도권은 레알 쪽에 있었다. 볼이 없는 상태에서 아넬카와 모리엔테스가 양 측면으로 벌리면서 상대의 키맨인 멘디에타와 킬리 곤살레스에게 연결되는 패스 줄기를 차단한 덕분이었다. 39분 레알이 먼 거리에서 얻은 프리킥을 호베르투 카를루스가 강력한 왼발로 직접 골문을 노렸다. 수비에 맞고 굴절되자 아넬카가 잡아 박스 안으로 다시 보냈고 이를 살가도가 넘어지며 크로스를 올렸다. 파코너에 있던 모리엔테스가 머리로 발렌시아의 골망을 갈랐다.

후반전도 비슷한 양상이었다. 레알은 전 포지션에서 일대일 싸움으로 발렌시아를 압도했다. 최대 장점인 개인기에 방점을 찍은 게임플랜이었다. 67분 맥마나만의 두 번째 골이 상징적이었다. 호베르투 카를루스의 롱스로인이 클리어링된 볼을 아크에서 맥마나만이 가위차기로 정확히 상대 골문 오른쪽 구석을 찔렀다. 다급해진 발렌시아는 공격 숫자를 무리하게 늘렸다. 8분 뒤, 레알은 상대의 허술해진 수비를 찔렀다. 상대 코너킥을 페널티박스에서 잡은 사비오가 전방을 향해 길게 내찼다. 자기 진영에서 전력 질주를 시작한 라울은 경기장의 절반 이상을 혼자 드리블로 가로질러 3-0 쐐기 골을 터트렸다. 발렌시아는 시종일관 빅매치 부담감에 짓눌렸다. 해당 시즌 발렌시아가 산티아고 베르나베우에서 벌어진 리그 원정에서 3-2로 승리했다는 사실도 챔피언스리그 결승전에서 별 도움이 되지 않았다. 델보스케 감독은 승리가 확정적인 경기 막판 오랜 공신인 페르난도 이에로와 마놀로 산치스를 교체 투입해 사려 깊은 모습을 선보였다. 우승 시상식에서 흰색 유니폼으로 갈아입은 레알 선수들도 산치스에게 트로피를 들어 올리도록 배려했다. 어려운 시즌 속에서 레알은 뜻밖의 '라 옥타바(La Octava; 8회 우승)'를 달성하며 화려하게 새천년을 맞이했다.

라울 Key Player

디스테파노의 현신

펩 과르디올라가 "스페인 축구 역사상 가장 중요한 선수"라고 극찬한 선수가 있다. 크리스티아누 호날두가 모든 기록을 갈아치운다고 해도 모든 마드리디스타의 마음속 '원픽 7번'으로 자리 잡은 라울 곤살레스 블랑코다.

1992년 아틀레티코 헤수스 길 회장이 비용 절감을 이유로 아카데미를 임시 폐쇄했다. 레알이 재빨리 움직여 라울을 손에 넣었다. C팀에서 득점력을 입증한 17세 라울은 속전속결로 1군에 합류했다. 어린 나이에도 라울은 호르헤 발다노 감독에게 "이기고 싶으면 나를 기용하라. 그게 아니면 다른 선수를 쓰든가"라고 말했을 정도로 자신감에 넘쳤다. 1994/95시즌 프로 데뷔 두 번째 경기였던 마드리드 더비에서 라울은 보란 듯이 1골 1도움(페널티킥도 획득했다)을 올리며 혜성처럼 등장했다. 데뷔 시즌에 10골을 기록한 라울은 두 번째 시즌에 26골(리그 19골)을 터트려 성인이 되기 전부터 레알의 주전 공격수 자리를 꿰찼다.

페르난도 이에로는 "10점 만점에 10점짜리는 아니지만, 모든 능력이 8.5점 이상"이라고 라울을 평가했다. 카파 수석코치는 "패스, 드리블, 헤딩, 슈팅 모두 별로였다. 그런데 경기에만 들어가면 패스도 잘하고 드리블도 잘하고 온갖 종류의 골을 다 넣었다"라고 말했다. 1998년과 2000년 결승전에서 라울은 2선에서 센스 넘치는 위치 선정과 연계 플레이로 승리를 견인했다. 1999/00시즌 최전방 투톱 모리엔테스와 아넬카의 뒤에 위치하면서도 대회 10골로 공동 득점왕에 올랐다. 10골 중 8골이 2차 리그부터 나왔다는 사실이 라울의 진가를 대변한다.

시대적 배경이 라울의 존재를 더 애틋하게 한다. 1990년대 레알은 요한 크루이프 감독과 바르셀로나에 철저히 밀렸다. 1990년대의 허리가 꺾이는 시점에서 자국 출신인 라울이 등장했고, 그대로 내달려 왕조 부활의 기수가 되었다. 2000년대 라울은 루이스 피구, 지네딘 지단, 호나우두, 데이비드 베컴 등 화려한 빅네임 틈바구니에서도 변함없이 자기 자리를 지켰다. 알렉스 퍼거슨 감독이 "레알이 피구, 지단, 호나우두 등 빅스타를 영입해도 나는 라울이 최고라고 생각한다"라고 칭찬한 데에는 분명한 이유가 있었다.

라울은 레알에서 16년을 뛰었다. 2010년 샬케로 이적할 때까지 라울은 741경기 323골로 레알 역대 최다 득점자에 올랐다(이후 크리스티아누 호날두가 경신). UEFA 챔피언스리그 71골도 호날두와 메시에 의해 경신될 때까지 대회 역대 최다 득점 기록이었다. 1986 멕시코월드컵 우승 멤버 호르헤 발다노 전 레알 단장은 "라울의 재능 목록과 레알 마드리드의 가치 목록은 정확히 일치한다"라고 말한 적이 있다. 레알이 라울이고 라울이 레알이다.

· 1차 조별리그 결과 · (★2차 조별리그, *UEFA컵 합류)

A조	순위	팀명	전	승	무	패	득	실	득실	승점
	★1	라치오	6	4	2	0	13	3	+10	14
	★2	디나모 키예프	6	2	1	3	8	8	0	7
	3*	바이어 레버쿠젠	6	1	4	1	7	7	0	7
	4	마리보르	6	1	1	4	2	12	−10	4

B조	순위	팀명	전	승	무	패	득	실	득실	승점
	★1	바르셀로나	6	4	2	0	19	9	+10	14
	★2	피오렌티나	6	2	3	1	9	7	+2	9
	3*	아스널	6	2	2	2	9	9	0	8
	4	AIK	6	0	1	5	4	16	−12	1

C조	순위	팀명	전	승	무	패	득	실	득실	승점
	★1	로젠보리	6	3	2	1	12	5	+7	11
	★2	페예노르트	6	1	5	0	7	6	+1	8
	3*	보루시아 도르트문트	6	1	3	2	7	9	−2	6
	4	보아비스타	6	1	2	3	4	10	−6	5

D조	순위	팀명	전	승	무	패	득	실	득실	승점
	★1	맨체스터 Utd	6	4	1	1	9	4	+5	13
	★2	마르세유	6	3	1	2	10	8	+2	10
	3*	스트룸 그라츠	6	2	0	4	5	12	−7	6
	4	디나모 자그레브	6	1	2	3	7	7	0	5

E조	순위	팀명	전	승	무	패	득	실	득실	승점
	★1	레알 마드리드	6	4	1	1	15	7	+8	13
	★2	포르투	6	4	0	2	9	6	+3	12
	3*	올림피아코스	6	2	1	3	9	12	−3	7
	4	몰데	6	1	0	5	6	14	−8	3

F조	순위	팀명	전	승	무	패	득	실	득실	승점
	★1	발렌시아	6	3	3	0	8	4	+4	12
	★2	바이에른 뮌헨	6	2	3	1	7	6	+1	9
	3*	레인저스	6	2	1	3	7	7	0	7
	4	PSV 에인트호번	6	1	1	4	5	10	−5	4

G조	순위	팀명	전	승	무	패	득	실	득실	승점
	★1	스파르타 프라하	6	3	3	0	14	6	+8	12
	★2	보르도	6	3	3	0	7	4	+3	12
	3*	스파르타크 모스크바	6	1	2	3	9	12	−3	5
	4	빌렘II	6	0	2	4	7	15	−8	2

H조	순위	팀명	전	승	무	패	득	실	득실	승점
	★1	첼시	6	3	2	1	10	3	+7	11
	★2	헤르타 베를린	6	2	2	2	7	10	−3	8
	3*	갈라타사라이	6	2	1	3	10	13	−3	7
	4	밀란	6	1	3	2	6	7	−1	6

· 2차 조별리그 결과 · (★8강)

A조	순위	팀명	전	승	무	패	득	실	득실	승점
	★1	바르셀로나	6	5	1	0	17	5	+12	16
	★2	포르투	6	3	1	2	8	8	0	10
	3	스파르타 프라하	6	1	2	3	5	12	−7	5
	4	헤르타 베를린	6	0	2	4	3	8	−5	2

B조	순위	팀명	전	승	무	패	득	실	득실	승점
	★1	맨체스터 Utd	6	4	1	1	10	4	+6	13
	★2	발렌시아	6	3	1	2	9	5	+4	10
	3	피오렌티나	6	2	2	2	7	8	−1	8
	4	보르도	6	0	2	4	5	14	−9	2

C조	순위	팀명	전	승	무	패	득	실	득실	승점
	★1	바이에른 뮌헨	6	4	1	1	13	8	+5	13
	★2	레알 마드리드	6	3	1	2	11	12	−1	10*
	3	디나모 키예프	6	3	1	2	10	8	+2	10
*상대전적 우세	4	로젠보리	6	0	1	5	5	11	−6	1

D조	순위	팀명	전	승	무	패	득	실	득실	승점
	★1	라치오	6	3	2	1	10	4	+6	11
	★2	첼시	6	3	1	2	8	5	+3	10
	3	페예노르트	6	2	2	2	7	7	0	8
	4	마르세유	6	1	1	4	2	11	−9	4

· 토너먼트 결과 ·

(★ 승자)

8강

	1차전	2차전	합산	득점자
레알 마드리드★	0	3	3	**1차전** – **2차전** 킨 21'(og), 라울 50', 52'
맨체스터 Utd	0	2	2	**1차전** – **2차전** 베컴 64', 스콜스 88'(p)

	1차전	2차전	합산	득점자
포르투	1	1	2	**1차전** 자르데우 47' **2차전** 자르데우 90'
바이에른 뮌헨★	1	2	3	**1차전** 파울루 세르지우 80' **2차전** 파울루 세르지우 15', 릴케 90'+3

	1차전	2차전	합산	득점자
발렌시아★	5	0	5	**1차전** 앙굴로 2', 제라르드 4', 40', 80', 클라우디오 로페스 90'+2 **2차전** –
라치오	2	1	3	**1차전** S.인자기 28', 살라스 87' **2차전** 베론 62'

	1차전	2차전	합산	득점자
첼시	3	1	4	**1차전** 졸라 30', 플로 34', 38' **2차전** 플로 60'
바르셀로나★	1	5	6	**1차전** 피구 64' **2차전** 히바우두 24', 99'(p), 피구 45', 다니 가르시아 83', 클루이베르트 104'

준결승

	1차전	2차전	합산	득점자
레알 마드리드★	2	1	3	**1차전** 아넬카 4, 예레미스 33'(og) **2차전** 아넬카 31'
바이에른 뮌헨	0	2	2	**1차전** – **2차전** 얀커 12', 에우베르 54'

	1차전	2차전	합산	득점자
발렌시아★	4	1	5	**1차전** 앙굴로 10', 43', 멘디에타 47'(p), 클라우디오 로페스 90'+2 **2차전** 멘디에타 69'
바르셀로나	1	2	3	**1차전** 펠레그리노 27'(og) **2차전** F.더부르 78', 코퀴 90'+2

· 결승전 ·

3 : 0

2000.05.24. 파리,
스타드프랑스 (80,000명)

레알 마드리드

발렌시아

득점

모리엔테스 39', 맥마나만 67', 라울 75' | －

비센테 델보스케 | **3-4-1-2** | 헥토르 쿠페르 | **4-4-2**

벤치

일그너(GK), 제레미, 카랑뵈, 발리치 | 바르투알(GK), 뵈르클룬트, 오스카, 밀라, 알벨다, 후안 산체스

경고/퇴장

살가도 37', 호베르투 카를루스 59' / － | 제라르도 38', 산티아고 카니사레스 63', 하비에르 파리노스 82', 마우리시오 펠레그리노 90'+2 / －

주부심: 스테파노 브라스키(ITA), 젠나로 마체이(ITA), 피에르쥐세페 파르네티(ITA)
대기심: 도메니코 메시나(ITA)

득점순위

득점	이름		클럽명	
10골	마리우 자르데우	(BRA)	포르투	(POR)
	히바우두	(BRA)	바르셀로나	(ESP)
	라울	(ESP)	레알 마드리드	(ESP)
9골	시모네 인자기	(ITA)	라치오	(ITA)
8골	세르히 레브로프	(UKR)	디나모 키예프	(UKR)
	토르 안드레 플로	(NOR)	첼시	(ENG)
7골	파울루 세르지우	(BRA)	바이에른 뮌헨	(GER)
	파트리크 클루이베르트	(NED)	바르셀로나	(ESP)
6골	루이스 엔리케	(ESP)	바르셀로나	(ESP)
	가브리엘 바티스투타	(ARG)	피오렌티나	(ITA)
	로이 킨	(IRL)	맨체스터 Utd	(ENG)
	페르난도 모리엔테스	(ESP)	레알 마드리드	(ESP)

비센테 델보스케

레알을 살린 아저씨

1999/00시즌 레알은 존 토샥 감독 체제로 출발했다. 시즌 초반부터 경기력이 살아나지 않았다. 라리가 16위까지 곤두박질치자 클럽은 서둘러 토샥 감독을 해임했다. 2년 연속 시즌 도중 감독 교체라는 극약 처방이었다. 로렌소 산스 회장은 일단 내부에 있던 델보스케를 대행처럼 감독 자리에 앉혔다. 델보스케는 1981년 챔피언스리그 준우승 당시 결승전에서 뛰었으며 1994년과 1996년에도 감독대행을 경험했다. 쉽게 말해 클럽 앞에 놓인 가장 편리한 옵션이었다.

델보스케 감독의 장점은 전술보다 소통이었다. 마음씨 좋은 아저씨 이미지로써 선수들에게 다가가 라커룸의 화합을 추구하는 스타일이었나. 낭연히 거만한 스타가 득실대고 멋진 승리가 의무시되는 극한 직업 레알 감독직과 거리가 멀어 보였다. 언론의 냉대 속에서 델보스케 감독이 분위기를 어루만지자 결과가 조금씩 나오기 시작했다. 라리가에서는 초반 잃은 승점이 너무 컸던 탓에 우승 경쟁이 물 건너간 상황에서 챔피언스리그가 유일한 희망이었다.

홈에서 치른 8강 1차전에서 레알은 맨유와 득점 없이 비겼다. 당시 맨유는 퍼거슨 감독과 함께 유럽 최정상급 전력이었다. 원정 2차전 당일 아침 스페인 일간지 〈마르카〉는 "맨유는 우리를 무서워하지 않는다"라는 문장을 14차례나 반복한 뒤에 "하지만 우리는 맨유가 무섭다"라고 덧붙인 1면을 뽑았다. 자국 언론조차 맨유의 승리를 점친 것이다.

2차전에서 델보스케 감독은 1차전 선발 11인을 그대로 내보냈다. 그런데 포메이션이 달랐다. 1차전에서 수비형 미드필더로 뛴 이반 엘게라를 센터백으로 내려 3-4-1-2 포메이션을 만들었다. 절체절명의 순간에 처음 쓰는 백3 전술 카드를 꺼내는 용기는 델보스케 감독의 평소 이미지와 거리가 멀었다. 파격적 전술 변화는 맨유 선수들을 당혹감에 빠트렸다. 중앙 미드필더가 페르난도 레돈도 한 명밖에 없는 전술로 레알은 순식간에 3-0 리드를 만들었고, 상대의 막판 추격을 뿌리치고 3-2 승리를 거둬 준결승행 티켓을 거머쥐었다. 경기 후, 퍼거슨 감독은 "레알은 그 포메이션으로 뛴 적이 없었다. 우리에 대한 칭찬이기도 하지만, 우리 쪽 대응이 너무 느렸다"라며 고개를 가로저었다. 결승전에서도 델보스케 감독은 동일한 전술로 3-0 완승을 거뒀다.

레알 수뇌부는 해당 시즌만 델보스케 감독으로 때우려던 계획을 백지화하고 지지 태세로 전환했다. 다음 시즌 델보스케 감독은 라리가를 제패했고, 2001/02시즌에는 두 번째 챔피언스리그 우승을 기록했다. 델보스케 감독의 조화로운 대화술은 스페인 국가대표팀까지 하나로 만들어 월드컵과 유로 챔피언으로 탈바꿈시키는 마법을 부렸다.

★★★
2000 / 01 시즌

바바리안 3전 4기

#바이에른뮌헨 #히츠펠트 #분데스리가 #프리미어리그

백그라운드 Background

2000년 7월 2일 로테르담 더컵에서 프랑스가 연장전 다비드 트레제게의 골든골에 힘입어 이탈리아를 2-1로 꺾고 유럽 챔피언에 등극했다. 통산 두 번째 유로 우승이자 1998년 월드컵에 이은 2연속 메이저 대회 제패였다.

21세기 유럽 축구계는 빠르게 변하고 있었다. 프리미어리그가 촉발한 TV 중계권 시장 확대가 이탈리아와 스페인으로 퍼지기 시작했다. 빅클럽뿐 아니라 중견 클럽들도 늘어난 중계권 판매 수입을 선수 영입에 재투자해 전력을 강화했다. 세리에A는 밀란과 유벤투스의 빅2 체제가 무너지고 '세븐시스터즈(칠공주 - 밀란, 인테르, 유벤투스, 로마, 라치오, 파르마)'로 일컬어지는 7개 클럽이 경쟁적으로 선수를 영입해 집안싸움이 가열되었다. 스페인 거함 레알 마드리드에서는 부동산 재벌 플로렌티노 페레스가 선거에서 로렌소 산스를 물리치고 신임 회장에 당선되었다. 페레스 회장은 정부에 로비를 펼쳐 홈경기장 인근 부지 개발 제한을 풀어 전임 집행부가 남긴 부채를 탕감했다. 무엇보다 선거 공약이었던 루이스 피구 영입에 성공해 대중적 지지를 끌어냈다. 페레스 회장은 1년 뒤 지네딘 지단까지 데려옴으로써 갈락티코 정책을 실천에 옮긴다.

챔피언스리그 대회 방식은 전년 체제를 그대로 이어갔다. 라리가에서는 5위 레알이 챔피언스리그에서 우승하는 바람에 4위 레알 사라고사가 UEFA컵으로 밀리는 불운을 맛봤다. 지난해와 마찬가지로 이탈리아, 스페인, 독일에서 4개 팀, 프랑스, 네덜란드, 잉글랜드에서 3개 팀이 출전권을 받았다. 지난해 준우승팀인 발렌시아는 3차 예선에서 티롤 인스브룩을 제치고 1차 조별리그에 합류했다. 세리에A 4위인 인테르는 헬싱보리에 합산 0-1 패배로 탈락했고 포르투갈 2위 포르투는 안더레흐트에 덜미를 잡혀 일찍 짐을 쌌다.

조별리그 Group Stage

3년 연속 예선을 뚫고 조별리그에 합류한 오스트리아의 스트룸 그라츠는 D조에서 갈라타사라이, 모나코, 레인저스와 경쟁했다. 약체로 분류되던 스트룸 그라츠는 레인저스와 모나코에 각각 0-5 대패를 당하면서도 승점 10점을 따내 조 1위로 2차 리그에 선착하는 이변을 낳았다. UEFA컵 챔피언인 갈라타사라이가 레인저스를 상대 전적 결과로 제치고 2위를 차지했다. E조에서는 카를로 안첼로티 감독의 유벤투스가 막판 두 경기에서 함부르크와 파나시나이코스에 2연속 1-3 패배를 당해 조 최하위 탈락했다. 전력 급상승 중이던 데포르티보 라코루냐가 당당히 E조 수위로 2차 리그에 진출했다. E조에 유벤투스가 있다면 H조에는 바르셀로나가 있었다. 루이스 판할이 떠난 바르셀로나(세라 페레르 감독)는 5차전에서 리즈(데이비드 오리어리 감독)와 1-1로 비기는 바람에 자력 진출 희망이 꺼졌다. 최종전에서 베식타쉬를 5-0으로 대파했지만, 리즈가 밀란 원정을 1-1 무승부로 마무리하는 바람에 바르셀로나는 조 3위로 UEFA컵으로 내려가야 했다.

2차 리그 A조에서는 예상대로 발렌시아와 맨유가 승점 12점 동률 1, 2위로 8강행 티켓을 땄다. 데포르티보, 갈라타사라이, 밀란, PSG의 B조에서는 사건·사고가 잦았다. 2차전 데포르티보 원정에서 밀란 골키퍼 크리스티안 아비아티가 관중석에서 날아온 깃대에 맞아 경기가 잠시 중단되었다. 밀란은 토마스 헬베그의 결승골을 지켜 1-0으로 승리했다. 데포르티보는 5차전에서 PSG에 먼저 세 골을 내주고도 발터 판디아니의 해트트릭과 디에고 트리스탄의 헤더 득점 4골을 몰아쳐 4-3 대역전승 드라마를 썼다. PSG와 갈라타사라이의 6차전은 관중석 폭력 사태로 경기가 20분간 중단되었다.

C조가 그나마 예상했던 대로 결과가 나왔다. 오트마르 히츠펠트 감독과 함께 분데스리가에서 압도적 강세를 유지하던 바이에른이 다섯 경기 만에 8강 진출을 확정했다. 두 번째 자리는 아스널(아르센 벵거 감독)의 몫이었다. D조에서는 프리미어리그에서 급부상 중이던 리즈가 최종전에서 강자 라치오와 3-3으로 비겨 조 2위로 8강행 티켓을 획득했다. 레알은 무난히 승점 13점으로 조 1위를 차지했지만, 세리에A 챔피언인 라치오는 힘을 쓰지 못한 채 최하위로 탈락하고 말았다. 시즌 도중 스벤고란 에릭손 감독이 잉글랜드 국가대표팀으로 빠져나가는 바람에 라치오의 분위기가 무너진 탓이 컸다. 이탈리아 축구 레전드 수문장 디노 조프가 빈자리를 메웠지만 역부족이었다. 이로써 세리에A는 3차 예선에서 인테르, 1차 리그에서 유벤투스, 그리고 2차 리그에서 밀란과 라치오가 모두 탈락해 UEFA 랭킹 1위의 체면을 구겼다.

토너먼트 Tournament

UEFA 랭킹 6위인 잉글랜드가 8강에 세 팀이나 올랐다. 2년 전 챔피언인 맨유를 비롯해 아스널과 리즈가 주인공들이었다. 이런 실적을 바탕으로 UEFA 랭킹을 올린 프리미어리그는 2002/03시즌부터 출전권 4장을 받기 시작한다. 라리가도 지난 시즌에 이어 2년 연속 3개 팀 8강 진출이란 실적을 남겼다. 나머지 두 자리는 분데스리가 최강자 바이에른과 UEFA컵 챔피언 갈라타사라이였다.

바이에른은 8강에서 맨유와 맞붙었다. 2년 전 결승전 악몽을 갚을 기회였다. 와신상담의 결과인 듯, 바이에른은 원정 1차전에서 브라질 공격수 파울루 세르지누의 결승골로 1-0 승리를 따냈다. 맨유는 뮌헨 원정에서 역전을 노려야 했다. 2차전 킥오프 전 칼파워라는 맨유 팬이 원정 유니폼 차림으로 잠입에 성공해 선수들과 나란히 팀포토에 찍히는 해프닝이 있었다. 맨유는 난단한 바이에른에 다시 1-2로 패해 2년 연속 8강 탈락 운명을 맞이했다. 2년 전 결승전 상대를 꺾은 바이에른은 준결승전에서 1년 전 준결승전 상대였던 레알과 재회했다. 레알은 8강에서 갈라타사라이를 합산 5-3으로 따돌렸다. 중요한 길목에서 바이에른의 주포 에우베르가 득점포를 가동했다. 원정 1차전에서 1-0 결승골을 터트린 에우베르는 홈 2차전에서도 킥오프 8분 만에 선제골을 뽑아냈다. 레알은 '6천만 유로의 사나이' 루이스 피구가 동점골을 넣었지만 바이에른은 미드필더 옌스 예레미스의 추가골로 경기를 2-1로 마무리했다. 바이에른은 8강과 4강에서 4연승으로 질주하며 2년 만에 결승 무대로 복귀했다.

반대편에서는 라리가와 프리미어리그가 정면충돌했다. 발렌시아(헥토르 쿠페르 감독)는 두 달 전 이적시장에서 리버플레이트의 플레이메이커 파블로 아이마르를 영입해 공격진에 창의성을 보탠 상태였다. 하이버리 원정 1차전에서 발렌시아는 1-2로 패했으나 아르헨티나 국가대표 센터백 다비드 아얄라의 원정 득점이란 소득을 얻었다. 홈구장 메스타야 2차전에서 발렌시아는 특유의 끈끈한 수비 조직력으로 티에리 앙리를 앞세운 아스널을 봉쇄했다. 이번 시즌 영입생 욘 카레브가 후반 중반 1-0 결승골을 터트려 합산 2-2에서 원정 득점 규정으로 아스널을 제쳤다. 경기 중 발렌시아 일부 팬들이 아스널 흑인 선수들에게 인종차별 야유를 보내는 바람에 클럽은 사후 제재금 징계를 받았다.

준결승전에서 발렌시아는 라리가 라이벌 데포르티보를 따돌리고 올라온 리즈와 만났다. 리즈는 경험은 부족해도 우수 자원을 다수 보유한 신흥 강호였다. 리즈 홈구장 엘런드 로드에서 열린 1차전에서 두 팀은 득점 없이 비겼다. 발렌시아는 돌아온 메스타야 2차전에서 다시 힘을 냈다. 후안 산체스의 2골로 2-0 리드를 잡았고 후반 초반 간판스타 가이스카 멘디에타가 3-0을 만드는 득점으로 승부에 쐐기를 박았다. 리즈의 질주는 챔피언스리그 4강에서 마감되었고, 발렌시아는 2년 연속 결승전, 쿠페르 감독은 마요르카 시절 1999년 컵위너스컵 결승전에 이어 3년 연속 UEFA 대회 결승전에 진출하는 성과를 냈다.

결승전 Final
바이에른 뮌헨 1 : 1 (p. 5 : 4) 발렌시아 | 2001.05.23 | 밀란, 산시로

밀라노 산시로에서 결승전의 막이 올랐다. 바이에른 쪽 승산이 컸다. 히츠펠트 감독 부임 후 바이에른은 분데스리가 3연패를 달성했다. 2년 전 결승전 멤버가 6명이나 선발 출전했고, 부상으로 빠졌던 에우베르와 비상트 리자라주도 선발명단에 이름을 올렸다. 발렌시아도 경험과 퀄리티 면에서 뒤지지 않았다. 클럽 역대 최고액 영입인 아이마르의 천재적 플레이메이킹이 수비적이라는 팀 이미지를 지우고 있었다. 로젠보리 출신 스트라이커 카레브도 강력한 공중볼 다툼 능력으로 팀 공격에 또 다른 옵션을 만들어줬다.

킥오프 2분 만에 멘디에타와 엉키는 과정에서 바이에른 센터백 파트리크 안데르손의 팔이 볼에 닿아 발렌시아가 페널티킥을 얻었다. 멘디에타가 침착하게 올리버 칸을 무너트려 발렌시아가 3분 만에 1-0 리드를 잡았다. 초반 이변은 끝이 아니었다. 3분 뒤 바이에른의 슈테판 에펜베르그가 상대 페널티박스 안에서 조셀린 앙글로마의 태클에 넘어져 페널티킥을 얻었다. 플레이메이커 메흐메트 숄의 페널티킥은 중앙으로 쏠리는 바람에 스페인 국가대표 골키퍼 산티아고 카니사레스가 쉽게 막아냈다.

전반전을 1-0으로 마친 쿠페르 감독은 의외의 교체 카드를 썼다. 플레이메이커 아이마르를 빼고 수비형 미드필더 다비드 알벨다를 넣은 것이다. 히츠펠트 감독은 윌리 사놀 대신 장신 스트라이커 카르스텐 얀커를 넣어 3-4-3에서 4-4-2로 시스템 전환했다. 후반 시작 5분 만에 바이에른은 두 번째 페널티킥을 획득했다. 얀커와 볼을 다투던 과정에서 아메데오 카르보니가 핸드볼 반칙을 저질렀다. 바이에른의 '믿을맨' 에펜베르그는 두 번째 찾아온 기회를 놓치지 않았다. 승부의 기울기는 수평을 되찾았다.

한 가지 문제가 있었다. 두 팀의 최근 기억 속에는 승리의 기쁨보다 패배의 아픔이 더 뚜렷하게 각인되었다는 점이었다. 최근 결승전에서 양쪽이 나란히 쓰디쓴 좌절을 경험한 탓에 1-1 동점이 된 이후 경기 템포가 급격히 떨어졌다. 아이마르를 뺀 발렌시아는 카레브의 포스트플레이에만 의존했고, 바이에른의 공격은 파이널서드에 진입하기가 무섭게 튕겨 나왔다. 이후 연장전까지 합쳐 한 시간이 넘도록 양 팀은 특기할 만한 득점 기회를 만들지 못한 채 1996년 결승전 이후 5년 만에 승부차기에 돌입했다.

승부차기는 바이에른 '절대 수호신' 칸의 독무대였다. 한 골 뒤진 상황에서 2연속 선방으로 팀을 구했다. 다섯 명이 모두 찬 상태에서 양 팀은 3-3으로 맞섰다. 양쪽 6번 키커와 바이에른의 7번 키커 토마스 릴케가 모두 성공해 바이에른이 5-4로 앞섰다. 발렌시아의 마우리시오 펠레그리노가 7번 키커로 나섰다. 펠레그리노의 발을 떠난 볼이 칸의 손에 걸리면서 바이에른의 우승이 확정되었다.

'역대급' 따분한 결승전이란 혹평 속에서도 바이에른의 성취감은 컸다. 1970년대 대회 3연패 이후 25년 만의 우승인 데다 1982년, 1987년, 1999년 세 번이나 준우승에 머물렀던 징크스를 털었기 때문이다. 히츠펠트 감독은 챔피언스리그 리브랜딩 이후 2개 클럽에서 우승을 기록한 최초의 지도자가 되었다. 패장 쿠페르 감독은 UEFA 대회 3년 연속 준우승으로 '영원한 2인자'란 오명을 썼다. 다음 시즌 지휘봉을 잡은 인테르에서도 쿠페르 감독은 시즌 내내 1위를 지키다가 최종전에서 라치오에 스쿠데토를 내줬다.

올리버 칸 Key Player
역대 최강 골키퍼

페널티킥 득점, 연장전, 승부차기로만 채워졌던 2001년 결승전은 보기 드문 졸전이었다. 산시로 만원 관중은 120분의 무료함을 견디고서야 한 줄기 빛을 목격할 수 있었다. 바이에른 수문장의 올리버 칸의 영웅적 선방이다. 바이에른은 승부차기에서 두 번이나 뒤졌으나 칸의 2연속 방어(3번, 4번 키커)로 살아났다. 서든데스에서 짜릿한 승리를 확정한 것도 칸의 마지막 선방이었다. 페널티킥 7개 중 3개를 막아낸 칸의 괴력이야말로 2001년 결승전의 유일한 볼거리였다. 경기 후 칸은 환호하는 동료들을 뒤로 한 채 눈물을 흘리는 상대 골키퍼 카니사레스에게 가장 먼저 다가가 위로를 건넸다. 팬들에게 큰 감동을 준 이 장면 덕분에 칸은 UEFA 페어플레이상을 받았다.

어린 시절 축구를 배우기 시작했을 때만 해도 칸은 필드 플레이어였다. 할아버지로부터 독일 레전드 세프 마이어의 골키퍼 유니폼을 생일 선물로 받은 순간부터 칸은 골키퍼가 되기로 결심했다. 고향 클럽 카를스루에에서 18세 나이로 프로 데뷔했고, 1994년 이적료 250만 유로에 바이에른으로 이적했다. 칸은 넘치는 카리스마로 바이에른의 수비를 호령했다. 슛스토핑 능력은 물론 공중볼 처리, 수비 컨트롤과 함께 칸은 성난 황소처럼 상대를 주눅 들게 하는 능력으로 경기 전체를 지배했다. 경기 중 광기에 가까운 돌발 행동도 자주 보였다. 2000/01시즌 한자로스톡 원정에서 상대 페널티박스까지 올라가 코너킥을 양손 펀칭으로 볼을 상대 골문에 집어넣은 장면이 유명하다. 경고 누적으로 퇴장당한 칸은 "골키퍼는 페널티박스 안에서 손을 써도 되는 줄 알았다"라고 둘러댔다. 상대는 물론 동료들에게도 격노하는 모습도 많았다. 동료 메흐메트 숄은 "세상에서 내가 무서워하는 게 딱 두 개 있다. 전쟁 그리고 칸이다"라고 말했다. 불같이 화를 내는 모습에 팬들은 '볼카노(Vol-Kahn-o)'란 별명을 선사했다.

2002년 한일월드컵 8강전도 칸이 찬란하게 빛났던 명경기로 손꼽힌다. 독일이 1-0으로 승리했지만, 경기 내내 미국은 독일 골문을 맹폭했다. 수없이 날아드는 슈팅들을 칸은 모두 막아 무실점 방어를 펼쳤다. 레전드 프란츠 베켄바우어는 "칸 빼고 모든 선수를 싹 바꿔야 한다"라며 자국 대표팀의 경기력에 불만을 터트렸다. 완벽했던 칸은 브라질을 상대한 결승전에서 충격적인 펌블로 선제골을 헌납했다. 결승전 패배 후 칸은 좌절감에 휩싸인 채 골문을 떠나지 못했다. 절대적 수호신의 무너진 모습에 독일 축구 팬들은 귀국 현장에서 가장 큰 환호성으로 화답했다. 그는 바이에른 통산 632경기 중 204경기에서 무실점을 기록했다.

• 1차 조별리그 결과 • (★2차 조별리그, *UEFA컵 합류)

A조	순위	팀명	전	승	무	패	득	실	득실	승점
	★1	레알 마드리드	6	4	1	1	15	8	+7	13
	★2	스파르타크 모스크바	6	4	0	2	9	3	+6	12
	3*	바이어 레버쿠젠	6	2	1	3	9	12	−3	7
	4	스포르팅 CP	6	0	2	4	5	15	−10	2

B조	순위	팀명	전	승	무	패	득	실	득실	승점
	★1	아스널	6	4	1	1	11	8	+3	13
	★2	라치오	6	4	1	1	13	4	+9	13
	3*	샤흐타르 도네츠크	6	2	0	4	10	15	−5	6
	4	스파르타 프라하	6	1	0	5	6	13	−7	3

C조	순위	팀명	전	승	무	패	득	실	득실	승점
	★1	발렌시아	6	4	1	1	7	4	+3	13
**상대전적 원정득점 우세	★2	올랭피크 리옹	6	3	0	3	8	6	+2	9**
	3*	올림피아코스	6	3	0	3	6	5	+1	9
	4	헤렌벤	6	1	1	4	3	9	−6	4

D조	순위	팀명	전	승	무	패	득	실	득실	승점
	★1	스트룸 그라츠	6	3	1	2	9	12	−3	10
	★2	갈라타사라이	6	2	2	2	10	13	−3	8**
	3*	레인저스	6	2	2	2	10	7	+3	8
**상대전적 우세	4	모나코	6	2	1	3	13	10	+3	7

E조	순위	팀명	전	승	무	패	득	실	득실	승점
	★1	데포르티보	6	2	4	0	6	4	+2	10
	★2	파나시나이코스	6	2	2	2	6	5	+1	8
	3*	함부르크	6	1	3	2	9	9	0	6
	4	유벤투스	6	1	3	2	9	12	−3	6

F조	순위	팀명	전	승	무	패	득	실	득실	승점
	★1	바이에른 뮌헨	6	3	2	1	9	4	+5	11
	★2	파리 생제르맹	6	3	1	2	14	9	+5	10
	3*	로젠보리	6	2	1	3	13	15	−2	7
	4	헬싱보리	6	1	2	3	6	14	−8	5

G조	순위	팀명	전	승	무	패	득	실	득실	승점
	★1	안더레흐트	6	4	0	2	11	14	−3	12
	★2	맨체스터 Utd	6	3	1	2	11	7	+4	10
	3*	PSV 에인트호번	6	3	0	3	9	9	0	9
	4	디나모 키예프	6	1	1	4	7	8	−1	4

H조	순위	팀명	전	승	무	패	득	실	득실	승점
	★1	밀란	6	3	2	1	12	6	+6	11
	★2	리즈 Utd	6	2	3	1	9	6	+3	9
	3*	바르셀로나	6	2	2	2	13	9	+4	8
	4	베식타쉬	6	1	1	4	4	17	−13	4

· 2차 조별리그 결과 ·

(★8강)

A조

순위	팀명	전	승	무	패	득	실	득실	승점
★1	발렌시아	6	3	3	0	10	2	+8	12
★2	맨체스터 Utd	6	3	3	0	10	3	+7	12
3	스트룸 그라츠	6	2	0	4	4	13	−9	6
4	파나시나이코스	6	0	2	4	4	10	−6	2

B조

순위	팀명	전	승	무	패	득	실	득실	승점
★1	데포르티보	6	3	1	2	10	7	+3	10
★2	갈라타사라이	6	3	1	2	6	6	0	10
3	밀란	6	1	4	1	6	7	−1	7
4	파리 생제르맹	6	1	2	3	8	10	−2	5

C조

순위	팀명	전	승	무	패	득	실	득실	승점
★1	바이에른 뮌헨	6	4	1	1	8	5	+3	13
★2	아스널	6	2	2	2	6	8	−2	8*
3	올랭피크 리옹	6	2	2	2	8	4	+4	8
4	스파르타크 모스크바	6	1	1	4	5	10	−5	4

*상대전적 우세

D조

순위	팀명	전	승	무	패	득	실	득실	승점
★1	레알 마드리드	6	4	1	1	14	9	+5	13
★2	리즈 Utd	6	3	1	2	12	10	+2	10
3	안더레흐트	6	2	0	4	7	12	−5	6
4	라치오	6	1	2	3	9	11	−2	5

· 토너먼트 결과 ·

(★ 승자)

8강

	1차전	2차전	합산	득점자
갈라타사라이	3	0	3	**1차전** 위밋 47'(p), 하산 사스 66', 자르데우 75' **2차전** —
레알 마드리드★	2	3	5	**1차전** 엘게라 33', 마켈레레 43' **2차전** 라울 15', 37', 엘게라 28'

	1차전	2차전	합산	득점자
맨체스터 Utd	0	1	1	**1차전** — **2차전** 긱스 49'
바이에른 뮌헨★	1	2	3	**1차전** 파울루 세르지우 86' **2차전** 에우베르 5', 숄 39'

	1차전	2차전	합산	득점자
리즈 Utd★	3	0	3	**1차전** 하트 25', 스미스 51', 퍼디낸드 66' **2차전** —
데포르티보	0	2	2	**1차전** — **2차전** 자우미냐 9'(p), 트리스탄 73'

	1차전	2차전	합산	득점자
아스널	2	0	2	**1차전** 앙리 58', 팔러 59' **2차전** —
발렌시아★	1	1	2*	**1차전** 아얄라 41' **2차전** 카레브 75'

*원정득점 우세

준결승

	1차전	2차전	합산	득점자
레알 마드리드	0	1	1	**1차전** — **2차전** 피구 18'
바이에른 뮌헨★	1	2	3	**1차전** 에우베르 55' **2차전** 에우베르 8', 예레미스 34'

	1차전	2차전	합산	득점자
리즈 Utd	0	0	0	**1차전** — **2차전** —
발렌시아★	0	3	3	**1차전** — **2차전** 후안 산체스 16', 47', 멘디에타 52'

· 결승전 ·

5 : 4 p

1 : 1

2001.05.23. 밀란,
산시로 (79,000명)

바이에른 뮌헨 | | 발렌시아

득점

| 에펜베르그 50'(p) | 멘디에타 3'(p) |

승부차기

파울루 세르지우	○ ○ ○ ○ ○ ○	0–1	● ○ ○ ○ ○ ○	멘디에타
살리하미지치	○ ○ ○ ○ ○ ●	1–2	● ● ○ ○ ○ ○	카레브
지클러	○ ○ ○ ○ ● ●	2–2	● ● ○ ○ ○ ○	자호비치
안데르손	○ ○ ○ ○ ● ●	2–2	● ● ● ○ ○ ○	카르보니
에펜베르그	○ ○ ○ ● ● ●	3–3	● ● ● ○ ○ ○	바라하
리자라주	○ ○ ● ● ● ●	4–4	● ● ● ● ○ ○	킬리 곤살레스
릴케	○ ● ● ● ● ●	5–4	● ● ● ● ○ ○	펠레그리노

오트마르 히츠펠트 | **3-4-3**

헥토르 쿠페르 | **4-4-2**

벤치

| 드레허(GK), 타르나트, 스포르차, 산타 크루스 | 팔롭(GK), 아우렐리우, 데샹, 비센테 |

경고/퇴장

| 안데르손 38' / – | 카르보니 26', 킬리 곤살레스 117', 카니사레스 120' / – |

주부심: 디크 욜(NED), 야프 풀(NED), 안–빌렘 판벨루벤(NED)
대기심: 얀 베거레프(NED)

◆ 득점순위 ◆

득점	이름		클럽명	
7골	라울	(ESP)	레알 마드리드	(ESP)
6골	마르코 시모네	(ITA)	모나코	(FRA)
	히바우두	(BRA)	바르셀로나	(ESP)
	지우반 에우베르	(BRA)	바이에른 뮌헨	(GER)
	폴 스콜스	(ENG)	맨체스터 Utd	(ENG)
	리 보이어	(ENG)	리즈 Utd	(ENG)
	이반 엘게라	(ESP)	레알 마드리드	(ESP)
	마리우 자르데우	(BRA)	갈라타사라이	(TUR)
5골	필리포 인자기	(ITA)	유벤투스	(ITA)
	클라우디오 로페스	(ARG)	라치오	(ITA)
	프로드 욘센	(NOR)	로젠보리	(NOR)
	크리스티앙	(BRA)	파리 생제르맹	(FRA)
	발터 판디아니	(URU)	데포르티보	(ESP)
	테디 셰링엄	(ENG)	맨체스터 Utd	(ENG)
	니콜라스 아넬카	(FRA)	파리 생제르맹	(FRA)
	후안 산체스	(ESP)	발렌시아	(ESP)
	토마스 라진스키	(CAN)	안더레흐트	(BEL)
	안드리 셉첸코	(UKR)	밀란	(ITA)
	루이스 피구	(POR)	레알 마드리드	(ESP)
	메흐메트 숄	(GER)	바이에른 뮌헨	(GER)
	앨런 스미스	(ENG)	리즈 Utd	(ENG)

전술

세계 표준 4-2-3-1의 등장

축구 전술사에서 2000년은 큰 의미를 지닌다. 90년대 초반 스페인 2부의 한 감독이 고안한 4-2-3-1 전술로 프랑스가 유럽 챔피언에 등극했기 때문이다. 20년이 흐른 지금까지도 4-2-3-1은 전 세계 축구의 표준 포메이션으로 자리 잡았다.

1991/92시즌 스페인 2부 쿨투랄 레오네사를 이끌던 후안마 리요 감독은 "압박을 통해 높은 지역에서 볼을 빼앗아야 한다"라는 기본 철학을 구현할 방법을 고민했다. 기본 4-4-2에서 중앙 미드필더 2명을 백4 라인 바로 앞까지 내리고, 투톱 중 1명을 2선으로 내린 결과가 바로 4-2-3-1 포메이션이었다. 수비형 미드필더 2명과 센터백 2명이 정사각형 블록을 만들어 공수와 상관없이 수비 조직을 유지한다. 그 덕분에 2선까지 전진한 플레이메이커는 공격력을 극대화할 수 있었다. 최전방에 1, 2선 4인이 항상 공격과 압박을 수행함으로써 수적 우위를 점한다. 단, 모든 선수가 많이 뛰어야 했다. 리요 감독은 "이 포메이션에서는 모든 선수가 잘 뛰어야 하고 볼을 잡았을 때 어떻게 처리해야 할지를 알아야 한다. 플레이의 목적이 압박이 아니라 압박의 목적이 플레이라는 점을 잊지 말아야 한다"라고 설명했다. 쿨투랄 레오네사는 새로운 전술 틀로 1부 승격에 성공했다.

1990년대를 걸쳐 4-2-3-1 전술은 라리가에 정착해 갔다. 데포르티보 라 코루냐의 하비에르 이루레타 감독은 4-2-3-1의 완성도를 높인 끝에 1999/2000시즌 레알, 바르셀로나 천하를 깨고 라리가를 제패했다. 거스 히딩크 경질 이후 산티아고 베르나베우의 지휘봉을 잡은 존 토샥 감독도 4-2-3-1 포메이션을 구사하려고 애썼다. 유로 2000을 제패한 프랑스는 최전방 티에리 앙리, 2선 중앙에 지네딘 지단과 좌우에 크리스토프 두가리와 유리 조르카예프, 더블 피봇에 디디에 데샹과 파트리크 비에이라를 배치해 4-2-3-1 전술로 대회를 치렀다. 지단의 창의성과 양쪽 날개인 두가리(또는 앙리)와 조르카예프의 돌파 능력을 극대화한 프랑스는 우승을 달성했다. 4강 중 포르투갈과 네덜란드도 4-2-3-1 포메이션이었다.

전 세계 축구 지도자들은 4-2-3-1 포메이션을 바탕으로 다양한 응용을 시도했다. 좌우 윙을 전진하면 4-2-1-3, 후진하면 4-4-1-1 등으로 쉽게 전환할 수 있기 때문이다. 프랑스의 유로 2000 우승으로부터 10년이 흐른 남아공월드컵 결승전도 스페인과 네덜란드의 4-2-3-1 맞대결이었다. 4-2-3-1의 아버지 리요는 2020년 7월 맨체스터 시티에서 자신을 "가장 중요한 영감을 준 지도자"라며 존경을 표한 펩 과르디올라 감독과 함께 일한다.

★★★

2001 / 02 시즌

위대한 골의 탄생

⚽ **키워드** ⚽

#레알마드리드 #지단 #햄든파크 #갈락티코

백그라운드 Background

보스만 판례(1995년)와 위성방송 시장 확대로 인한 매출 증가는 이적시장 인플레이션을 초래했다. 2001년 여름 창단 100주년을 맞이한 레알 마드리드의 플로렌티노 페레스 회장은 갈락티코 프로젝트 2탄을 확정했다. 유벤투스로부터 지네딘 지단을 7600만 유로에 영입한 것이다. 지단의 몸값은 2009년 크리스티아누 호날두 전까지 8년이나 깨지지 않았을 정도로 엄청난 액수였다. 유벤투스는 지단 판매 수입 중 5300만 유로를 파르마 골키퍼 잔루이지 부폰 영입에 재투자했다. 맨유는 라치오 미드필더 후안 세바스찬 베론을 잉글랜드 축구 최고액 신기록인 4260만 유로에 영입했고, 라치오는 이 돈으로 발렌시아 간판스타 가이스카 멘디에타를 데려왔다. 이 밖에도 마누엘 후이 코스타, 릴리앙 튀랑, 파벨 네드베트가 모두 4천만 유로 이상의 몸값을 기록하며 이적했다.

이적시장을 주도한 세리에A는 정작 UEFA 랭킹에서 라리가에 밀려 1위를 내줬다. 출전권 4장은 지켰지만, 세리에A 4위 파르마가 3차 예선에서 릴에 덜미를 잡혀 탈락해 조별리그에는 3개 팀만 출전했다. 3차 예선에서 가장 주목받은 클럽은 리버풀(제라르 울리에 감독)이었다. 1985년 헤이젤 대참사 이후 UEFA 주관 대회 출전 금지 징계를 받은 뒤로 챔피언스리그에 처음 복귀했기 때문이다.

1차 리그가 시작된 9월 11일 당일 미국 뉴욕과 워싱턴에서 9/11테러 사건이 벌어졌다. 테러 공포가 전 세계로 퍼진 가운데 유럽축구연맹(UEFA)은 12일 예정이었던 E, F, G, H조 첫 경기들을 모두 연기했다. 어수선한 분위기 속에서 강행된 11일 디나모 키예프 원정에서 도르트문트가 2-2 무승부에 그치자 마티야스 잠머 감독은 일정상 불공평함을 주장하며 대회 집행부를 비판했다.

1, 2차 조별리그 Group Stage

레알 마드리드는 A조 초반 4연승으로 2차 리그 확정 1호가 되었다. 대회 초반 지단의 공백은 문제가 되지 않았다. 라울과 페르난도 모리엔테스의 투톱, 2선의 루이스 피구, 수비형 미드필더 자리에 선 클로드 마켈레레 등 레알은 월드클래스 개인기와 완벽한 공수 균형을 갖춰 상대를 압도했다. B조에서 리버풀은 1위를 차지해 유럽 무대의 관록을 보였다. 조 3위로 밀린 도르트문트는 UEFA컵으로 이동해 이듬해 5월 결승 무대를 밟았으나 페예노르트(챔피언스리그 H조 3위)에 2-3으로 패했다. 3차 예선을 거친 D조의 라치오는 베론과 네드베트를 처분한 대가를 치르며 최하위 탈락했다. 분데스리가 4위 자격으로 출전한 바이어 레버쿠젠은 F조에서 바르셀로나에 이어 2차 리그행 티켓 획득에 성공했다.

레버쿠젠은 최근 힘을 키운 다크호스였다. 옌스 노보트니, 미하엘 발락, 올리버 노이빌레, 카르스텐 라메로프 등 중하위권에서 저렴한 실력파를 끌어왔고, 브라질 국가대표인 루시우, 제호베르투, 에메르송을 손에 넣어 단단한 스쿼드를 뽐냈다. 2001년 여름 지휘봉을 잡은 클라우스 토프묄러 감독은 기존 플레이 스타일에 공격성을 보태 유럽 무대에서도 실적을 남기기 시작했다. 2차 리그에서 레버쿠젠이 속한 D조는 '죽음의 조'였다. 거함 유벤투스, 티에리 앙리의 아스널, 전년도 8강 팀인 데포르티보 라코루냐가 한데 모였기 때문이다. 예상을 뒤엎고 레버쿠젠도 8강행 경쟁에서 뒤지지 않았다. 최종전을 앞두고 데포르티보가 10점 선두, 레버쿠젠과 아스널이 7점 동률을 이뤘다. 그런데 레버쿠젠을 상대하는 데포르티보가 상대 전적 규정의 허점을 파고들었다. 홈과 원정에서 아스널에 2연승을 거둔 덕분에 데포르티보는 최종전에서 레버쿠젠에 패하고 아스널이 유벤투스를 꺾어 승점 동률이 돼도 8강행이 가능했다. 덕분에 레버쿠젠은 주축이 빠진 데포르티보를 원정에서 3-1로 잡아 조 1위를 확정했다. 창단 첫 챔피언스리그 8강 진출이었다. 아스널은 유벤투스에 패해 탈락했다.

2차 리그 B조의 리버풀은 5차전까지 4무 1패 2골로 승점 4점밖에 얻지 못해 8강 전망이 어두웠다. 승점 7점인 로마를 홈으로 불러들인 최종전에서 반드시 이겨야 했다. 심장수술로 다섯 달 만에 복귀한 울리에 감독의 리버풀은 야리 리트마넨과 에밀 헤스키의 득점 활약으로 로마를 2-0으로 잡아 극적으로 8강에 합류했다.

A조에서는 최근 4시즌 중 세 번이나 맞붙었던 바이에른과 맨유가 함께 배정되어 나란히 8강에 올랐고, C조의 레알은 1차 리그와 마찬가지로 초반 4연승으로 가장 먼저 8강 진출을 확정했다. 나머지 한자리는 그리스 2위 파나시나이코스에 돌아갔다.

토너먼트 Tournament

스페인이 3년 연속 8강 세 자리를 점해 UEFA 랭킹 1위 등극을 자축했다. 독일과 잉글랜드가 각각 두 팀을 올렸고, 그리스가 한자리를 채웠다. 이탈리아는 2년 연속 8강에 오르지 못하는 수모를 당했다. 국내 대회와 달리 챔피언스리그에서 쾌속 질주한 레알은 8강전에서 바이에른과 만나 3년 연속 토너먼트 맞대결이 이루어졌다. 무엇보다 전년도 준결승 패배를 설욕해야 했다. 비센테 델보스케 감독은 원정 1차전에서 모리엔테스와 피구를 벤치로 내려 수비를 강화했으나 막판 연속 실점으로 1-2 역전패를 당했다. 하지만 홈 2차전에서 레알은 이반 엘게라와 구티의 2골을 묶어 2-0 완승, 합산 3-2로 승부를 뒤집어 4강에 진출했다.

라이벌 바르셀로나가 파나시나이코스를 합산 3-2로 따돌려 대회 역사상 첫 엘클라시코가 성사되었다. 레알은 1983년 이후 한 번도 이기지 못한 누캄프 원정 1차전에 나서야 했다. 당시 바르셀로나는 조안 가스파르트 회장 체제에서 과도기 후유증을 겪고 있었다. 라리가선 최종전이 돼서야 가까스로 4위에 진입했고 레알을 상대로도 1무 1패로 뒤졌다. 1차전에서 레알은 지단과 스티브 맥마나만의 2골로 19년 만의 누캄프 승리를 맛봤다. 그동안 지단을 비난했던 팬들은 마드리드 공항까지 마중 나와 "골 넣어줘서 고맙다"라고 외쳤다. 레알은 홈 2차전을 1-1 무승부로 마무리해 결승 무대를 예약했다. 최근 다섯 시즌 중 세 번째 결승 진출이었다.

맨유는 알렉스 퍼거슨 감독의 사임설, 스벤고란 에릭손 감독의 내정설, 퍼거슨 감독과 데이비드 베컴의 불화설 등 많은 루머에 시달리며 대회를 치렀다. 다행히 8강에서 맨유는 데포르티보를 홈, 원정 2연승으로 4강에 합류했다. 문제가 발생했다. 2차전에서 베컴이 중족골 골절상을 당했기 때문이다. 한일월드컵을 불과 두 달 앞둔 시점이었기 때문에 잉글랜드 전체가 패닉에 빠졌다. 라이벌 리버풀은 레버쿠젠과 격전을 펼쳤다. 홈 1차전에서 1-0으로 이긴 리버풀은 원정 2차전에서 경기 막판까지 스코어 2-3을 유지하며 4강행 희망을 지켰다. 하지만 종료 6분 전, 루시우에게 통한의 결승 실점을 내줘 분패했다.

레버쿠젠의 돌풍은 빅클럽 맨유를 상대한 준결승전에서도 사그라지지 않았다. 올드 트래퍼드 원정 1차전에서 레버쿠젠은 두 번이나 허용한 리드 상황을 끈질기게 따라붙어 2-2 무승부로 마무리했다. 맨유 라이트백이자 베컴의 절친 게리 네빌도 중족골 골절에 쓰러지는 불운이 이어졌다. 레버쿠젠은 홈 2차전에서도 로이 킨에게 선제 실점을 허용했다. 하지만 1차전 동점골의 주인공 뇌빌이 또 1-1 동점골을 작렬했다. 합산 3-3에서 원정 득점이 한 골 많은 레버쿠젠이 창단 첫 챔피언스리그 출전에서 결승까지 도달했다.

결승전 Final

바이어 레버쿠젠 1 : 2 레알 마드리드 | 2002.05.15 | 글래스고, 햄든파크

결승전 장소인 스코틀랜드 글래스고의 햄든파크는 유럽 축구 역사에 굵은 족적을 남긴 곳이다. 1960년 이곳에서 열렸던 레알 마드리드와 아인라호트 프랑크푸르트의 유러피언컵(챔피언스리그 전신) 결승전이 가장 유명하다. '레전드' 알프레도 디스테파노가 해트트릭, 페렌치 푸스카스가 네 골을 터트려 레알이 7-3 대승을 거뒀다. 역사적 경기를 직접 관전한 13만4천 명 중에는 19세 청년 알렉스 퍼거슨도 있었다.

레알은 결승전 장소의 역사성, 창단 100주년 의미와 화려한 스쿼드로 인해 우승에 대한 동기부여가 뚜렷했다. 반면 라리가에서 3위에 그쳤고 홈에서 열린 코파델레이 결승전 패배는 부담감으로 작용했다. 레버쿠젠은 전력 누수가 심했다. '크랙' 제호베르투가 부상으로, 노보트니는 경고 누적으로 각각 결장했다.

경기 초반 레알이 상대 골키퍼의 실수를 낚아챘다. 한스외르그 부트의 골킥이 오른쪽으로 나가버렸다. 호베르투 카를루스가 괴력의 롱스로인을 보내자 수비 뒷공간으로 파고든 라울이 선제골이자 본인의 챔피언스리그 통산 34호 골을 터트렸다. 강슛이 아니었지만 어정쩡한 자세를 취한 부트의 연속 실수 덕분에 볼은 천천히 골라인을 통과했다. 5분 뒤 레버쿠젠이 반격에 성공했다. 왼쪽 측면에서 발락이 얻은 프리킥을 문전에서 루시우가 머리로 연결해 1-1 동점을 만들었다. 한 골씩 치고받은 두 팀은 전반전 막판까지 격렬하게 부딪혔다. 추가시간이 되기 직전, 산티아고 솔라리의 전방 패스를 왼쪽 터치라인을 따라 들어간 호베르투 카를루스가 박스 쪽으로 높게 차올렸다. 공중에 솟구친 볼은 수직에 가까운 각도로 떨어졌다. 아크 근처에 있던 지단이 왼발을 휘둘렀다. 다음 순간 볼은 레버쿠젠의 왼쪽 톱 코너에 정확히 꽂혔다. 챔피언스리그 역사상 가장 위대한 골이 탄생하는 순간이었다.

후반 들어 경기는 점점 거칠어졌다. 64분 레알 수문장 세사르가 발을 다쳐 경기를 포기했다. 20세 골키퍼 이케르 카시야스가 교체로 들어가는 행운을 안았다. 레버쿠젠의 루시우도 발목을 다쳐 정규시간 종료 직전에 그라운드를 떠났다. 추가시간에 돌입해 레버쿠젠이 남은 힘을 쥐어짰다. 터키 국가대표 일디라이 바슈튀르크와 디미타르 베르바토프가 때린 유효슛 3개를 카시야스가 전부 막아냈다. 종료 직전 코너킥에서 골키퍼 부트의 헤딩슛이 아슬아슬하게 레알의 골대 오른쪽으로 빗나갔다. 긴 종료 휘슬이 울리면서 레알의 빛나는 햄든파크 역사가 재현되었다. 라 노베마(La Novema), 통산 9회 우승 달성이었다. 이날 패배로 2001/02시즌 레버쿠젠은 분데스리가, DFB 포칼에 이어 챔피언스리그까지 2위에 그치는 눈물의 진기록을 작성했다. 지단의 역사적 골을 현장에서 관전한 사람은 총 50,499명이었다.

지네딘 지단 Key Player
축구를 미학으로 승화하다

축구 역사상 가장 위대한 10번, 플로렌티노 페레스 시대의 가장 중요한 인물, 그리고 프랑스 축구의 신. 스피드도 없었고 힘도 부족했고 상대를 압도하는 피지컬도 없었다. 지네딘 지단이 가진 것은 오직 신의 볼 터치 하나였다. 그라운드 위에서 예술을 펼치기에 가장 적합한 무기였다.

1998년 파리 생드니에서 2002년 글래스고 햄든파크에 이르기까지 4년에 걸쳐 지단의 전설은 화룡점정을 찍었다. 1998년 5월 유벤투스 소속으로 챔피언스리그 2연속 준우승에 그친 뒤, 지단은 자국에서 개최된 월드컵에 출전했다. 조별리그 두 번째 경기인 사우디아라비아전에서 지단은 상대를 밟아 퇴장당했다. 그러나 결승전 2골과 월드컵 첫 우승, 대회 MVP 선정으로 지단은 프랑스의 영웅이 되어 대회를 마쳤다. 그해 말 지단은 레이몽드 코파, 미셸 플라티니에 이어 프랑스 축구 역사상 세 번째 발롱도르 수상자에 등극했다. 2년 뒤 지단은 유로 2000에서 프랑스의 메이저 대회 2연속 우승을 이끌었다. 포르투갈과 맞붙은 준결승전에서 연장 페널티킥 골든골로 상징되는 공헌은 지단에게 두 번째 메이저 대회 MVP 영예를 안겼다.

2001년 여름 지단은 축구 역사상 가장 비싼 몸값으로 갈락티코에 승선했다. 시즌 초반 지단은 라리가 적응에 애를 먹은 데다 부상까지 겹쳐 1, 2차 리그 12경기에서 4경기 밖에 출전하지 못했다. 진짜 빅매치들이 시작되는 8강부터 지단은 유려한 볼 터치와 압도적 플레이 메이킹으로 레알의 '라 노베마' 여정을 이끌었다. 엘클라시코가 성사된 준결승 원정 1차전에서 지단은 직접 골을 터트려 팬심을 샀고, 글래스고 결승전에서는 불후의 명작 발리슛으로 몸값을 증명했다. 지단이 단순히 한 시대를 풍미한 스타가 아니라 역사를 관통하는 위대한 선수임을 증명한 장면이었다.

1개월 뒤 지단은 잔인한 운명을 맞이한다. 2002년 월드컵 직전 대한민국 평가전에서 허벅지를 다친 것이다. 프랑스는 지단이 성치 않은 몸으로 복귀한 조별리그 3차전에서 덴마크에 패해 탈락하고 말았다. 유로 2004에서 8강 탈락이 이어지자 지단은 대표팀 은퇴를 선언했다. 하지만 2년 뒤 레이몽드 도메네크 감독의 간절한 요청으로 복귀해 독일 월드컵에 출전했다. 어느새 34세가 된 지단은 8강전에서 브라질을 상대로 '인생' 퍼포먼스를 펼치며 1-0 승리를 견인했다. 결승전에서는 페널티킥으로 선제골을 넣어 월드컵 결승전 2경기에서 득점을 기록한 역대 네 번째 선수가 되었다. 경기 종료 직전 마르코 마테라치를 머리로 가격해 퇴장당했고 프랑스는 승부차기에서 패해 우승을 이탈리아에 내줬다. 월드컵 역대 최고령 대회 MVP 타이틀은 현역 마지막 경기가 지단에게 준 작은 위로였다.

• 1차 조별리그 결과 • (★ 2차 조별리그, *UEFA컵 합류)

A조	순위	팀명	전	승	무	패	득	실	득실	승점
	★1	레알 마드리드	6	4	1	1	13	5	+8	13
	★2	로마	6	2	3	1	6	5	+1	9
	3*	로코모티프	6	2	1	3	9	9	0	7
	4	안더레흐트	6	0	3	3	4	13	−9	3

B조	순위	팀명	전	승	무	패	득	실	득실	승점
	★1	리버풀	6	3	3	0	7	3	+4	12
	★2	보아비스타	6	2	2	2	8	7	+1	8**
**상대전적 골득실 우세	3*	보루시아 도르트문트	6	2	2	2	6	7	−1	8
	4	디나모 키예프	6	1	1	4	5	9	−4	4

C조	순위	팀명	전	승	무	패	득	실	득실	승점
	★1	파나시나이코스	6	4	0	2	8	3	+5	12
	★2	아스널	6	3	0	3	9	9	0	9**
**상대전적 우세	3*	마요르카	6	3	0	3	4	9	−5	9
	4	샬케 04	6	2	0	4	9	9	0	6

D조	순위	팀명	전	승	무	패	득	실	득실	승점
	★1	낭트	6	3	2	1	8	3	+5	11
	★2	갈라타사라이	6	3	1	2	5	4	+1	10
	3*	PSV 에인트호번	6	2	1	3	6	9	−3	7
	4	라치오	6	2	0	4	4	7	−3	6

E조	순위	팀명	전	승	무	패	득	실	득실	승점
	★1	유벤투스	6	3	2	1	11	8	+3	11
	★2	포르투	6	3	1	2	7	5	+2	10
	3*	셀틱	6	3	0	3	8	11	−3	9
	4	로젠보리	6	1	1	4	4	6	−2	4

F조	순위	팀명	전	승	무	패	득	실	득실	승점
	★1	바르셀로나	6	5	0	1	12	5	+7	15
	★2	바이어 레버쿠젠	6	4	0	2	10	9	+1	12
	3*	올랭피크 리옹	6	3	0	3	10	9	+1	9
	4	페네르바체	6	0	0	6	3	12	−9	0

G조	순위	팀명	전	승	무	패	득	실	득실	승점
	★1	데포르티보	6	2	4	0	10	8	+2	10
	★2	맨체스터 Utd	6	3	1	2	10	6	+4	10
	3*	릴 OSC	6	1	3	2	7	7	0	6
	4	올림피아코스	6	1	2	3	6	12	−6	5

H조	순위	팀명	전	승	무	패	득	실	득실	승점
	★1	바이에른 뮌헨	6	4	2	0	14	5	+9	14
	★2	스파르타 프라하	6	3	2	1	10	3	+7	11
	3*	페예노르트	6	1	2	3	7	14	−7	5
	4	스파르타크 모스크바	6	0	2	4	7	16	−9	2

· 2차 조별리그 결과 ·

(★ 8강)

A조	순위	팀명	전	승	무	패	득	실	득실	승점
	★1	맨체스터 Utd	6	3	3	0	13	3	+10	12
	★2	바이에른 뮌헨	6	3	3	0	5	2	+3	12
	3	보아비스타	6	1	2	3	2	8	−6	5
	4	낭트	6	0	2	4	4	11	−7	2

B조	순위	팀명	전	승	무	패	득	실	득실	승점
	★1	바르셀로나	6	2	3	1	7	7	0	9
	★2	리버풀	6	1	4	1	4	4	0	7*
	3	로마	6	1	4	1	6	5	+1	7
*상대전적 우세	4	갈라타사라이	6	0	5	1	5	6	−1	5

C조	순위	팀명	전	승	무	패	득	실	득실	승점
	★1	레알 마드리드	6	5	1	0	14	5	+9	16
	★2	파나시나이코스	6	2	2	2	7	8	−1	8
	3	스파르타 프라하	6	2	0	4	6	10	−4	6
	4	포르투	6	1	1	4	3	7	−4	4

D조	순위	팀명	전	승	무	패	득	실	득실	승점
	★1	바이어 레버쿠젠	6	3	1	2	11	11	0	10
	★2	데포르티보	6	3	1	2	7	6	+1	10
	3	아스널	6	2	1	3	8	8	0	7
	4	유벤투스	6	2	1	3	7	8	−1	7

· 토너먼트 결과 · (★ 승자)

8강

	1차전	2차전	합산	득점자
데포르티보	0	2	2	**1차전** — **2차전** 블랑 45'(og), 자우미냐 90'+1
맨체스터 Utd ★	2	3	5	**1차전** 베컴 15', 판니스텔로이 41' **2차전** 솔샤르 23', 56', 긱스 69'

	1차전	2차전	합산	득점자
리버풀	1	2	3	**1차전** 히피아 44' **2차전** 사비에르 42', 리트마넨 79'
바이어 레버쿠젠 ★	0	4	4	**1차전** — **2차전** 발락 16', 64', 베르바토프 68', 루시우 84'

	1차전	2차전	합산	득점자
파나시나이코스	1	1	2	**1차전** 바시나스 79'(p) **2차전** 콘스탄티누 8'
바르셀로나 ★	0	3	3	**1차전** — **2차전** 루이스 엔리케 23', 49', 사비올라 61'

	1차전	2차전	합산	득점자
바이에른 뮌헨	2	0	2	**1차전** 에펜베르그 82', 피사로 88' **2차전**
레알 마드리드 ★	1	2	3	**1차전** 제레미 11' **2차전** 엘게라 69', 구티 85'

준결승

	1차전	2차전	합산	득점자
맨체스터 Utd	2	1	3	**1차전** 지브코비치 29'(og), 판니스텔로이 67'(p) **2차전** 킨 28'
바이어 레버쿠젠 ★	2	1	3*	**1차전** 발락 62', 뇌빌 75' **2차전** 뇌빌 45'+2

*원정득점 우세

	1차전	2차전	합산	득점자
바르셀로나	0	1	1	**1차전** — **2차전** 엘게라 49'(og)
레알 마드리드 ★	2	1	3	**1차전** 지단 55', 맥마나만 90'+2 **2차전** 라울 43'

• 결승전 •

1 : 2

2002.05.15. 글래스고,
햄든파크 (50,499명)

바이어 레버쿠젠   **레알 마드리드**

득점

루시우 13'	라울 8', 지단 45'

클라우스 토프묄러 | **4-1-3-2**   비센테 델보스케 | **4-1-3-2**

벤치

주리치(GK), 크라이네, 브란예스, 자카	카랑카, 파본, 구티, 무니티스

경고/퇴장

– / –	미첼 살가도 45'+2, 호베르투 카를루스 89' / –

주부심: 우르스 마이어(SUI), 프란세스코 부라기나(SUI), 펠릭스 쥐거(SUI)
대기심: 마시모 부사카(SUI)

득점순위

득점	이름		클럽명	
10골	뤼트 판니스텔로이	(NED)	맨체스터 Utd	(ENG)
8골	다비드 트레제게	(FRA)	Ĵ 유벤투스	(ITA)
7골	올레 군나르 솔샤르	(NOR)	맨체스터 Utd	(ENG)
	티에리 앙리	(FRA)	아스널	(ENG)
6골	지우반 에우베르	(BRA)	바이에른 뮌헨	(GER)
	디에고 트리스탄	(ESP)	데포르티보	(ESP)
	미찰리스 콘스탄티누	(CYP)	파나시나이코스	(GRE)
	라울	(ESP)	레알 마드리드	(ESP)
	파트리크 클루이베르트	(NED)	바르셀로나	(ESP)
	미하일 발락	(GER)	바이어 레버쿠젠	(GER)

갈락티코

가장 레알다운 레알

1990년대 중반 바르셀로나 드림팀이 시들자 레알 마드리드가 기지개를 켰다. 1994년 라울이 등장했고 이듬해 로렌소 산스 회장이 대권을 잡았다. 보스만 판례라는 기폭제가 작동했다. 이 시점부터 레알은 카탈루냐로 넘어갔던 스페인 축구의 태양을 되찾기 위해 발진한다. 외국인 선수 보유 제한이 풀린 1996/97시즌 산스 회장은 프레드락 미야토비치를 비롯해 다보르 수케르, 클라렌스 시도로프, 호베르투 카를루스, 크리스티안 파누치, 보도 일그너를 대거 영입했다. 다음 시즌 크리스티안 카람뵈와 아이토르 카랑카가 뒤따랐고, 1998년 레알은 32년 만에 챔피언스리그 우승을 달성했다. 결승골 주인공 미야토비치는 지금도 '라 셉티마(7회 우승)'의 영웅으로 존경받는다. 산스 회장은 늘어난 챔피언스리그 수입에 은행 대출을 더 해 니콜라스 아넬카, 미첼 살가도, 이반 엘게라 등을 스쿼드에 보태 2년 뒤 '라 옥타바(8회 우승)'를 달성했다. 유럽 왕좌 탈환과 부실 재정의 맞교환이 이루어진 셈이었다.

2000년 부동산 재벌 플로렌티노 페레스는 과감한 청사진을 제시해 회장 선거에 당선되었다. 클럽 소유 부동산을 매각해 부채를 탕감했고, 바르셀로나 간판스타 루이스 피구의 영입 공약을 지켰다. 페레스 회장은 2년 앞으로 다가온 창단 100주년 마케팅에 '올인'했다. 2001년 여름 세계 최고액 이적료 신기록을 작성하며 지단을 영입했다. 산티아고 베르나베우 박물관의 리노베이션 및 테마파크 개장도 뒤따랐다. 미국 프로농구 NBA 전설 매직 존슨을 레알 산하 농구팀에 초빙하는 등 100주년을 화려하게 꾸몄다. 스티브 맥마나만은 "거의 매일 행사가 있었다"라고 회상한다. 2002년 5월 레알은 '라 노베마(9회 우승)'를 달성했고 인테르의 호나우두까지 손에 넣었다. 페레스 회장의 갈락티코 프로젝트는 그동안 실체가 없었던 영광의 이미지를 가시적 매출로 전환한 마케팅 성공사례로서 높이 평가된다.

이후 페레스 체제는 슈퍼스타 의존, 공격 일변도 플레이 스타일, 과도한 마케팅 활동, 스쿼드 관리 실패 등으로 그라운드 위의 성취는 기대에 미치지 못했다. 2000년대 중반 바르셀로나의 부활로 인해 페레스 회장의 갈락티코 시대는 저물었다. 하지만 2009년 페레스 회장이 재집권에 성공했다. 1기의 패착을 거울삼은 '갈락티코 2기'는 지단 '감독'과 크리스티아누 호날두의 챔피언스리그 우승 4회, 전 세계 축구 클럽 매출 1위 등 경쟁자들이 범접할 수 없는 경지에 이르렀다.

★★★

2002/03 시즌

잠에서 깨어난 거인
이탈리아

⚙ 키워드 ⚙

#밀란 #안첼로티 #셉첸코 #유벤투스

백그라운드 Background

이탈리아 세리에A의 TV 중계권 거품이 꺼졌다. '칠공주' 멤버인 라치오, 파르마, 피오렌티나를 비롯해 중견 클럽이 재정난 타개를 위해 주축 선수들을 처분하기 시작했다. 목적지는 자연스레 리그 빅3(유벤투스, 밀란, 인테르)였다. 인테르는 에르난 크레스포(라치오), 파비오 칸나바로(파르마)를 데려왔고, 유벤투스는 마우로 카모라네시(베로나)와 마르코 디바이오(파르마)를 확보했다.

레알 마드리드의 갈락티코 전략에 자극을 받은 실비오 베를루스코니 회장도 지갑을 열었다. 밀란은 라치오 센터백인 알레산드로 네스타, 인테르의 검증된 미드필더 클라렌스 시도르프 등을 영입해 전력을 강화했다. 시도르프의 가세로 인해 밀란은 후이 코스타와 안드레아 피를로, 히바우두까지 10번 플레이메이커를 동시에 4명이나 보유하게 되었다. 지난 시즌 도중 지휘봉을 잡은 카를로 안첼로티 감독은 처음 맞이하는 풀타임 시즌을 준비하면서 팀 전술을 정리했다. 2선 중앙의 피를로를 딥라잉 미드필더로 내린 조치가 눈길을 끌었다. 아리고 사키의 콤팩트 4-4-2 압박 시스템에 작별을 고하고 후방부터 숏패스 중심으로 풀어 전방에 산재한 플레이메이커들의 능력을 극대화하는 스타일로 진화를 시작했다.

레알의 플로렌티노 페레스 회장은 세 번째 슈퍼스타 영입에 성공했다. 2002년 한일월드컵에서 퇴물 비난을 딛고 브라질을 통산 5회 우승으로 이끈 '일페노메노' 호나우두였다. 이적시장 마감 직전에 나온 빅딜은 전 세계 축구 팬들을 놀라게 했다. 이로써 레알은 지네딘 지단, 루이스 피구, 라울, 호베르토 카를루스에 호나우두까지 앞세워 명실공히 가장 화려한 스쿼드를 구축했다.

대회 출전권 배분에서는 잉글랜드 프리미어리그가 활짝 웃었다. 최근 UEFA 주관 대회의 실적 덕분에 UEFA 랭킹을 3위까지 끌어올려 총 4장의 출전권을 확보했다. 프리미어리그에 밀린 분데스리가는 출전 수가 3개로 줄었다. 세리에A 4위 밀란은 3차 예선에서 체코의 슬로반 리버레츠와 2-2로 비긴 뒤 원정 득점으로 탈락 위기를 모면했다. 맨유는 1990/91시즌 이후 프리미어리그에서 처음 2위 이하 순위를 기록한 탓에 3차 예선을 거쳐 새 시즌 챔피언스리그 조별리그에 합류했다.

1, 2차 조별리그 Group Stage

B조에서 의외의 결과가 나왔다. 스위스 챔피언인 바젤은 2, 3차 예선을 통과해 발렌시아, 리버풀, 스파르타크 모스크바와 B조에 들어갔다. 발렌시아가 5승 1무로 일찌감치 달아나 바젤과 리버풀이 조 2위를 다퉜다. 승점 1점 뒤진 리버풀은 최종전 맞대결에서 반드시 바젤을 꺾어야 했지만, 3-3 무승부로 UEFA컵 강등을 피하지 못했다. 라이벌 맨체스터 유나이티드(맨유)는 F조에서 4경기 만에 2차 리그행을 확정하는 대조를 보였다. A조의 아스널도 개막 3연승으로 순항하는 듯했지만 남은 세 경기에서 1무 2패로 미끄러졌다. 다행히 네 팀이 서로 물고 물리는 접전 끝에 도르트문트와 함께 2차 리그에 합류할 수 있었다.

가장 놀라운 결과는 G조에서 나왔다. 밀란, 데포르티보, 랑스와 경쟁한 바이에른은 세대교체 실패를 입증이라도 하듯이 2무 4패로 조 최하위 탈락했다. 반면 H조의 바르셀로나는 1차 리그 유일한 6전 전승을 기록해 라리가에서 망가진 자존심을 조금이나마 살렸다.

UEFA 랭킹 1~3위인 스페인, 이탈리아, 잉글랜드에서 리버풀을 제외한 11개 팀이 2차 리그행에 성공했다. 독일이 두 자리를 확보했고, 나머지 세 자리는 네덜란드, 스위스, 러시아 클럽에 돌아갔다. 시간이 갈수록 빅리그와 나머지 리그들의 전력 격차가 심화하여간다는 증거였다. 바르셀로나는 2차 리그 A조에서도 5승 1무를 기록해 조별리그 12전 11승 1무라는 압도적 성적으로 8강에 선착했다. 인테르가 조 2위를 차지한 가운데 레버쿠젠은 6전 전패로 탈락했다. 충격적인 결과에 레버쿠젠은 전년도 결승 진출을 일궜던 클라우스 토프묄러 감독을 해임했다.

B조 아스널은 첫 경기에서 티에리 앙리의 해트트릭을 앞세워 로마를 3-1로 꺾으며 순조롭게 출발했지만, 경기력 기복 문제가 여전했다. 아스널은 2차전부터 5차전까지 4연속 무승부로 미끄러졌다. 최종전에서 조 1위 발렌시아에 1-2로 패해 결국 3위 탈락했다. C조에서는 눈부신 스쿼드를 자랑하는 레알과 밀란이 8강 티켓을 땄다. 레알은 최종전 로코모티프 원정 1-0 승리로 도르트문트를 승점 1점 차이로 따돌렸다.

D조는 접전 끝에 8강행 주인이 가려졌다. 맨유가 승점 13점 조 1위로 7시즌 연속 8강 진출을 확정했다. 나머지 3개 팀인 유벤투스, 바젤, 데포르티보가 승점 7점 동률을 이루는 진풍경이 벌어졌다. 마르셀로 리피 감독이 복귀한 유벤투스가 나머지 두 경쟁자를

상대 전적에서 앞서는 행운으로 토너먼트에 합류했다.

토너먼트 Tournament

최근 부진했던 세리에A의 3개 팀이 8강으로 약진했다. 라리가도 레알, 바르셀로나, 발렌시아가 합류했고 맨유와 아약스가 나머지 두 자리에 들어갔다. 아약스는 1996/97시즌 이후 6년 만에 토너먼트에 올랐지만, 분데스리가는 1992/93시즌 이후 10년 만에 조별리그에서 전멸했다.

조별리그에서 숨을 고른 밀란이 8강전부터 저력을 발휘했다. 원정 1차전 0-0 무승부 후 밀란은 홈 2차전에서 아약스와 막판까지 2-2로 맞섰다. 즐라탄 이브라히모비치, 베슬러이 스네이더르, 크리스티안 기부 등이 쏘진한 아약스가 원정득점 승리를 거두는 듯했다. 하지만 후반 추가시간 욘달 토마손의 득점으로 밀란이 4강행 티켓을 낚아챘다. 라이벌 인테르는 전년도 UEFA컵 8강전에서 꺾었던 발렌시아와 리턴매치를 치렀다. 2차전 5분 만에 크리스티안 비에리의 선제골로 인테르가 합산 2-0으로 앞섰다. 이후 인테르는 발렌시아의 슈팅 27개 맹공을 2실점으로 막아 원정 득점 규정으로 승리했다.

8강전 최고 하이라이트는 레알과 맨유의 맞대결이었다. 1차전 3-1 승리를 잡은 레알이 맨유 원정 2차전에서도 선제골을 터트렸다. 맨유는 반격에 나서 4-3으로 승리했지만, 합산 5-6으로 무릎을 꿇었다. 이날 경기에서 호나우두는 슛 3개로 해트트릭을 달성하는 괴력을 선보였다. 맨유 팬들은 막판 교체 아웃되는 호나우두에게 기립박수를 보냈다. 맨유의 뤼트 판니스텔로이는 한 골을 보태 12골로 이후 대회 득점왕에 올랐다. 유벤투스는 바르셀로나와 1, 2차전에서 모두 1-1로 비겨 연장전에 돌입했다. 연장전 종료 6분을 남기고 우루과이 출신 공격수 마르셀로 살라예타가 천금 결승골을 터트려 유벤투스가 합산 3-2 승리를 확정했다. 세리에A 3개 팀이 전부 4강에 올라 레알과 유벤투스, 밀란과 인테르의 준결승 대진이 완성되었다.

레알은 준결승 1차전 2-1 승리에도 불구하고 2차전이 불안했다. 클로드 마켈레레(부상)와 라울(맹장염)을 잃었고 호나우두도 1차전 부상에서 회복 중이었다. 갈락티코의 개인기에 유벤투스는 거센 압박으로 맞섰다. 다비드 트레제게와 알레산드로 델피에로의 골로 유벤투스가 2-0, 합산 3-2로 앞섰다. 후반 중반 레알은 승부를 원점으로 돌릴 페널티킥을 얻었다. 하지만 루이스 피구가 잔루이지 부폰에게 막혔고 6분 뒤 파벨 네드베트의 쐐기골로 유벤투스가 합산 4-3으로 승리해 결승에 올랐다. 네드베트는 경고누적으로 결승 출전이 불발되었기 때문에 골을 넣고도 침울한 표정이었다.

역사상 첫 챔피언스리그 밀라노 더비는 수비 맞대결이었다. 산시로에서 열린 1차전에서 두 팀은 득점 없이 비겼다. 2차전도 물론 같은 장소에서 열렸다. 밀란의 안드리 셉첸코가 선제골을 터트려 1-0으로 앞섰다. 인테르는 오바페미 마르틴스가 동점골을 넣어 1-1을 만들었지만 밀란이 원정 득점에 앞서 9년 만에 결승 무대로 복귀했다.

결승전 Final

유벤투스 0 : 0 (p. 2 : 3) 밀란 | 2003.05.28 | 맨체스터, 올드 트래퍼드

유벤투스의 마르셀로 리피 감독은 2002/03시즌 가장 빛났던 네드베트의 공백을 베로나에서 영입한 마우로 카모라네시로 메웠다. 밀란은 수비수 알레산드로 코스타쿠르타가 부상에서 회복한 덕분에 최정예 선발 라인업을 꾸밀 수 있었다. 1년 전 로소네리에 합류한 필리포 인자기가 선발 출전해 친정 유벤투스를 상대했다. 밀란의 카를로 안첼로티 감독은 2년 전 자신을 쫓아낸 유벤투스 앞에서 복수를 다짐했다.

두 팀은 상대를 잘 알았다. 경기 초반부터 미들서드에서 치열한 압박과 몸싸움, 볼 탈취가 반복되었다. 유벤투스의 게임플랜은 명확했다. 전방 압박으로 볼을 빼앗아 롱패스로 단번에 역습하는 패턴에 집중했다. 또 다른 옵션은 에드가 다비즈의 저돌적 드리블 전진이었다. 밀란은 셉첸코와 인자기가 좌우 측면으로 완전히 벌리는 전술로 상대 측면을 공략했다.

전반 8분 셉첸코의 왼발 슛이 굴절되어 골네트를 갈랐다. 밀란의 환호는 오래가지 못했다. 슛 당시 부폰의 앞에 후이 코스타가 있었기 때문이다. 메르크 주심은 이를 골키퍼 방해로 판단해 셉첸코의 선제골을 취소했다. 리피 감독은 이고르 투도르의 부상교체와 하프타임 마우로 카모라네시를 안토니오 콘테로 대체해 전반전에만 교체 카드를 두 장이나 소진했다. 왼쪽에 있던 잔루카 잠브로타가 오른쪽으로 이동하면서 유벤투스의 볼 점유율이 높아지기 시작했다. 콘테는 후반 시작과 함께 다이빙 헤더로 골대를 강타해 밀란의 가슴을 서늘하게 했다. 양쪽 감독은 후반전에 교체 카드 3장을 소진하면서 변화를 꾀했지만 결국 연장전에 돌입했다.

연장전 도중 밀란에 위기가 닥쳤다. 교체 카드가 바닥난 상태에서 호케 주니어가 햄스트링을 다친 것이다. 호케 주니어는 절뚝거리면서 겨우 버텼다. 다행히 유벤투스 쪽에는 상대의 약점을 파고들 체력이 없었다. 사상 첫 이탈리아 클럽 맞대결의 운명은 승부차기로 넘어갔다. 밀란의 브라질 골키퍼 디다는 유벤투스의 트레제게(1번), 살라예타(3번), 몬테로(4번)의 페널티킥을 막는 놀라운 선방쇼를 펼쳤다. 셉첸코의 마지막 페널티킥 성공으로 밀란이 통산 여섯 번째 우승을 달성했다.

1989년과 1990년 선수로서 우승을 경험했던 안첼로티 감독은 미겔 무뇨스, 조반니 트라파토니, 요한 크루이프에 이어 선수와 지도자로 모두 우승을 기록하는 네 번째 인물이 되었다. 주장 파울로 말디니는 1963년 부친 체사레 말디니의 유러피언컵 우승 주장 타이틀을 정확히 40년 뒤 재현하는 기쁨을 안았다. 밀란의 시도르프는 아약스(1995년)와 레알(2002)에 이어 세 번째 팀에서도 챔피언스리그 우승 메달을 목에 걸어 승부차기 실축을 간접적으로 만회했다.

안드리 셉첸코 Key Player
우크라이나 영웅

1994/95시즌부터 1998/99시즌까지 디나모 키예프는 창단 이래 최고 황금기를 구가했다. 위대한 발레리 로바노프스키 감독과 우크라이나 영웅 안드리 셉첸코, 그의 공격 파트너 세르히 레브로프는 5년 연속 국내 리그를 제패했을 뿐 아니라 챔피언스리그에서도 뚜렷한 족적을 남겼다. 1997/98시즌 C조에서 키예프는 거함 바르셀로나에 2연승을 거뒀다. 원정 2차전에서 셉첸코는 전반전에만 해트트릭을 달성해 세계적 주목을 받기 시작했다. 키예프는 '깜짝' 조 1위로 8강에 올랐고, 다음 시즌에는 한 걸음 더 나아가 챔피언스리그 4강 신화를 썼다. 셉첸코는 8골로 우크라이나 최초의 챔피언스리그 득점왕에 등극했다.

1999년 여름 셉첸코는 밀란으로 이적했다. 실비오 베를루스코니 회장과 아드리아노 갈리아니 사장은 셉첸코가 마르코 판바스턴을 향한 밀란의 그리움을 지워줄 것으로 확신했다. 셉첸코는 기대에 부응했다. 데뷔전 데뷔골을 시작으로 셉첸코는 첫 시즌 리그

24골로 득점왕을 차지했다. 라치오전과 4-4 난타전 명승부 속에서도 밀란은 셉첸코의 해트트릭 덕분에 웃었다. 다음 시즌에도 셉첸코는 2시즌 연속 리그 24골로 밀란의 새로운 영웅이 되었다.

측면에서 시작해 빠르고 힘찬 드리블로 골대를 향해 돌진하는 플레이는 셉첸코의 전매특허였다. 페널티박스 안에서는 치명적인 골 결정력을 선보였고 동료들에게 득점 기회를 제공하는 능력까지 일품이었다. 로바노프스키 감독은 셉첸코를 '하얀 호나우두'라 불렀다.

이적 3년 차였던 2002/03시즌 셉첸코는 부상으로 고생하는 바람에 리그 24경기 5골에 그쳤다. 그를 비난하는 사람은 없었다. 적은 득점 수를 유럽 무대 빅매치에서 결정적 공헌으로 상쇄한 덕분이었다. 8강 아약스전에서 1골 1도움, 밀라노 더비 준결승전에서 결정적 원정 득점이 셉첸코의 작품이었다. 결승전 승부차기에서 셉첸코는 마지막 페널티킥에 성공해 우승을 확정하는 영광을 안았다. 우승 후, 셉첸코는 빛나는 챔피언스리그 트로피를 들고 1년 전 세상을 떠난 로바노프스키 감독의 묘지 앞에 바쳤다. 6개월 뒤, 애제자는 발롱도르 트로피를 들고 돌아왔다.

1990년대 중반부터 급추락했던 밀란은 2000년대 들어 셉첸코의 영입, 카를로 안첼로티 감독 부임, 안드레아 피를로의 딥라잉 미드필더 변신으로 완벽하게 부활했다. 첼시에서 우울한 시간을 보내고 돌아온 셉첸코가 예전 모습을 되찾지 못해도 밀란 팬들이 변치 않은 지지를 보낸 이유다.

• 1차 조별리그 결과 • (★2차 조별리그, *UEFA컵 합류)

A조	순위	팀명	전	승	무	패	득	실	득실	승점
	★1	아스널	6	3	1	2	9	4	+5	10
	★2	보루시아 도르트문트	6	3	1	2	8	7	+1	10
	3*	옥세르	6	2	1	3	4	7	−3	7
	4	PSV 에인트호번	6	1	3	2	5	8	−3	6

B조	순위	팀명	전	승	무	패	득	실	득실	승점
	★1	발렌시아	6	5	1	0	17	4	+13	16
	★2	바젤	6	2	3	1	12	12	0	9
	3*	리버풀	6	2	2	2	12	8	+4	8
	4	스파르타크 모스크바	6	0	0	6	1	18	−17	0

C조	순위	팀명	전	승	무	패	득	실	득실	승점
	★1	레알 마드리드	6	2	3	1	15	7	+8	9
	★2	로마	6	2	3	1	3	4	−1	9
	3*	AEK 아테네	6	0	6	0	7	7	0	6
	4	헹크	6	0	4	2	2	9	−7	4

D조	순위	팀명	전	승	무	패	득	실	득실	승점
	★1	인테르나치오날레	6	3	2	1	12	8	+4	11
	★2	아약스	6	2	2	2	6	5	+1	8**
	3*	올랭피크 리옹	6	2	2	2	12	9	+3	8
**상대전적 우세	4	로젠보리	6	0	4	2	4	12	−8	4

E조	순위	팀명	전	승	무	패	득	실	득실	승점
	★1	유벤투스	6	4	1	1	12	3	+9	13
	★2	뉴캐슬 Utd	6	3	0	3	6	8	−2	9
	3*	디나모 키예프	6	2	1	3	6	9	−3	7
	4	페예노르트	6	1	2	3	4	8	−4	5

F조	순위	팀명	전	승	무	패	득	실	득실	승점
	★1	맨체스터 Utd	6	5	0	1	16	8	+8	15
	★2	바이어 레버쿠젠	6	3	0	3	9	11	−2	9
	3*	마카비 하이파	6	2	1	3	12	12	0	7
	4	올림피아코스	6	1	1	4	11	17	−6	4

G조	순위	팀명	전	승	무	패	득	실	득실	승점
	★1	밀란	6	4	0	2	12	7	+5	12
	★2	데포르티보	6	4	0	2	11	12	−1	12
	3*	랑스	6	2	2	2	11	11	0	8
	4	바이에른 뮌헨	6	0	2	4	9	13	−4	2

H조	순위	팀명	전	승	무	패	득	실	득실	승점
	★1	바르셀로나	6	6	0	0	13	4	+9	18
	★2	로코모티프	6	2	1	3	5	7	−2	7
	3*	클럽 브뤼헤	6	1	2	3	5	7	−2	5
	4	갈라타사라이	6	1	1	4	5	10	−5	4

· 2차 조별리그 결과 ·

(★8강)

A조	순위	팀명	전	승	무	패	득	실	득실	승점
	★1	바르셀로나	6	5	1	0	12	2	+10	16
	★2	인테르나치오날레	6	3	2	1	11	8	+3	11
	3	뉴캐슬 Utd	6	2	1	3	10	13	−3	7
	4	바이어 레버쿠젠	6	0	0	6	5	15	−10	0

B조	순위	팀명	전	승	무	패	득	실	득실	승점
	★1	발렌시아	6	2	3	1	5	6	−1	9
	★2	아약스	6	1	5	0	6	5	+1	8
	3	아스널	6	1	4	1	6	5	+1	7
	4	로마	6	1	2	3	7	8	−1	5

C조	순위	팀명	전	승	무	패	득	실	득실	승점
	★1	밀란	6	4	0	2	5	4	+1	12
	★2	레알 마드리드	6	3	2	1	9	6	+3	11
	3	보루시아 도르트문트	6	3	1	2	8	5	+3	10
	4	로코모티프	6	0	1	5	3	10	−7	1

D조	순위	팀명	전	승	무	패	득	실	득실	승점
	★1	맨체스터 Utd	6	4	1	1	11	5	+6	13
	★2	유벤투스	6	2	1	3	11	11	0	7**
	3	바젤	6	2	1	3	5	10	−5	7
**상대전적 우세	4	데포르티보	6	2	1	3	7	8	−1	7

· 토너먼트 결과 · (★ 승자)

8강

	1차전	2차전	합산	득점자
🏢 레알 마드리드★	3	3	6	**1차전** 피구 12', 라울 28', 49' **2차전** 호나우두 12', 50', 59'
🔴 맨체스터 Utd	1	4	5	**1차전** 판니스텔로이 52' **2차전** 판니스텔로이 43', 엘게라 52'(og), 베컴 71', 85'

	1차전	2차전	합산	득점자
Ⓙ 유벤투스★	1	2	3	**1차전** 몬테로 16' **2차전** 네드베트 53', 살라예타 114'
🔵 바르셀로나	1	1	2	**1차전** 사비올라 78' **2차전** 차비 66'

	1차전	2차전	합산	득점자
⚪ 아약스	0	2	2	**1차전** — **2차전** 리트마넨 63', 피에나르 78'
⚫ 밀란★	0	3	3	**1차전** — **2차전** 인자기 30', 셉첸코 65', 토마손 90'+1

	1차전	2차전	합산	득점자
🔵 인테르나치오날레★	1	1	2*	**1차전** 비에리 14' **2차전** 비에리 5'
🦇 발렌시아	0	2	2	**1차전** — **2차전** 아이마르 7', 바라하 51'

* 원정득점 우세

준결승

	1차전	2차전	합산	득점자
🏢 레알 마드리드	2	1	3	**1차전** 호나우두 23', 호베르투 카를로스 73' **2차전** 지단 89'
Ⓙ 유벤투스★	1	3	4	**1차전** 트레제게 45' **2차전** 트레제게 12', 델피에로 43', 네드베트 73'

	1차전	2차전	합산	득점자
⚫ 밀란★	0	1	1*	**1차전** — **2차전** 셉첸코 45'+1
🔵 인테르나치오날레	0	1	1	**1차전** — **2차전** 마르틴스 84'

* 원정득점 우세

◆ 결승전 ◆

JUVENTUS **0 : 0** **ACM**
2 : 3 p
유벤투스   밀란

2003.05.28. 맨체스터,
올드 트래퍼드 (62,315명)

득점

–		–

승부차기

트레제게	○○○○○	0–1	●○○○○	세르지뉴
비린델리	○○○○●	1–1	●○○○○	시도르프
살라예타	○○○○●	1–1	●○○○○	칼라제
몬테로	○○○○●	1–2	●●○○○	네스타
델피에로	○○○●●	2–3	●●●○○	셉첸코

마르셀로 리피 | **4-4-2**

카를로 안첼로티 | **4-3-1-2**

벤치

키멘티(GK), 페소토, 율리아노, 디바이오 | 아비아티(GK), 라우르센, 브로키, 히바우두

경고/퇴장

타키나르디 69', 델피에로 111' / – | 코스타쿠르타 18' / –

주부심: 마르쿠스 메르크(GER), 크리스티안 섀르(GER), 하이너 뮐러(GER)
대기심: 볼프강 스타크(GER)

득점순위

득점	이름		클럽명	
12골	뤼트 판니스텔로이	(NED)	맨체스터 Utd	(ENG)
10골	필리포 인자기	(ITA)	밀란	(ITA)
9골	로이 마카이	(NED)	데포르티보	(ESP)
	에르난 크레스포	(ARG)	인테르나치오날레	(ITA)
	라울	(ESP)	레알 마드리드	(ESP)
8골	얀 콜러	(CZE)	보루시아 도르트문트	(GER)
7골	하비에르 사비올라	(ARG)	바르셀로나	(ESP)
	티에리 앙리	(FRA)	아스널	(ENG)
6골	호나우두	(BRA)	레알 마드리드	(ESP)
	앨런 시어러	(ENG)	뉴캐슬 Utd	(ENG)

카를로 안첼로티

위대한 명장의 출발

유러피언컵과 챔피언스리그를 세 차례 제패한 명장은 지금까지 세 명뿐이다. 밥 페이즐리(1977, 1978, 1981), 지네딘 지단(2016, 2017, 2018), 그리고 카를로 안첼로티(2003, 2007, 2014)다. 3인 중에서도 안첼로티가 돋보이는 이유는 간단하다. 한 클럽에서만 우승한 페이즐리, 지단과 달리 안첼로티는 밀란과 레알 마드리드에서 각각 우승했기 때문이다. 선수 시절 경력까지 합치면 우승 횟수가 5회에 달한다.

현역 은퇴 후 안첼로티는 이탈리아 국가대표팀에서 밀란 은사 아리고 사키 감독의 코치로 지도자 경력을 시작했다. 클럽 레벨에서 1995/96시즌 세리에B 레지아나에서 1부 승격했지만, 파르마와 유벤투스에서는 뚜렷한 결과를 남기지 못했다. 2001년 11월 밀란 감독으로 부임하면서 큰 기대를 받지 못한 이유였다. 인자한 성품도 획기적 반등이 필요한 밀란의 현실에 어울리지 않아 보였다. 2003년 챔피언스리그 우승은 주위의 의구심을 깨끗이 지운 계기가 되었다. 안첼로티 감독 본인도 "지도자 경력에서 제일 중요한 트로피였다. 두 번 더 우승했지만 아무래도 첫 우승은 특별하다"라고 말한다.

결과적으로 밀란은 안첼로티 감독 덕분에 클럽 역사에 남을 만한 전성기를 누렸다. 2003년부터 2007년까지 5년 동안 챔피언스리그 결승전에 세 차례나 올라 클럽 역사에 우승 2회를 추가했다. 내용 면에서도 돋보였다. 2002/03시즌 피를로를 3선으로 내려 딥라잉 미드필더의 교과서로 만들었다. 브라질 상파울루에서 영입한 카카와 함께 밀란은 2003/04시즌 국내에서 압도적 강세를 보이며 세리에A까지 차지했다. 2005년 이스탄불 결승전 악몽과 2006년 셉첸코의 첼시 이적에 안첼로티 감독은 카카를 중심으로 한 크리스마스트리 포메이션(4-3-2-1)으로 2007년 두 번째 챔피언스리그 우승을 달성했다.

안첼로티 감독의 최대 장점은 진정성이다. 무서운 보스로서 군림하기보다 "모든 선수는 팀 자산이 아니라 한 사람의 인간이다"라는 믿음으로 세심하게 배려했다. 스타플레이어의 결혼 고민 상담까지 해줬을 뿐 아니라 사임 소식을 접한 가투소가 눈물을 흘렸다고 하니 안첼로티 감독이 선수들과 얼마나 친밀한 관계를 유지했는지 짐작할 수 있다. 첼시 감독 시절에도 모든 선수의 개인사가 담긴 보고서를 직접 챙겼다고 한다.

★★★

2003/04 시즌

포르투갈 천재 감독

⚽ **키워드** ⚽

#모리뉴 #포르투 #모나코 #첼시

백그라운드 Background

2003/04시즌을 이야기하려면 1년 전으로 돌아가야 한다. 2002년 한일월드컵에서 유럽 축구는 큰 망신을 당했다. 디펜딩챔피언 프랑스와 황금세대 포르투갈이 조별리그에서 탈락했다. 전통의 강호 이탈리아와 스페인은 개최국 대한민국에 막혀 줄줄이 떨어졌다. 대회 종료 직후 프랑스 리옹에서 유럽축구연맹(UEFA) 이사회가 열렸다. 이사회는 예정에도 없던 '2003/04시즌 챔피언스리그 대회 방식 개정' 안건을 긴급 상정해 2차 조별리그를 폐지하는 대신에 토너먼트를 16강부터 시작하기로 했다. 1999/2000시즌부터 적용했던 2차 리그의 일정 과밀화로 인해 선수들의 경기력 저하를 초래한다는 이유였다. 2002 월드컵 결과의 충격이 그만큼 컸다.

빅클럽 협의체 G14는 즉각 반발했다. 경기일 증가 덕분에 누렸던 수입이 대회 축소로 인해 다시 줄어들기 때문이었다. 이사회 전까지 UEFA와 빅클럽은 2단계 조별리그 방식 유지를 구두로 합의한 상태였을 뿐 아니라 경기 수 축소 결정 과정에서 빅클럽이 배제되었다는 사실이 양자 간 갈등을 키웠다. 렌나르트 요한손 UEFA 회장은 단호했다. 성명서에서 요한손 회장은 "단기적 수입은 줄겠지만 선수들의 체력 부담을 줄이고 대회 브랜드 가치를 키울 수 있어 장기적 발전을 가져올 것"이라며 G14의 이윤 추구 세계관을 단호히 거부했다. 한 달 뒤 몬테카를로에서 열린 총회에서 UEFA는 챔피언스리그 일정 축소안을 일사천리로 확정했다. 경기일 수는 17일에서 13일로, 경기 수는 157경기에서 125경기로 각각 줄었다. G14의 반대가 내부 의견 불일치로 힘을 얻지 못했던 것도 사실이다. 맨유, 바이에른, 도르트문트, 아약스가 대회 일정 축소에 찬성했다. 2단계 조별리그 도입 이후 빅클럽은 일정 소화를 위해 선수단 규모를 평균 25% 늘려야 했다. 선수가 많아졌으니 당연히 인건비 지출도 커져 클럽 재정에 부담을 가했다.

2003년 6월 잉글랜드 프리미어리그에서는 큰 변화가 있었다. 러시아 재벌 로만 아브라모비치가 빚더미에 오른 첼시를 1억4천만 파운드에 전격 인수했다. 야심에 불타는 아브라모비치 회장은 인수 15개월 동안 선수 영입에만 무려 2억1천만 파운드를 쏟아부어 첼시는 일약 우승 후보로 떠올랐다. 라이벌 팬들은 '돈으로 영광을 사려고 한다'라면서 맹비난했지만, 자금력이야말로 최고의 전력이라는 현실은 시대적 흐름이었다. 첼시의 전력 강화는 잉글랜드를 넘어 유럽 전체 이적시장의 선수 몸값 폭등을 초래했다.

조별리그 Group Stage

지난 시즌 조별리그 탈락했던 바이에른은 A조 2위로 16강에 합류했다. 완벽한 부활은 아니었다. 같은 조 프랑스 챔피언 올랭피크 리옹에 1무 1패로 뒤졌기 때문이다. 홈 1-1 무승부 이후 뮌헨 원정에서 리옹은 바이에른 출신 공격수 에우베르와 주니뉴의 활약에 힘입어 2-1로 승리했다. B조 아스널은 초반 3경기에서 1무 2패 부진으로 프리미어리그에서의 무패 행진과 극명한 대비를 보였다. 로코모티프 모스크바와 인테르나치오날레가 토너먼트행 티켓을 따는 듯 보였다. 아스널은 갑자기 각성했다. 4차전에서 디나모 키예프를 1-0으로 잡은 뒤, 산시로 원정에서도 인테르를 5-1로 대파해 1차전 홈 패배를 설욕했다. 아스널은 최종전에서 로코모티프를 2-0으로 잡아 3연승으로 조 1위 반전에 성공했다. 최종전에서 인테르는 키예프와 비겨 조 3위로 탈락했다.

C조에서도 뜻밖의 내용과 결과가 나왔다. 90년대 말부터 착실히 전력을 강화했던 데포르티보가 4차전에서 모나코에 3-8이란 드문 스코어로 박살 났다. 경기 전, 데포르티보의 골키퍼 호세 몰리나는 컨디션 난조에도 불구하고 출전을 강행했다가 전반전에만 5실점을 허용해 교체되었다. 이날 경기에서 크로아티아 출신 공격수 다도 프르소는 혼자 4골을 터트려 관심을 끌었다. 한 경기에서 8실점을 허용하고도 데포르티보는 3승 1무 2패로 16강에 합류하는 저력을 선보였다. 35세 초보 감독 디디에 데샹이 이끄는 모나코가 '깜짝' 1위를 차지하며 토너먼트 진출에 성공했다. D조에서는 예상대로 전년도 준우승팀 유벤투스가 갈라타사라이전 0-2 패배 부진을 올림피아코스전 7-0 대승으로 만회하며 조 1위를 차지했고 레알 소시에다드가 뒤를 따랐다.

E조의 맨유가 어떤 성적을 거둘지도 관심사였다. 여름 이적시장에서 알렉스 퍼거슨 감독은 간판스타 데이비드 베컴을 레알 마드리드로, 역대 최고액을 들여 영입했던 후안 세바스찬 베론을 첼시로 각각 보냈다. 대체 영입은 프랑스 국가대표 공격수 루이 사하와 포르투갈 18세 청년 크리스티아누 호날두였다. 맨유는 단단한 팀 완성도를 자랑하며 두 경기를 남기고 토너먼트행을 조기 확정했다. 베컴이 합류한 레알도 F조를 1위로 통과했다. 2위는 지난 시즌 UEFA컵 챔피언 FC 포르투였다. 조제 모리뉴 감독은 UEFA컵 우승 직후 빅리그 도전설에 휩싸였지만 "포르투에서 어디까지 올라가는지 도전하고 싶다"라며 잔류를 선택했다.

러시아 '오일 머니'를 흠뻑 뒤집어쓴 첼시는 G조에서 당당히 1위를 차지했다. 이탈리아 강자 라치오를 맞이해 첼시는 홈 2-1 승리에 이어 원정도 4-0 대승으로 마무리해 기존 판을 흔들었다. H조에서는 디펜딩챔피언 밀란이 브뤼헤와 셀타 비고에 2패를 당하는 망신에도 불구하고 승점 10점으로 조 1위로 16강 티켓을 땄다.

토너먼트 Tournament

빅5 리그 13개 팀의 틈바구니에 '아웃사이더' 스파르타 프라하, 로코모티프 모스크바, 포르투가 포함되었다. 프랑스 대표인 모나코는 로코모티프를 제치고 16강을 돌파했다. 임대생 페르난도 모리엔테스의 1차전 원정 득점 덕분에 합산 2-2 스코어에서 모나코가 웃었다. 8강 상대는 바이에른을 제친 레알이었다. 산티아고 베르나베우 1차전은 예상대로 레알이 압도하며 4-1로 앞서갔다. 경기 종료 9분 전, 모리엔테스가 친정 골망을 갈라 4-2로 마무리되었다. 2차전에서도 레알은 라울의 선제골로 1-0으로 앞섰다. 반전이 일어났다. 1차전 부상 결장했던 루도빅 지울리와 1차전에 득점했던 모리엔테스가 한 골씩 넣어 스코어를 2-1로 뒤집었다. 후반 중반 다시 지울리의 3-1 득점이 터졌다. 합산 5-5로 스코어는 같아졌지만 원정 득점이 한 골 많은 모나코가 준결승전에 진출했다. 모리엔테스는 레알을 상대로 1, 2차전 모두 골을 작렬해 서운한 마음을 날려버렸다. 해당 시즌 레알은 라리가에서도 4위에 그쳐 갈락티코 1기의 끝이 서서히 보이기 시작했다.

챔피언스리그에 처음 도전하는 모리뉴 감독은 16강에서 맨유를 상대했다. 포르투는 강했다. 홈 1차전에서 슈팅 시도 21-4로 맨유를 압도해 2-1 승리를 낚았다. 맨체스터 2차전에서 맨유는 폴 스콜스의 선제골을 정규시간 종료 직전까지 지켜내 원정 득점에 의한 8강 진출에 성공하는 듯이 보였다. 후반 45분 프리킥 기회에서 포르투의 수비형 미드필더 코스티냐가 천금 같은 1-1 동점골을 터트렸다. 골이 터지자 모리뉴 감독은 터치라인을 따라 질주하는 퍼포먼스를 연출했다. 포르투는 8강에서도 리옹을 합산 4-2로 따돌려 4강까지 솟구쳤다.

데포르티보는 16강에서 전년도 준우승팀 유벤투스를 2-0으로 제친 뒤 8강에서 전년도 우승팀 밀란과 만나는 불운을 겪었다. 산시로 1차전에서 밀란은 새로운 영웅 카카의 2골을 앞세워 데포르티보를 4-1로 꺾었다. 에스타디오 리아소르에서 벌어질 2차전은 무의미해 보였다. 그런데 데포르티보가 전반전에만 3골을 터트려 합산 4-4 균형을 맞추는 드라마를 썼다. 원정 득점이 필요했던 밀란은 오히려 76분 프란에게 네 번째 골을 내줘 2차전 0-4 대패를 당하고 말았다. 1차전 1-4 패배를 2차전에서 5-4로 뒤집은 이날 데포르티보의 승리는 지금까지 '리아소르의 기적'으로 기억된다.

4강 대진은 모나코와 첼시, 포르투와 데포르티보로 꾸며졌다. 대회 역사상 G14 회원사가 전멸한 사상 첫 사례였다. 포르투는 사전 인터뷰에서 모리뉴 감독의 "원정 득점을 내주지 않는 것이 중요하다"라는 발언을 실천하며 난적 데포르티보를 합산 1-0으로 제쳐 결승 무대를 밟았다. 모나코와 첼시의 준결승전은 치열했다. 원정 1차전 53분 1-1 동점 상황에서 모나코의 아키스 지코스가 퇴장당했다. 서둘 필요가 없었던 첼시는 순진하게 공격을 고집한 끝에 역습 2실점을 얻어맞아 1-3으로 패했다. 홈 2차전에서 첼시는 2-0으로 앞섰다. 합산 3-3 동점에서 원정 득점이 한 골 많은 상황을 만든 것이다. 이번에도 경험이 부족했다. 전반 종료 직전 휴고 이바라에게 추격골을 내줬고 후반 들어 모리엔테스에게 또 실점을 허용하고 말았다. 결국 모나코가 합산 5-3 완승으로 포르투의 결승 상대가 되었다. 첼시의 아브라모비치 회장은 인수 첫해 챔피언스리그 4강, 프리미어리그 2위 피니시라는 성과에도 클라우디오 라니에리 감독을 해고했다.

결승전 Final
모나코 0 : 3 포르투 | 2004.05.26 | 겔젠키르헨, 아레나 아우프샬케

'아웃사이더' 결승전인 탓에 전 세계 언론은 선수들보다 양쪽 감독에게 포커스를 맞췄다. 데샹과 모리뉴 모두 챔피언스리그 첫 출전에서 결승전까지 오른 데다 스토리도 풍성했다. 데샹 감독은 1993년 마르세유, 1996년 유벤투스에서 선수로서 대회 우승을 두 번 경험했던 스타 출신이다. 모리뉴 감독은 프로 선수 경험이 없는 데다 바르셀로나 통역관 출신인 비주류 출신임에도 포르투에서 트레블을 달성해 가장 '핫'한 스타 감독으로 떠올랐다.

모나코 결승 진출의 쌍두마차였던 지울리와 모리엔테스가 선발 명단에 이름을 올렸다. 시즌 초반 모나코는 이전 시즌 팀 내 최다 득점자였던 샤바니 논다가 7개월짜리 부상으로 쓰러지는 사고가 있었다. 데샹 감독은 이적시장 마감일에 긴급 임대 영입했던 공격수가 바로 모리엔테스였다. 모리엔테스는 모나코 유니폼을 입고 챔피언스리그에서만 9골을 터트려 레알에서 호나우두에게 밀린 설움을 털었다. 포르투는 '모리뉴 축구'의 완성품이었다. 3, 4선이 공조하는 미들블록은 좀처럼 상대에게 틈을 주지 않았다. 볼을 빼앗는 즉시 상대 수비진의 밸런스가 깨진 곳을 공략해 단번에 득점 기회를 창출하는 패턴이었다. 2선 중앙에 서는 플레이메이커 데쿠의 정확한 패스가 포르투 역습의 발화점이었다.

결과적으로 결승전 90분은 포르투를 편애했다. 킥오프 22분 만에 모나코의 '크랙' 지울리가 근육을 다쳐 경기를 포기했다. 포르투의 19세 공격수 카를루스 아우베르투는 설익은 플레이만 연발하는 것처럼 보였지만 39분 페널티박스 안에서 딱 한 번 잡은 기회에서 선제골을 터트렸다. 모나코는 조급함에 짓눌려 제 실력을 발휘하지 못했다. 패스는 쉽게 끊겼고 공간 돌파는 포르투의 노련한 오프사이드 트랩에 걸리기 일쑤였다. 모리뉴 감독은 어린 카를루스 아우베르투를 내리고 경험이 풍부한 드미트리 알레니체프를 넣었다. 신의 한 수였다. 70분 3대3 역습 상황에서 알레니체프의 패스를 데쿠가 마무리했다. 상대의 투지를 꺾기에 더할 나위 없이 좋은 시간대의 추가 득점이었다. 4분 뒤, 역습 데자뷔가 일어났다. 데를라이의 크로스가 모나코 수비수를 맞고 굴절되었지만, 하필 알레니체프의 앞에 정확히 떨어졌다. 골키퍼와 일대일로 맞선 알레니체프의 강슛이 세차게 골망을 흔들었다. 사기가 완전히 꺾인 모나코는 아무것도 보여주지 못했다. 포르투는 상대의 유효 슛을 제로로 틀어막는 조직력과 자신들의 유효 슛 3개를 모두 득점으로 연결하는 집중력으로 3-0 완승을 마무리했다.

포르투는 1986/87시즌 이후 17년 만에 유럽 챔피언의 영광을 안았을 뿐 아니라 통산 우승(2회) 부문에서도 자국 라이벌 벤피카와 어깨를 나란히 했다. UEFA컵과 챔피언스리그를 연달아 우승한 두 번째 클럽이라는 의미도 새겼다. 그러나 챔피언스리그 우승은 포르투에 버거운 영광이었다. 2004년 여름 모리뉴 감독(첼시행)을 비롯해 히카르두 카르발류, 파울루 페헤이라, 데쿠, 카를루스 아우베르투, 데를라이, 페드로 멘데스가 모두 비싼 값에 팔려나갔다. 1년 뒤에는 마니셰, 코스티냐, 누누 발렌테가 뒤를 이어 팀을 떠나가면서, 챔피언 팀은 사실상 해체되었다.

데쿠 Key Player
이베리아반도에서 빛난 삼바 플레이메이커

결승전 '맨오브더매치'는 포르투의 브라질 출신 데쿠였다. 경고 누적으로 결장했던 마르세유전을 제외하곤 전 경기 선발 출전해 대회 최다 도움(6개), 최다 피파울, 결승전 1득점으로 맹활약했다. 데쿠를 이야기할 때, '중앙'이란 수식어는 매우 중요하다. 2선에서 동료들에게 득점 기회를 제공하는 플레이메이커는 물론 중원에서 상대 공격을 차단하는 수비형 미드필더 역할까지 겸업할 수 있었기 때문이다.

브라질 명문 코린치앙스 유스 시절 데쿠는 벤피카의 눈에 띄어 계약에 성공했다. 다른 클럽에서 임대 경험을 쌓은 뒤 합류한다는 계획은 스코틀랜드 출신 그래이엄 수네스 감독의 부임과 함께 틀어졌다. 벤피카는 신임 감독의 뜻을 받아들여 데쿠를 살게리루스로 처분해버렸다. 벤피카의 라이벌 포르투가 1년 만에 데쿠를 낚아챘다. 포르투에서 심리적 안정을 찾은 데쿠는 본인의 가치를 입증하기 시작했다. 모리뉴 감독 아래서 데쿠는 만개했다. 2002/03시즌에만 포르투는 자국 리그와 컵, UEFA컵, 포르투갈 슈퍼컵을 차지했는데 그 중심에는 데쿠의 전천후 미드필드 플레이가 있었다.

2003년 3월에는 포르투갈 국가대표팀의 루이스 펠리페 스콜라리 감독의 강력한 권유를 받아 귀화를 결심했다. 포르투갈 여론은 데구의 귀화 발탁을 탐탁지 않게 여겼다. 공교롭게 데구의 포르투갈 A매치 데뷔전 상대는 조국 브라질이었다. 후반전 데쿠는 영리한 프리킥 골을 터트려 2-1 승리에 앞장섰다. 37년 만에 브라질을 꺾은 공로가 귀화 논란을 잠재웠다. 2003/04시즌 챔피언스리그 우승 직후 데쿠는 은사 모리뉴 감독을 따라 "첼시 이적이 마무리 단계"라고 직접 밝히곤 유로2004에 출전했다. 데쿠가 벤치에서 시작했던 첫 경기에서 포르투갈은 그리스에 1-2로 패했다. 스콜라리 감독은 다음 경기부터 데쿠를 선택했다. 조별리그 두 번째 경기부터 결승전까지 데쿠는 전 경기 풀타임 출전했다. 결승전 다음날 포르투는 첼시가 아닌 바르셀로나와 현금 1,500만 유로와 히카르두 콰레스마를 받고 데쿠를 넘긴다고 발표했다.

바르셀로나 언론은 호나우지뉴가 있는 상황에서 비슷해 보이는 데쿠를 영입한 프랑크 레이카르트 감독의 판단을 불신했다. 레이카르트 감독은 4-3-3 포메이션에서 데쿠를 차비와 안드레스 이니에스타와 나란히 2선에 세웠다. 데쿠는 새 환경에 빠르게 적응했다. 데쿠의 왕성한 체력과 터프한 태클 압박 덕분에 차비와 이니에스타가 공격에 집중할 수 있었다. 함께한 지 2년째였던 2005/06시즌 바르셀로나와 데쿠는 챔피언스리그를 제패했다. 2004년에 이어 데쿠는 2006년에도 'UEFA 베스트 미드필더'에 선정되었다. 다른 클럽에서 2회 선정은 지금까지 데쿠가 유일하다. 2008년 여름 펩 과르디올라 체제가 개막하면서 데쿠는 스콜라리 감독의 첼시로 이적해 다소 실망스러운 두 시즌을 보냈다. 2010년 브라질 플루미넨시로 복귀해 3년 뒤 현역 생활을 마무리했다.

조별리그 결과

(★16강, *유로파리그 합류)

A조	순위	팀명	전	승	무	패	득	실	득실	승점
	★1	올랭피크 리옹	6	3	1	2	7	7	0	10
	★2	바이에른 뮌헨	6	2	3	1	6	5	+1	9
	3*	셀틱	6	2	1	3	8	7	+1	7
	4	안더레흐트	6	2	1	3	4	6	−2	7

B조	순위	팀명	전	승	무	패	득	실	득실	승점
	★1	아스널	6	3	1	2	9	6	+3	10
	★2	로코모티프	6	2	2	2	7	7	0	8**
	3*	인테르나치오날레	6	2	2	2	8	11	−3	8
**상대전적 우세	4	디나모 키예프	6	2	1	3	8	8	0	7

C조	순위	팀명	전	승	무	패	득	실	득실	승점
	★1	모나코	6	3	2	1	15	6	+9	11
	★2	데포르티보	6	3	1	2	12	12	0	10**
	3*	PSV 에인트호번	6	3	1	2	8	7	+1	10
**상대전적 우세	4	AEK 아테네	6	0	2	4	1	11	−10	2

D조	순위	팀명	전	승	무	패	득	실	득실	승점
	★1	유벤투스	6	4	1	1	15	6	+9	13
	★2	레알 소시에다드	6	2	3	1	8	8	0	9
	3*	갈라타사라이	6	2	1	3	6	8	−2	7
	4	올림피아코스	6	1	1	4	6	13	−7	4

E조	순위	팀명	전	승	무	패	득	실	득실	승점
	★1	맨체스터 Utd	6	5	0	1	13	2	+11	15
	★2	슈투트가르트	6	4	0	2	9	6	+3	12
	3*	파나시나이코스	6	1	1	4	5	13	−8	4
	4	레인저스	6	1	1	4	4	10	−6	4

F조	순위	팀명	전	승	무	패	득	실	득실	승점
	★1	레알 마드리드	6	4	2	0	11	5	+6	14
	★2	포르투	6	3	2	1	9	8	+1	11
	3*	마르세유	6	1	1	4	9	11	−2	4
	4	파르티잔	6	0	3	3	3	8	−5	3

G조	순위	팀명	전	승	무	패	득	실	득실	승점
	★1	첼시	6	4	1	1	9	3	+6	13
	★2	스파르타 프라하	6	2	2	2	5	5	0	8
	3*	베식타쉬	6	2	1	3	5	7	−2	7
	4	라치오	6	1	2	3	6	10	−4	5

H조	순위	팀명	전	승	무	패	득	실	득실	승점
	★1	밀란	6	3	1	2	4	3	+1	10
	★2	셀타 비고	6	2	3	1	7	6	+1	9
	3*	클럽 브뤼헤	6	2	2	2	5	6	−1	8
	4	아약스	6	2	0	4	6	7	−1	6

• 토너먼트 결과 •

(★ 승자)

16강

	1차전	2차전	합산	득점자
바이에른 뮌헨	1	0	1	**1차전** 마카이 75' **2차전** —
레알 마드리드★	1	1	2	**1차전** 호베르투 카를루스 83' **2차전** 지단 32'

	1차전	2차전	합산	득점자
로코모티프	2	0	2	**1차전** 이즈마일로프 32', 마미노프 59' **2차전** —
모나코★	1	1	2*	**1차전** 모리엔테스 69' **2차전** 프르소 60'

*원정득점 우세

	1차전	2차전	합산	득점자
슈투트가르트	0	0	0	**1차전** — **2차전** —
첼시★	1	0	1	**1차전** 메이라 12'(og) **2차전** —

	1차전	2차전	합산	득점자
셀타 비고	2	0	2	**1차전** 에두 27', 조세 이그나치오 64' **2차전** —
아스널★	3	2	5	**1차전** 에두 18', 58', 피레스 80' **2차전** 앙리 14', 34'

	1차전	2차전	합산	득점자
포르투★	2	1	3	**1차전** 매카시 29', 78' **2차전** 코스티냐 90'
맨체스터 Utd	1	1	2	**1차전** 포춘 14' **2차전** 스콜스 32'

	1차전	2차전	합산	득점자
레알 소시에다드	0	0	0	**1차전** — **2차전** —
올랭피크 리옹★	1	1	2	**1차전** 쉬레르 18'(og) **2차전** 주니뉴 77'

	1차전	2차전	합산	득점자
스파르타 프라하	0	1	1	**1차전** — **2차전** 토마스 운 59'
밀란★	0	4	4	**1차전** — **2차전** 인자기 45'+2, 셉첸코 66', 79', 가투소 85'

	1차전	2차전	합산	득점자
데포르티보★	1	1	2	**1차전** 루케 37' **2차전** 판디아니 12'
유벤투스	0	0	0	**1차전** — **2차전** —

· 토너먼트 결과 · (★ 승자)

8강

	1차전	2차전	합산	득점자
레알 마드리드	4	1	5	**1차전** 엘게라 51', 지단 70', 피구 77', 호나우두 81' **2차전** 라울 36'
모나코★	2	3	5*	**1차전** 스킬라치 43', 모리엔테스 83' **2차전** 지울리 45'+1, 66', 모리엔테스 48'

*원정득점 우세

	1차전	2차전	합산	득점자
첼시★	1	2	3	**1차전** 구드욘센 53' **2차전** 램파드 51', 브릿지 87'
아스널	1	1	2	**1차전** 피레스 59' **2차전** 레예스 45+1'

	1차전	2차전	합산	득점자
포르투★	2	2	4	**1차전** 데쿠 44', 카르발류 71' **2차전** 마니셰 6', 47'
올랭피크 리옹	0	2	2	**1차전** – **2차전** 루인둘라 14', 에우베르 90'

	1차전	2차전	합산	득점자
밀란	4	0	4	**1차전** 카카 45', 49', 셉첸코 46', 피를로 53' **2차전** –
데포르티보★	1	4	5	**1차전** 판디아니 11' **2차전** 판디아니 5', 발레론 35', 루케 44', 프란 76'

준결승

	1차전	2차전	합산	득점자
모나코★	3	2	5	**1차전** 프르소 17', 모리엔테스 78', 농다 83' **2차전** 이바라 45'+2, 모리엔테스 60'
첼시	1	2	3	**1차전** 크레스포 22' **2차전** 크륄키에르 22', 램파드 44'

	1차전	2차전	합산	득점자
포르투★	0	1	1	**1차전** – **2차전** 데를라이 60'(p)
데포르티보	0	0	0	**1차전** – **2차전** –

· 결승전 ·

0 : 3

2004.05.26. 겔젠키르헨
아레나 아우프샬케 (53,053명)

모나코   **포르투**

득점

—	카를루스 아우베르투 39', 데쿠 71', 알레니체프 75'

로텐
모리엔테스   지울리
(프르소 23')
지코스   베르나르디   시세(논다 64')
에브라   지베   로드리게스   이바라
(스킬라치 72')
로마

디디에 데샹   **4-3-3**

데를라이   카를루스 아우베르투
(매카시 78')   (알레니체프 60')
데쿠
마니셰   (엠마누엘 85')   페드로 멘데스
코스티냐
누누 발렌테   히카르두   조르제   파울루
카르발류   코스타   페헤이라
빅토르 바이아

조제 모리뉴   **4-4-2**

벤치

실바(GK), 플라실, 엘 파키리, 아데바요르	누누(GK), 히카르두 코스타, 보싱와, 얀카우스카스

경고/퇴장

– / –	누누 발렌테 29', 카를루스 아우베르투 40', 호르헤 코스타 77' / –

주부심: 킴 밀톤 니엘센(DEN), 옌스 라르센(DEN), 요르겐 옙센(DEN)
대기심: 크누드 에릭 피스커(DEN)

· 득점순위 ·

득점	이름		클럽명	
9골	페르난도 모리엔테스	(ESP)	모나코	(FRA)
7골	다도 프르소	(CRO)	모나코	(FRA)
6골	로이 마카이	(NED)	바이에른 뮌헨	(GER)
	발터 판디아니	(URU)	데포르티보	(ESP)
5골	디디에 드로그바	(CIV)	마르세유	(FRA)
	하칸 수쿠르	(TUR)	갈라타사라이	(TUR)
	주니뉴	(BRA)	모나코	(FRA)
	티에리 앙리	(FRA)	아스널	(ENG)
4골	다비드 트레제게	(FRA)	유벤투스	(ITA)
	베슬레이 스노크	(BEL)	아약스	(NED)
	뤼트 판니스텔로이	(NED)	맨체스터 Utd	(ENG)
	알베르트 루케	(ESP)	데포르티보	(ESP)
	베니 매카시	(RSA)	포르투	(POR)
	호나우두	(BRA)	레알 마드리드	(ESP)
	안드리 셉첸코	(UKR)	밀란	(ITA)
	카카	(BRA)	밀란	(ITA)
	루도빅 지울리	(FRA)	모나코	(FRA)
	로베르 피레스	(FRA)	아스널	(ENG)
	프랭크 램파드	(ENG)	첼시	(ENG)

조제 모리뉴

'스페셜 원'의 탄생

결과적으로 2004년 결승전에서는 포르투보다 모리뉴가 더 빛났다. 포르투는 통산 두 번째 우승의 영광을 이어가지 못했지만, 모리뉴는 자신의 첫 영광을 발판 삼아 세계 최고 감독으로 단번에 점프했기 때문이다.

포르투갈 국가대표까지 지냈던 부친 모리뉴 펠릭스와 달리 그는 프로선수 경험이 전무했다. 고등학생 시절부터 모리뉴는 부친의 팀을 위해 상대 분석을 담당했을 정도로 명석했다. 20세 전후로 모리뉴는 일찌감치 자신의 길을 축구 지도자로 정했다. 대학교에서 스포츠과학을 전공한 모리뉴는 스포르팅에 새로 부임한 보비 롭슨 감독의 통역사로 고용되었다. 시간이 지날수록 롭슨 감독은 모리뉴의 해박한 축구 지식에 감탄했다. 2005년 인터뷰에서 롭슨 감독은 "선수나 감독 경험이 없는 30대 초반의 모리뉴가 내게 제출했던 보고서는 그때까지 본 것 중 최고였다"라고 극찬했다. 이후 롭슨 감독은 포르투와 바르셀로나의 지휘봉을 이어 잡을 때마다 모리뉴를 코치 겸 통역으로 곁에 뒀다. 학습 능력까지 출중했던 모리뉴는 롭슨 감독 특유의 동기부여와 선수를 통솔하는 요령을 흡수했다. 바르셀로나는 챔피언스리그에서 성적을 내지 못한 롭슨 감독을 사무국장으로 좌천하고 아약스의 루이스 판할을 감독으로 영입했다. 감독이 바뀌어도 모리뉴는 자신의 업무를 유지할 수 있었다. 판할 감독도 모리뉴의 능력을 인정할 수밖에 없었다. 판할 감독은 "권위를 따르지 않는 그의 태도가 마음에 들지 않았다. 선을 넘을 때도 많았지만 어려울 때마다 나는 모리뉴의 의견을 가장 많이 참고했다"라고 말한다.

벤피카와 우니앙 데 레이리아에서 짧고 굵은 감독 경험을 쌓은 모리뉴는 2002년 1월 드디어 포르투갈 빅클럽인 포르투의 수장에 오른다. 당시 포르투는 3년간 국내에서 무관에 허덕였을 뿐 아니라 리그에서도 5위로 부진한 상황이었다. 남은 4개월 동안 모리뉴 감독은 15경기 연속 무패로 내달리며 최종 3위로 시즌을 마쳤다. 모리뉴 감독은 '훈련주기화'라는 획기적 코칭기법으로 포르투를 환골탈태시켰다. 경기 일정과 상대에 따라 철저히 맞춤형 훈련하는 동시에 선수단의 몸 상태도 항상 다음 경기에서 최고조에 다다르도록 조정한 결과였다.

모리뉴 감독의 첫 풀타임 시즌에서 포르투는 자국 리그와 컵, UEFA컵을 제패했다. 이어진 2003/04시즌 챔피언스리그 출전을 앞두고 모리뉴 감독은 "우리가 우승할 것 같진 않다. 이 대회에서는 선수 한 명을 사는 데에 2천만, 3천만, 심지어 4천만 유로를 쓰는 상어들만 우승할 수 있다"라고 말했다. 다크호스로서 출발한 포르투는 빈틈없는 축구를 구사하며 결승전까지 솟구쳤다. 토너먼트에서 포르투는 맨유, 리옹, 데포르티보를 각각 제쳤다. 모리뉴의 포르투는 상대의 장점을 지워버리는 게임플랜에 특화되었다. 준결승전에서는 후안 카를로스 발레론을, 결승전에서는 모리엔테스, 로텐, 지울리(초반 부상 아웃되는 행운을 선사했다)의 공세를 압살했다. 유럽 축구의 최고봉에 섰음에도 불구하고 모리뉴 감독은 시상식 직후 무표정으로 가장 먼저 그라운드에서 빠져나왔다. 이날 우승이 본인에게 시작에 불과하다는 사실을 이미 알고 있었을지 모른다.

★★★

2004/05 시즌
이스탄불의 기적

◈ **키워드** ◈

#리버풀 #밀란 #제라드 #베니테스

▌백그라운드 Background

UEFA 챔피언스리그가 대회 창설 50주년을 맞이했다. 프랑스 일간지 〈레큅〉에서 일하는 축구선수 출신 기자 가브리엘 아노의 제안으로 출범했던 당시만 해도 유럽축구연맹(UEFA) 회원은 29개국, 원년 대회 출전 수는 16개 클럽에 불과했다. 주최 측의 초청이 출전 자격이었으며 처음부터 토너먼트 방식으로 운영되었다. 당시 축구는 지금과 크게 달랐다. 유니폼에는 등 번호만 있을 뿐, 선수명, 셔츠 스폰서, 유니폼 제조사 로고 등은 없었다. 주부심의 옷은 상·하의 전부 검은색이었다. 선수 교체가 없었기 때문에 경기 중 부상자는 경기를 포기하거나 통증을 참고 뛰어야 했다. 축구 문화도 달랐다. 레알 마드리드의 레전드 알프레도 디스테파노는 생전 인터뷰에서 "골을 넣어도 요즘처럼 셀러브레이션을 하지 않았다. 상대에 대한 존중이 컸기 때문이다"라고 말했다.

50년 후 치러지는 2004/05시즌의 세상은 크게 달라졌다. 2002년 유럽연합은 화폐를 유로로 통일했고 2004년 기준 UEFA 회원은 총 52개국에 달했다. 대회 규모도 예비 라운드부터 따지면 총 48개국 72개 클럽으로 늘었다. 원년 멤버 중에서는 레알, PSV, 밀란, 안더레흐트, 유르고르덴이 50주년 대회에 나섰다. 경제 성장, 규모 확장, 스포츠 마케팅 기법의 발달로 인해 UEFA는 2004/05시즌 챔피언스리그로만 매출 15억 파운드를 기록했다.

9시즌 연속 출전 단골인 맨유는 자국 리그에서 아스널과 첼시에 밀려 3위로 밀려 4위 리버풀과 함께 3차 예선을 거쳐야 했다. 대회 최다 우승 클럽인 레알도 쑥스러운 라리가 4위 성적표를 들고 나타나 3차 예선을 거쳐 조별리그에 합류했다. 2003/04시즌 모나코에서 친정팀에 비수를 꽂았던 페르난도 모리엔테스는 레알로 복귀해, 폴란드 원정에서 2골을 터트리고, 조별리그 종료 후 겨울 이적시장에서 리버풀로 이적했다.

▌조별리그 Group Stage

지난 시즌 챔피언스리그와 유로 2004(그리스 우승)에서 이어졌던 언더독의 유통기한이 지나자 유럽 축구계는 익숙한 권력 지형을 되찾는 모습이었다. 전통의 빅클럽이 대부분 토너먼트에 오르며 이름값을 증명했다. A조 리버풀은 불확실성을 머금은 채 시즌을 시작했다. 지난 시즌 발렌시아에서 라리가와 UEFA컵 더블을 달성한 실력자 라파엘 베니테스 감독의 영입을 긍정적이었지만 간판스타 마이클 오언이 레알 마드리드로 떠났다. 이수선한 분위기 속에서 7점을 얻은 리버풀은 최종전에서 2위 올림피아코스 (10점)를 반드시 2골 이상 차이로 꺾어야 토너먼트 진출이 가능했다. 전반 선제 실점으로 3골이 필요한 상황에서 경기 종료 4분 전 팀의 기둥 스티븐 제라드가 극적인 세 번째 골을 터트려 안필드를 열광시켰다. 리버풀은 올림피아코스를 상대 전적 3-2로 제치고 모나코와 함께 16강에 올랐다. 전년도 4강 팀이었던 데포르티보는 6경기에서 한 골도 넣지 못한 채 최하위 탈락했다.

B조 로마와 디나모 키예프의 첫 경기에서는 안더스 프리스크 주심이 전반전을 마치고 들어가던 도중 관중석에서 날아온 물체에 머리를 다치는 사고가 발생했다. 치료를 받은 프리스크 주심은 키예프의 3-0 몰수승을 선언했고 로마는 2경기 무관중 징계를 받았다. B조 16강의 두 주인공은 최종전에서 나란히 승리를 거둔 레버쿠젠과 레알이었다. D조 맨유의 뤼트 판니스텔로이는 스파르타 프라하전 4골을 포함해 조별리그에서만 8골을 몰아쳤다. 유로 2004에서 일약 스타로 떠오른 웨인 루니는 페네르바체전(6-2승) 해트트릭으로 챔피언스리그에 화려하게 데뷔했다. 폴 르구엔 감독의 리옹이 조 1위, 맨유가 2위를 각각 차지했다.

프리미어리그 챔피언 아스널은 E조 1차전 승리 후 4연속 무승부로 부진했다. 거스 히딩크 감독의 PSV가 이미 16강 진출을 확정한 상태에서 아스널은 로젠보리와 최종전을 5-1 대승으로 마무리해 조별리그 통과에 성공했다. F조는 예상대로 당대 최강 밀란이 조 1위를 차지했다. 또 다른 자리는 오랜 잠에서 깨어난 거인 바르셀로나에 돌아갔다. 호안 라포르타 회장 체제가 출범한 바르셀로나는 프랑크 레이카르트 감독과 호나우지뉴를 영입해 명가 부활을 알렸다.

H조의 최대 뉴스메이커는 '스페셜 원' 조제 모리뉴 감독이었다. 챔피언스리그 우승 직후 모리뉴 감독은 화려하게 프리미어리그에 입성했다. 공교롭게 친정 포르투가 같은 조에 들어가 관심이 증폭되었다. 포르투는 모리뉴의 후임이었던 루이지 델네리 감독을 잦은 지각을 이유로 시즌이 개막하기도 전에 해고하고 빅토르 페르난데스 체제로 출발했다. 델네리 감독은 포르투에서 공식전을 한 경기도 치르지 못한 채 쫓겨난 불명예를 3개월 만에 이루어진 로마 감독 부임으로 만회했다. 모리뉴 감독은 첼시를 압도적 내용으로 16강에 올린 뒤, 최종전에선 친정 포르투에 로테이션 운용을 통해 승리를 선물했

다. 덕분에 포르투는 CSKA를 1점 차로 따돌리고 2위 자리를 차지할 수 있었다. 비운의 3위 CSKA는 다음 해 5월 UEFA컵 결승전에서 스포르팅을 3-1로 꺾고 우승했다.

∥ 토너먼트 Tournament

바르셀로나와 첼시의 16강전은 1차전부터 사달이 났다. 바르셀로나는 후반전 디디에 드로그바가 퇴장당한 첼시를 2-1로 제압했다. 경기 후, 모리뉴 감독은 하프타임에 레이카르트 감독과 프리스크 주심의 대화 장면을 목격했으며 후반전 드로그바의 퇴장으로 이어졌다는 음모론을 투척했다. 첼시 팬들로부터 살해 협박이 빗발치자 프리스크 주심은 심판 은퇴를 선언했고, UEFA는 모리뉴 감독에게 2경기 정지 징계를 내렸다. 스탬퍼드 브리지 2차전에서 첼시는 킥오프 19분 만에 3골을 퍼부어 합산 4-2로 앞섰다. 호나우지뉴가 페널티킥과 마법 같은 킥을 성공시켜 단번에 합산 4-4 동점을 만들었다. 바르셀로나가 8강에 다가서는 듯했던 후반 중반 첼시 수비수 존 테리가 코너킥을 머리로 연결해 5-4 결승골을 터트렸다. 바르셀로나 선수들은 경기가 끝나고도 분을 삭이지 못했다.

레알은 16강전에서 유벤투스에 합산 1-2로 패해 탈락했다. 팀을 지휘한 발데레이 룩셈부르고가 해당 시즌에만 벌써 세 번째 감독이었을 정도로 내부 분위기가 혼란스러웠기에 당연한 결과였다. 8강에서 유벤투스가 만난 상대는 다름 아닌 리버풀이었다. 1985년 결승전 헤이젤 대참사 이후 20년 만에 성사된 재회였다. 리버풀은 홈 1차전 2-1 승리를 원정 2차전에서 압박 수비로 막아내 준결승 진출에 성공했다. 상대는 8강에서 바이에른을 6-5로 제치고 올라온 자국 라이벌 첼시였다. 2월 말 리그컵 결승전에서는 첼시가 리버풀을 3-2로 꺾고 우승했다. 4월 27일 열린 첼시 홈 1차전이 득점 없이 끝나 안필드 2차전에 관심이 쏠렸다. 경기 개시 4분 만에 리버풀의 루이스 가르시아가 선제골을 기록했다. 첼시 수비수 윌리암 갈라스가 골라인 위에서 볼을 걷어냈으나 슬로바키아 출신 루보스 미셀스 주심이 득점을 선언했다. 리버풀의 1-0 승리로 끝난 뒤, 모리뉴 감독은 "유령 골로 패했다"라면서 재차 판정을 성토했다.

지난 시즌 '리아소르의 기적'에 희생되었던 밀란은 16강에서 맨유, 8강에서 인테르를 각각 따돌리고 4강에 올랐다. 인테르와 2차전에서는 골키퍼 디다가 관중석에서 날아든 홍염에 맞아 경기가 중단되었다. 심판진은 밀란의 3-0 몰수승을 선언해 그대로 경기를 끝냈다. 밀란의 준결승 상대는 '다크호스' PSV였다. 16강에서 모나코를 3-0으로 제치더니 8강에서는 화려한 공격력을 과시하던 리옹까지 승부차기로 쓰러트렸다. 준결승 원정 1차전에서 0-2로 패한 PSV는 홈 2차전 역전을 위해서 이른 선제골이 필요했다. 네덜란드 무대에 완벽히 적응한 박지성이 킥오프 9분 만에 통쾌한 선제골을 터트려 홈 팬들을 열광시켰다. 후반 들어 한국인 동료 이영표는 정확한 크로스로 코퀴의 득점을 도왔다. 두 팀은 합산 2-2로 맞선 채 후반 추가시간에 들어갔다. 밀란의 저력이 승부를 갈랐다. 추가시간 1분 만에 마시모 암브로시니가 천금 원정골을 터트렸다. 코퀴가 한 골을 만회하는 데 그쳐 2차전은 PSV의 3-1 승리로 마무리되었다. 합산 3-3 동점에서 밀란이 원정 득점에 앞서 2년 만에 결승전에 복귀했다. 히딩크 감독의 패기 넘쳤던 PSV는 결승 진출 일보 직전에서 고개를 떨궜다.

결승전 Final

밀란 3 : 3 (p. 2 : 3) 리버풀 | 2005.05.25 | 이스탄불, 아타튀르크 올림픽 스타디움

대회 역사상 최초로 터키에서 열린 2005년 결승전은 축구계 전체를 통틀어 최고의 명승부 중 하나로 손꼽힌다. 경기 전 예상은 단연 밀란의 우세였다. 안드리 셉첸코(2004년 발롱도르), 파울로 말디니(대회 우승 4회), 클라렌스 시도르프(대회 우승 3회), 2002 월드컵 챔피언 카카와 카푸 등 밀란 스쿼드는 톱클래스의 광채를 뿜었다.

스페인 출신 마누엘 곤살레스 주심의 킥오프 휘슬이 울린 지 53초 만에 밀란의 말디니가 선제골을 터트렸다. 역대 결승전 최단 시간 득점이자 최고령(36세) 득점 신기록이었다. 3선을 꾸민 안드레아 피를로, 카카, 시도르프가 자유롭게 움직이면서 상대 중원을 농락했다. 리버풀의 최전방 밀란 바로쉬는 야프 스탐과 알레산드로 네스타의 수준에 한참 못 미쳤다. 설상가상 해리 큐얼이 부상으로 23분 만에 블라디미르 스미체르로 교체되는 변수까지 생겼다. 38분 카카의 돌진으로 만든 역습에서 셉첸코가 에르난 크레스포의 추가골을 도왔다. 5분 뒤, 카카는 하프라인에서 절묘한 전진 스루패스를 보냈고 크레스포가 스코어를 3-0으로 만들었다. 3골 차로 뒤진 채 전반전을 끝낸 리버풀 선수들은 넋이 나간 표정이었다.

하프타임에 베니테스 감독이 승부수를 던졌다. 허벅지를 다친 풀백 스티브 피넌을 빼고 수비형 미드필더 디트마르 하만을 투입했다. 하만과 알론소가 더블 피봇, 스미체르와 욘 아르네 리세가 양쪽 윙백, 그리고 제라드를 전진해 바로쉬와 루이스 가르시아가 쓰리톱을 구성하는 3-4-3 전환이었다. 당시 제라드의 경기력은 폭발적이었다. 후반 시작 8분 만에 제라드가 리세의 크로스를 먼 거리 헤더로 밀란의 골네트를 갈랐다. 2분 뒤 스미체르의 중거리 슛이 다시 한번 디다를 무너트리자 리버풀 팬들이 광분하기 시작했다.

밀란이 리버풀의 흐름을 끊기 전인 59분 바로쉬의 힐패스를 향해 제라드가 돌진하다가 젠나로 가투소에게 걸려 넘어져 페널티킥을 획득했다. 여름 영입생 알론소는 디다가 막아낸 페널티킥을 투지 넘치는 쇄도로 꽂아 넣었다. 단 6분 만에 터진 3연속 골로 스코어는 순식간에 3-3으로 변했다. 이후 밀란은 볼을 점유하면서도 전반전의 결정력을 재현하지 못했다. 연장전에서도 체력이 바닥난 두 팀은 득점 기회를 만들지 못했다. 연장 종료 직전 셉첸코가 문전에서 결정적 슛 2개를 연달아 때렸지만 리버풀 수문장 예르지 두덱이 만화 같은 선방으로 막아냈다.

밀란 골키퍼 디다는 2년 전 결승전 승부차기에서 유벤투스의 페널티킥을 3개나 막은 경험자였다. 하지만 밀란의 1번 키커 세르지뉴가 실축했고 2번 키커 피를로가 두덱에게 막히고 말았다. 디다가 리세를 막아 승부차기 스코어 3-2에서 밀란의 마지막 키커 셉첸코가 나섰다. 2년 전 셉첸코는 5번 키커의 임무를 완수해 우승을 확정한 바 있다. 역사는 리버풀의 편이었다. 어정쩡한 코스로 날아간 페널티킥을 두덱이 막아내면서 '이스탄불의 기적'이 완성되었다. 리버풀은 대회 결승전 역사상 최초로 3골 차 리드를 뒤집어 통산 6회 우승을 달성했다.

스티븐 제라드 Key Player
캡틴 판타스틱

2020년 리버풀이 29년 만에 1부 리그 우승을 차지한 직후 영국 스포츠 전문 라디오 〈토크스포트〉가 '리버풀 역대 최고 레전드'라는 주제로 팬 설문조사를 실시했다. 43.6%로 최다 득표한 주인공은 자국 리그 우승 기록이 없는 스티븐 제라드였다.

리버풀 태생 제라드는 1998/99시즌 리버풀에서 1군 데뷔해 미국 MLS로 이적하기 전까지 17년간 안필드를 지켰다. UEFA컵, FA컵, 리그컵 트레블을 달성했던 2001년 21세의 제라드는 이미 주전으로 자리 잡았다. 제라르 울리에 감독은 2003년 막 23세가 된 제라드를 팀의 주장으로 삼았다. 양쪽 페널티박스 사이를 쉼 없이 오가는 '박스투박스 미드필더'의 전형으로서 제라드는 2000년대 리버풀이 프리미어리그 빅4 입지를 다질 수 있었던 토대였다.

제라드를 특별한 존재로 만든 결정적 요소는 포기하지 않는 정신력이었다. 프리미어리그 역사상 후반 추가시간 결승골을 가장 많이(4골) 터트린 기록이 상징적이다. 위기에 몰릴 때마다 마블 히어로처럼 나타나 팀을 구하는 모습에서 팬들은 '캡틴 판타스틱'이란 애칭을 떠올릴 수밖에 없었다. 2004/05시즌 챔피언스리그의 우승 드라마 뒤에도 제라드가 있었다. 조별리그 최종전에서 리버풀은 86분까지 올림피아코스에 원정 득점으로 밀릴 위기에 처한 상태였다. 그 순간 제라드의 통렬한 중거리포가 터져 리버풀을 16강에 올려놓았다. 결승전에서도 제라드는 후반 6분 동안 3득점의 광기 어린 반전을 이끌었다. 하프타임 베니테스 감독은 "우선 한 골만 넣으면 달라진다"라고 선수들을 독려했는데 후반전이 시작된 7분 만에 제라드가 그 한 골을 뽑아냈다. 3-3 동점골로 이어진 페널티킥도 제라드가 얻었다. 다음 시즌 자국 FA컵 결승전에서도 '캡틴 판타스틱'이 빛났다. 웨스트햄에 2-3으로 뒤지던 후반 추가시간 제라드는 32m짜리 빨랫줄 중거리포로 팀을 패배에서 구했고 리버풀은 승부차기에서 승리해 통산 일곱 번째 FA컵 우승을 기록했다.

2000년대 중반은 제라드의 최전성기였다. 2005년 발롱도르 투표에서 호나우지뉴, 프랭크 램파드에 이어 세 번째로 많은 득표를 기록했고, 2006년에는 프리미어리그 시즌 최우수선수로 선정되었다. 덕분에 경쟁 클럽으로부터 유혹도 많았다. 모리뉴 감독은 2004년 첼시의 지휘봉을 잡으면서 제라드 영입을 줄기차게 시도했다. '이스탄불의 기적' 이후 제라드조차 첼시행을 결심했지만 24시간 만에 리버풀은 최고 대우를 약속하며 레전드를 잡는 데에 성공했다. 모리뉴 감독은 "내가 제일 사랑했던 상대 선수였다. 첼시에서 영입하려고 했었고, 인테르, 레알에서도 계속 영입하려고 했다"라며 제라드를 향한 일편단심을 숨기지 않았다.

• 조별리그 결과 • (★16강, *유로파리그 합류)

A조	순위	팀명	전	승	무	패	득	실	득실	승점
	★1	모나코	6	4	0	2	10	4	+6	12
	★2	리버풀	6	3	1	2	6	3	+3	10**
	3*	올림피아코스	6	3	1	2	5	5	0	10
**상대전적 우세	4	데포르티보	6	0	2	4	0	9	−9	2

B조	순위	팀명	전	승	무	패	득	실	득실	승점
	★1	바이어 레버쿠젠	6	3	2	1	13	7	+6	11**
	★2	레알 마드리드	6	3	2	1	11	8	+3	11
	3*	디나모 키예프	6	3	1	2	11	8	+3	10
**상대전적 우세	4	로마	6	0	1	5	4	16	−12	1

C조	순위	팀명	전	승	무	패	득	실	득실	승점
	★1	유벤투스	6	5	1	0	6	1	+5	16
	★2	바이에른 뮌헨	6	3	1	2	12	5	+7	10
	3*	아약스	6	1	1	4	6	10	−4	4
	4	마카비 텔아비브	6	1	1	4	4	12	−8	4

D조	순위	팀명	전	승	무	패	득	실	득실	승점
	★1	올랭피크 리옹	6	4	1	1	17	8	+9	13
	★2	맨체스터 Utd	6	3	2	1	14	9	+5	11
	3*	페네르바체	6	3	0	3	10	13	−3	9
	4	스파르타 프라하	6	0	1	5	2	13	−11	1

E조	순위	팀명	전	승	무	패	득	실	득실	승점
	★1	아스널	6	2	4	0	11	6	+5	10**
	★2	PSV 에인트호번	6	3	1	2	6	7	−1	10
	3*	파나시나이코스	6	2	3	1	11	8	+3	9
**상대전적 우세	4	로젠보리	6	0	2	4	6	13	−7	2

F조	순위	팀명	전	승	무	패	득	실	득실	승점
	★1	밀란	6	4	1	1	10	3	+7	13
	★2	바르셀로나	6	3	1	2	9	6	+3	10
	3*	샤흐타르 도네츠크	6	2	0	4	5	9	−4	6
	4	셀틱	6	1	2	3	4	10	−6	5

G조	순위	팀명	전	승	무	패	득	실	득실	승점
	★1	인테르나치오날레	6	4	2	0	14	3	+11	14
	★2	베르더 브레멘	6	4	1	1	12	6	+6	13
	3*	발렌시아	6	2	1	3	6	10	−4	7
	4	안더레흐트	6	0	0	6	4	17	−13	0

H조	순위	팀명	전	승	무	패	득	실	득실	승점
	★1	첼시	6	4	1	1	10	3	+7	13
	★2	포르투	6	2	2	2	4	6	−2	8
	3*	CSKA 모스크바	6	2	1	3	5	5	0	7
	4	파리 생제르맹	6	1	2	3	3	8	−5	5

· 토너먼트 결과 · (★ 승자)

16강

	1차전	2차전	합산	득점자
맨체스터 Utd	0	0	0	1차전 — 2차전
밀란 ★	1	1	2	1차전 크레스포 78' 2차전 크레스포 61'

	1차전	2차전	합산	득점자
포르투	1	1	2	1차전 히카르두 코스타 61' 2차전 조르제 코스타 69'
인테르나치오날레 ★	1	3	4	1차전 마르틴스 24' 2차전 아드리아누 6', 63', 87'

	1차전	2차전	합산	득점자
베르더 브레멘	0	2	2	1차전 — 2차전 미쿠드 32', 이스마엘 57'(p)
올랭피크 리옹 ★	3	7	10	1차전 월토르 9', 디아라 77', 주니뉴 80' 2차전 월토르 8', 55', 63', 에시엔 17', 30', 말루다 60', 베르토 80'(p)

	1차전	2차전	합산	득점자
PSV 에인트호번 ★	1	2	3	1차전 알렉스 8' 2차전 헤셀링크 26', 비즐리 69'
모나코	0	0	0	1차전 — 2차전

*원정득점 우세

	1차전	2차전	합산	득점자
바르셀로나	2	2	4	1차전 로페스 67', 에토 73' 2차전 호나우지뉴 27'(p), 38')
첼시 ★	1	4	5	1차전 벨레티 33'(og) 2차전 구드욘센 8', 램파드 17', 더프 19', 테리 76'

	1차전	2차전	합산	득점자
바이에른 뮌헨 ★	3	0	3	1차전 피사로 4', 58', 살리하미지치 65' 2차전 —
아스널	1	1	2	1차전 투레 88' 2차전 앙리 66'

	1차전	2차전	합산	득점자
리버풀 ★	3	3	6	1차전 가르시아 15', 리세 35', 하만 90'+2 2차전 가르시아 28', 32', 바로시 67'
바이어 레버쿠젠	1	1	2	1차전 프란차 90'+3 2차전 크시누베크 88'

	1차전	2차전	합산	득점자
레알 마드리드	1	0	1	1차전 엘게라 31' 2차전 —
유벤투스 ★	0	2	2	1차전 — 2차전 트레제게 75', 살라예타 116'

· 토너먼트 결과 · (★ 승자)

8강

	1차전	2차전	합산	득점자
🔴 밀란★	2	3	5	**1차전** 스탐 45'+1, 셉첸코 74' **2차전** 셉첸코 30'
⚫ 인테르나치오날레	0	0	0	**1차전** — **2차전** —

*2차전 1-0 상황에서 인테르 팬이 던진 홍염에 밀란
골키퍼 디다가 맞아 3-0 몰수승

	1차전	2차전	합산	득점자
🔵 올랭피크 리옹	1	1	2(p2)	**1차전** 말루다 12' **2차전** 윌토르 10'
🔴 PSV 에인트호번★	1	1	2(p4)	**1차전** 코퀴 79' **2차전** 알렉스 50'

	1차전	2차전	합산	득점자
🔵 첼시★	4	2	6	**1차전** 콜 4', 램파드 60', 70', 드로그바 81' **2차전** 램파드 30', 드로그바 80'
🔴 바이에른 뮌헨	2	3	5	**1차전** 슈바인슈타이거 52', 발락 90+3'(p) **2차전** 피사로 65', 게레로 90', 숄 90'+5

	1차전	2차전	합산	득점자
🔴 리버풀★	2	0	2	**1차전** 히피아 10', 가르시아 25' **2차전** —
⚪ 유벤투스	1	0	1	**1차전** 칸나바로 63' **2차전** —

준결승

	1차전	2차전	합산	득점자
🔴 밀란★	2	1	3	**1차전** 셉첸코 42', 토마손 90' **2차전** 암브로시니 90'+1
🔴 PSV 에인트호번	0	3	3	**1차전** — **2차전** 박지성 9', 코퀴 65', 90'+2'

	1차전	2차전	합산	득점자
🔵 첼시	0	0	0	**1차전** — **2차전** —
🔴 리버풀★	0	1	0	**1차전** — **2차전** 가르시아 4'

• 결승전 •

2 : 3 p

3 : 3

2005.05.25. 이스탄불,
아타튀르크 올림픽 스타디움 (69,600명)

밀란   **리버풀**

득점

말디니 1', 크레스포 39', 44'	제라드 54', 스미체르 56', 알론소 60'

승부차기

세르지뉴	○○○○○	0-1	●○○○○	하만
피를로	○○○○○	0-2	●●○○○	시세
토마손	○○○○●	1-2	●●○○○	리세
카카	○○○●●	2-3	●●●○○	스미체르
셉첸코	○○○●●	2-3	●●●○○	–

카를로 안첼로티   **4-3-1-2**   **라파엘 베니테스**   **4-1-3-2**

벤치

아비아티(GK), 칼라제, 코스타쿠르타, 도라수	카슨(GK), 호세미, 누녜스, 비슈칸

경고/퇴장

– / –	캐러거 75', 바로쉬 81' / –

주부심: 마누엘 메후토 곤살레스(ESP), 클레멘테 플루(ESP), 오스카 사마니에고(ESP)
대기심: 아르투로 다우덴 이바네스(ESP)

· 득점순위 ·

득점	이름		클럽명	
8골	뤼트 판니스텔로이	(NED)	맨체스터 유나이티드	(ENG)
7골	아드리아누	(BRA)	인테르나치오날레	(ITA)
	로이 마카이	(NED)	바이에른 뮌헨	(GER)
6골	실뱅 윌토르	(FRA)	올랭피크 리옹	(FRA)
	에르난 크레스포	(ARG)	밀란	(ITA)
	안드리 셉첸코	(UKR)	밀란	(ITA)
5골	이반 클라스니치	(CRO)	베르더 브레멘	(GER)
	오바페미 마르틴스	(NGA)	인테르나치오날레	(ITA)
	툰차이	(TUR)	페네르바체	(TUR)
	디디에 드로그바	(CIV)	첼시	(ENG)
	티에리 앙리	(FRA)	아스널	(FNG)
	마이클 에시엔	(CMR)	올랭피크 리옹	(FRA)
	루이스 가르시아	(ESP)	리버풀	(ENG)

· 팀 오브 토너먼트 ·

골키퍼

예르지 두덱(POL) · 리버풀(ENG)
잔루이지 부폰(ITA) · 유벤투스(ITA)
페트르 체흐(CZE) · 첼시(ENG)

수비수

존 테리(ENG) · 첼시(ENG)
제이미 캐러거(ENG) · 리버풀(ENG)
파올로 말디니(ITA) · 밀란(ITA)
알레산드로 네스타(ITA) · 밀란(ITA)
사미 히피아(FIN) · 리버풀(ENG)
카푸(BRA) · 밀란(ITA)

미드필더

스티븐 제라드(ENG) · 리버풀(ENG)
카카(BRA) · 밀란(ITA)
프랭크 램파드(ENG) · 첼시(ENG)
마르크 판보멀(NED) · PSV 에인트호번(NED)
미하엘 발락(GER) · 바이에른 뮌헨(GER)
안드레아 피를로(ITA) · 밀란(ITA)
주니뉴(BRA) · 올랭피크 리옹(FRA)

공격수

안드리 셉첸코(UKR) · 밀란(ITA)
아드리아누(BRA) · 인테르나치오날레(ITA)
박지성(KOR) · PSV 에인트호번(NED)
사무엘 에토(CMR) · 바르셀로나(ESP)
호나우지뉴(BRA) · 바르셀로나(ESP)

라파엘 베니테스

냉정한 컵대회 스페셜리스트

2004년 5월 UEFA컵 결승전을 앞두고 발렌시아의 베니테스 감독은 "뛰어난 선수가 아니었기 때문에 감독으로서 이런 결승전 무대에 서는 기분이 더 좋다"라고 말했다. 시시한 수비수로 하부 리그를 전전하다가 26세에 일찍 축구화를 벗었던 베니테스 감독은 스웨덴 예테보리에서 알라베스를 꺾고 발렌시아를 사상 첫 UEFA컵 우승으로 이끌었다. 그리고 1년 뒤 리버풀에서 챔피언스리그 우승을 달성했다. 2시즌 연속 두 대회를 제패한 지도자는 밥 페이즐리(리버풀), 모리뉴(포르투) 그리고 베니테스 3인뿐이다.

발렌시아와 리버풀에서 베니테스 감독은 철저한 지역방어(zonal marking)로 실점을 줄였다. 리누스 미헬스와 아리고 사키의 철학을 계승한 콤팩트 수비 블록 전술로 발렌시아는 베니테스 감독 재임 3시즌 연속 라리가 최소 실점을 기록했다. 리버풀에서도 상대 선수보다 자기 지역을 봉쇄함으로써 세트피스 실점을 크게 줄였다. 선수 기용에서는 선수의 심리 상태보다 피트니스 수치에 우선순위를 두는 로테이션 운용을 고집했다. 2006년 10월 프리미어리그에서 베니테스 감독은 99경기 연속으로 매 경기 다른 선발진을 기용하는 보기 드문 기록을 세웠다.

2004/05시즌 챔피언스리그는 베니테스 감독의 전술 철학이 이상적으로 효과를 거뒀던 대표적 케이스였다. 본인조차 "애초 목표는 조별리그 통과였다"라고 밝힌 것처럼 리버풀의 객관적 전력은 사실 우승권에서 거리가 멀었다. 하지만 베니테스 감독의 데이터 축구가 먹히면서 리버풀은 16강부터 레버쿠젠, 유벤투스, 첼시, 밀란을 차례로 꺾고 우승을 차지했다. 네 팀 모두 조별리그를 1위로 통과했다는 사실이야말로 베니테스 축구의 효용성을 말해주는 증거였다. 2005년 이스탄불 결승전에서도 전술이 빛을 발했다. 베니테스 감독은 "세 번째 골을 먹자마자 백3 전환을 결심해 코치에게 디트마르 하만의 워밍업을 지시했다"라고 설명했다. 한 명으로 시작했던 수비형 미드필더 포지션에 한 명을 추가한 후반전부터 리버풀은 카카의 돌진, 시도르프의 좌우 움직임, 피를로의 패스에 안정적으로 대처하기 시작했다. 여기에 제라드의 영웅적 플레이가 보태져 기어이 3-3 동점에 성공했다.

리버풀 팬들로부터는 지금도 챔피언스리그 우승 은인으로 존경받지만, 선수들 사이에서는 인간미가 없다는 평가도 존재한다. 제라드는 본인 자서전에서 "캐러거는 베니테스 감독과 축구 외 주제로 대화를 나눠본 적이 없다고 했다. 베니테스는 내가 축구판에서 만났던 가장 사무적 인물이었다"라고 썼다. 승부차기 영웅 두덱도 "하여튼 차갑다. 거의 인간이 아니다"라고 밝혔다. 그렇지만 프로축구 감독으로서 스페인, 잉글랜드, 이탈리아처럼 빅리그에서 리그 우승 2회, 컵 대회 우승 10회를 기록했다면 최소한 그라운드 위에서 베니테스 감독을 저평가하기는 어렵다.

★★★
2005/06 시즌

호나우지뉴의
황제 등극

⚽ **키워드** ⚽

#바르셀로나 #호나우지뉴 #아스널 #아르센벵거

∥ 백그라운드 Background

2005년 '이스탄불의 기적' 직후 잉글랜드축구협회가 발 빠르게 움직였다. 유럽 챔피언 리버풀이 프리미어리그에서 5위로 밀려 2005/06시즌 챔피언스리그 출전권을 획득하지 못했기 때문이다. 당시까지 디펜딩챔피언의 차기 시즌 자동 출전 규정이 없었다. 잉글랜드축구협회는 잉글랜드의 1위부터 4위까지 4개 팀에 디펜딩챔피언 리버풀까지 총 다섯 팀이 출전하도록 로비를 펼쳤다. 6월 10일 UEFA 집행 회의는 14인 만장일치로 리버풀의 출전 특별 허용을 승인했다. 한 국가에서 다섯 팀이 출전하는 첫 사례가 된 것이다. 자국 리그 1, 2위인 첼시와 아스널이 조별리그 직행, 3, 4위인 맨유와 에버턴이 3차 예선, 그리고 챔피언스리그 디펜딩챔피언 리버풀은 1차 예선부터 참가하기로 상황이 정리되었다. UEFA는 이번 케이스를 계기로 디펜딩챔피언의 자동 출전권과 국가별 출전권 상한선 유지를 명시했다. 실제로 2010/11시즌 프리미어리그 6위 첼시가 챔피언스리그에서 우승하는 바람에 리그 4위인 토트넘이 UEFA컵으로 밀렸다.

프리미어리그는 리버풀의 예외적 출전에도 불구하고 조별리그에는 결국 4개 팀만 합류했다. 리버풀은 세 번의 예선을 모두 통과했지만 리그 4위 에버턴(데이비드 모예스 감독)이 3차 예선에서 비야레알에 패해 탈락했기 때문이다. 하지만 리버풀은 조별리그에 적용되는 자국 클럽 배정 금지 조항에서 제외되었기 때문에 G조에서, 하필이면, 첼시와 함께 들어갔다.

시즌 개막 전인 6월에는 네덜란드에서 FIFA 월드 유스챔피언십(현 U20월드컵)이 개최되었다. 지난 시즌 바르셀로나 1군 데뷔한 18세 공격수 리오넬 메시는 주장으로서 아르헨티나의 우승을 이끌었다. 메시는 대회 최우수선수는 물론 6골로 득점왕까지 차지했다. 바르셀로나는 메시와 맺은 첫 1군 계약에 바이아웃 금액을 1억5천만 유로로 책정해 팬들을 놀라게 했다. 더 놀라운 소식이 들렸다. 인테르가 바이아웃을 내놓겠다며 달려든 것이다. 인테르는 연봉 3배 조건으로 구애했으나 결국 메시는 잔류를 선택했다.

2005년 여름은 한국 축구 팬들에게도 희소식을 던졌다. 지난 시즌 PSV 4강 돌풍의 주역 박지성이 맨유로, 이영표가 토트넘 홋스퍼로 각각 이적했다. 1970~80년대 독일 분데스리가에서 맹활약했던 차범근 이후 사실상 명맥이 끊겼던 한국인 유럽 빅리그 진출사가 재개되는 순간이었다.

조별리그 Group Stage

B조에서 아스널은 파죽의 5연승을 달렸다. 프리미어리그에서 아스널은 압도적 강세를 보이면서도 유럽 무대에서 결과를 만들지 못했다. 2005/06시즌을 시작하면서 벵거 감독은 챔피언스리그에서 투톱 중 한 명을 뒤로 내려 4-5-1의 전술적 타협을 선택했다. 아스널 수비진은 조별리그 6경기에서 2실점만 허용하며 토너먼트 요령을 체득하기 시작했다. 1995년 우승자 다니 블린트가 지휘봉을 잡은 아약스가 조 2위로 아스널의 뒤를 따랐다.

호안 라포르타 체제 3년째인 바르셀로나도 기세등등했다. C조에서 바르셀로나는 3차전 파나시나이코스 원정 무득점 무승부를 제외한 다섯 경기에서 모두 승리해 승점 16점으로 순항했다. 바르셀로나의 여름 이적시장 최대 수확은 첫 1군 계약을 맺은 메시였다. 9월 26일 스페인 시민권을 취득한 메시는 4차전 파나시나이코스전에서 34분 챔피언스리그 첫 골을 터트려 5-0 대승에 일조했다.

D조에서는 이번 시즌 조별리그 유일의 이변이 있었다. 1999년 챔피언이자 10시즌 연속 토너먼트 진출에 성공하던 맨유가 최하위로 탈락하고 말았다. 클럽 안팎이 혼란스러웠다. 5월 클럽이 미국 스포츠 재벌 말콤 글레이저에게 넘어가면서 기존 팬들의 거센 항의가 빗발쳤다. 11월에는 로이 킨이 설화로 쫓겨났을 뿐 아니라 1968년 유러피언컵 우승 영웅 조지 베스트가 타계했다. 비야레알(마누엘 페예그리니 감독)의 조 1위 통과도 깜짝 놀랄 만한 일이었다. 비야레알은 페르난도 루이그 회장의 인수를 기점으로 비야레알은 자국 2부에서 라리가 3위로 수직상승했다. 첫 챔피언스리그 출전에서 비야레알은 후안 리켈메 등 남미 선수들을 앞세워 16강에 올랐다.

E조에서는 전년도 준결승 매치업인 밀란과 PSV가 재회했다. 밀란은 답답한 경기력으로 일관하다가 최종전에서 승점이 앞선 샬케를 3-2로 꺾으며 조 1위 자리를 탈환했다. PSV는 박지성, 이영표를 비롯해 마르크 판보멀, 윌프레드 보우마, 요한 포겔이 한꺼번에 팀을 떠났음에도 불구하고 밀란전을 1-0으로 승리하는 등 견고하게 승점을 쌓아 조 2위로 토너먼트에 도달했다. F조 로젠보리는 조 3위로 16강 진출 실패보다 자국 리그에서 14년 만에 우승을 놓쳤다는 충격이 더 컸다. 리그 13연패에서 멈춘 로젠보리는 UEFA컵 출전에 만족해야 했다. G조에 함께 들어간 리버풀과 첼시는 지난 시즌 준결승전 악연을 그대로 이어갔다. 2차전에서는 첼시의 마이클 에시엔이 리버풀의 디트마르

하만의 종아리를 스터드로 짓누르는 태클을 가해 양쪽 벤치가 몸싸움을 벌였다. 에시엔은 UEFA로부터 2경기 출장 정지 징계를 받았다. 하지만 첼시는 레알 베티스 원정에서 뜻밖의 0-1 패배로 조 1위를 놓쳤다. 실수는 16강 대진 추첨에서 C조 1위 바르셀로나와 만나는 불행을 초래했다.

토너먼트 Tournament

16강전부터 빅매치가 성사되었다. 최고 매치업은 바르셀로나와 첼시의 2시즌 연속 16강 맞대결이었다. 유럽 언론은 '사실상 결승전'이라며 신이 났다. 지난 시즌 모리뉴 감독의 심리전에 말렸다고 믿는 바르셀로나 쪽의 동기부여가 남달랐다. 스탬퍼드 브리지에서 열린 1차전에서 첼시 풀백 아시에르 델오르노가 메시에게 육탄 태클을 감행해 일발 퇴장을 당했다. 바르셀로나는 일방적 공세 속에서도 티아구 모타의 자책골로 끌려갔지만, 막판 세찬 반격으로 2-1 역전에 성공했다. 누캄프 2차전에서 바르셀로나는 2005년 발롱도르 수상자 호나우지뉴의 골에 힘입어 1-1 무승부로 막아 1년 전 분패를 설욕했다. 하지만 이 경기에서 메시는 근육을 다치는 바람에 시즌을 접어야 했다.

바르셀로나는 8강에서 리버풀을 꺾고 올라온 벤피카에 2-0 완승을 하며 4강에 올랐다. 결승행 길목에서 넘어야 할 상대는 바이에른과 리옹을 각각 제치고 올라온 밀란이었다. 아리고 사키 감독의 밀란에서 찬란하게 빛났던 동료 카를로 안첼로티와 프랑크 레이카르트는 전년도 조별리그에 이어 두 시즌 연속 맞대결을 펼쳐야 했다. 지난 시즌 F조에서 두 팀은 1승 1패로 승부를 가리지 못했다. 산시로 1차전에서 밀란은 공격수 알베르토 질라르디노의 결정력 부족에 땅을 쳤다. 골대까지 수비를 도운 바르셀로나는 57분 호나우지뉴의 마법 같은 패스를 루도빅 지울리가 마무리해 1-0 승리를 거뒀다. 차비, 메시, 데쿠가 없었던 원정에서 원정 득점은 물론 승리까지 챙긴 바르셀로나는 홈 2차전을 자신 있게 준비했다. 두 팀은 군계일학의 개인 기량을 선보이며 맞붙었으나 득점을 기록하지 못했다. 바르셀로나는 1993/94시즌 결승전 0-4 대패의 아픔을 안겼던 밀란을 제물로 12년 만에 다시 결승전 무대에 섰다.

반대편 대진에서는 아스널은 수비적 보완 덕분에 16강 레알전을 합산 1-0 승리로 마무리할 수 있었다. 티에리 앙리는 8강에서도 유벤투스를 상대로 홈에서 한 골을 터트려 합산 2-0 승리를 이끌었다. 창단 첫 챔피언스리그 4강에 오른 아스널은 앞선 두 차례 고비에 비해 가벼운 상대인 비야레알까지 합산 1-0으로 따돌려 사상 첫 결승 진출에 성공했다. 비야레알은 2차전 막판 후안 리켈메의 페널티킥 실축에 고개를 떨궈야 했다. 아스널은 B조 3차전(vs 프라하)부터 9경기 연속 무실점을 기록하며 결승전 장소인 파리에 입성했다. 공격 축구를 추구하던 벵거 감독의 유일한 챔피언스리그 결승 실적이 견고한 수비에서 비롯되었다는 점은 아이러니가 아닐 수 없었다.

결승전 Final

바르셀로나 2 : 1 아스널 | 2006.05.17 | 파리, 스타드프랑스

결승전 무대 위에 서는 바르셀로나와 아스널이 유럽 축구 전체를 통틀어 가장 다이나믹한 공격을 추구하는 쌍웅이라는 점에서 모든 이가 꿈꾸는 결승전이 아닐 수 없었다. 첼시전 부상에서 회복 중이었던 메시는 헹크 텐가테 수석코치로부터 최종 명단 제외 소식을 듣고 눈물을 흘렸다. 하지만 바르셀로나에는 월드클래스 호나우지뉴가 있었다.

시작 3분 만에 앙리가 페널티박스 안에서 깔끔한 퍼스터터치로 수비수를 벗겨 빅토르 발데스와 맞섰으나 발데스의 선방에 막혔다. 앙리의 '슈퍼맨' 경기력이 무위로 그치자, 분위기가 바르셀로나로 넘어갔다. 18분 호나우지뉴의 스루패스가 에토에게 정확히 연결되는 찰나 골키퍼 옌스 레흐만이 페널티박스 바깥에서 손으로 상대를 넘어뜨렸다. 그대로 흐른 볼을 잡은 지울리가 텅 빈 골대 안으로 넣고 포효했다. 하지만 다르야 호기 주심은 득점을 인정하지 않은 채 레흐만의 일발 퇴장과 프리킥을 선언했다. 비야레알 이적이 확정된 로베르 피레스가 아스널 마지막 경기를 18분 만에 마치며 백업 골키퍼 마누엘 알무니아로 교체되었다.

한 명이 부족해도 아스널의 경기력은 비슷하게 유지되었다. 최전방 앙리가 혼자 힘으로 얼마든지 골을 뽑을 수 있을 정도로 강력했던 덕분이다. 바르셀로나는 앙리에 대응하느라 상대 진영에서 수적 우위를 만들지 못했다. 37분 아스널 라이트백 엠마누엘 에부에가 상대 박스 오른쪽에서 주심의 눈을 속여 프리킥을 얻었다. 앙리가 올린 크로스는 솔 캠벨의 머리를 거쳐 골망을 흔들었다. 한 명 적은 아스널이 1-0 리드를 잡아냈다.

수적 불균형과 스코어라인은 이후 상황을 바르셀로나의 일방 공세로 몰아갔다. 후반 들어 레이카르트 감독은 안드레스 이니에스타, 헨릭 라르손, 줄리아노 벨레티를 투입해 동점골을 위한 모든 카드를 쏟아냈다. 베테랑 포워드 라르손이 차이를 만들었다. 76분 라르손의 스루패스를 에토가 잡아 골대 왼쪽 일대일 상황에서 동점골을 터트렸다. 체력이 떨어진 아스널은 망연자실했다. 4분 뒤, 라르손이 오른쪽에서 넣어준 패스를 벨레티가 잡아 오른발로 때렸다. 슛은 알무니아의 종아리를 맞고 골대 안으로 꺾였다. 벨레티는 처음이자 마지막 바르셀로나 득점으로 챔피언스리그 우승을 확정했다. 경기장을 적신 굵은 빗방울을 맞으며 무릎을 꿇고 양손으로 얼굴을 감싸며 감격해 하는 벨레티의 셀레브레이션은 파리 결승전의 명장면으로 남는다. 챔피언스리그가 태어난 파리에서 바르셀로나가 통산 두 번째 우승을 차지했다.

경기 후, 앙리는 "사람들은 호나우지뉴, 에토, 지울리에 관해서만 떠들지만 내 눈에는 헨릭 라르손만 보였다"라며 스웨덴 레전드를 칭찬했다. 결승전에서 2도움을 기록한 라르손은 경기 후 인터뷰에서 "나는 뛰고 싶다"라며 바르셀로나 결별을 선언했다. 바르셀로나는 호안 라포르타 회장 체제에서 3년 만에 라리가와 챔피언스리그 더블을 달성하며 1990년대 드림팀 종말 이후 이어졌던 침체기에 종지부를 찍었다.

호나우지뉴 Key Player
행복한 호나우지뉴 씨

'호나우지뉴 가우초'라는 이름은 두 가지를 의미한다. 유스팀 시절 팀에서 제일 어리고 작다는 이유로 친구들은 호나우두라는 원래 이름 뒤에 '작다'는 뜻을 붙여 '호나우지뉴'로 불렀다. 브라질 국가대표팀에서도 '일페노메노' 호나우두가 있었으나 호나우지뉴란 애칭은 매우 적절했다. '가우초'는 '행복'을 뜻한다. 거친 경기에서도 만화 같은 볼터치와 드리블 위에 잇몸이 훤히 드러내는 미소까지 호나우지뉴는 보는 이를 웃게 한다.

13세 당시 그레미우 유스팀 경기에서 호나우지뉴는 혼자 23골을 넣어 23-0 대승을 이끌어 언론의 주목을 받았다. 브라질 U17 국가대표팀을 통해서 유럽 스카우트 네트워크에 등록되기 시작되었다. 2001년 유럽 빅클럽의 제안을 거절한 채 호나우지뉴는 "뛸 수 있는 팀으로 가라"라는 친형의 조언에 따라 파리 생제르맹을 선택했다. 1998년 월드컵 우승자 로랑 블랑은 "PSG에 처음 입단한 호나우지뉴를 상대했는데 그때 이미 '언젠가 세계 최고가 되겠구나'는 생각이 들었다"라며 20세 호나우지뉴의 잠재력을 꿰뚫어 봤다.

2003년 바르셀로나의 라포르타 회장은 공약으로 내걸었던 데이비드 베컴을 숙적 레알로 빼앗겨 정치적 위기에 봉착했다. 구석에 몰린 라포르타 회장은 맨유와 협상을 마무리하려던 호나우지뉴 측을 간곡히 설득해 영입에 성공했다. 결과적으로 3천만 유로짜리 영입생 호나우지뉴는 라포르타 체제를 살려준 구원자가 되었다. 2005/06시즌 호나우지뉴는 시즌 첫 엘클라시코에서 역사를 썼다. 산티아고 베르나베우 원정에서 입이 다물어지지 않는 개인기로 2골을 터트려 팀의 3-0 완승을 이끌었다. 레알 팬들이 호나우지뉴를 향해 기립박수를 보냈다. 원정 엘클라시코에서 레알 팬으로부터 박수를 받은 선수는 1983년 디에고 마라도나 이후 호나우지뉴가 처음이었다. 그해 연말 호나우지뉴는 정해진 듯이 발롱도르에서 최다 득표로 브라질 에이스의 전통을 이어갔다. 호나우지뉴가 등장해 골대를 연속으로 맞히는 '나이키' 광고는 유튜브 역사상 최초로 1백만 조회수를 돌파한 영상으로 기록된다.

챔피언스리그에서 호나우지뉴가 연출한 대표적 마술은 두 장면이었다. 2004/05시즌 16강 첼시전 원정 득점과 2005/06시즌 준결승 밀란전 지울리의 골로 연결된 패스다. 첼시전에서 호나우지뉴는 아크 부근에서 도움 동작 없이 제 자리에 선 상태에서 페트르 체흐가 지키는 골문을 허물었다. 밀란전 도움은 상대 마크맨들에게 둘러싸인 상태에서 패스 한 방으로 수비 라인 2개를 무너트리는 매직이었다. 말년의 온갖 잡음에도 불구하고 바르셀로나에서 보낸 다섯 시즌 동안 호나우지뉴의 마법에 황홀경에 빠진 팬들은 헤아릴 수 없이 많았다. 그걸로 충분하다.

• 조별리그 결과 •

(★ 16강, *유로파리그 합류)

A조	순위	팀명	전	승	무	패	득	실	득실	승점
	★1	유벤투스	6	5	0	1	12	5	+7	15
	★2	바이에른 뮌헨	6	4	1	1	10	4	+6	13
	3*	클럽 브뤼헤	6	2	1	3	6	7	−1	7
	4	라피드 빈	6	0	0	6	3	15	−12	0

B조	순위	팀명	전	승	무	패	득	실	득실	승점
	★1	아스널	6	5	1	0	10	2	+8	16
	★2	아약스	6	3	2	1	10	6	+4	11
	3*	툰	6	1	1	4	4	9	−5	4
	4	스파르타 프라하	6	0	2	4	2	9	−7	2

C조	순위	팀명	전	승	무	패	득	실	득실	승점
	★1	바르셀로나	6	5	1	0	16	2	+14	16
	★2	베르더 브레멘	6	2	1	3	12	12	0	7
	3*	우디네세	6	2	1	3	10	12	−2	7
	4	파나시나이코스	6	1	1	4	4	16	−12	4

D조	순위	팀명	전	승	무	패	득	실	득실	승점
	★1	비야레알	6	2	4	0	3	1	+2	10
	★2	벤피카	6	2	2	2	5	5	0	8
	3*	릴 OSC	6	1	3	2	1	2	−1	6
	4	맨체스터 Utd	6	1	3	2	3	4	−1	6

E조	순위	팀명	전	승	무	패	득	실	득실	승점
	★1	밀란	6	3	2	1	12	6	+6	11
	★2	PSV 에인트호번	6	3	1	2	4	6	−2	10
	3*	샬케 04	6	2	2	2	12	9	+3	8
	4	페네르바체	6	1	1	4	7	14	−7	4

F조	순위	팀명	전	승	무	패	득	실	득실	승점
	★1	올랭피크 리옹	6	5	1	0	13	4	+9	16
	★2	레알 마드리드	6	3	1	2	10	8	+2	10
	3*	로젠보리	6	1	1	4	6	11	−5	4
	4	올림피아코스	6	1	1	4	7	13	−6	4

G조	순위	팀명	전	승	무	패	득	실	득실	승점
	★1	리버풀	6	3	3	0	6	1	+5	12
	★2	첼시	6	3	2	1	7	1	+6	11
	3*	레알 베티스	6	2	1	3	3	7	−4	7
	4	안더레흐트	6	1	0	5	1	8	−7	3

H조	순위	팀명	전	승	무	패	득	실	득실	승점
	★1	인테르나치오날레	6	4	1	1	9	4	+5	13
	★2	레인저스	6	1	4	1	7	7	0	7
	3*	아르트메디아	6	1	3	2	5	9	−4	6
	4	포르투	6	1	2	3	8	9	−1	5

· 토너먼트 결과 · (★ 승자)

16강

	1차전	2차전	합산	득점자
레알 마드리드	0	0	0	**1차전** — **2차전** —
아스널★	1	0	1	**1차전** 앙리 47' **2차전** —

	1차전	2차전	합산	득점자
베르더 브레멘	3	1	4	**1차전** 슐츠 39', 보로프스키 87', 미쿠 90'+2 **2차전** 미쿠 13'
유벤투스★	2	2	4*	**1차전** 네드베트 73', 트레제게 82' **2차전** 트레제게 65', 에메르송 88'

*원정득점 우세

	1차전	2차전	합산	득점자
아약스	2	0	2	**1차전** 훈텔라르 16', 로살레스 20' **2차전** —
인테르나치오날레★	2	1	3	**1차전** 스탄코비치 49', 크루스 86' **2차전** 스탄코비치 57'

	1차전	2차전	합산	득점자
레인저스	2	1	3	**1차전** 뢰벤크란즈 22', 페냐 82'(og) **2차전** 뢰벤크란즈 12'
비야레알 ★	2	1	3*	**1차전** 리켈메 8'(p), 포를란 35' **2차전** 아루아바레나 49'

*원정득점 우세

	1차전	2차전	합산	득점자
PSV 에인트호번	0	0	0	**1차전** — **2차전** —
올랭피크 리옹 ★	1	4	5	**1차전** 주니뉴 65' **2차전** 티아고 26', 45'+4, 월토르 71', 프레드 90'

	1차전	2차전	합산	득점자
바이에른 뮌헨	1	1	2	**1차전** 발락 23' **2차전** 이스마엘 35'
밀란 ★	1	4	5	**1차전** 셉첸코 58'(p) **2차전** 인자기 8', 47', 셉첸코 25', 카카 59'

	1차전	2차전	합산	득점자
벤피카★	1	2	3	**1차전** 루이상 84' **2차전** 시망 36', 미콜리 89'
리버풀	0	0	0	**1차전** — **2차전** —

	1차전	2차전	합산	득점자
첼시	1	1	2	**1차전** 모타 59'(og) **2차전** 램파드 90'(p)
바르셀로나★	2	1	3	**1차전** 테리 71'(og), 에토 80' **2차전** 호나우지뉴 78'

· 토너먼트 결과 · (★ 승자)

8강

	1차전	2차전	합산	득점자
아스널★	2	0	2	**1차전** 파브레가스 40', 앙리 69' **2차전** —
유벤투스	0	0	0	**1차전** — **2차전** —

	1차전	2차전	합산	득점자
인테르나치오날레	2	0	2	**1차전** 아드리아누 7', 마르틴스 54'
비야레알★	1	1	2*	**1차전** 포를란 1' **2차전** 아루아바레나 58'

*원정득점 우세

	1차전	2차전	합산	득점자
올랭피크 리옹	0	1	1	**1차전** — **2차전** 디아라 31'
밀란★	0	3	3	**1차전** — **2차전** 인자기 25', 88', 셉첸코 90'+3

	1차전	2차전	합산	득점자
벤피카	0	0	0	**1차전** — **2차전** —
바르셀로나★	0	2	2	**1차전** — **2차전** 호나우지뉴 19', 에토 89'

준결승

	1차전	2차전	합산	득점자
아스널★	1	0	1	**1차전** 투레 41' **2차전** —
비야레알	0	0	0	**1차전** — **2차전** —

	1차전	2차전	합산	득점자
밀란	0	0	0	**1차전** — **2차전** —
바르셀로나★	1	0	1	**1차전** 지울리 57' **2차전** —

결승전

2 : 1

2006.05.17. 파리
스타드프랑스 (79,610명)

바르셀로나 · · · 아스널

득점

| 에토 76', 벨레티 80' | 캠벨 37' |

프랑크 레이카르트 | **4-3-3** · 아르센 벵거 | **4-5-1**

벤치

| 호르케라(GK), 시우비뉴, 티아구 모타, 차비 | 센데로스, 클리시, 베르캄프, 판페르시 |

경고/퇴장

| 올레게르 69', 헨릭 라르손 90+3' / - | 엠마누엘 에부에 22', 티에리 앙리 51' / 레흐만 18' |

주부심: 타르야 호기(NOR), 스타이나르 홀비크(NOR), 아릴드 순데트(NOR)
대기심: 톰 헤닝 외브레뵈(NOR)

득점순위

득점	이름		클럽명	
9골	안드리 셉첸코	(UKR)	밀란	(ITA)
7골	호나우지뉴	(BRA)	바르셀로나	(ESP)
6골	다비드 트레제게	(FRA)	유벤투스	(ITA)
	사무엘 에토	(CMR)	바르셀로나	(ESP)
5골	아드리아누	(BRA)	인테르나치오날레	(ITA)
	요한 미쿠	(FRA)	베르더 브레멘	(GER)
	티에리 앙리	(FRA)	아스널	(ENG)
	카카	(BRA)	밀란	(ITA)
4골	훌리오 크루스	(ARG)	인테르나치오날레	(ITA)
	필리포 인자기	(ITA)	밀란	(ITA)
	빈첸초 이아퀸타	(ITA)	우디네세	(ITA)
	욘 카레브	(NOR)	올랭피크 리옹	(FRA)
	피터 뢰벤크란즈	(DEN)	레인저스	(SCO)
	주니뉴	(BRA)	올랭피크 리옹	(FRA)

아르센 벵거

프로축구 감독은 언제나 내용과 결과 사이에서 고뇌한다. 어느 한쪽으로 치우칠 수 없다. 반드시 둘 다 잡아야 하는 숙명이야말로 축구 감독의 기본 가치이기 때문이다. 아르센 벵거 감독은 치열한 현실 속에서 두 마리 토끼를 모두 잡은 지도자다.

벵거 감독은 이미 모나코에서 수완을 입증했다. 리그앙 우승은 물론 당시 모나코는 챔피언스리그 무대에서 규모에 비해 만족할 만한 성과를 이뤘다. 무엇보다 당시 모나코의 주축들은 벵거 감독의 도움 덕분에 스타플레이어로 거듭났다. 1995년 발롱도르 수상자 조지 웨아를 비롯해 티에리 앙리, 릴리안 튀랑, 유리 조르카예프, 엠마누엘 프티 등이 대표적이다. 1996년부터 지휘봉을 잡아 22년 장기집권했던 아스널도 마찬가지다. 당시 주축들은 대부분 벵거 감독 아래서 전성기에 도달했다. 우연의 일치가 아니다.

2005/06시즌 챔피언스리그 결승 진출의 출발은 알다시피 2003/04시즌 프리미어리그 무패 우승에서 출발한다. 2002/03시즌 아스널은 프리미어리그 38경기에서 36실점을 기록했다. 콜로 투레, 옌스 레흐만, 지우베르투 시우바가 본격적으로 선발 라인업을 꾸미기 시작했던 2003/04시즌 아스널의 리그 실점은 26골로 급감했다. 라우렌과 애슐리 콜이 양쪽 풀백 포지션을 맡고, 캠벨과 투레가 단단한 센터백 조합을 이루자 아스널은 '따분한 아스널' 소리를 듣던 전임 조지 그레이엄 시절보다 더 단단한 수비력을 갖췄다. 무패 우승과 49경기 연속 무패라는 신기원을 이룩한 아스널의 최종 수비진 4인은 모두 공격수 출신이라는 사실이 벵거 감독의 연금술을 말해준다.

2005/06시즌 아스널은 챔피언스리그 조별리그 3차전부터 준결승전까지 9경기를 무실점으로 틀어막았다. 결승전에서도 아스널은 경기 대부분을 수적 열세에서 뛰었지만 수적 불균형을 느끼지 못할 만큼 분투했다. 도중 투입된 골키퍼 알무니아는 동료들의 기계적 수비 덕분에 경기 내내 결정적 위기를 자주 마주하지 않고 결승전을 마쳤다. 해당 시즌 19세 세스크 파브레가스가 비에이라의 공백을 메웠다는 사실도 특기할 만하다. 19세 선수가 중원 핵심인 팀이 호나우지뉴와 에토를 앞세운 바르셀로나를 상대로 한 명 적은 상태에서 경기 막판까지 한 골 리드를 지켰다는 사실은 칭찬받아 마땅하다.

★★★

2006/07 시즌

위대한 밀란,
이스탄불 악몽을 지우다

⚽ **키워드** ⚽

#밀란 #카카 #안첼로티 #플라티니 #말디니

백그라운드 Background

2006년 여름 유럽 축구계는 격동의 시간을 보낸다. 독일월드컵을 한 달 앞두고 이탈리아에서 승부조작 스캔들이 터졌다. 유벤투스의 루치아노 모지 국장이 심판 배정을 놓고 리그 관계자와 수시로 전화 연락했다는 사실이 밝혀졌다. 이탈리아 경찰 당국은 도핑 관련 수사 과정에서 우연히 입수한 심카드에서 승부조작이란 대어를 낚았다. 오랜 기간 모지 국장은 외국 심카드 5개를 번갈아 사용해 유벤투스에 호의적인 심판을 배정하도록 리그 측에 청탁해온 것이다. 이탈리아축구협회는 유벤투스의 우승 2회 박탈 및 2부 강제 강등이란 철퇴를 내렸다. 연루 정도가 낮아 승점 삭감 징계에 그친 밀란도 2005/06시즌 최종순위는 2위에서 3위로, 피오렌티나는 4위에서 9위로 각각 하락했다. 새 시즌 챔피언스리그 출전권은 우승팀 인테르, 로마(5위에서 2위로 조정), 밀란, 키에보 베로나(7위에서 4위로 조정)에 배분되었다.

독일월드컵에서 이탈리아 대표팀의 마르셀로 리피 감독은 칼치오폴리 오명을 선수들의 동기부여책으로 활용했다. 대회 전까지 우승과 거리가 멀다는 평가를 받았던 이탈리아는 승승장구하며 결승전에서 프랑스를 승부차기로 제치고 통산 네 번째 월드컵 우승을 달성하는 아이러니를 연출했다.

유럽 축구의 정치계는 2006/07시즌 도중 새로운 세상을 맞이한다. 2005년 3월 프랑스 레전드 미셸 플라티니가 유럽축구연맹(UEFA) 회장 선거에 출마를 선언했다. 플라티니는 1998프랑스월드컵조직위원장직을 성공적으로 수행했고 프랑스축구협회 부회장 및 국제축구연맹(FIFA) 이사로 역임하면서 정치력을 키웠다. 렌나르트 요한손 현 회장이 잠룡에 의해 허를 찔린 형국이었다. 1990년 부임 후 16년 천하를 끝으로 요한손 회장은 2006년 프란츠 베켄바워에게 평화적 권력 위임을 설계하고 있었기 때문이다. 플라티니 입후보자는 '모두를 위한 축구'라는 개혁 메시지 아래서 중소 리그 클럽들의 챔피언스리그 출전권 확대를 약속해 중하위권 회원국의 지지를 얻었다. 베켄바워가 거사에 응하지 않자 급해진 요한손 회장은 선거를 연기하면서까지 안간힘을 썼다. 하지만 2007년 1월 26일 회장 선거에서 플라티니가 27대23으로 승리해 제6대 UEFA 회장에 당선되었다. 플라티니 신임 회장의 '모두를 위한 축구' 신념은 챔피언스리그 출전권 확대, 유로 2020의 대륙 공동 개최 등의 획기적 변화를 낳는다.

한편 챔피언스리그는 순조롭게 몸집을 키워갔다. 2006/07시즌부터 갱신되는 TV중계권 및 스폰서십 계약에서 UEFA는 전례 없는 성공을 거둔다. 2006/07시즌(매치데이 13일) 한 해에만 8억1900만 유로의 수입을 기록해 매치데이 17일 당시의 수입을 초과했다. UEFA는 2006/07시즌 챔피언스리그 본선 출전 32개 팀에 총 5억7960만 유로를 재분배했다. 유럽 클럽 축구계에서 챔피언스리그 출전이 로또 당첨처럼 여겨지는 이유다.

조별리그 Group Stage

첼시와 바르셀로나의 악연이 조별리그부터 재현되었다. 여름 이적시장에서 첼시는 안드리 셉첸코, 존 오비 미켈, 애슐리 콜, 미하일 발락 등 공격적 영입으로 맹위를 떨쳤다. 바르셀로나는 유벤투스발 강등 소동에서 릴리안 튀랑과 잔루카 잠브로타를 주웠다. 둘의 맞대결은 1승 1무를 기록한 첼시의 승리로 끝났다. 독일월드컵 득점왕 미로블리프 클로제를 보유한 베르더 브레멘이 힘을 낸 덕분에 16강행은 최종전에서 갈렸다. 첼시가 승점 0점 레프스키 소피아를 2-0으로 잡아 1위를 차지했고 바르셀로나도 승점 10점 브레멘을 2-0으로 제쳐 승점 11점으로 역전에 성공했다. B조에서는 바이에른(펠릭스 마가트 감독)과 인테르가 16강행 티켓을 획득했고, C조에서는 리버풀과 PSV가 토너먼트의 두 자리를 차지했다. D조에서는 칼치오폴리 수혜자인 로마가 루치아노 스팔레티 감독의 제로톱 전술로 조 2위 16강에 올랐다.

F조는 절대 1강 맨유를 제외한 셀틱, 벤피카, 코펜하겐이 조 2위 자리를 치열하게 다퉜다. 맨유와 셀틱의 경기는 알렉스 퍼거슨 감독이 스코틀랜드 출신이라는 배경에서 팬들의 관심을 모았다. 셀틱은 올드 트래퍼드 원정에서 2-3으로 패했지만 셀틱파크에서 열린 5차전에서 나카무라   스케의 맨유전 2경기 연속 프리킥 득점으로 1-0 승리를 거뒀다.   스케는 최고의 활약으로 2006/07시즌 스코틀랜드 최우수선수에 선정된다. 맨유는 코펜하겐 원정패까지 겹쳐 최종전에서 벤피카를 3-1로 꺾은 다음에야 한숨을 돌릴 수 있었다. 셀틱은 2~4차전 3연승으로 획득한 승점 9점으로 사상 첫 챔피언스리그 토너먼트 진출에 성공하는 기쁨을 안았다.

2003/04시즌 챔피언스리그를 제패했던 포르투는 주축들의 집단 이탈 충격을 이적 수입 극대화 및 영리한 재투자로 만회해 엘리트 입지를 유지했다. G조에서 초반 경기에서 1무 1패로 부진했으나 이후 4경기를 3승 1무로 마감해 프리미어리그 강자 아스널과

함께 승점 11점 동률로 16강에 진출했다. 에리미트 스타디움에서 시즌을 맞이한 아스널은 티에리 앙리가 월드컵 탈진과 부상에 시달리면서 고생했으나 조 1위로 조별리그를 통과했다.

승점 감점 징계로 인한 순위가 하락(2위에서 3위로)한 밀란은 3차 예선부터 대회를 시작해야 했다. 주축들의 노쇠화, 월드컵 체력 저하 등이 겹치면서 카를로 안첼로티 감독은 11월 경질 위기까지 몰렸다. 다행히 챔피언스리그에서는 큰 위기 없이 한 경기를 남긴 상태에서 조 1위를 확정했다. 리그앙 3위 릴과 AEK 아테네가 치열한 2위 경쟁을 벌인 끝에 릴이 극적으로 16강에 올랐다.

▌▌**토너먼트** Tournament

조 2위 레알은 16강에서 난적 바이에른을 상대했다. 2006년 레알은 라몬 칼데론이 회장 선거에서 승리했다. 호나우두까지 1월에 밀란으로 떠나 갈락티코 시대는 공식 종료된 상태였다. 레알은 1차전에서 3-1로 앞서다가 종료 2분 전 마르크 판보멀에게 두 번째 원정 득점을 헌납하는 실수를 저질렀다. 결국 레알은 원정 2차전 1-2 패배로 인해 합산 4-4 동점에서 원정 득점에 밀려 탈락했다. 해당 경기에서 바이에른의 로이 마카이는 대회 최단 시간 득점(10초) 신기록을 세웠다. 하지만 바이에른은 8강에서 밀란에 막혔고 마가트 감독은 오트마르 히츠펠트 감독으로 교체되었다.

밀란이 결승행 길목에서 만난 상대는 맨유였다. 맨유는 16강에서 릴을 합산 2-0으로 제친 뒤에 8강에서 로마와 만났다. 원정 1차전에서 맨유는 1-2로 패했다. 승부 뒤집기는 의외로 쉬웠다. 홈 2차전에서 맨유는 11분 마이클 캐릭의 선제골로 시작해 무려 7골을 퍼부어 대회 출전 사상 첫 토너먼트 역전승을 거뒀다. 1999년 우승 멤버 중 유일한 생존자인 라이언 긱스가 4도움으로 맹활약했다. 준결승전의 프리마돈나는 단연 카카였다. 1차전은 3-2로 승리한 맨유가 아니라 카카가 만든 전설적 골 장면으로 기억된다. 상대 진영에서 혼자 수비수들을 무너트린 득점 장면은 카카 경력을 통틀어 가장 위대한 골로 통한다. 산시로 2차전에서도 카카는 선제골로 3-0 완승을 이끌어 2년 만의 결승 진출을 선물했다.

반대편 대진에서는 프리미어리그의 첼시, 아스널, 리버풀이 주연을 담당했다. 조제 모리뉴 감독의 첼시는 16강에서 친정 포르투를 영입생 셉첸코와 발락의 득점 활약으로 합산 3-2로 제치고 8강에 올랐다. 상대는 인테르와 난투극(발렌시아의 다비드 나바로가 니콜라스 부르디소의 코를 부러트렸다) 끝에 승리한 발렌시아였다. 모리뉴 감독은 8강에서도 합산 3-2 승리로 준결승에 올라 로만 아브라모비치 회장의 야망에 부응했다. 준결승전 상대는 바르셀로나와 PSV를 꺾고 올라온 리버풀이었다. 1999/2000시즌 라리가, 2002/03시즌 세리에A에 이어 프리미어리그가 역대 세 번째로 4강 3팀을 배출하면서 인기에 걸맞은 성과를 내기 시작했다.

첼시와 리버풀의 준결승전 두 경기는 경기장이 떠나갈 듯한 함성 속에서 진행되었다. 양쪽 선수들은 거칠게 부딪혔지만 서로 장단점을 확실히 파악한 데다 두 감독이 나란히 상대의 장점을 지우는 게임플랜을 들고나와 득점을 구경하긴 쉽지 않았다. 런던 1차전에서는 첼시가 조 콜의 결승골로 1-0 승리했고 리버풀 2차전에서는 수비수 다니엘 아게르이 결승골로 맞대응했다. 합산 1-1 무승부에서 연장선까지 갔지만 결국 두 팀은 승부차기의 운명을 받아들여야 했다. 2년 전 우승을 견인한 예르지 두덱으로부터 바통을 이어받은 스페인 출신 수문장 페페 레이나가 아리언 로번과 제레미의 페널티킥을 막아내 결승 진출의 일등공신이 되었다. 모리뉴 감독과 아브라모비치 회장은 후반전 텅 빈 골대 1m 앞에서 슛을 골대 위로 날린 디디에 드로그바의 실수가 두고두고 아쉬울 수밖에 없었다.

결승전 Final

밀란 2 : 1 리버풀 | 2007.05.23 | 아테네, 올림픽스타디움

2년 전 '이스탄불의 기적'을 연출했던 두 주인공이 그리스 아테네에서 재회했다. 두 클럽 모두 3차 예선을 거쳐야 했지만, 유럽에서 쌓은 내공은 결승 진출이란 결과물을 만들기에 충분했다. 밀란은 통산 우승 6회 중 5회를 기록했던 흰색 유니폼을 선택했다. 리버풀은 통산 우승 5회를 달성했던 빨간색이었다. 결승전 킥오프를 두 시간여 남기고 경기장 주변에서는 팬 소요가 발생했다. 티켓이 없거나 위조 티켓을 소지한 팬들이 입장하는 바람에 리버풀의 정식 티켓 소지자가 입장을 거부당하는 해프닝이 벌어졌기 때문이다.

카를로 안첼로티 감독이 선택한 선발진의 평균 연령은 31세 34일로 결승전 역대 최고령을 기록했다. 파올로 말디니는 38세 331일로 역대 결승전 최고령 출전자가 되었다. 이탈리아 언론은 알베르토 질라르디노의 선발 당위성을 주창했지만, 안첼로티 감독은

33세 백전노장 필리포 인자기 카드를 꺼냈다. 리버풀 선발진에는 '이스탄불의 기적' 멤버가 다섯 명 포함되었다.

경기 초반 리버풀이 전방 압박을 시도하면서 미들서드에서 수적 우위를 점해 경기를 유리하게 전개했다. 리버풀보다 밀란의 무게중심은 자기 진영 페널티박스 근처에 놓여 있었다. 리버풀 선수들은 박스 바깥에서 의도적으로 중거리슛을 시도하는 플레이가 눈에 띄었다. 밀란에서는 카카가 정해진 포지션 없이 자유롭게 이동하면서 역습 연계에 노력했다. 전반 30분대가 되면서 밀란이 리버풀의 파이널서드까지 진출하기 시작했다. 생기를 되찾은 밀란의 공격은 43분 카카의 프리킥 획득으로 이어졌다. 안드레아 피를로가 오른발로 직접 골문을 노린 킥이 쇄도하던 인자기의 몸에 맞고 굴절되어 골대 안으로 들어갔다.

62분 리버풀은 절호의 기회를 잡았다. 상대 진영에서 스티븐 제라드가 끊은 볼을 직접 몰고 들어가 골키퍼와 일대일로 맞섰다. 하지만 디다가 제라드의 슛 방향을 미리 간파한 덕분에 밀란은 위기를 모면했다. 밀란의 '역대급' 수비 조직력은 리버풀에 쉽사리 기회를 내주지 않았다. 집중력은 오히려 리버풀 쪽에서 끊겼다. 82분 위험 지역에 있는 카카에게 아무도 다가서지 않았다. 카카의 스루패스가 인자기의 발을 거쳐 다시 리버풀 골문 안으로 들어갔다. 상대의 추격 의지를 꺾는 쐐기골이었다. 결승전 2골 영웅 인자기가 교체 아웃된 1분 만에 밀란은 리버풀의 디르크 카윗에게 추격 실점을 내줬다. 경기장에 있던 모든 이가 2년 전을 떠올렸다. 아테네 여신은 다행히 밀란을 감싸 안았다. 밀란이 2년 전 악몽을 훌훌 털고 통산 일곱 번째 챔피언스리그 우승을 차지했다. 안첼로티 감독은 최근 5시즌 중 결승 진출 3회 우승 2회, 준우승 1회, 4강 1회를 각각 기록하며 밀란을 또 다른 전성기로 인도했다.

카카 Key Player

안첼로티 밀란의 '완벽남'

아테네 결승전에서 밀란은 필리포 인자기의 두 골로 2-1 승리를 거뒀다. 그런데 훗날 사람들은 이날 90분의 주인공을 카카였다고 말한다. 마블 히어로 같은 스피드와 넓은 시야, 정확한 패스 그리고 팀을 승리로 이끄는 결정력이 빛났던 카카의 시즌 피날레가 바로 아테네 결승전이었기 때문이다.

2003년 상파울루에서 이적하자마자 21세 카카는 포르투갈 플레이메이커 후이 코스타를 밀어내고 2선 중앙의 주전 자리를 꿰찼다. 첫 시즌부터 카카는 리그 10골을 포함해 45경기 14골로 만점 데뷔를 신고했다. 2006년 여름 밀란은 셉첸코의 이적과 칼치오폴리 후유증 속에서 세리에A 일정을 시작했다. 밀란은 4라운드부터 12라운드까지 9경기에서 1승 4무 4패 부진을 보이며 리그 15위까지 떨어졌다. 안첼로티 감독의 경질설이 나돌았지만 밀란은 시즌 하반기에 경기력을 회복한 덕분에 다음 시즌 챔피언스리그 출전권에 턱걸이(4위)했다. 밀란의 위기 극복 원동력은 카카의 놀라운 경기력과 챔피언스리그 맹활약이었다.

16강에서 밀란은 셀틱과 1, 2차전 모두 무득점 무승부로 인해 연장전에 들어갔다. 연장선 시작 3분 카카가 하프라인에서 상대 마크맨을 힘으로 눌러 볼을 확보했다. 그리곤 혼자 드리블해 들어가 결승골을 터트렸다. 긴 스트라이드에 빠른 스피드와 정교한 볼컨트롤을 갖춘 카카의 드리블 앞에서 수비수들은 추풍낙엽이었다. '글라이드(glide; 미끄러지듯 가다)'라는 술어가 딱 들어맞는 장면이었다.

맨유를 상대했던 준결승 두 경기는 카카의 전성기를 상징했다. 1차전에서 상대 진영에서 혼자 볼을 따낸 뒤 수비수 세 명을 순식간에 통과해 마무리한 득점은 전설로 남는다. 볼의 움직임과 상대의 반응 사이에 순간적으로 생긴 유격을 파고드는 본능, 빠른 순간 동작, 그리고 일대일 마무리 능력이 아우러진 명장면이었다. 홈으로 돌아온 2차전에서도 카카는 통렬한 선제골로 원정 2-3 패배를 홈 3-0 승리로 뒤집는 발판을 마련했다. 결승전에서 인자기의 선제골로 연결된 프리킥은 카카의 돌파에서 획득한 기회였고, 쐐기골도 카카의 정교한 스루패스에서 나왔다. 유럽 최정상 무대에서 개인 역량을 이런 수준까지 발휘했던 선수는 흔치 않다.

2009년 1월 맨체스터 시티(맨시티)는 1억 유로를 투척해 카카를 영입하려고 했다. 파격적인 제안이었지만 카카는 고민 끝에 밀란 잔류를 선택했다. 소식을 접한 밀란 팬들이 카카의 자택 앞으로 몰려가 환호했다. 하지만 그해 여름 레알 마드리드의 회장으로 복귀한 플로렌티노 페레스 회장은 갈락티코 부활의 첫 신호탄으로 카카를 6,700만 유로에 데려갔다. 2007년 카카를 마지막으로 발롱도르는 향후 10년에 걸쳐 '메날두의 전유물'이 된다.

✦ 조별리그 결과 ✦

(★16강, *유로파리그 합류)

A조	순위	팀명	전	승	무	패	득	실	득실	승점
	★1	첼시	6	4	1	1	10	4	+6	13
	★2	바르셀로나	6	3	2	1	12	4	+8	11
	3*	베르더 브레멘	6	3	1	2	7	5	+2	10
	4	레프스키 소피아	6	0	0	6	1	17	−16	0

B조	순위	팀명	전	승	무	패	득	실	득실	승점
	★1	바이에른 뮌헨	6	3	3	0	10	3	+7	12
	★2	인테르나치오날레	6	3	1	2	5	5	0	10
	3*	스파르타크 모스크바	6	1	2	3	7	11	−4	5
	4	스포르팅 CP	6	1	2	3	3	6	−3	5

C조	순위	팀명	전	승	무	패	득	실	득실	승점
	★1	리버풀	6	4	1	1	11	5	+6	13
	★2	PSV 에인트호번	6	3	1	2	6	6	0	10
	3*	보르도	6	2	1	3	6	7	−1	7
	4	갈라타사라이	6	1	1	4	7	12	−5	4

D조	순위	팀명	전	승	무	패	득	실	득실	승점
	★1	발렌시아	6	4	1	1	12	6	+6	13
	★2	로마	6	3	1	2	8	4	+4	10
	3*	샤흐타르 도네츠크	6	1	3	2	6	11	−5	6
	4	올림피아코스	6	0	3	3	6	11	−5	3

E조	순위	팀명	전	승	무	패	득	실	득실	승점
	★1	올랭피크 리옹	6	4	2	0	12	3	+9	14
	★2	레알 마드리드	6	3	2	1	14	8	+6	11
	3*	스테아우아 부쿠레슈티	6	1	2	3	7	11	−4	5
	4	디나모 키예프	6	0	2	4	5	16	−11	2

F조	순위	팀명	전	승	무	패	득	실	득실	승점
	★1	맨체스터 Utd	6	4	0	2	10	5	+5	12
	★2	셀틱	6	3	0	3	8	9	−1	9
	3*	벤피카	6	2	1	3	7	8	−1	7
	4	코펜하겐	6	2	1	3	5	8	−3	7

G조	순위	팀명	전	승	무	패	득	실	득실	승점
	★1	아스널	6	3	2	1	7	3	+4	11
	★2	포르투	6	3	2	1	9	4	+5	11
	3*	CSKA 모스크바	6	2	2	2	4	5	−1	8
	4	함부르크	6	1	0	5	7	15	−8	3

H조	순위	팀명	전	승	무	패	득	실	득실	승점
	★1	밀란	6	3	1	2	8	4	+4	10
	★2	릴 OSC	6	2	3	1	8	5	+3	9
	3*	AEK 아테네	6	2	2	2	6	9	−3	8
	4	안더레흐트	6	0	4	2	7	11	−4	4

· 토너먼트 결과 · (★ 승자)

16강

	1차전	2차전	합산	득점자
로마★	0	2	2	**1차전** — **2차전** 토티 22', 만시니 44'
올랭피크 리옹	0	0	0	**1차전** — **2차전** —

	1차전	2차전	합산	득점자
릴 OSC	0	0	0	**1차전** — **2차전** —
맨체스터 Utd★	1	1	2	**1차전** 긱스 83' **2차전** 라르손 72'

	1차전	2차전	합산	득점자
셀틱	0	0	0	**1차전** — **2차전** —
밀란★	0	1	1	**1차전** — **2차전** 카카 93'

	1차전	2차전	합산	득점자
레알 마드리드	3	1	4	**1차전** 라울 10', 28', 판니스텔로이 34' **2차전** 판니스텔로이 83'(p)
바이에른 뮌헨★	2	2	4*	**1차전** 루시우 23', 판보멀 88' **2차전** 마카이 1', 루시우 66'

*원정득점 우세

	1차전	2차전	합산	득점자
포르투	1	1	2	**1차전** 메이렐레스 12' **2차전** 콰레스마 15'
첼시★	1	2	3	**1차전** 셉첸코 16' **2차전** 로번 48', 발락 78'

	1차전	2차전	합산	득점자
인테르나치오날레	2	0	2	**1차전** 캄비아소 29', 마이콘 76' **2차전** —
발렌시아★	2	0	2*	**1차전** 비야 64', 실바 86' **2차전** —

*원정득점 우세

	1차전	2차전	합산	득점자
PSV 에인트호번★	1	1	2	**1차전** 멘데스 61' **2차전** 알렉스 83'
아스널	0	1	1	**1차전** — **2차전** 알렉스 58'(og)

	1차전	2차전	합산	득점자
바르셀로나	1	1	2	**1차전** 데쿠 14' **2차전** 구드욘센 75'
리버풀★	2	0	2*	**1차전** 벨라미 43', 리세 74' **2차전** —

*원정득점 우세

✦ 토너먼트 결과 ✦ (★ 승자)

8강

	1차전	2차전	합산	득점자
🔵 로마	2	1	3	**1차전** 타데이 44', 부치니치 67' **2차전** 데로시 69'
🔴 맨체스터 Utd★	1	7	8	**1차전** 루니 60' **2차전** 캐릭 11, 60', 스미스 17', 루니 19', 호날두 44', 49', 에브라 81'

	1차전	2차전	합산	득점자
🔴 밀란★	2	2	4	**1차전** 피를로 40', 카카 p84' **2차전** 시도르프 27', 인자기 31'
🔴 바이에른 뮌헨	2	0	2	**1차전** 반부이텐 78', 90'+3 **2차전** —

	1차전	2차전	합산	득점자
🔵 첼시★	1	2	3	**1차전** 드로그바 53' **2차전** 셉첸코 52', 에시엔 90'
⚪ 발렌시아	1	1	2	**1차전** 실바 30' **2차전** 모리엔테스 32'

	1차전	2차전	합산	득점자
🔵 PSV 에인트호번	0	0	0	**1차전** — **2차전** —
🔴 리버풀★	3	1	4	**1차전** 제라드 27', 리세 49', 크라우치 63' **2차전** 크라우치 67'

준결승

	1차전	2차전	합산	득점자
🔴 맨체스터 Utd	3	0	3	**1차전** 호날두 5', 루니 59', 90'+1 **2차전** —
🔴 밀란★	2	3	5	**1차전** 카카 22', 37' **2차전** 카카 11', 시도르프 30', 질라르디노 78'

	1차전	2차전	합산	득점자
🔵 첼시	1	0	1(p1)	**1차전** J.콜 29' **2차전** —
🔴 리버풀★	0	1	1(p4)	**1차전** — **2차전** 아게르 22'

· 결승전 ·

밀란

2 : 1

2007.05.23. 아테네
올림픽스타디움 (63,000명)

리버풀

득점

인자기 45', 82'	카위트 89'

카를로 안첼로티	**4-4-1-1**	라파엘 베니테스	**4-2-3-1**

벤치

칼라치(GK), 카푸, 세르지뉴, 브로키	두덱(GK), 히피아, 곤살레스, 벨라미

경고/퇴장

가투소 40', 안쿨로프스키 54' / −	마스체라노 58', 캐러거 60' / −

주부심: 헤르베르트 판델(GER), 카르스텐 카다흐(GER), 폴커 베젤(GER)
대기심: 플로리안 메예르(GER)

• 득점순위 •

득점	이름		클럽명	
10골	카카	(BRA)	밀란	(ITA)
6골	피터 크라우치	(ENG)	리버풀	(ENG)
	뤼트 판니스텔로이	(NED)	레알 마드리드	(ESP)
	페르난도 모리엔테스	(ESP)	발렌시아	(ESP)
	디디에 드로그바	(CIV)	첼시	(ENG)
5골	라울	(ESP)	레알 마드리드	(ESP)
4골	니콜라에 디카	(ROM)	스테아우아 부쿠레슈티	(ROM)
	루이 사하	(FRA)	맨체스터 Utd	(ENG)
	클라우디오 피사로	(PER)	바이에른 뮌헨	(GER)
	필리포 인자기	(ITA)	밀란	(ITA)
	다비드 비야	(ESP)	발렌시아	(ESP)
	프란체스코 토티	(ITA)	로마	(ITA)
	웨인 루니	(ENG)	맨체스터 Utd	(ENG)

• 팀 오브 토너먼트 •

골키퍼

디다(BRA)	밀란(ITA)
페트르 체흐(CZE)	첼시(ENG)
페페 레이나(ESP)	리버풀(ENG)

수비수

존 테리(ENG)	첼시(ENG)
히카르두 카르발류(POR)	첼시(ENG)
제이미 캐러거(ENG)	리버풀(ENG)
알레산드로 네스타(ITA)	밀란(ITA)
네마냐 비디치(SRB)	맨체스터 Utd(ENG)
파올로 말디니(ITA)	밀란(ITA)

미드필더

폴 스콜스(ENG)	맨체스터 Utd(ENG)
클라렌스 시도르프(NED)	밀란(ITA)
스티븐 제라드(ENG)	리버풀(ENG)
젠나로 가투소(ITA)	밀란(ITA)
프랭크 램파드(ENG)	첼시(ENG)
안드레아 피를로(ITA)	밀란(ITA)

공격수

프란체스코 토티(ITA)	로마(ITA)
웨인 루니(ENG)	맨체스터 Utd(ENG)
카카(BRA)	밀란(ITA)
크리스티아누 호날두(POR)	맨체스터 Utd(ENG)
다비드 비야(ESP)	발렌시아(ESP)
디디에 드로그바(CIV)	첼시(ENG)

파올로 말디니

말디니가 밀란이고 밀란이 말디니다

체사레와 파올로. 말디니 부자는 밀란에서 세리에A 우승 11회, 챔피언스리그 우승 6회를 기록했다. 두 사람은 40년 터울로 밀란 주장으로서 챔피언스리그 우승 트로피를 들어 올렸고 이탈리아 국가대표팀에서 감독과 선수로 함께 뛰었다. 밀란의 역사는 말디니 가문의 역사와 겹친다.

부친 체사레가 이탈리아 국가대표팀 수석코치였던 1984/85시즌, 아들 파올로는 16세 나이로 밀란 1군에 데뷔했다. 우디네세전 도중 다친 주전 수비수 세르지오 바티스티니를 대신해 들어간 것이다. 해당 시즌 유일한 출전으로 남았지만 17세가 되는 다음 시즌 주전으로 도약하기에 아무런 방해가 되지 않았다. 1997년 실비오 베를루스코니 회장은 파르마에서 아리고 사키 감독을 영입했다. 사키 감독은 콤팩트 압박 4-4-2 전술 혁명을 일으켜 유러피언컵 2연패를 달성했다. 상대 공격을 쥐어짠 당시 밀란 수비진은 프랑코 바레시, 알레산드로 코스타쿠르타, 마우로 타소티 그리고 파올로 말디니였다. 사키 감독은 타소티를 라이트백으로 기용하기 위해서 오른발잡이 말디니를 레프트백으로 옮겼다. 왼발도 잘 썼던 말디니는 새 포지션에서도 절정의 기량을 선보여 아예 정착해버렸다. 지금도 말디니를 왼발잡이로 착각하는 팬들이 많은 이유다.

파비오 카펠로 감독으로 넘어간 밀란에서 말디니는 1993/94시즌 요한 크루이프의 드림팀을 4-0으로 격파하고 개인 통산 세 번째 우승을 차지했다. 90년대 말부터 2000년대 초반에 걸친 침체기를 거친 뒤 말디니와 안첼로티 감독은 마지막 황금시대를 구가했다. 2003년부터 2007년까지 결승전에만 세 번 올라 두 차례 우승을 차지했다. 2003년 맨체스터에서 말디니는 주장으로 빅이어를 들어 올림으로써 40년 전 런던에서 벤피카를 꺾고 우승컵을 받아든 부친 체사레의 영광을 재현했다.

말디니는 "태클을 들어가야 할 때는 이미 내가 실수를 저질렀다는 뜻이다"라는 명언을 남겼다. 스피드가 떨어져 센터백으로 전환한 말년에도 말디니는 태클 없이 상대를 꼼짝 못 하게 만드는 마크로 명성을 떨쳤다. 경기를 읽는 눈, 상대 움직임을 예측하는 경험, 미래를 내다보는 듯한 위치선정은 말디니가 41세까지 25시즌이나 롱런할 수 있었던 비결이었다. 이탈리아 동료 로베르토 바조는 "말디니 같은 선수를 한 명 만들려면 최소한 15명을 한데 합쳐야 한다"라며 극찬하기도 했다.

말디니는 1989년 첫 우승부터 2007년 마지막 우승까지 18년에 걸쳐 챔피언스리그 우승 5회를 차지하는 대기록을 작성했다. 대회 5회 우승은 1950년대 레알 마드리드에서만 여섯 번 우승한 파코 헨토에 이은 역대 두 번째 기록이다. 밀란에서만 25시즌을 뛰면서 세운 세리에A 아웃필더 역대 최다 출전 기록(647경기)과 밀란 역대 최다 출전 기록(902경기)도 사실상 불멸에 가깝다. 이 정도 업적이라면 월드컵(4회 출전)과 유로(3회 출전)에서 우승하지 못했다고 해서 딱히 아쉬울 것 같지 않다.

★★★

2007 / 08 시즌

프리미어리그,
유럽을 접수하다

⚽ **키워드** ⚽

#맨유 #첼시 #알렉스퍼거슨 #호날두 #프리미어리그

백그라운드 Background

2000년대 중반부터 잉글리시 프리미어리그는 막대한 TV 중계권 수입에 힘입어 세계 최고 인기 리그로 우뚝 섰다. 2006/07시즌 기준 전 세계 축구 클럽 매출 10위 중 프리미어리그의 빅4(맨유, 첼시, 아스널, 리버풀)가 모두 진입한 것은 물론 챔피언스리그에 출전하지도 않는 토트넘 홋스퍼(11위)와 뉴캐슬 유나이티드(14위)까지 20위권에 이름을 올릴 정도로 축구 시장을 선도했다. 늘어나는 수입 덕분에 프리미어리그는 이적시장에서 우수 자원을 쓸어 담아 유럽축구연맹(UEFA) 주최 대회에서 꾸준히 실적을 낼 수 있었고, 그 결과 2008년 UEFA 랭킹에서 부동의 1위였던 스페인을 밀어내고 1위에 등극했다. 금상첨화로 전 세계 슈퍼리치가 앞다투어 프리미어리그의 인기 클럽에 투자하기 시작했다. 2003년 러시아 갑부 로만 아브라모비치의 첼시 인수를 시작으로 맨유(미국 글레이저 가문), 리버풀(미국 톰 힉스와 조지 질레트 이후 존 W. 헨리), 아스널(미국 스탄 크롱키), 맨체스터 시티(태국 탁신 친나왓 이후 UAE 셰이크 만수르)가 투자 유치에 성공함으로써 강세를 이어갔다. 이탈리아 세리에A의 호황기는 이미 막을 내렸고 독일 분데스리가에서는 바이에른 뮌헨 홀로 싸우는 형국이었다.

라리가는 시즌 개막전에서 비극이 일어났다. 8월 25일 헤타페전 도중 풀백 안토니오 푸에르타가 심장마비로 쓰러져 병원으로 긴급 후송되었으나 사흘 뒤 세상을 떠났다. 푸에르타는 2006년과 2007년 UEFA컵 결승전에 출전해 대회 2연패 역사에 일조했던 선수였다. 2007/08시즌 챔피언스리그에 클럽 역사상 처음 출전해 AEK 아테네와 3차 예선 2차전(8월 29일)을 목전에 앞둔 시점이었기 때문에 UEFA는 해당 경기를 9월 3일로 연기했다. 2차전에서 세비야는 4-1로 이겨 합산 6-1 승리로 조별리그 진출에 성공함으로써 먼저 떠난 푸에르타의 영혼을 달랬다. 세비야는 푸에르타의 등번호 16번을 영구 결번하려고 했지만, 스페인축구협회가 규정에 어긋난다는 이유로 반대했다. 세비야는 16번을 1군에서 사용하지 않다가 10년 후 맨시티에서 복귀한 푸에르타의 친구 헤수스 나바스에게 부여했다.

조별리그 Group Stage

대회 신입생 세비야는 H조에서 파란을 일으켰다. 첫 경기였던 아스널 원정에서 0-3으로 패했으나 첫 홈경기(2차전)에서 슬라비아 프라하를 프레데릭 카누테, 루이스 파비아노 등의 득점 활약을 앞세워 4-2로 승리했다. 3차전 승리 후 후안데 라모스 감독이 토트넘으로 갑자기 떠났지만, 후임 마누엘 히메네스 감독 아래서 조별리그 5연승을 달성하며 강호 아스널을 밀어내고 당당히 조 1위로 16강에 올랐다.

전년도 준우승팀인 리버풀은 A조에서 불안한 출발을 끊었다. 포르투 원정에서 1-1로 비긴 뒤 마르세유와 베식타쉬에 2연패를 당해 첫 3경기에서 승점 1점에 그쳤다. 같은 조의 마르세유는 초반 3경기에서 2승 1무를 마크하며 선두로 치고 나갔다. 리버풀의 3경기 2골 빈공은 홈에서 맞이한 4차전에서 극적 반전을 이뤘다. 베식타쉬를 상대로 요시 베나윤의 해트트릭을 앞세워 무려 8골을 퍼부어 기록적 8-0 대승을 장식했다. 리버풀은 남은 두 경기에서도 2연속 4득점 기록을 이어가 포르투에 이어 2위로 16강행 티켓을 땄다. 마르세유는 잔여 3경기에서 모두 패해 조 3위로 UEFA컵으로 이동했다.

첼시는 B조 1위로 16강에 올랐다. 내용은 순탄하지 않았다. 아브라비치 회장과 조제 모리뉴 감독의 관계가 1년 전 안드리 셉첸코의 영입을 놓고 틀어지기 시작했다. 지난 시즌 자국 리그에서도 맨유에 6점 뒤져 리그 3연패에 실패했고 여름 커뮤니티실드에서도 맨유에 승부차기로 패한 채 시즌을 시작했다. 모리뉴 감독은 애스턴 빌라 원정에서 패하고 홈에서 약체 블랙번과 무득점 무승부, 이어진 챔피언스리그 A조 첫 경기에서마저 1-1로 비겼다. 약체들을 상대로 거둔 3경기 연속 무승은 로젠보리전 처참한 관중 수(24,973명)의 충격과 뒤섞였다. 결국, 첼시는 이틀 뒤 모리뉴 감독을 경질하고 디렉터 오브 풋볼이었던 이스라엘 출신 아브람 그랜트를 감독 자리에 앉혔다. 활화산처럼 타올랐던 첼시와 모리뉴 감독의 동행은 세 번째 시즌 초반에 어이없는 파국을 맞이했다. 발렌시아와 로젠보리도 조별리그 기간 중에만 각각 감독을 두 번이나 교체해 B조는 그야말로 감독들의 무덤이 되었다. 한편 샬케는 승점 8점으로 조 2위를 차지해 최소 승점 토너먼트 진출 신기록을 작성했다. 샬케의 2승 제물은 모두 로젠보리였다.

D조에서는 디펜딩챔피언 밀란이 무난히 1위로 통과했고 셀틱이 홈 3승, 원정 3패란 극단적 경기력으로 2위에 턱걸이했다. 2006/07시즌 리빌딩에 성공한 맨유는 크리스티아누 호날두와 웨인 루니의 파괴력 넘치는 공격을 앞세워 F조에서 독주했고 지난 시즌

8강에서 맨유에 1-7 대패 치욕을 당했던 로마가 뒤를 따라 16강 진출에 성공했다. 레알 마드리드와 바르셀로나, 인테르도 각 조를 1위로 통과해 16강 시드 배정에 성공했다.

토너먼트 Tournament

샬케는 조별리그 6경기 5득점으로 토너먼트에 올랐다. 22세 슈퍼골키퍼 마누엘 노이어의 '미친 선방' 덕분이었다. 16강전에서도 노이어는 포르투의 맹공을 1실점으로 억눌렀고 합산 1-1 동점에서 돌입한 승부차기에서도 페널티킥 2개를 막아 8강행을 견인했다. 샬케와 함께 돌풍을 일으킨 다크호스는 터키의 페네르바체였다. 브라질 레전드 지쿠 감독과 호베르투 카를루스 등 브라질 축구 수혈로 페네르바체는 8강까지 치고 나갔다. 16강 세비야전에서 페네르바체는 2차전 패배 일보 직전 터진 브라질 출신 공격수 데이비드의 합산 5-5 동점골로 기사회생해 승부차기로 8강의 기쁨을 안았다.

단계가 올라갈수록 토너먼트에서도 프리미어리그가 맹위를 떨쳤다. 아스널이 16강에서 디펜딩챔피언 밀란을 꺾었다. 맨유는 올랭피크 리옹을, 첼시는 올림피아코스를, 리버풀은 인테르를 각각 제쳐 프리미어리그 클럽이 8강의 절반을 차지했다. 8강에서 맨유는 2시즌 연속 로마와 만나 합산 3-0 승리로 준결승전에 당도했다. 첼시도 단단한 경기력으로 페네르바체 돌풍을 합산 3-2로 잠재워 4강에 합류했다. 8강에서 성사된 프리미어리그 맞대결에선 리버풀이 아스널을 합산 5-3으로 따돌렸다. 아스널은 세스크 파브레가스, 로빈 판페르시, 엠마누엘 아데바요르 등 젊은 팀으로 거듭났지만 단판 승부 집중력에서 리버풀에 미치지 못했다. 맨유, 첼시, 리버풀이 세 자리를 가져간 뒤 남은 한 자리는 셀틱과 샬케를 꺾고 올라온 바르셀로나에 돌아갔다. 이로써 프리미어리그는 2시즌 연속 4강 3개 팀 진출이란 독보적 강세를 유지했다.

리버풀과 첼시는 또 준결승전에서 만났다. 챔피언스리그에서만 4시즌 연속 맞대결 악연이었다. 앞선 토너먼트 두 차례 맞대결 승자는 리버풀이었다. 안필드 1차전에서 리버풀은 디르크 카위트의 선제골로 1-0 리드 상태에서 후반 추가시간에 들어갔다. 하지만 추가시간 종료 직전 욘 아르네 리세가 자책골을 내주고 말았다. 2차전에서도 두 팀은 1-1로 승부를 가리지 못해 연장전에 들어갔다. 원투펀치 프랭크 램파드와 디디에 드로그바가 연장전에서만 두 골을 터트린 첼시가 리버풀 징크스를 끝내며 사상 첫 챔피언스리그 결승 진출에 성공했다.

1년 전 밀란의 벽을 넘지 못했던 맨유의 알렉스 퍼거슨 감독은 안정적 경기 운영으로 결승 진출을 만드는 완숙미를 선보였다. 리오 퍼디낸드와 네마냐 비디치의 '역대급' 센터백 조합이 누캄프 1차전을 무실점 무승부로 막았다. 올드 트래퍼드로 돌아온 맨유는 폴 스콜스의 통렬한 중거리포 한 방으로 1-0 승리해 1999년 이후 9년 만에 챔피언스리그의 가장 높은 무대에 오를 수 있었다. 2007년 12월 장기 부상에서 복귀한 맨유의 박지성은 8강 로마전과 4강 바르셀로나전에서 4경기 연속 풀타임 출전으로 '빅매치 플레이어'라는 호평을 받았다.

결승전 Final

맨체스터 Utd 1 : 1 (p. 6 : 5) 첼시 | 2008.05.21 | 모스크바, 루츠니키스타디움

챔피언스리그 결승전이 역사상 최초로 러시아까지 날아갔다. 중앙 유럽 표준시에 맞춰 2008년 결승전은 모스크바 현지 기준 밤 10시 45분에 킥오프가 되었다. 2000년 레알 vs 발렌시아, 2003년 밀란 vs 유벤투스에 이어 역사상 세 번째 동일 국가 맞대결 결승전이었다. 맨유는 1958년 뮌헨 공항 참사 50주기, 1968년 첫 우승 40주년이란 역사적 배경에서 동기부여를 얻었다. 결승 진출은 처음인 첼시도 대회의 역사에 한 챕터를 장식할 기회가 있었다.

퍼거슨 감독은 결승전을 앞두고 큰 결정을 내렸다. 8강과 4강에서 제 몫을 해줬던 박지성을 18인 엔트리에서 제외하고 오언 하그리브스를 선발 기용한 것이다. 루니와 카를로스 테베스가 투톱, 하그리브스와 호날두가 양쪽 날개를 맡았고, 1999년 결승전에서 경고 누적 결장했던 스콜스가 마이클 캐릭과 중앙 미드필더를 꾸미는 4-4-2 포메이션이었다. 결승전 전까지 시즌 41골로 폭주 중인 호날두는 왼쪽 측면에서 마이클 에시엔을 연달아 무너트리며 기회를 만들었다. 4-5-1 포메이션을 유지한 첼시는 수적 우위를 점하는 중앙에 힘을 기울였다. 시작 20분 만에 스콜스가 볼 다툼 과정에서 피를 흘릴 정도로 양쪽은 거칠게 부딪혔다. 26분 오른 측면에서 웨스 브라운이 보낸 크로스를 호날두가 먼 거리에서 머리로 정확히 돌려 선제골을 터트렸다. 라이벌전답게 첼시도 순순히 물러설 생각이 없었다. 전반 종료 직전 오른쪽 하프스페이스에서 에시엔이 때린 슛이

문전에서 굴절되었고, 램파드가 이를 밀어 넣어 동점으로 따라붙었다. 램파드는 하늘을 가리키며 한 달 전 세상을 떠난 모친을 추모했다.

후반전이 진행될수록 경기 스피드가 현저히 떨어졌다. 75분이 지날 즈음 퍼거슨 감독은 루니를 오른쪽으로, 하그리브스를 중앙으로 이동해 4-5-1 시스템으로 전환해 안정적 운영을 도모했다. 첼시는 76분 드로그바의 기습 슛이 골대를 맞고 나오는 불운을 겪었다. 경기 내내 퍼디낸드와 비디치와 거친 몸싸움을 반복했던 드로그바는 연장 막판 화를 참지 못하고 비디치의 얼굴에 손을 대 퇴장당했다.

새벽 1시가 넘어간 연장전도 득점 없이 끝나 굵은 빗줄기 속에서 두 팀은 승부차기에 나서야 했다. 2007/08시즌 첫 공식전이었던 커뮤니티실드에서도 맨유는 승부차기로 첼시를 꺾은 바 있었다. 맨유의 3번 키커 호날두가 페트르 체흐에게 막혔다. 승부차기 4-4 상황에서 5번 키커 존 테리가 넣으면 첼시가 우승할 수 있었다. 폭우로 젖은 잔디에 디딤발이 미끄러지는 바람에 테리의 킥이 골대 밖으로 벗어나고 말았다. 맨유 수문장 에드빈 판데르사르가 첼시 7번 키커 니콜라스 아넬카를 막는 순간 잔인한 운명은 막을 내렸다. 맨유는 2007/08시즌의 시작과 끝을 모두 첼시전 승부차기 승리로 기록하는 우연을 만들며 통산 세 번째 유럽 챔피언 메달을 목에 걸었다.

크리스티아누 호날두 Key Player
호나우두가 호날두로 바뀌었다

호날두의 부친은 네 자녀 중 막내아들의 이름을 'Ronaldo'로 정했다. 로널드 레이건 전 미국 대통령이 밑바닥에서 백악관 주인이 되기까지 거쳤던 인생역정을 존경했기 때문이다. 스포르팅의 18세 윙어로 자란 아들이 맨유로 이적했던 2003년의 축구 세상에서 그 이름은 '호나우두'로 통용되었다. 브라질 '일페노메노'가 이름의 주인이었다. 세월이 흘러 포르투갈의 'Ronaldo'가 발롱도르 5회 수상 역사를 쓴 지금, 우리는 그 이름을 '호날두'라 부른다. 'Ronaldo'가 호날두로 바뀐 출발점이 바로 2007/08시즌이었다.

맨유 입단 4년째였던 2006/07시즌 호날두는 리그 17골을 포함해 총 23골을 기록하며 프리미어리그 올해의 선수로 선정되었다. 2007년 발롱도르 투표에서도 호날두는 카카에 이어 2위를 기록했다. 첼시의 램파드와 리버풀의 제라드도 시즌 20골 이상을 기록했기 때문에 호날두 역시 '골 많이 넣는 미드필더'로 분류되었다. 2007/08시즌 들어 호날두는 리그 31골, 시즌 42골로 자신을 구분하던 포지션 개념을 지워버렸다. 호날두는 88.6분당 1골을 기록했고 도움까지 합친 공격포인트 주기는 83.1분으로 줄어든다. 매 경기 득점 또는 도움을 기록했다는 뜻이다.

챔피언스리그 첫 골은 1년 전 로마를 상대했던 8강 2차전에서 나왔다. 이날 호날두는 2골을 넣어 팀의 7-1 대승을 견인했다. 2007/08시즌에서는 첫 경기부터 득점포를 가동했다. F조 1차전에서 호날두는 친정 스포르팅을 상대로 다이빙 헤더 결승골을 터트려 챔피언스리그 시즌 첫 골을 신고했다. 디나모 키예프를 상대로 2경기에서 3골, 홈에서 치러진 5차전에서 호날두는 스포르팅을 상대로 1골 1도움을 각각 올렸다. 리용과의 16강 2차전에서 호날두는 합산 2-1을 만드는 결승골을 넣어 8강행을 견인했다. 로마와의 8강 1차전에서 또 1골로 기록한 호날두는 모스크바 결승전에서 본인의 챔피언스리그 8호 골이자 시즌 42호 골을 기록했다. 비록 준결승전의 페널티킥 실축과 결승전 승부차기 실수가 있긴 했지만, 2007/08시즌 호날두가 군계일학이라는 평가에는 아무도 이견을 달 수 없었다.

호날두의 득점력 대폭발 뒤에는 맨유의 투톱 스트라이커 루니와 테베스의 협력이 크게 작용했다. 2007/08시즌 맨유의 공격 3인방은 79골 29도움을 합작해 팀 득점의 71.8%를 책임졌다. 챔피언스리그에서도 조별리그 6경기의 팀 득점 13골 중 10골, 토너먼트의 팀 득점 7골 중 6골이 호날두, 루니, 테베스의 실적이었다. 물론 모든 찬사는 호날두에게 쏟아졌다. 2007/08시즌 종료 후 호날두는 프리미어리그 올해의 선수(2연속 수상), FIFA 올해의 선수, 그리고 생애 처음 발롱도르를 차지했다. 2008년을 기점으로 호날두는 'Ronaldo'라는 이름의 새로운 주인이 되었고, 알다시피 모든 영광은 이제 막 시작되었을 뿐이었다.

• 조별리그 결과 •

(★ 16강, *유로파리그 합류)

A조	순위	팀명	전	승	무	패	득	실	득실	승점
	★1	포르투	6	3	2	1	8	7	+1	11
	★2	리버풀	6	3	1	2	18	5	+13	10
	3*	마르세유	6	2	1	3	6	9	−3	7
	4	베식타쉬	6	2	0	4	4	15	−11	6

B조	순위	팀명	전	승	무	패	득	실	득실	승점
	★1	첼시	6	3	3	0	9	2	+7	12
	★2	샬케 04	6	2	2	2	5	4	+1	8
	3*	로젠보리	6	2	1	3	6	10	−4	7
	4	발렌시아	6	1	2	3	2	6	−4	5

C조	순위	팀명	전	승	무	패	득	실	득실	승점
	★1	레알 마드리드	6	3	2	1	13	9	+4	11
	★2	올림피아코스	6	3	2	1	11	7	+4	11
	3*	베르더 브레멘	6	2	0	4	8	13	−5	6
	4	라치오	6	1	2	3	8	11	−3	5

D조	순위	팀명	전	승	무	패	득	실	득실	승점
	★1	밀란	6	4	1	1	12	5	+7	13
	★2	셀틱	6	3	0	3	5	6	−1	9
	3*	벤피카	6	2	1	3	5	6	−1	7
	4	샤흐타르 도네츠크	6	2	0	4	6	11	−5	6

E조	순위	팀명	전	승	무	패	득	실	득실	승점
	★1	바르셀로나	6	4	2	0	12	3	+9	14
	★2	올랭피크 리옹	6	3	1	2	11	10	+1	10
	3*	레인저스	6	2	1	3	7	9	−2	7
	4	슈투트가르트	6	1	0	5	7	15	−8	3

F조	순위	팀명	전	승	무	패	득	실	득실	승점
	★1	맨체스터 Utd	6	5	1	0	13	4	+9	16
	★2	로마	6	3	2	1	11	6	+5	11
	3*	스포르팅 CP	6	2	1	3	9	8	+1	7
	4	디나모 키예프	6	0	0	6	4	19	−15	0

G조	순위	팀명	전	승	무	패	득	실	득실	승점
	★1	인테르나치오날레	6	5	0	1	12	4	+8	15
	★2	페네르바체	6	3	2	1	8	6	+2	11
	3*	PSV 에인트호번	6	2	1	3	3	6	−3	7
	4	CSKA 모스크바	6	0	1	5	7	14	−7	1

H조	순위	팀명	전	승	무	패	득	실	득실	승점
	★1	세비야	6	5	0	1	14	7	+7	15
	★2	아스널	6	4	1	1	14	4	+10	13
	3*	슬라비아 프라하	6	1	2	3	5	16	−11	5
	4	스테아우아 부쿠레슈티	6	0	1	5	4	10	−6	1

· 토너먼트 결과 · (★ 승자)

16강

	1차전	2차전	합산	득점자
샬케 04★	1	0	1(p4)	**1차전** 쿠라니 4' **2차전** —
포르투	0	1	1(p1)	**1차전** — **2차전** 로페스 86'

	1차전	2차전	합산	득점자
셀틱	2	0	2	**1차전** 하셀링크 16', 롭슨 38' **2차전** —
바르셀로나★	3	1	4	**1차전** 메시 18', 79', 앙리 52' **2차전** 차비 3'

	1차전	2차전	합산	득점자
로마★	2	2	4	**1차전** 피사로 24', 만시니 58' **2차전** 타데이 73', 부치니치 90'+2
레알 마드리드	1	1	2	**1차전** 라울 8' **2차전** 라울 75'

	1차전	2차전	합산	득점자
올랭피크 리옹	1	0	1	**1차전** 벤제마 54' **2차전** —
맨체스터 Utd★	1	1	2	**1차전** 테베스 87' **2차전** 호날두 41'

	1차전	2차전	합산	득점자
아스널★	0	2	2	**1차전** — **2차전** 파브레가스 84', 아데바요르 90'+2
밀란	0	0	0	**1차전** — **2차전** —

	1차전	2차전	합산	득점자
리버풀★	2	1	3	**1차전** 카윗트 85', 제라드 90' **2차전** 토레스 64'
인테르나치오날레	0	0	0	**1차전** — **2차전** —

	1차전	2차전	합산	득점자
페네르바체★	3	2	5(p3)	**1차전** 케즈만 17', 루가노 57', 세미흐 87' **2차전** 데이비드 21', 80'
세비야	2	3	5(p2)	**1차전** 에두 23'(og), 에스쿠데 66' **2차전** 다니 아우베스 6'. 케이타 9' 카누테 41'

	1차전	2차전	합산	득점자
올림피아코스	0	0	0	**1차전** — **2차전** —
첼시★	0	3	3	**1차전** — **2차전** 발락 5', 램파드 25', 칼루 48'

· 토너먼트 결과 · （★ 승자）

8강

	1차전	2차전	합산	득점자
샬케 04	0	0	0	**1차전** — **2차전** —
바르셀로나★	1	1	2	**1차전** 보얀 12' **2차전** 투레 42'

	1차전	2차전	합산	득점자
로마	0	0	0	**1차전** — **2차전** —
맨체스터 Utd ★	2	1	3	**1차전** 호날두 39', 루니 66' **2차전** 테베스 70'

	1차전	2차전	합산	득점자
아스널	1	2	3	**1차전** 아데바요르 23' **2차전** 디아비 13', 아데바요르 84'
리버풀 ★	1	4	5	**1차전** 카위트 26' **2차전** 히피아 30', 토레스 69', 제라드 85'(p), 바벨 90'+2

	1차전	2차전	합산	득점자
페네르바체	2	0	2	**1차전** 카짐-리차즈 65', 데이비드 81' **2차전** —
첼시 ★	1	2	3	**1차전** 데이비드 13'(og) **2차전** 발락 4', 램파드 87'

준결승

	1차전	2차전	합산	득점자
바르셀로나	0	0	0	**1차전** — **2차전** —
맨체스터 Utd ★	0	1	1	**1차전** — **2차전** 스콜스 14'

	1차전	2차전	합산	득점자
리버풀	1	2	3	**1차전** 카위트 43' **2차전** 토레스 64', 바벨 117'
첼시 ★	1	3	4	**1차전** 리세 90'+4(og) **2차전** 드로그바 33', 105', 램파드 98'(p)

결승전

6:5 p

1 : 1

2008.05.21. 모스크바,
루즈니키스타디움 (67,310명)

맨체스터 Utd

첼시

득점

호날두 26'	램파드 45'

승부차기

테베스	○ ○ ○ ○ ○ ●	1-1	● ○ ○ ○ ○ ○	발락
캐릭	○ ○ ○ ○ ● ●	2-2	● ● ○ ○ ○ ○	벨레티
호날두	○ ○ ○ ○ ● ●	2-3	● ● ● ○ ○ ○	램파드
하그리브스	○ ○ ● ● ● ●	3-4	● ● ● ● ○ ○	A.콜
나니	○ ○ ● ● ● ●	4-4	● ● ● ● ○ ○	테리
안데르송	○ ● ● ● ● ●	5-5	● ● ● ● ● ○	칼루
긱스	● ● ● ● ● ●	6-5	● ● ● ● ● ○	아넬카

알렉스 퍼거슨 | **4-4-2**

아브람 그랜트 | **4-5-1**

벤치

쿠스차크(GK), 오셰이, 실베스트르, 플레처	쿠디치니(GK), 알렉스, 미켈, 셉첸코

경고/퇴장

스콜스 21', 퍼디낸드 43', 비디치 111', 테베스 116' / –	마켈레레 21', 카르발류 45'+2, 발락 116', 에시엔 118' / 드로그바 116'

주부심: 루보스 미셸(SVK), 로만 슬리스코(SVK), 마르틴 발코(SVK)
대기심: 블라디미르 흐리냐크(SVK)

· 득점순위 ·

득점	이름		클럽명	
8골	크리스티아누 호날두	(POR)	맨체스터 Utd	(ENG)
6골	리오넬 메시	(ARG)	바르셀로나	(ESP)
	페르난도 토레스	(ESP)	리버풀	(ENG)
	디디에 드로그바	(CIV)	첼시	(ENG)
	스티븐 제라드	(ENG)	리버풀	(ENG)
5골	라이언 바벨	(NED)	리버풀	(ENG)
	즐라탄 이브라히모비치	(SWE)	인테르나치오날레	(ITA)
	프레데릭 카누테	(MLI)	세비야	(ESP)
	라울	(ESP)	레알 마드리드	(ESP)
	데이비드	(BRA)	페네르바체	(TUR)
	디르크 카위트	(NED)	리버풀	(ENG)

· 팀 오브 토너먼트 ·

골키퍼

에드빈 판데르사르(NED)	맨체스터 Utd(ENG)
페트르 체흐(CZE)	첼시(ENG)
마누엘 노이어(GER)	샬케 04(GER)

수비수

네마냐 비디치(SRB)	맨체스터 Utd(ENG)
존 테리(ENG)	첼시(ENG)
리오 퍼디낸드(ENG)	맨체스터 Utd(ENG)
카를라스 푸욜(ESP)	바르셀로나(ESP)
필리페 멕세스(FRA)	로마(ITA)
제이미 캐러거(ENG)	리버풀(ENG)

미드필더

스티븐 제라드(ENG)	리버풀(ENG)
마이클 에시엔(GHA)	첼시(ENG)
세스크 파브레가스(ESP)	아스널(ENG)
알렉스(BRA)	페네르바체(TUR)
폴 스콜스(ENG)	맨체스터 Utd(ENG)
프랭크 램파드(ENG)	첼시(ENG)

공격수

크리스티아누 호날두(POR)	맨체스터 Utd(ENG)
디디에 드로그바(CIV)	첼시(ENG)
리오넬 메시(ARG)	바르셀로나(ESP)
엠마누엘 아데바요르(TOG)	아스널(ENG)
페르난도 토레스(ESP)	리버풀(ENG)
웨인 루니(ENG)	맨체스터 Utd(ENG)

알렉스 퍼거슨

판단의 대가

축구 감독으로 성공하는 비결은 무엇일까? 퍼거슨 감독은 "선수 선택, 의사결정, 선수를 다루는 능력, 그리고 운"이라 말한다. 퍼거슨 감독의 철학은 효과적 코칭, 선수단 체력을 극대화하는 과학적 접근법, 치밀한 상대 분석과 탁월한 전술 구사 같은 축구적 요소들보다 훌륭한 리더라는 일반론에 가깝다. 결국 축구도 사람이 하는 일이란 소리다.

퍼거슨 감독의 '맨유 제국'은 두 차례 활황기를 만들었다. 잉글랜드 국가대표와 아카데미 황금세대를 묶어 자국 리그를 독점하고 1998/99시즌 트레블 달성에 빛났던 1990년대 중반부터 2000년대 초까지, 그리고 호날두, 루니, 퍼디낸드, 비디치, 마이클 캐릭 등을 중심으로 챔피언스리그 결승전 진출 3회(우승 1회)를 일궜던 2000년대 중반부터 2010년대 초까지다. 퍼거슨 감독이 역사상 최고 감독이란 평가를 받는 결정적 이유는 바로 첫 번째 전성기가 끝난 뒤 숨 고르기를 거쳐 두 번째 전성기를 만들었다는 점이다. 국내 팬의 시선으로 보자면 박지성이 맨유에 입단했던 2005/06시즌은 퍼거슨 감독에게 절체절명의 위기였다. 아스널의 무패 우승에 밀렸고, 조제 모리뉴 감독의 첼시에 주도권을 빼앗겼기 때문이다. 첼시가 우수 자원을 싹쓸이하는 바람에 맨유는 선수 수급에도 큰 곤란을 겪고 있었다. 위기를 돌파하기 위한 퍼거슨 감독의 선택이 바로 박지성, 호날두, 루니 같은 미완의 대기들을 중심으로 한 팀리빌딩이었다. 결과적으로 이런 의사결정은 클럽 역사상 가장 빛나는 시절을 만들었다.

2007/08시즌 챔피언스리그를 제패하는 과정에서도 퍼거슨 감독은 최고의 의사결정과 기막힌 경기 운영의 기술을 선보였다. 8강에서 맨유는 로마를 만났다. 원정 1차전을 준비할 때 캐릭이 부상에서 막 복귀한 상황이었다. 경기 하루 전 공개 훈련에서 캐릭은 팀훈련에 참가하지 않고 혼자 몸만 풀었다. 이탈리아 현지 언론이 결장을 확신한 캐릭은 다음날 경기에서 선발 출전해 팀의 2-0 승리에 일조했다. 평소 이탈리아 챔피언들로부터 배운 연막 심리전을 역이용한 셈이다. 역시 원정으로 시작한 준결승전에서 퍼거슨 감독은 박지성을 선발 풀타임 기용해 바르셀로나의 공격 시도를 미들서드부터 차단해 무실점에 성공했다. 모스크바에서 퍼거슨 감독은 결승 진출의 공로자였던 박지성이 아니라 거친 몸싸움에 강한 오언 하그리브스를 선택했다. 1-1로 팽팽히 맞선 경기 막판 퍼거슨 감독은 루니를 라이트윙으로 보내 4-4-2에서 4-5-1로 전환해 경기를 마무리하는 전술 변화도 선보였다. 4-4-2에서 상대 레프트백 애슐리 콜의 전진을 철저히 막았던 하그리브스는 4-5-1 전환 후 중앙 미드필더로서 첼시의 덩치 큰 마크맨들을 온몸으로 막았다. 1999년 결승전에서 베컴의 중앙 미드필더 기용에서 빛났던 결정적 선택과 판단이 2008년 모스크바 결승전에서도 재현된 것이다.

★ ★ ★

2008/09 시즌
축구 역사상
최강자 등장

◈ 키워드 ◈

#바르셀로나 #과르디올라 #메시 #맨유

백그라운드 Background

2005/06시즌 바르셀로나의 우승으로 스페인 축구는 부활을 알렸다. 2008년 6월 스위스와 오스트리아가 공동 개최한 유로 2008에서도 스페인 축구는 상승세를 이어갔다. 8강에서 2006 월드컵 챔피언 이탈리아와 승부차기 접전을 벌여야 했지만, 러시아(거스 히딩크 감독)와 독일을 연달아 물리쳐 44년 만에 유럽 챔피언에 등극했다. 바르셀로나의 유소년 공장 라마시아가 배출한 차비 에르난데스와 안드레스 이니에스타가 환상적 미드필드 플레이로 경쟁자들을 압도했다. 리버풀의 페르난도 토레스, 발렌시아 듀오 다비드 비야와 다비드 실바, 브라질에서 귀화한 마르코스 세나도 톱클래스 기량을 발휘해 루이스 아라고네스 감독의 영광스러운 마지막을 장식했다.

바르셀로나에서는 프랑크 레이카르트 감독과 호나우지뉴 시대가 막을 내리고 펩 과르디올라 감독의 원대한 프로젝트가 막을 올린 차였다. 팀 기강이 무너진 난국에서 호안 라포르타 회장이 꺼내든 카드가 바로 클럽 레전드 과르디올라였다. 1부 감독 경험이 없었던 과르디올라 감독은 라포르타 회장에게 "나는 준비가 다 되었다. 당신이 나를 선택할 배짱이 없을 뿐이다"라는 직설화법으로 수뇌진의 판단을 끌어냈다. 바르셀로나 현지 팬들은 레전드의 귀환을 반겼다. 바르셀로나 출신인 데다 90년대 요한 크루이프 감독의 드림팀 멤버, 1992년 바르셀로나올림픽 금메달리스트인 과르디올라 감독은 현지에서 절대적 지지를 받는 슈퍼스타였다. 과르디올라 감독은 이미 계획이 있었다. 호나우지뉴와 데쿠를 정리한 자리에 라마시아 출신을 대거 발탁해 클럽의 공격 축구 전통을 계승한다는 내용이었다. 완전한 간판스타로 자리를 잡은 리오넬 메시는 베이징올림픽 출전으로 시즌 초반을 함께할 수 없었지만, 금메달 획득은 젊은 에이스에게 큰 자신감을 선물했다. 라리가 3위인 바르셀로나는 챔피언스리그 3차 예선을 거쳐야 했지만, 폴란드의 비슬라 크라쿠프는 카탈루냐 거인 앞에서 걸림돌이 되지 못했다.

조별리그 Group Stage

일정 초반에 벌어진 작은 이변이 축구 낭만주의자들을 즐겁게 했다. 루마니아 챔피언 클루지가 A조 첫 경기에서 로마(루치아노 스팔레티 감독)를 2-1로 제압했다. 클루지는 선제 실점 직후 아르헨티나 출신 엠마누엘 쿨리오가 2골을 터트려 짜릿한 역전승을 따냈다. 두 번째 경기에서도 클루지는 전년도 준우승팀 첼시(루이스 펠리페 스콜라리 감독)와 0-0으로 비겨 홈 팬들을 흥분하게 했다. 신참의 젊은 패기는 거기까지였다. 클루지는 나머지 4경기에서 모두 패해 결국 조 최하위로 탈락했다. A조의 16강 티켓 두 장은 예상대로 로마와 첼시에 돌아갔다.

바르셀로나는 C조에서 골 폭풍을 일으켰다. 초반 3경기에서 바르셀로나는 10골을 기록하며 3연승을 달렸고 5차전을 마친 시점에서 4승 1무 승점 13점으로 조 1위를 확정했다. 메시는 물론 2008 아프리카컵 오브 네이션스 득점왕(5골) 사무엘 에토를 비롯해 티에리 앙리, 여기에 10대 센세이션 보얀 크르키치까지 득점을 올려 독주 체제를 군혔다. 최종전에서 바르셀로나는 여유 있는 로테이션으로 샤흐타르 도네츠크에 2-3으로 패해 UEFA컵 출전권을 선물했다.

바르셀로나의 라이벌 레알은 H조에서 챔피언스리그로 복귀한 유벤투스와 만났다. 2년 전 2부로 강제 강등되었던 유벤투스는 단번에 세리에A 승격에 성공했고, 복귀 첫 시즌을 무난하게 3위로 마쳐 챔피언스리그 무대에 다시 얼굴을 내밀었다. 유벤투스는 팀을 1부로 올린 공로자 디디에 데샹 감독과 작별한 뒤 백전노장 클라우디오 라니에리 감독 체제에서 부활을 설계했다. 정작 문제는 레알 쪽에서 터졌다. 라리가 우승에도 불구하고 현지 언론과 쉼 없이 충돌했던 베른트 슈스터 감독이 6차전을 하루 앞두고 경질된 것이다. 주말 홈에서 세비야에 3-4로 패한 데다 다가오는 엘클라시코에 관해 "이길 가능성이 전혀 없다"라는 지나치게 솔직한 발언에 대가를 치러야 했다. 레알은 후안데 라모스 감독을 선임했지만 슈스터의 예언(?)대로 엘클라시코 패배(0-2)를 막진 못했다.

유럽 축구를 평정하고 있던 잉글랜드는 맨유와 리버풀이 각각 E조와 D조를 1위로 통과했고, 첼시(A조)와 아스널(G조)도 조별리그 일정을 2위로 마무리해 4개 클럽이 전원 토너먼트 진출에 성공했다. 유럽 챔피언 스페인도 바르셀로나(C조), 아틀레티코(D조), 비야레알(E조), 레알(H조)을 전부 16강으로 보냈다.

토너먼트 Tournament

디펜딩챔피언 맨유의 16강 상대는 2006/07시즌부터 세리에A 무대를 독점한 인테르 나치오날레였다. 지난 시즌 첼시에서 사실상 경질되었던 조제 모리뉴 감독의 이탈리아 첫 도전이라는 점이 시선을 끌었다. 인테르는 즐라탄 이브라히모비치와 아드리아누에게 패스를 집중하는 다이렉트풋볼을 구사했다. 하지만 유럽 무대에서 풍부한 경험을 쌓고 있는 맨유의 하이 템포 경기 운영에는 통하지 않았다. 맨유는 원정 1차전을 0-0으로 마무리해 아약스의 대회 19경기 연속 무패 기록을 한 경기 더 경신했고, 2차전에서 네마냐 비디치와 크리스티아누 호날두의 골로 승리했다. 8강에서도 맨유는 포르투를 합산 3-2로 제쳤다. 2차전에서 호날두의 36m짜리 중거리포 결승골은 연말 FIFA '푸스카스상'의 주인공이 되었다. 프리미어리그 라이벌 아스널은 16강에서 승부차기 접전 끝에 로마를 제쳤고 8강에서는 비야레알을 합산 4-1로 따돌리고 맨유의 4강 상대가 되었다.

바르셀로나의 화력은 토너먼트에서도 식지 않았다. 16강전에서 리옹을 6-3으로 제쳤고, 8강에서는 스포르팅에 기록적 12-1 대승을 거둔 바이에른까지 합산 5-1로 눌러 준결승 진출에 성공했다. 바이에른의 마르크 판보멀은 경기 후 "바르셀로나의 속도와 기술 조합 앞에서 우리는 상대에게 접근조차 할 수 없었다"라며 혀를 내둘렀다. 리버풀은 16강전 대승으로 상대 레알에 5시즌 연속 16강 탈락 치욕을 안기며 8강에서 자국 라이벌 첼시와 만났다. 이로써 두 팀은 챔피언스리그에서만 5시즌 연속, 개중 네 차례는 토너먼트에서 맞닥뜨리는 악연을 이었다. 스콜라리 감독을 경질하고 거스 히딩크 감독을 데려온 첼시가 합산 7-5로 준결승 진출에 성공했다. 두 팀은 2차전에서만 4골씩 주고받는 난타전을 벌였다. 첼시의 험난한 운명은 준결승전에서 바르셀로나와 만남으로써 반복되었다.

바르셀로나와 첼시의 매치업은 이제 챔피언스리그 명물로 자리를 잡았다. 첼시는 누캄프 1차전 0-0 무승부로써 이번 대회 들어 바르셀로나에 실점을 내주지 않은 첫 팀이 되었다. 스탬퍼드 브리지 2차전에서 첼시는 킥오프 9분 만에 마이클 에시엔의 보기 드문 득점으로 1-0 선제에 성공했다. 66분 상대 풀백 에릭 아비달까지 퇴장당해 유리한 고지를 선점했으나 후반 추가시간 종료 1분을 남기고 이니에스타에게 통한의 원정 득점을 허용해 무릎을 꿇었다. 경기 후 첼시 선수들은 계속된 페널티킥 주장을 한 번도 들어주지 않은 톰 헤닝 오브레보 주심을 둘러싸고 강하게 어필했지만 결과는 달라지지 않았다.

맨유는 아스널을 홈에서 1-0으로 꺾은 뒤 원정에서 경기 초반 박지성과 호날두의 2연속 원정득점으로 일찌감치 승부를 가르는 저력을 발휘해 2시즌 연속 결승 진출에 성공했다. 박지성은 2차전 8분 만에 귀중한 선제골로 시작해 61분 환상적인 역습골의 출발점 역할까지 해내는 공헌을 남겼다. 프리미어리그는 챔피언스리그에서만 3시즌 연속 4강에 3개 팀이 진출하는 전성기를 이어갔다.

결승전 Final
바르셀로나 2 : 0 맨체스터 Utd | 2009.05.27 | 로마, 스타디오 올림피코

1992년 결승전을 앞둔 그루이프 감독의 마지막 팀토크는 "경기를 즐겨라"였다. 그 말을 직접 들었던 과르디올라는 2009년 결승전 직전에 신세대 지도자다운 방법을 썼다. 라커룸 안에 대형 스크린을 설치해 선수들에게 결승전에 오기까지 분투했던 장면과 〈글래디에이터〉 영화의 명대사를 편집한 7분짜리 영상을 보여줬다. 감동의 눈물을 흘린 선수까지 있었다니 효과는 만점이었던 것 같다. 콜로세움 검투사처럼 비장한 표정의 양 팀 선발진 22인 중에는 박지성도 있었다. 1년 전 결승전 엔트리 제외의 아픔을 씻고 박지성은 챔피언스리그 역사상 결승전에 출전하는 아시아 선수 1호 역사를 썼다.

바르셀로나가 아무리 강해도 퍼거슨 감독은 맨유의 경험을 확신한 듯이 4-3-3 포메이션으로 경기를 시작했다. 경고누적으로 빠진 대런 플레처의 대체자는 라이언 긱스였다. 바르셀로나는 양쪽 주전 풀백이 모두 결장하는 바람에 카를레스 푸욜과 시우비뉴가 구멍을 메웠다. 경기 초반 맨유가 공세를 폈다. 호날두의 프리킥이 빅토르 발데스에 막혀 나오자 박지성이 쇄도했다. 마지막 순간 제라르드 피케가 영웅적 블로킹으로 막아내 바르셀로나는 초반 위기를 넘겼다. 호날두는 킥오프 8분까지 날카로운 슛을 3개나 때리면서 존재감을 과시했다. 10분이 돼서야 바르셀로나는 겨우 중원에서 패스를 연결하기 시작했다. 이니에스타의 패스를 받은 에토가 네마냐 비디치를 뚫고 선제골을 터트렸다. 바르셀로나가 첫 공격, 첫 슛으로 골을 넣은 것이다.

에토의 선제골을 기점으로 바르셀로나의 지배가 시작되었다. 중원에서 패스 콤비네이션과 전방압박이 돌아가자 경기는 바르셀로나의 원사이드게임으로 흘렀다. 맨유는 포진을 유지했지만 모든 포지션에서 수적 열세 상태가 반복되었다. 양 측면의 수비 뒷 공간을 노리는 웨인 루니와 박지성을 향한 롱패스는 정확도가 떨어져 효과를 거두지 못 했다. 후반 들어 퍼거슨 감독은 카를로스 테베스를 기용해 호날두와 투톱으로 전환했 다. 여전히 주도권은 바르셀로나 쪽에 있었다. 메시는 상대의 3선과 4선 사이에 생긴 공 간으로 내려와 자유롭게 공격 빌드업에 관여하는 '가짜 9번' 플레이로 맨유를 농락했다. 만회골을 위해 맨유의 공수 밸런스가 깨진 틈을 타 차비가 오른쪽에서 크로스를 보냈 다. 퍼디낸드와 비디치의 '트윈타워'가 지키는 문전에서 양 팀 통틀어 키가 제일 작은 메 시가 뛰어올라 정확한 헤딩슛으로 추가골을 터트렸다. 사실상 쐐기골이었다. 바르셀로 나는 패스 505개를 성공시키며 가장 치열해야 할 결승전을 가장 완벽하게 접수하면서 통산 세 번째 우승을 달성했다.

'초짜' 감독 과르디올라는 생애 첫 1부 시즌에서 라리가, 코파델레이, 챔피언스리그를 모두 제패하는 스페인 역사상 첫 트레블 감독이 되면서 전설의 시작을 알렸다. 돈으로 영광을 사는 유럽 축구 트렌드에서 자체 육성 선수가 7명이나 포함된 선발진으로 유럽 을 제패했다는 사실이 트레블만큼 값진 쾌거였다. 맨유는 역대 네 번째 결승 진출에서 첫 패배를 기록했다. 경기 후 퍼거슨 감독은 "메시가 미드필드로 내려와 뛰면서 경기가 더 힘들어졌다"라면서 완패를 깨끗이 인정했다.

리오넬 메시 Key Player
역사적 메시

2006년 바르셀로나가 통산 두 번째 우승을 기록했던 파리 결승전은 메시에게 아픈 기억으로 남는다. 근육 부상으로 결승전 엔트리에서 제외되었기 때문이다. 헹크 텐카테 코치는 "너는 앞으로 더 많은 결승전에서 뛸 거야"라는 말로 눈물을 흘리는 메시를 달랬 다. 그로부터 3년이 흐르는 동안 메시는 '괴물 신인'에서 '월드 넘버원'으로 도약해 있었다. 2008년 여름 바르셀로나는 호나우지뉴를 밀란에 팔았다. 그리곤 22세 메시에게 등번호 10번과 팀 내 최고액 연봉자 타이틀을 부여했다. 완전한 주인공이 된 메시는 스페인 클 럽 역사상 최초의 트레블, 2008년 6관왕 그리고 발롱도르 수상으로 응답했다.

축구 팬이라면 메시와 바르셀로나의 인연을 잘 알고 있다. 로사리오 유소년팀에서 뛰던 2000년 메시는 성장 호르몬 결핍증 진단을 받았다. 치료비를 지원하겠다는 로사리오와 리버플레이트가 연달아 약속을 철회하자 부친 호르헤 메시는 카탈루냐에 살던 친척을 통해 바르셀로나와 접촉했다. 스카우트 호셉 마리아 밍겔라와 1군 단장 카를라스 렉사는 메시의 재능을 어렵지 않게 간파했다. 하지만 이사회가 소극적이었다. 당시 침체기에서 허덕이던 바르셀로나 이사회로서는 12세 외국인 꼬마의 영입을 진지하게 생각할 여유가 없었기 때문이다. 삼고초려 끝에 이사회의 승인을 받은 밍겔라와 렉사 단장은 9월 어느날 테니스클럽에서 '냅킨 계약서'에 부친 호르헤의 서명을 받아냈다. 냅킨 위에 적었던 내용은 다음날 클럽 로고가 선명히 새겨진 공식 문서로 옮겨져 다시 메시 부자에게 전달되었다.

현지 아이들의 텃세와 향수병에 시달리면서도 메시의 재능을 빛을 발했다. 2003/04시즌 후베닐B 소속으로 참가했던 1군 훈련에서 메시는 대선배들을 놀라게 했다. 2006년 결승전에 선발 출전했던 루도빅 지울리는 "메시가 1군 선수 4명을 제치고 골을 넣었다"라며 혀를 내둘렀다. 훈련에서 처음 메시를 본 호나우지뉴는 훈련을 마치곤 기자에게 "나보다 더 대단한 선수가 될 녀석과 지금 막 훈련하고 오는 길이다"라고 말했다. 2004년 10월 1군 선수들이 프랑크 레이카르트 감독에게 메시를 부르자며 졸랐고 같은 달 메시(당시 17세)는 에스파뇰전 교체로 들어가 라리가 데뷔를 신고했다.

메시가 존재감을 각인한 계기는 2007년 3월 엘클라시코였다. 호나우지뉴와 함께 선발 출전한 경기에서 메시는 해트트릭으로 3-3 명승부의 주인공이 되었다. 과르디올라 시대에서 메시는 대폭발하기 시작했다. 라리가 23골과 코파델레이 6골 외에 챔피언스리그에서 9골을 기록해 대회 최연소 득점왕에 올랐다. 결승전 득점이 메시의 시즌 38호 골이었다. 2009년말 메시는 역대 최다 표 차이로 생애 첫 발롱도르를 받았다. 물론 이후 다섯 번이나 더 받게 된다는 사실을 모르는 사람은 없다.

• 조별리그 결과 •

(★16강, *유로파리그 합류)

A조	순위	팀명	전	승	무	패	득	실	득실	승점
	★1	로마	6	4	0	2	12	6	+6	12
	★2	첼시	6	3	2	1	9	5	+4	11
	3*	보르도	6	2	1	3	5	11	−6	7
	4	CFR 클루지	6	1	1	4	5	9	−4	4

B조	순위	팀명	전	승	무	패	득	실	득실	승점
	★1	파나시나이코스	6	3	1	2	8	7	+1	10
	★2	인테르나치오날레	6	2	2	2	8	7	+1	8
	3*	베르더 브레멘	6	1	4	1	7	9	−2	7
	4	아놀소시스	6	1	3	2	8	8	0	6

C조	순위	팀명	전	승	무	패	득	실	득실	승점
	★1	바르셀로나	6	4	1	1	18	8	+10	13
	★2	스포르팅 CP	6	4	0	2	8	8	0	12
	3*	샤흐타르 도네츠크	6	3	0	3	11	7	+4	9
	4	바젤	6	0	1	5	2	16	−14	1

D조	순위	팀명	전	승	무	패	득	실	득실	승점
	★1	리버풀	6	4	2	0	11	5	+6	14
	★2	아틀레티코 마드리드	6	3	3	0	9	4	+5	12
	3*	마르세유	6	1	1	4	5	7	−2	4
	4	PSV 에인트호번	6	1	0	5	5	14	−9	3

E조	순위	팀명	전	승	무	패	득	실	득실	승점
	★1	맨체스터 Utd	6	2	4	0	9	3	+6	10
	★2	비야레알	6	2	3	1	9	7	+2	9
	3*	올보르	6	1	3	2	9	14	−5	6
	4	셀틱	6	1	2	3	4	7	−3	5

F조	순위	팀명	전	승	무	패	득	실	득실	승점
	★1	바이에른 뮌헨	6	4	2	0	12	4	+8	14
	★2	올랭피크 리옹	6	3	2	1	14	10	+4	11
	3*	피오렌티나	6	1	3	2	5	8	−3	6
	4	스테아우아 부쿠레슈티	6	0	1	5	3	12	−9	1

G조	순위	팀명	전	승	무	패	득	실	득실	승점
	★1	포르투	6	4	0	2	9	8	+1	12
	★2	아스널	6	3	2	1	11	5	+6	11
	3*	디나모 키예프	6	2	2	2	4	4	0	8
	4	페네르바체	6	0	2	4	4	11	−7	2

H조	순위	팀명	전	승	무	패	득	실	득실	승점
	★1	유벤투스	6	3	3	0	7	3	+4	12**
	★2	레알 마드리드	6	4	0	2	9	5	+4	12
	3*	제니트	6	1	2	3	4	7	−3	5
**상대전적 우세	4	바테 보리소프	6	0	3	3	3	8	−5	3

· 토너먼트 결과 ·

(★ 승자)

16강

	1차전	2차전	합산	득점자
올랭피크 리옹	1	2	3	**1차전** 주니뉴 7' **2차전** 마쿤 44', 주니뉴 48'
바르셀로나 ★	1	5	6	**1차전** 앙리 67' **2차전** 앙리 25', 27', 메시 40', 에토 43', 케이타 90+5'

	1차전	2차전	합산	득점자
스포르팅 CP	0	1	1	**1차전** – **2차전** 무티뉴 42'
바이에른 뮌헨 ★	5	7	12	**1차전** 리베리 42', 63'(p), 클로제 57', 토니 84', 90'+1 **2차전** 포돌스키 7, 34, 몰가 39'(og), 슈바인슈타이거 43', 판보멀 74', 클로제 82'(p), 뮐러 90'

	1차전	2차전	합산	득점자
레알 마드리드	0	0	0	**1차전** – **2차전**
리버풀 ★	1	4	5	**1차전** 베나윤 82' **2차전** 토레스 16', 제라드 28', 47'(p), 도세나 88'

	1차전	2차전	합산	득점자
첼시 ★	1	2	3	**1차전** 드로그바 12' **2차전** 에시엔 45'+1, 드로그바 83'
유벤투스	0	2	2	**1차전** – **2차전** 이아퀸타 19', 델피에로 74'(p)

	1차전	2차전	합산	득점자
인테르나치오날레	0	0	0	**1차전** – **2차전** –
맨체스터 Utd ★	0	2	2	**1차전** – **2차전** 비디치 4', 호날두 49'

	1차전	2차전	합산	득점자
아틀레티코 마드리드	2	0	2	**1차전** 로드리게스 3', 포를란 45'+2 **2차전**
포르투 ★	2	0	2*	**1차전** 로페스 22', 72' **2차전**

*원정득점 우세

	1차전	2차전	합산	득점자
비야레알 ★	1	2	3	**1차전** 로시 67'(p) **2차전** 이바가사 49', 요렌테 70'
파나시나이코스	1	1	2	**1차전** 카라구니스 59' **2차전** 마치오스 55'

	1차전	2차전	합산	득점자
아스널 ★	1	0	1(p7)	**1차전** 판페르시 37'(p) **2차전**
로마	0	1	1(p6)	**1차전** – **2차전** 후안 9'

• 토너먼트 결과 •

(★ 승자)

8강

	1차전	2차전	합산	득점자
바르셀로나★	4	1	5	**1차전** 메시 9', 38', 에토 12', 앙리 43' **2차전** 케이타 73'
바이에른 뮌헨	0	1	1	**1차전** – **2차전** 리베리 47'

	1차전	2차전	합산	득점자
리버풀	1	4	5	**1차전** 토레스 6' **2차전** 아우렐리오 19', 알론소 28'(p), 루카스 81', 카위트 83'
첼시★	3	4	7	**1차전** 이바노비치 39', 62', 드로그바 67' **2차전** 드로그바 51', 알렉스 57', 램파드 76', 89'

	1차전	2차전	합산	득점자
맨체스터 Utd★	2	1	3	**1차전** 루니 15', 테베스 85' **2차전** 호날두 6'
포르투	2	0	2	**1차전** 로드리게스 4', 곤살레스 89' **2차전** –

	1차전	2차전	합산	득점자
비야레알	1	0	1	**1차전** 세나 10' **2차전** –
아스널★	1	3	4	**1차전** 아데바요르 66' **2차전** 월콧 10', 아데바요르 60', 판페르시 69'(p)

준결승

	1차전	2차전	합산	득점자
바르셀로나★	0	1	1*	**1차전** – **2차전** 이니에스타 90'+3
첼시	0	1	1	**1차전** – **2차전** 에시엔 9'

*원정득점 우세

	1차전	2차전	합산	득점자
맨체스터 Utd★	1	3	4	**1차전** 오셰이 17' **2차전** 박지성 8', 호날두 11', 61'
아스널	0	1	1	**1차전** – **2차전** 판페르시 76'(p)

· 결승전 ·

2 : 0

2009.05.27. 로마
스타디오 올림피코 (62,467명)

바르셀로나　　　　　　　　　　　　　　　**맨체스터 Utd**

득점

에토 10', 메시 70'　　　　|　　　　－

펩 과르디올라　|　**4-3-3**　　　　알렉스 퍼거슨　|　**4-3-3**

바르셀로나 선수
에토
앙리 (케이타 72')
메시
이니에스타 (페드로 90+2)
부스케스
차비
시우비뉴
피케
투레
푸욜
빅토르 발데스

맨체스터 선수
호날두
루니
박지성 (베르바토프 66')
긱스 (스콜스 75)
캐릭
안데르송 (테베스 46)
에브라
비디치
퍼디낸드
오세이
판데르사르

벤치

핀토(GK), 카세레스, 구드욘센, 보얀, 무니에사　|　쿠스차크(GK), 나니, 하파엘, 에반스

경고/퇴장

피케 16' / －　　|　　호날두 78', 스콜스 80', 비디치 90+3' / －

주부심: 마시모 부사카(SUI), 마티아스 아르네트(SUI), 프란체스코 부라기나(SUI)
대기심: 클라우디오 치르케타(SUI)

· 득점순위 ·

득점	이름		클럽명	
9골	리오넬 메시	(ARG)	바르셀로나	(ESP)
7골	스티븐 제라드	(ENG)	리버풀	(ENG)
	미로슬라프 클로제	(GER)	바이에른 뮌헨	(GER)
6골	리산드로 로페스	(ARG)	포르투	(POR)
5골	엠마누엘 아데바요르	(TOG)	아스널	(ENG)
	알레산드로 델피에로	(ITA)	유벤투스	(ITA)
	디디에 드로그바	(CIV)	첼시	(ENG)
	로빈 판페르시	(NED)	아스널	(ENG)
	티에리 앙리	(FRA)	바르셀로나	(ESP)
	카림 벤제마	(FRA)	올랭피크 리옹	(FRA)

· 팀 오브 토너먼트 ·

골키퍼

페트르 체흐(CZE)	첼시(ENG)
에드빈 판데르사르(NED)	맨체스터 Utd(ENG)
빅토르 발데스(ESP)	바르셀로나(ESP)

수비수

네마냐 비디치(SRB)	맨체스터 Utd(ENG)
다니 아우베스(BRA)	바르셀로나(ESP)
존 테리(ENG)	첼시(ENG)
카를라스 푸욜(ESP)	바르셀로나(ESP)
리오 퍼디낸드(ENG)	맨체스터 Utd(ENG)
제라르드 피케(ESP)	바르셀로나(ESP)

미드필더

스티븐 제라드(ENG)	리버풀(ENG)
야야 투레(CIV)	바르셀로나(ESP)
프랭크 램파드(ENG)	첼시(ENG)
차비 에르난데스(ESP)	바르셀로나(ESP)
세스크 파브레가스(ESP)	아스널(ENG)
안드레스 이니에스타(ESP)	바르셀로나(ESP)

공격수

페르난도 토레스(ESP)	리버풀(ENG)
티에리 앙리(FRA)	바르셀로나(ESP)
프랑크 리베리(FRA)	바이에른 뮌헨(GER)
사무엘 에토(CMR)	인테르나치오날레(ITA)
크리스티아누 호날두(POR)	맨체스터 Utd(ENG)
리오넬 메시(ARG)	바르셀로나(ESP)

펩 과르디올라

데뷔 시즌부터 6관왕 전설

과르디올라의 선수 말년 이력서에는 낯선 클럽명이 등장한다. 멕시코의 도라도스다. 엉뚱한 곳으로 간 이유는 후안 마누엘 리요 감독 때문이었다. 선수로 뛰기보다 4-2-3-1 전술의 창시자인 리요 감독 아래서 지도자 수업에 가까운 이적이었다. 현역 은퇴 후 과르디올라는 2007년 바르셀로나로 돌아와 B팀 감독으로 지도자 첫 단추를 꿴다. 과르디올라 감독은 4부 우승으로 B팀을 3부로 올려 놓는다. 그리고 2008/09시즌 1군 감독 첫 도전에서 6관왕 역사를 썼다. 치밀한 준비와 천부적 재능의 결과물이었다.

바르셀로나 감독 데뷔전에서 과르디올라 감독은 누만시아 원정패를 기록했다. 2주일 뒤 누 캄프 홈 데뷔전에서도 라싱과 1-1로 비기자 언론은 일제히 경험이 부족한 감독을 선임한 리포르타 회장의 선택을 비난했다. 운명과 같았던 3라운드에서 바르셀로나는 스포르팅 히혼을 6-1로 대파했다. 감독 첫 승리는 리그 9연승으로 이어졌다. 12라운드 무승부로 잠시 숨을 고르더니 다시 리그 10연승을 마크했다. 라리가 우승이 거의 확실시된 2009년 5월 2일 과르디올라 감독의 바르셀로나는 산티아고 베르나베우에서 열린 시즌 두 번째 엘클라시코를 6-2 대승으로 장식했다. 해당 경기는 메시가 '가짜 9번(false nine)'으로 뛴 첫 사례였다. 5월 13일 바르셀로나는 코파델레이 결승전에서 시즌 첫 타이틀을 획득했고, 16일 2위 레알의 패배로 라리가 우승까지 확정했다. 9일 뒤 로마에서 과르디올라 감독은 챔피언스리그까지 거머쥐며 찬란한 유러피언 트레블을 달성했다.

결승전에서 과르디올라 감독은 에토를 중앙, 메시를 오른쪽에 배치해 경기를 시작했다. 경기 초반 둘이 자리를 바꿔 메시가 '가짜 9번'으로 뛴다는 작전은 에토의 선제골이 터지자, 더욱 위력을 발휘했다. 과르디올라 감독은 "센터백들은 덩치가 큰 스트라이커들을 상대하는 상황에 익숙하다. 작고 빠른 스트라이커를 마크하는 플레이를 어색하게 생각한다. 더군다나 그 선수가 원래 포지션에서 10m 이상 벗어나면 센터백은 자리를 지킬지, 자리에서 벗어나 상대를 따라갈지를 고민하게 된다"라고 설명한다. 결승전에서 메시는 하프라인까지 내려와 차비, 이니에스타와 패스 콤비네이션에 가담했는데 그러는 동안 맨유는 누가 메시를 마크할지 몰라 쩔쩔맸다.

메시의 발롱도르 수상 뒤에는 과르디올라 감독의 과학적 선수 관리도 있었다. 레이카르트 감독 아래서 메시는 고질적인 근육 부상에 시달렸다. 과르디올라 감독은 메시에게 전담 트레이너를 붙여 평소 식단부터 컨디션 조절, 부상 방지에 공을 들였다. 전담 트레이너는 아르헨티나 국가대표팀 소집에도 메시와 동행했다. 2008/09시즌 메시는 데뷔 이후 처음 리그 30경기 이상 출전을 기록했다. 아리고 사키, 요한 크루이프, 마르셀로 비엘사의 철학과 방법론과 클럽 전통에 맞춰 재해석한 과르디올라 감독은 축구 역사상 최강팀을 완성해 유럽 축구를 지배한다.

2009/10 시즌

모리뉴, 거침없이
'두 번째' 하이킥

⚽ 키워드 ⚽

#인테르 #모리뉴 #에토 #플라티니개혁

백그라운드 Background

2009/10시즌부터 유럽축구연맹(UEFA)의 '플라티니 집행부'가 마련한 새로운 대회 방식이 도입되었다. 2007년 1월 UEFA 회장에 당선된 미셸 플라티니는 '모두를 위한 축구' 공약을 실행에 옮겼다. 개혁 원안은 토너먼트 회귀였다. 빅클럽은 물론 UEFA 내부에서도 '너무 과격하다'라는 의견이 지배적이었다. 플라티니 회장은 선거에서 자신을 밀어준 중하위권 회원국에 보답하는 동시에 빅클럽까지 끌어안을 묘수를 찾아야 했다. 플라티니 회장은 2007년 11월 이사회에서 챔피언스리그, UEFA컵, 유로라는 3개 대회의 개선 방안을 상정했다.

챔피언스리그는 조별리그 32개 팀, 토너먼트 16강이란 큰 틀을 유지하되 중하위권 리그 클럽의 조별리그 진출 가능성을 키우도록 예선 라운드 방식을 크게 바꿨다. 1~3위 리그의 기존 조별리그 직행 수를 2장에서 3장으로 늘리고 11~13위 리그 우승팀도 조별리그에 직행하도록 했다. 조별리그 직행 수를 기존 16개에서 22개로 확대했으니 상위권 리그들도 흔쾌히 받아들였다. 그 대신에 3차 예선을 리그 우승팀(챔피언 패스)과 비우승팀(넌챔피언 패스) 그룹으로 나눴고, 마지막에 플레이오프 단계를 신설했다. 상위 리그의 비우승팀과 중하위 리그의 우승팀의 예선 매치업을 차단함으로써 스몰클럽의 조별리그 진출 가능성이 커졌다. 조별리그 단계의 전력 격차 확대에 대한 우려도 생겼지만, 플라티니 회장은 "작은 클럽도 조별리그에서 경험을 축적하는 동시에 큰돈을 벌어 재투자해야 성장한다"라는 신념을 굽히지 않았다.

UEFA컵은 '유로파리그'로 리브랜딩했다. 이전까지 UEFA컵은 챔피언스리그와 달리 TV 중계권을 출전 클럽이 직접 파는 방식이었기 때문에 출전 및 승리에 따른 UEFA의 수당 지급 규모가 턱없이 적었다. UEFA는 유로파리그의 TV중계권 및 스폰서십 계약을 일괄 판매해 수익을 출전 클럽에 재분배하는 방식으로 전환했다. 국가대항전인 유로는 2016년 대회(프랑스)부터 출전국 수를 16개에서 24개로 늘리고 토너먼트도 기존 8강에서 16강 체제로 확장했다.

참고로 플라티니 회장의 개혁 추진 범위는 유럽 빅클럽 대표기구인 G-14까지 포함했다. 2008년 국제축구연맹(FIFA), UEFA, 12개 빅클럽 대표의 3자가 모인 회의에서 G-14을 해산하고 UEFA 53개 회원국 소속 103개 클럽이 등록한 유러피언클럽협회(European Club Association; ECA)가 공식 출범했다. 그동안 G-14을 인정하지 않던

FIFA와 UEFA는 신설된 ECA를 공식 단체로 인정했다. FIFA, UEFA, ECA는 축구계 각종 문제를 각국 사법기관으로 가져가기보다 축구계 내부에서 해결하기로 합의했다. 월드컵과 유로에 차출되는 동안 FIFA와 UEFA가 소속 클럽에 보상금을 지급하는 가이드라인도 정했다. 실제로 유로 2008 종료 후 UEFA는 선수 1인당 하루 4천 유로에 해당하는 차출 보상금을 소속 클럽에 지급했다.

조별리그 Group Stage

2001년 결승전 이후 바이에른은 유럽에서 강세를 보이지 못했다. 2006/07시즌 분데스리가 4위 추락으로 챔피언스리그 출전권 획득마저 실패하자 수뇌부는 '쩐의 전쟁' 불가피성을 인정할 수밖에 없었다. 2007년 여름 프랑크 리베리, 미로슬라프 클로제, 루카 토니 등 완성품을 영입한 데 이어 2009/10시즌을 앞두고 루이스 판할 감독과 아리언 로번, 아나톨리 티모추크, 마리오 고메즈를 보탰다. 효과는 확실했다. A조 최종전에서 바이에른은 유벤투스를 4-1로 격파해 2위를 탈환, 조별리그를 통과했다.

2009년 여름 세계 최고액 이적료 신기록을 작성하며 맨유에서 레알 마드리드로 이적한 호날두는 C조 4경기에서 6골을 터트려 1위 통과에 앞장섰다. 친정 맨유도 자유 계약으로 영입한 마이클 오언의 최종전 해트트릭 활약으로 B조 1위로 16강행을 확정했다. 독일 챔피언 볼프스부르크는 러시아의 다크호스 CSKA 모스크바에 뒤져 유로파리그로 밀렸다. D조에서는 지난 시즌 프리미어리그 우승을 달성한 첼시가 카를로 안첼로티 감독의 4-3-1-2 전술을 바탕으로 무패 통과했고 저력의 포르투가 뒤를 따랐다.

E조에서는 특기할 만한 일이 많았다. 8년 전 파산 선고로 4부 강제 강등되었던 피오렌티나가 2005년 체사레 프란델리 감독 아래서 완벽히 부활했다. 첫 경기에서 올랭피크 리옹에 0-1로 패했으나 이후 다섯 경기를 모두 승리하며 '깜짝 1위'로 예상을 뒤엎었다. 결과적으로 마지막 시즌이 되는 라파엘 베니테스 감독의 리버풀은 피오렌티나에 2연패, 리옹에 1무 1패를 당하면서 16강행에 실패했다. 헝가리의 데브레첸은 사고를 쳤다. 6전 전패로 탈락했는데 리버풀전과 피오렌티나전에서 수상한 베팅 패턴이 감지된 것이다. 골키퍼 부카신 플렉시치가 3실점 이상 허용한다는 항목에 거액이 몰렸다. 플렉시치는 승부 조작 제안을 거절했다고 주장했다. 하지만 실제로 피오렌티나전에서 그는 4실점을

허용했고 UEFA는 승부 조작 접촉 사실을 보고하지 않은 책임을 물어 2년 출장 정지 징계를 내렸다.

F조는 4개 팀 전원 각국 챔피언이 모여 '죽음의 조'를 이뤘다. 이슈메이커 조제 모리뉴 감독은 인테르를 이끌고 또 다시 바르셀로나를 상대했다. 두 클럽은 여름 이적시장에서 사무엘 에토와 현금 4천만 유로를 묶어 즐라탄 이브라히모비치와 맞바꿨던 당사자들이기도 했다. 모리뉴 감독은 2009년 여름에만 디에고 밀리토, 베슬러이 스네이더르, 루시우, 티아고 모타, 고란 판데프 등을 영입해 선발 라인업의 절반을 바꿨다. 루빈 카잔의 분발로 치열한 경쟁 끝에 바르셀로나와 인테르가 16강에 합류했다.

토너먼트 Tournament

판할 감독의 바이에른은 16강전부터 피오렌티나와 난타전을 벌였다. 1차전을 2-1로 승리한 바이에른이 피렌체 원정을 떠났다. 피오렌티나는 후안 마누엘 바르가스와 스테반 요베티치의 3골로 후반 중반 3-1 리드를 잡아 8강행을 잡는 듯했다. 불과 1분 뒤 로번의 통렬한 중거리포가 터졌다. 4-4 동점 상황에서 바이에른은 원정 득점으로 승리했다. 바이에른은 맨유와 만난 8강에서도 1차전 2-1 승리, 2차전 2-3 패배로 16강 스코어라인을 반복해 준결승전에 올랐다. 두 번 모두 원정 득점의 주인공은 로번이었다. 4강 상대는 레알(16강)과 보르도(8강)을 제치고 올라온 리옹이었다. 바이에른은 준결승전에서 제일 편안한 스코어라인 4-0을 작성해 9년 만에 결승 무대에 서는 기쁨을 안았다.

조별리그에서 친정 바르셀로나를 상대했던 인테르의 모리뉴 감독은 16강에서 또 다른 친정 첼시와 맞닥뜨렸다. 영국 언론의 예상과 달리 모리뉴 감독의 인테르는 공격 축구로 첼시를 압박했다. 산시로 1차전에서 2-1로 승리한 인테르는 런던 2차전에서도 사무엘 에토의 결승골로 첼시를 따돌렸다. 인테르는 8강에서도 단단한 경기력과 밀리토, 스네이더르의 득점 활약을 앞세워 CSKA를 합산 2-0으로 꺾고 준결승에 진출했다.

'6관왕' 바르셀로나는 예상대로 거침없이 진격했다. 16강에서 슈투트가르트를 합산 5-1로 대파했고, 8강에서 만난 아스널을 상대로도 6-3 완승을 거뒀다. 홈 1차전에서 2-2로 비긴 아스널은 2차전 누캄프 원정에서 벤트너가 선제골을 터트렸다. 잠자던 메시를 깨운 꼴이었다. 메시는 21분 동점골을 시작으로 혼자 4골을 터트려 아스널을 무참히

짓밟았다. 과르디올라 감독은 조별리그에서 만났던 모리뉴 감독을 상대로 2연속 결승 진출을 노렸다.

바르셀로나는 원정 1차전이 열리는 밀라노까지 버스로 이동해야 했다. 아이슬란드 에이야파들라이외퀴들 화산 연기로 하늘길이 막혔기 때문이다. 1,000km 넘는 거리를 1박 2일에 걸쳐 이동한 과르디올라 감독은 "스페인 3부에는 16시간씩 버스 이동하는 팀들이 많다"라면서 쿨하게 반응했지만 선수들의 컨디션 난조로 결국 1-3으로 무릎을 꿇었다. 2차전에서는 인테르 쪽에 불행이 닥쳤다. 판데프가 워밍업 중 다친 데 이어 경기 28분 티아고 모타가 퇴장당했다. 모리뉴 감독은 남은 한 시간 동안 공격을 포기한 채 두 골 리드를 지키기로 마음먹었다. 에토가 풀백으로 내려가는 등 인테르 선수들은 초인적 수비 집중력으로 바르셀로나의 막강 화력을 1실점으로 버텨내 경기를 끝마쳤다. 종료 휘슬이 울리자 모리뉴 감독은 그라운드 위를 내달려 인테르 원정 팬들 앞에서 포효했다. 상대 골키퍼 빅토르 발데스가 모리뉴 감독의 도발을 제재했으나 소용없었다. '스페셜 원'이 6관왕 바르셀로나, 천재 감독 과르디올라를 제물로 챔피언스리그 결승전에 진출했다.

결승전 Final

바이에른 뮌헨 0 : 2 인테르나치오날레 | 2010.05.22 | 마드리드, 산티아고 베르나베우

2007년 UEFA 이사회의 결정에 따라 2009/10시즌부터 챔피언스리그 결승전이 토요일에 개최되었다. 플라티니 집행부는 결승전 날짜를 주말로 이동해 현장 관전 팬들의 편의를 도모하는 동시에 TV 중계권 가치 향상을 노렸다. 바이에른과 인테르는 나란히 자국에서 더블을 달성한 상태로 마드리드 결승전에 나섰다. 어느 쪽이 승리하든 지난 시즌에 이어 2010년 챔피언스리그 우승팀이 트레블 클럽이 된다는 뜻이었다.

판할 감독은 준결승 1차전 퇴장으로 출전이 좌절된 리베리의 공백을 하미트 알틴톱으로 메웠다. 준결승 2차전에서 해트트릭을 터트린 크로아티아 출신 이비차 올리치가 토마스 뮐러와 투톱을 꾸몄다. 바이에른의 4-4-2 포메이션에 대항해 인테르 모리뉴 감독은 챔피언스리그에서 검증된 지역방어 4-3-3 포메이션을 유지했다. 점유를 내준 상황에서 인테르의 전술은 명확했다. 최전방 밀리토를 제외한 아웃필더 9명이 흐트러짐 없는 정삼각형 포진(4-3-2-1)을 유지하며 단단한 수비 블록을 구축했다. 볼을 빼앗자마자 단번에 밀리토에게 연결해 역습을 노렸다. 바이에른은 상대의 조직에 막혀 무의미한 패스 연결만 반복할 뿐 제대로 된 슛 기회를 만들지 못했다. 오른쪽 측면에서 로번이 시도하는 드리블 돌파가 유일한 옵션처럼 보였다.

양 팀이 거칠게 부딪히던 37분 인테르 수문장 줄리우 세자르가 롱킥을 전방에 보냈다. 밀리토가 마르틴 데미첼리스를 등진 상태에서 머리로 정확히 스네이더르에게 연결한 뒤 다시 받아 오른발 슛으로 선제골을 터트렸다. 모리뉴 감독의 필승 공식이 통한 것이다. 이후 동일한 장면이 반복되었다. 바이에른은 볼을 점유하면서도 슛을 때리지 못한 채 물러났고 인테르는 별것 아닌 상황에서도 위협적인 슛으로 바이에른 골문을 공략했다.

후반 들어 뮐러의 슈팅 시도가 줄리우 세자르와 캄비아소에게 연달아 막혔다. 로번의 전매특허인 왼발 감아차기도 줄리우 세자르의 손에서 벗어나지 못했다. 70분 인테르가 단 3명만으로 역습을 가했다. 왼쪽 측면으로 벌려 있었던 밀리토가 페널티박스 왼쪽에서 마크맨 다니엘 반부이텐을 완전히 따돌리고 본인의 두 번째 슛으로 다시 추가골을 터트렸다. 밀리토는 두 개의 슛으로 2골을 넣는 효율 축구를 선보였다. 인테르는 한 몸이 된 듯한 수비 조직, 쉼 없이 뛰는 체력과 희생정신, 그리고 기회를 놓치지 않는 결정력으로 2-0 완승을 거둬 이탈리아 축구 최초의 트레블 역사를 썼다.

인테르는 안젤로 모라티 전 회장 시절이었던 1965년 우승 이후 그의 아들 마시모 모라티 회장이 45년 만에 통산 세 번째 우승을 차지하는 기쁨을 안았다. 모리뉴 감독은 2004년 포르투에 이어 다른 클럽에서도 챔피언스리그 우승을 기록하는 세 번째 지도자가 되어 명실공히 유럽 최고 명장의 반열에 올랐다. 하지만 경기 후 모리뉴 감독은 축하연에 참석하지 않은 채 플로렌티노 페레스 회장이 준비한 세단을 타고 어디론가 사라졌다.

‖ 사무엘 에토 Key Player
기록의 사나이

2010년 마드리드 결승전은 사무엘 에토에게 축구사 유일무이한 기록을 선물했다. 다른 클럽에서 2년 연속 챔피언스리그 우승 및 유러피언 트레블 달성자라는 기념비적 업적이었다. 에토는 2008/09시즌 바르셀로나에서 챔피언스리그, 라리가, 코파델레이 3개 대회 우승을 기록했고, 곧바로 이적한 인테르에서도 챔피언스리그, 세리에A, 코파이탈리아를 모두 제패했다. 다른 클럽에서 챔피언스리그 2연속 우승을 기록한 선수도 마르셀 드사이(1992/93 마르세유, 1993/94 밀란), 파울로 소사(1995/96 유벤투스, 1996/97 도르트문트), 제라르 피케(2007/08 맨유, 2008/09 바르셀로나)와 에토 네 명뿐이다.

1997년 레알 마드리드와 계약 후 임대로 떠돌던 에토는 2000년 1월 마요르카 임대후 완전히 이적했다. 첫 풀타임 시즌 라리가에서 11골을 넣어 레알에서 받았던 마음의 상처를 깨끗이 지웠다. 2003년 5월 엘체에서 열린 코파델레이 결승전에서 마요르카는 후엘바를 3-0으로 꺾고 클럽 역사의 유일한 메이저 대회 우승을 기록했다. 결승전에서 에토는 2골을 넣었고 엘체까지 따라온 원정 팬들에게 3만 유로어치 식사를 대접하는 미담도 남겼다. 마요르카 역대 최다 득점자가 된 에토는 2004년 바르셀로나로 이적했다.

2008년 여름 과르디올라 감독의 부임부터 2009년 첫 번째 트레블 달성까지의 시간은 에토가 어떤 선수인지를 잘 보여준다. 부임 당시 과르디올라 감독은 "호나우지뉴, 데쿠, 에토는 내 구상에 없다"라고 선언했다. 잔류를 선택한 에토는 자신을 입증하겠다는 각오로 프리시즌 훈련에 임했다. 스코틀랜드와 미국 투어에서 돌아온 과르디올라 감독은 "지난 2~3주 동안 에토가 보인 행동과 태도를 보고 함께 가기로 했다. 애당초 그는 대단한 재능의 소유자다"라며 마음을 바꿨다. 에토는 10월 알메리아전에서 18분 해트트릭, 11월 바야돌리드전에서 전반전 4골 등 득점력을 발산했다. 챔피언스리그 결승전에서도 에토는 막판 1-1 동점골을 기록하는 결정적 공헌을 했다. 감독으로부터 버림받은 상태로 출발한 2008/09시즌에서 에토가 커리어하이인 52경기 36골 기록을 남긴 것이다.

시즌 종료 후 과르디올라 감독은 "메시를 중앙에 세우려면 에토가 측면으로 가야 한다. 다른 선수라면 몰라도 에토에겐 그런 요구를 할 수가 없다"라고 말했다. 트레블 공헌에도 불구하고 결국 에토는 바르셀로나를 떠나야 했다. 새로 자리 잡은 인테르에서 에토는 모리뉴 감독의 다양한 전술 지시를 100% 수행하면서 백투백 트레블이란 진기록을 작성했다. 카메룬 국가대표팀에서 남긴 족적도 뚜렷했다. 네이션스컵에서 2000년, 2002년 우승했고, 2006년과 2008년 대회에서는 득점왕을 차지했다. 아프리카축구연맹 '올해의 선수'에도 네 번이나 뽑혔다. 조지 웨아(라이베리아), 디디에 드로그바(코트디부아르)와 함께 에토는 아프리카 3대 레전드로 통한다. 참고로 에토는 2011년 러시아의 안지 마하치칼라로 이적하면서 세계 최고액 연봉 기록도 작성했다.

• 조별리그 결과 •

(★16강, *유로파리그 합류)

A조	순위	팀명	전	승	무	패	득	실	득실	승점
	★1	보르도	6	5	1	0	9	2	+7	16
	★2	바이에른 뮌헨	6	3	1	2	9	5	+4	10
	3*	유벤투스	6	2	2	2	4	7	−3	8
	4	마카비 하이파	6	0	0	6	0	8	−8	0

B조	순위	팀명	전	승	무	패	득	실	득실	승점
	★1	맨체스터 Utd	6	4	1	1	10	6	+4	13
	★2	CSKA 모스크바	6	3	1	2	10	10	0	10
	3*	볼프스부르크	6	2	1	3	9	8	+1	7
	4	베식타쉬	6	1	1	4	3	8	−5	4

C조	순위	팀명	전	승	무	패	득	실	득실	승점
	★1	레알 마드리드	6	4	1	1	15	7	+8	13
	★2	밀란	6	2	3	1	8	7	+1	9
	3*	마르세유	6	2	1	3	10	10	0	7
	4	취리히	6	1	1	4	5	14	−9	4

D조	순위	팀명	전	승	무	패	득	실	득실	승점
	★1	첼시	6	4	2	0	11	4	+7	14
	★2	포르투	6	4	0	2	8	3	+5	12
	3*	아틀레티코 마드리드	6	0	3	3	3	12	−9	3
	4	아포엘	6	0	3	3	4	7	−3	3

E조	순위	팀명	전	승	무	패	득	실	득실	승점
	★1	피오렌티나	6	5	0	1	14	7	+7	15
	★2	올랭피크 리옹	6	4	1	1	12	3	+9	13
	3*	리버풀	6	2	1	3	5	7	−2	7
	4	데브레첸	6	0	0	6	5	19	−14	0

F조	순위	팀명	전	승	무	패	득	실	득실	승점
	★1	바르셀로나	6	3	2	1	7	3	+4	11
	★2	인테르나치오날레	6	2	3	1	7	6	+1	9
	3*	루빈 카잔	6	1	3	2	4	7	−3	6
	4	디나모 키예프	6	1	2	3	7	9	−2	5

G조	순위	팀명	전	승	무	패	득	실	득실	승점
	★1	세비야	6	4	1	1	11	4	+7	13
	★2	슈투트가르트	6	2	3	1	9	7	+2	9
	3*	우니레아 우르치체니	6	2	2	2	8	8	0	8
	4	레인저스	6	0	2	4	4	13	−9	2

H조	순위	팀명	전	승	무	패	득	실	득실	승점
	★1	아스널	6	4	1	1	12	5	+7	13
	★2	올림피아코스	6	3	1	2	4	5	−1	10
	3*	스탕다르 리에주	6	1	2	3	7	9	−2	5
	4	AZ 알크마르	6	0	4	2	4	8	−4	4

· 토너먼트 결과 ·

(★ 승자)

16강

	1차전	2차전	합산	득점자
바이에른 뮌헨 ★	2	2	4*	**1차전** 로번 45'+3(p), 클로제 89' **2차전** 판보멀 60', 로번 65'
피오렌티나	1	3	4	**1차전** 크릴루프 50' **2차전** 바르가스 28', 요베티치 54', 64'

*원정득점 우세

	1차전	2차전	합산	득점자
밀란	2	0	2	**1차전** 호나우지뉴 3', 시도르프 85' **2차전** —
맨체스터 Utd ★	3	4	7	**1차전** 스콜스 36', 루니 66', 74' **2차전** 루니 13', 46', 박지성 59', 플레처 88'

	1차전	2차전	합산	득점자
올랭피크 리옹 ★	1	1	2	**1차전** 마쿤 47' **2차전** 파니치 75'
레알 마드리드	0	1	1	**1차전** — **2차전** 호날두 6'

	1차전	2차전	합산	득점자
올림피아코스	0	1	1	**1차전** — **2차전** 미트로글루 65'
보르도 ★	1	2	3	**1차전** 시아니 45'+2 **2차전** 구르쿠프 5', 샤마크 88'

	1차전	2차전	합산	득점자
인테르나치오날레 ★	2	1	3	**1차전** 밀리토 3', 캄비아소 55' **2차전** 에토 78'
첼시	1	0	1	**1차전** 칼루 51' **2차전** —

	1차전	2차전	합산	득점자
CSKA 모스크바 ★	1	2	3	**1차전** 곤살레스 66' **2차전** 네시드 39', 혼다 55'
세비야	1	1	2	**1차전** 네그레도 25' **2차전** 페로티 41'

	1차전	2차전	합산	득점자
포르투	2	0	2	**1차전** 바렐라 11', 팔카오 51' **2차전** —
아스널 ★	1	5	6	**1차전** 캠벨 18' **2차전** 벤트너 10', 25', 90'+1(p), 나스리 63', 캄비아소 55'

	1차전	2차전	합산	득점자
슈투트가르트	1	0	1	**1차전** 카카우 25' **2차전** —
바르셀로나 ★	1	4	5	**1차전** 이브라히모비치 52' **2차전** 메시 13', 60', 페드로 22', 보얀 89'

· 토너먼트 결과 ·

(★ 승자)

8강

	1차전	2차전	합산	득점자
바이에른 뮌헨★	2	2	4*	**1차전** 리베리 77', 올리치 90'+2 **2차전** 올리치 43', 로번 74'
맨체스터 Utd	1	3	4	**1차전** 루니 1' **2차전** 깁슨 3', 나니 7', 41'

*원정득점 우세

	1차전	2차전	합산	득점자
올랭피크 리옹★	3	0	3	**1차전** 산드로 10', 77'(p) , 바스토스 32' **2차전** —
보르도	1	1	2	**1차전** 샤마크 14' **2차전** 샤마크 45'

	1차전	2차전	합산	득점자
인테르나치오날레★	1	1	2	**1차전** 밀리토 65' **2차전** 스네이더르 6'
CSKA 모스크바	0	0	0	**1차전** — **2차전** —

	1차전	2차전	합산	득점자
아스널	2	1	3	**1차전** 윌콧 69', 파브레가스 85'(p) **2차전** 벤트너 18'
바르셀로나★	2	4	6	**1차전** 이브라히모비치 46', 59' **2차전** 메시 21', 37', 42', 88'

준결승

	1차전	2차전	합산	득점자
바이에른 뮌헨★	1	3	4	**1차전** 로번 69' **2차전** 올리치 26', 67', 78'
올랭피크 리옹	0	0	0	**1차전** — **2차전** —

	1차전	2차전	합산	득점자
인테르나치오날레★	3	0	3	**1차전** 스네이더르 30', 마이콘 48', 밀리토 61' **2차전** —
바르셀로나	1	1	2	**1차전** 페드로 19' **2차전** 피케 84'

・ 결승전 ・

0 : 2

2010.05.22. 마드리드,
산티아고 베르나베우 (62,467명)

바이에른 뮌헨 **인테르나치오날레**

득점

–	밀리토 35', 70'

루이스 판할	**4-4-2**	조제 모리뉴	**4-3-3**

벤치

렌싱(GK), 괴를리츠, 콘텐토, 프란지치, 티모추크	톨도(GK), 코르도바, 마리가, 발로텔리

경고/퇴장

데미켈리스 26', 판보멀 78' / –	키부 30' / –

주부심: 하워드 웹(ENG), 마이클 멀라키(ENG), 대런 캔(ENG)
대기심: 마틴 앳킨슨(ENG)

· 득점순위 ·

득점	이름		클럽명	
8골	리오넬 메시	(ARG)	바르셀로나	(ESP)
7골	크리스티아누 호날두	(POR)	레알 마드리드	(ESP)
	이비차 올리치	(CRO)	바이에른 뮌헨	(GER)
6골	디에고 밀리토	(ARG)	인테르나치오날레	(ITA)
5골	니콜라스 벤트너	(DEN)	아스널	(ENG)
	웨인 루니	(ENG)	맨체스터 Utd	(ENG)
	마루앙 샤마크	(MAR)	보르도	(FRA)
4골	마이클 오언	(ENG)	맨체스터 Utd	(ENG)
	스테반 요베티치	(MNE)	피오렌티나	(ITA)
	에딘 제코	(BIH)	볼프스부르크	(GER)
	세스크 파브레가스	(ESP)	아스널	(ENG)
	라다멜 팔카오	(COL)	포르투	(POR)
	페드로	(ESP)	바르셀로나	(ESP)
	아리언 로번	(NED)	바이에른 뮌헨	(GER)
	미랄렘 퍄니치	(BIH)	올랭피크 리옹	(FRA)
	즐라탄 이브라히모비치	(SWE)	바르셀로나	(ESP)
	밀로스 크라시치	(SRB)	CSKA 모스크바	(RUS)

· 팀 오브 토너먼트 ·

골키퍼
줄리우 세자르(BRA)	인테르나치오날레(ITA)
에드빈 판데르사르(NED)	맨체스터 Utd(ENG)
위고 요리스(FRA)	올랭피크 리옹(FRA)

수비수
하비에르 사네티(ARG)	인테르나치오날레(ITA)
마이콘(BRA)	인테르나치오날레(ITA)
루시우(BRA)	인테르나치오날레(ITA)
제라르드 피케(ESP)	바르셀로나(ESP)
왈터 사무엘(ARG)	인테르나치오날레(ITA)
크리스(BRA)	올랭피크 리옹(FRA)

미드필더
베슬러이 스네이더르(NED)	인테르나치오날레(ITA)
마르크 판보멀(NED)	바이에른 뮌헨(GER)
세스크 파브레가스(ESP)	아스널(ENG)
차비 에르난데스(ESP)	바르셀로나(ESP)
플로랑 말루다(FRA)	첼시(ENG)
에스테반 캄비아소(ARG)	인테르나치오날레(ITA)

공격수
디에고 밀리토(ARG)	인테르나치오날레(ITA)
디디에 드로그바(CIV)	첼시(ENG)
아리언 로번(NED)	바이에른 뮌헨(GER)
이비차 올리치(CRO)	바이에른 뮌헨(GER)
웨인 루니(ENG)	맨체스터 Utd(ENG)
리오넬 메시(ARG)	바르셀로나(ESP)

조제 모리뉴

모리뉴가 '스페셜 원'인 이유

2009/10시즌 인테르의 트레블은 이론적으로 불가능한 업적이었다. 시즌 개막 전 선수단 변화가 컸기 때문이다. 2009년 여름 인테르에서는 루이스 피구가 은퇴했고 전 시즌 리그 득점왕 즐라탄 이브라히모비치를 비롯해 훌리오 크루스, 에르난 크레스포, 막스웰 등 주축이 대거 팀을 떠났다. 모리뉴 감독은 경험이 풍부하고 마음 한쪽에 상처를 품은 선수들로 빈칸을 채웠다. 제노아에서 밀리토와 모타를 영입했다. 바르셀로나와 레알에서 푸대접을 받은 에토와 스네이더르를 데려왔고 루시우도 단돈 5백만 유로에 손에 넣었다. 선발진이 절반 이상 바뀐 팀의 역사적 대성공을 기대하긴 어려웠다.

모리뉴 감독에겐 계획이 있었다. 재능과 경험을 겸비한 신입생들에겐 적응기가 필요 없었다. 스네이더르는 영입되자마자 밀라노 더비에서 맹활약을 펼쳐 팀의 대승을 이끌었다. 인테르는 마이콘, 사무엘, 루시우, 사네티로 구성한 백4 라인을 뼈대로 4-3-1-2 또는 4-3-2-1 포메이션을 완성했다. 모리뉴 감독은 상대 공격을 억제하기 위해 과감히 자기 팀의 공격 성향을 희생했다. 에토, 판데프, 스네이더르는 철저한 포지셔닝 플레이에 집중했다. 성공 요인은 빠른 전환이었다. 단단하게 지역을 방어하다가 볼을 빼앗는 즉시 역습을 시도하는 실용주의 전술을 구사했다. 모리뉴 감독이 새로 꾸린 선수단은 재능만큼 전술 완성을 위해 자신들을 극한까지 불태우는 태도를 갖췄기에 가능했다.

모리뉴 감독이 스스로 "지도자 경력 중 가장 아름다운 패배"라고 평가한 준결승 2차전 바르셀로나 원정이 대표적이었다. 한 명이 적은 상황에서 바르셀로나는 한 시간 넘게 세계 최강 공격력을 1실점으로 막아 합산 3-2 승리를 지켰다. 이 경기에서 인테르의 점유율은 24%에 그쳤다. 슈팅 시도 15-1, 유효 슛 4-0, 패스 627-160이란 통계에서 알 수 있듯이 인테르는 경기 내내 두들겨 맞으면서도 끝까지 쓰러지지 않았다. 경기 후 모리뉴 감독은 "그라운드에 모든 것을 쏟아부어야 할 때가 오면 기술이 아니라 피를 쏟아부어야 한다"라며 선수들의 정신력을 극찬했다. 마드리드 결승전에서도 인테르는 점유율 32%, 패스 643-289 통계를 나타내면서 2-0 완승을 거뒀다. 모리뉴 감독의 승리 공식이 선수들의 재능과 정신력으로 완벽하게 재현된 결과였다.

알다시피 역사적 트레블 달성을 뒤로하고 모리뉴 감독은 밀라노로 돌아가지 않고 곧바로 레알의 감독으로 부임했다. 외부인들에겐 냉혈한처럼 보일 수 있는 거취 선택이다. 하지만 결승전 장소를 떠나기 전 모리뉴 감독은 마르코 마테라치와 헤어지며 뜨거운 눈물을 흘렸다. 시간이 지난 뒤, 모리뉴 감독은 "레알 감독을 맡기로 결심했지만 아직 계약 전이었다. 밀라노로 돌아가면 내 마음이 바뀔 것 같았다"라고 뒤를 돌아보지 않았던 이유를 설명했다. 세상의 편견과 달리 모리뉴 감독은 마음속에 정을 가진 명장이다.

★★★
2010/11 시즌
축구 역사상 최강 팀

꙰ 키워드 ꙰

#바르셀로나 #메시 #차비 #이니에스타 #과르디올라

백그라운드 Background

2010년 6월 남아공 월드컵이 열렸다. 역사상 첫 번째라는 타이틀은 개최국과 우승팀 모두에게 돌아갔다. 결승전에서 스페인은 네덜란드를 1-0으로 꺾고 월드컵을 차지했다. 루이스 아라고네스 감독으로부터 유로 2008 우승팀을 물려받은 비센테 델보스케 감독은 선수단의 화합을 최우선시하며 티키타카 전성시대를 이어갔다. H조 첫 경기에서 스페인은 스위스에 0-1로 패했다. 패닉에 빠질 수도 있는 상황에서 라로하(La Roja; 스페인 대표팀 애칭)는 '우리는 틀리지 않았다'라는 신념 아래서 2차전부터 결승전까지 6연승을 내달리며 역사적 첫 우승을 차지했다. 델보스케 감독의 통솔도 좋았지만, 근본적 힘은 역시 바르셀로나 황금 멤버들이었다. 결승전 선발 11인 중 바르셀로나 선수만 7명(다비드 비야, 차비, 안드레스 이니에스타, 페드로, 세르히오 부스케츠, 카를라스 푸욜, 제라르드 피케)이나 되었다. 펩 과르디올라 감독의 '천하무적 팀'에서 외국인 자리만 레알 마드리드 3인(사비 알론소, 세르히오 라모스, 일케르 카시야스)과 비야레알의 호안 카프데빌라로 갈아 끼운 셈이었다. 상대의 밀집수비에 막혀 바르셀로나의 공격력을 재현하진 못했지만 16강부터 결승전까지 토너먼트 4경기를 모두 1-0으로 잡는 챔피언의 위닝멘털리티는 여전했다. 참고로 2010 남아공 월드컵은 유치 경쟁 과정에서 오간 뇌물 의혹으로 2015년 셉 블라터 FIFA 회장의 축출로 이어지는 스캔들의 시발점이기도 했다.

유럽 이적시장에서는 레알 마드리드와 맨체스터 시티가 맹위를 떨쳤다. 레알에서는 재집권에 성공한 플로렌티노 페레스 회장이 크리스티아누 호날두, 카카, 카림 벤제마에 이어 2010년 월드컵에서 스타로 떠오른 베르더 브레멘의 메수트 외질, 슈투트가르트의 사미 케디라를 확보해 '타도 바르셀로나'를 외쳤다. 맨시티는 UAE 아부다비 왕족 셰이크 만수르의 '묻지 마' 지원으로 에딘 제코, 야야 투레, 마리오 발로텔리, 다비드 실바, 알렉산드르 콜라로프 등 유럽 대륙의 월척들을 싹쓸이했다. 미국계 오너가 많은 프리미어리그 빅클럽은 2008년 서브프라임 모기지 사태의 악영향으로 인해 자금력이 크게 위축된 상황이었기 때문에 레알과 맨시티의 폭주가 도드라져 보였다.

조별리그 Group Stage

여름을 지나면서 바르셀로나 선수단에는 굵직한 변화가 두 가지 있었다. 주인공 대접을 받지 못해 불만이 쌓인 즐라탄 이브라히모비치를 밀란으로 임대 보냈다. 야야 투레는 맨시티의 풍족한 제안을 거절하지 않았다. 대체자는 월드컵 득점왕 비야와 리버풀의 하비에르 마스체라노였다. 월드컵 피로도가 쌓였지만, 바르셀로나는 어렵지 않게 D조 1위 16강행 임무를 완수했다. 당초 루빈 카잔이 유력했던 2위 티켓은 3차 예선 챔피언패스로 올라온 코펜하겐에 돌아갔다.

라이벌 레알 마드리드에서는 '조제 모리뉴 효과'가 즉각 나타났다. 6시즌 연속 16강 탈락이란 수모를 썼던 레알은 G조에서 밀란, 아약스, 옥세르와 함께 배정되어 쉽지 않은 여정이 예상되었다. 하지만 모리뉴 감독의 레알은 거침없이 진격했다. 산시로 원정으로 치러진 4차전에서 2-2 무승부를 제외한 다섯 경기를 전부 무실점 승리로 소화해 일찌감치 조 1위를 차지했다. 조 2위 밀란(8점)보다 승점이 두 배나 많았을 정도로 압도적 내용이었다.

이번 시즌 조별리그에서는 샤흐타르 도네츠크와 가레스 베일이 스타로 떠올랐다. H조의 샤흐타르는 억만장자 리나트 아흐메토프의 자금 지원으로 브라질의 우수 자원들을 대거 영입했다. 브라질 대표급 선수들을 앞세운 샤흐타르는 우크라이나 전통의 강호 디나모 키예프를 추월한 것은 물론 2009년 UEFA컵까지 차지하는 실적을 남겼다. 샤흐타르는 H조 3차전에서 아스널에 1-5로 대패했으나 곧바로 이어진 4차전 홈 2-1 역전승을 포함해 5승 1패로 조 1위를 달성해 아르센 벵거 감독을 무안하게 했다.

A조에서는 토트넘의 21세 미드필더 베일이 빛났다. 토트넘은 프리미어리그에서 실력파로 통하지만, 챔피언스리그 첫 출전인 탓에 큰 기대를 받지 못했다. 첫 경기인 브레멘 원정에서 두 골을 넣고 2-2 무승부를 허용하는 경험 부족도 드러났다. 산시로에서 벌어진 3차전에서 토트넘은 디펜딩챔피언 인테르를 상대로 전반전에만 4골을 내주며 무너졌다. 하지만, 후반 들어 베일이 혼자 공격력을 폭발시켜 해트트릭을 달성했다. 3-4로 패하긴 했지만, 이날 퍼포먼스를 바탕으로 베일은 일약 스타덤에 올랐다. 이어진 홈 4차전에서 토트넘은 인테르를 3-1로 잡았는데 세 골 모두 베일의 어시스트였다. 자신감을 얻은 토트넘은 남은 두 경기에서 승점 4점을 얻어 인테르를 1점 차로 따돌리고 조 1위를 차지했다. 인테르는 조별리그를 마치고 UAE에서 열린 FIFA 클럽 월드컵에서 성남일화

와 마젬베를 꺾고 월드 챔피언에 올랐다. 우승 확정 후, 라파엘 베니테스 감독은 전력 보강에 대한 불만을 드러냈고, 닷새 후 마시모 모라티 회장으로부터 해고 통보를 받았다.

▌▌토너먼트 Tournament

모리뉴 감독이 레알의 6시즌 연속 16강 탈락 저주를 풀 것인가? 축구 팬들의 이목이 레알과 올랭피크 리옹의 16강전에 쏠렸다. 레알은 원정 1차전을 1-1 무승부로 마무리하고 산티아고 베르나베우로 돌아왔다. 2차전에서 레알은 마르셀루, 벤제마 그리고 벤피카에서 영입한 앙헬 디마리아의 3연속 득점으로 리옹을 3-0으로 물리치고 7년 만에 대회 8강 무대를 밟았다. 레알은 8강에서 토트넘을 합산 5-0으로 잡아 유럽 4대 천왕 자리로 복귀했다. 하지만 준결승 길목에서 만난 상대가 하필이면 바르셀로나였다. 과르디올라 감독의 바르셀로나는 16강부터 거침없이 질주했다. 아스널 원정 1차전에서 1-2로 패했으나 홈 2차전을 3-1로 마무리했다. 8강에서는 감독 교체로 어수선한 로마를 잡고 올라온 샤흐타르에 합산 6-1 대승을 거뒀다. 챔피언스리그 토너먼트에서 엘클라시코가 성사된 것은 2001/02시즌 이후 두 번째였다.

두 팀은 4월 16일 리그전을 시작으로 20일 코파델레이 결승전, 27일과 5월 3일 챔피언스리그 준결승 두 경기까지 18일 동안 네 번이나 격돌해 축구 팬들을 즐겁게 했다. 모리뉴 감독의 레알은 코파델레이 결승전에서 1-0 승리로 분위기를 띄웠다. 레알의 챔피언스리그 희망은 홈 1차전에서 페페의 일발 퇴장으로 꺾였다. 거친 항의로 모리뉴 감독까지 쫓겨난 상황에서 레알은 메시에게 2연속 실점을 내줘 0-2로 패했다. 원정 2차전에서도 레알은 1-1 무승부에 그쳐 숙적 바르셀로나에 결승행 티켓을 내줘야 했다.

반대편 대진에선 토트넘, 샤흐타르에 이어 샬케가 발렌시아를 제치고 8강에 올랐다. 펠릭스 마가트의 후임으로 온 랄프 랑닉 감독 체제로 샬케는 8강 1차전에서 인테르와 만났다. 고전이 예상되었지만 샬케는 수원삼성블루윙스에서 뛰었던 브라질 공격수 에두의 2골 활약으로 5-2 원정 대승을 거뒀고 2차전에서도 2-1로 승리해 4강행 파란을 일으켰다. 16강에서 마르세유를 제친 맨유는 8강에서 카를로 안첼로티 감독의 첼시를 상대했다. 맨유는 완숙미를 앞세워 원정 1-0 승리, 2차전 홈 2-1 승리(박지성 1골)로 4강 진출에 성공했다. 준결승전에서 맨유는 샬케를 어렵지 않게 요리했다. 원정 1차

전 2-0 승리에 이어 홈 2차전도 안토니오 발렌시아, 대런 깁슨과 함께 안데르송의 드
문 2골 활약으로 잡아냈다. 토너먼트 단계까지 신흥 세력의 분투가 이어졌지만 역시 유
럽 최강의 두 자리는 당대 가장 안정적 전력을 지닌 바르셀로나와 맨유의 차지였다. 바
르셀로나는 최근 6년간 세 번째, 맨유는 최근 4년간 세 번째 결승 진출이란 통계에서 알
수 있듯이 두 팀은 창단 이래 최대 호황기를 보내고 있었다.

결승전 Final
바르셀로나 3 : 1 맨체스터 Utd | 2011.05.28 | 런던, 웸블리 스타디움

2009년 로마에 이어 바르셀로나와 맨유가 다시 한번 챔피언스리그 결승전에서 격돌
했다. 잉글랜드와 좋은 인연을 지닌 바르셀로나로서는 결승전 장소와 상대 클럽 국적이
모두 마음에 들었을 것이다. 1992년 잉글랜드 런던에서 첫 우승을 차지했고, 2006년과
2009년 우승 당시 상대도 모두 잉글랜드 클럽이었기 때문이다. 지난 시즌 밀라노 버스
원정의 트라우마로 인해 바르셀로나는 아이슬란드 그림스뵈튼 화산이 폭발했다는 소식
에 예정보다 이틀 앞서 런던에 입성했다. 맨유의 퍼거슨 감독은 결승전 하루 전 공개 훈
련에서 박지성을 따로 불러 2분여 동안 전술을 지시하는 등, 마지막 순간까지 티키타카
봉쇄를 고심했다.

맨유는 예상을 깨고 바르셀로나를 상대로 강대강 카드를 꺼냈다. 킥오프 휘슬과 함께
적극적인 전방압박으로 기세를 올렸다. 결승전 2연속 선발 출전하는 박지성은 미들서드
에서 상대의 볼을 따라 움직였다. 하지만 2011년 바르셀로나는 신의 경지에 다다른 상
태였다. 10분여가 지나가자 부스케츠를 중심추로 한 차비, 이니에스타의 패스 콤비네이
션이 작동하기 시작했다. 이때부터 경기는 바르셀로나의 원사이드게임으로 진행되었다.
차비와 이니에스타는 넓은 시야, 빠른 패스와 상황 판단으로 상대 수비진을 쉽게 파고
들었다. 27분 차비의 아웃프런트 패스를 받은 페드로가 문전 오른쪽에서 선제골을 터트
렸다. 퍼거슨 감독은 "최대한 촘촘히 서야 한다"라고 주문했지만 차비의 패스는 맨유 수
비망을 단번에 찢었다. 맨유의 희망은 루니였다. 조별리그 중 팀을 떠나겠다는 폭탄선언
과 5년 재계약 합의라는 해프닝을 일으켰던 루니는 선제 실점 5분 뒤 회심의 동점골을
터트렸다. 맨유로서는 전반전을 1-1로 마치며 가슴을 쓸어내렸다.

후반 들어 측면에 있던 박지성이 긱스와 자리를 바꿔 중앙으로 이동했다. 루니가 후진해 맨유는 4-2-3-1에 가까운 형태로 바르셀로나에 맞섰다. 무의미한 전환이었다. 바르셀로나의 티키타카는 압권이었다. 전투적 성향의 수비형 미드필더가 없는 맨유로서는 상대의 패스에 휘둘릴 뿐이었다. 53분 캐릭과 박지성이 차비와 이니에스타에게 쏠리자 순간적으로 공간이 생겼다. 그곳으로 들어간 메시가 통렬한 왼발 슛으로 추가골을 뽑았다. 69분 메시는 교체로 막 들어온 나니를 제친 뒤 페널티박스 안에서 혼란을 일으켰고, 흐른 볼을 주운 비야가 완벽한 오른발 감아차기로 승부에 쐐기를 박았다. 버거운 상대인 바르셀로나 앞에서 맨유는 2년 전처럼 다시 무릎을 꿇었다. 퍼거슨 감독은 자신이 만든 팀이 최절정기에 도달한 타이밍이 하필 역대 최강 바르셀로나와 맞물리는 아이러니를 원망해야 했다.

바르셀로나의 주장 푸욜과 부주장 차비는 트로피를 들어 올리는 영광을 두 달 전 간암수술을 극복한 동료 에릭 아비달에게 넘겨 갈채를 받았다. 메시는 결승전 득점 포함 12골로 대회 3연속 득점왕에 빛났고 과르디올라 감독은 부임 3년 만에 10번째 메이저 트로피를 획득했다. 유로와 월드컵을 제패한 스페인 국가대표팀과 함께 과르디올라 감독의 바르셀로나는 역사적 팀이 되어가고 있었다.

· 조별리그 결과 ·

(★ 16강, *유로파리그 합류)

A조	순위	팀명	전	승	무	패	득	실	득실	승점
	★1	토트넘 홋스퍼	6	3	2	1	18	11	+7	11
	★2	인테르나치오날레	6	3	1	2	12	11	+1	10
	3*	트벤테	6	1	3	2	9	11	−2	6
	4	베르더 브레멘	6	1	2	3	6	12	−6	5

B조	순위	팀명	전	승	무	패	득	실	득실	승점
	★1	샬케 04	6	4	1	1	10	3	+7	13
	★2	올랭피크 리옹	6	3	1	2	11	10	+1	10
	3*	벤피카	6	2	0	4	7	12	−5	6
	4	하포엘 텔아비브	6	1	2	3	7	10	−3	5

C조	순위	팀명	전	승	무	패	득	실	득실	승점
	★1	맨체스터 Utd	6	4	2	0	7	1	+6	14
	★2	발렌시아	6	3	2	1	15	4	+11	11
	3*	레인저스	6	1	3	2	3	6	−3	6
	4	부르사스포르	6	0	1	5	2	16	−14	1

D조	순위	팀명	전	승	무	패	득	실	득실	승점
	★1	바르셀로나	6	4	2	0	14	3	+11	14
	★2	코펜하겐	6	3	1	2	7	5	+2	10
	3*	루빈 카잔	6	1	3	2	2	4	−2	6
	4	파나시나이코스	6	0	2	4	2	13	−11	2

E조	순위	팀명	전	승	무	패	득	실	득실	승점
	★1	바이에른 뮌헨	6	5	0	1	16	6	+10	15
	★2	로마	6	3	1	2	10	11	−1	10
	3*	바젤	6	2	0	4	8	11	−3	6
	4	CFR 클루지	6	1	1	4	6	12	−6	4

F조	순위	팀명	전	승	무	패	득	실	득실	승점
	★1	첼시	6	5	0	1	14	4	+10	15
	★2	마르세유	6	4	0	2	12	3	+9	12
	3*	스파르타크 모스크바	6	3	0	3	7	10	−3	9
	4	질리나	6	0	0	6	3	19	−16	0

G조	순위	팀명	전	승	무	패	득	실	득실	승점
	★1	레알 마드리드	6	5	1	0	15	2	+13	16
	★2	밀란	6	2	2	2	7	7	0	8
	3*	아약스	6	2	1	3	6	10	−4	7
	4	옥세르	6	1	0	5	3	12	−9	3

G조	순위	팀명	전	승	무	패	득	실	득실	승점
	★1	샤흐타르 도네츠크	6	5	0	1	12	6	+6	15
	★2	아스널	6	4	0	2	18	7	+11	12
	3*	브라가	6	3	0	3	5	11	−6	9
	4	파르티잔	6	0	0	6	2	13	−11	0

· 토너먼트 결과 ·

(★ 승자)

16강

	1차전	2차전	합산	득점자
올랭피크 리옹	1	0	1	**1차전** 고미스 83' **2차전** —
레알 마드리드 ★	1	3	4	**1차전** 벤제마 65' **2차전** 마르셀루 37', 벤제마 66', 디마리아 76'

	1차전	2차전	합산	득점자
밀란	0	0	0	**1차전** — **2차전** —
토트넘 홋스퍼 ★	1	0	1	**1차전** 크라우치 80' **2차전** —

	1차전	2차전	합산	득점자
아스널	2	1	3	**1차전** 판페르시 78', 아르샤빈 83' **2차전** 부스케츠 53'(og)
바르셀로나 ★	1	3	4	**1차전** 비야 26' **2차전** 메시 45'+3, 71'(p), 차비 69'

	1차전	2차전	합산	득점자
로마	2	0	2	**1차전** 라트 28'(og), 메네즈 61' **2차전** —
샤흐타르 도네츠크 ★	3	3	6	**1차전** 자드송 29', 더글라스 코스타 36', 루이스 아드리아누 41' **2차전** 윌리안 18', 58', 에두아르두 87'

	1차전	2차전	합산	득점자
인터나치오날레 ★	0	3	3*	**1차전** — **2차전** 에토 4', 스네이더르 63', 판데프 88'
바이에른 뮌헨	1	2	3	**1차전** 고메즈 90' **2차전** 고메즈 21', 뮐러 31'

*원정득점 우세

	1차전	2차전	합산	득점자
발렌시아	1	1	2	**1차전** 솔다도 17' **2차전** 히카르두 코스타 17'
샬케 04 ★	1	3	4	**1차전** 라울 64' **2차전** 페란 40', 90'+4, 가브라노비치 52'

	1차전	2차전	합산	득점자
코펜하겐	0	0	0	**1차전** — **2차전** —
첼시 ★	2	0	2	**1차전** 아넬카 17', 54' **2차전** —

	1차전	2차전	합산	득점자
마르세유	0	1	1	**1차전** — **2차전** 브라운 82'(og)
맨체스터 Utd ★	0	2	2	**1차전** — **2차전** 에르난데스 5', 75'

• 토너먼트 결과 • (★ 승자)

8강

	1차전	2차전	합산	득점자
레알 마드리드 ★	4	1	5	**1차전** 아데바요르 4', 57', 디마리아 72', 호날두 87' **2차전** 호날두 50'
토트넘 홋스퍼	0	0	0	**1차전** − **2차전** −

	1차전	2차전	합산	득점자
바르셀로나 ★	5	1	6	**1차전** 이니에스타 2', 다니 아우베스 34', 피케 53', 케이타 61', 차비 86' **2차전** 메시 43'
샤흐타르 도네츠크	1	0	1	**1차전** 라키츠키 60' **2차전** −

	1차전	2차전	합산	득점자
인테르나치오날레	2	1	3	**1차전** 스탄코비치 1', 밀리토 34' **2차전** 모타 49'
샬케 04 ★	5	2	7	**1차전** 마팅 17', 에두 40', 75', 라울 53', 라노키아 57'(og) **2차전** 라울 45', 회베데스 81'

	1차전	2차전	합산	득점자
첼시	0	1	1	**1차전** − **2차전** 드로그바 77'
맨체스터 Utd ★	1	2	3	**1차전** 루니 24' **2차전** 에르난데스 43', 박지성 78'

준결승

	1차전	2차전	합산	득점자
레알 마드리드	0	1	1	**1차전** − **2차전** 마르셀루 64'
바르셀로나 ★	2	1	3	**1차전** 메시 76', 87' **2차전** 페드로 54'

	1차전	2차전	합산	득점자
샬케 04	0	1	1	**1차전** − **2차전** 후라도 35'
맨체스터 Utd ★	2	4	6	**1차전** 긱스 67', 루니 69' **2차전** 발렌시아 26', 깁슨 31', 안데르송 72', 76'

결승전

바르셀로나

3 : 1
2011.05.28. 런던,
웸블리 스타디움 (87,695명)

맨체스터 Utd

득점

페드로 27', 메시 54', 비야 69' | 루니 34'

펩 과르디올라 | **4-3-3**

알렉스 퍼거슨 | **4-4-1-1**

벤치

오이어(GK), 아드리아누, 티아고, 보얀 | 쿠스차크(GK), 스몰링, 안데르송, 플레처, 오언

경고/퇴장

다니 아우베스 60', 빅토르 발데스 85' / – | 캐릭 61', 발렌시아 79' / –

주부심: 빅토르 카사이(HUN), 가보르 에로스(HUN), 교르기 링(HUN)
대기심: 이스트반 바드(HUN)

· 득점순위 ·

득점	이름		클럽명	
12골	리오넬 메시	(ARG)	바르셀로나	(ESP)
8골	사무엘 에토	(CMR)	인테르나치오날레	(ITA)
	마리오 고메즈	(GER)	바이에른 뮌헨	(GER)
7골	니콜라스 아넬카	(FRA)	첼시	(ENG)
6골	카림 벤제마	(FRA)	레알 마드리드	(ESP)
	크리스티아누 호날두	(POR)	레알 마드리드	(ESP)
	로베르토 솔다도	(ESP)	발렌시아	(ESP)
5골	페드로	(ESP)	바르셀로나	(ESP)
	라울	(ESP)	샬케 04	(GER)
4골	가레스 베일	(WAL)	토트넘 홋스퍼	(ENG)
	마르코 보리엘로	(ITA)	로마	(ITA)
	피터 크라우치	(ENG)	토트넘 홋스퍼	(ENG)
	에두아르두	(CRO)	샤흐타르 도네츠크	(UKR)
	제페르손 파르판	(PER)	샬케 04	(GER)
	하비에르 에르난데스	(MEX)	맨체스터 Utd	(ENG)
	즐라탄 이브라히모비치	(SWE)	밀란	(ITA)
	루이즈 아드리아누	(BRA)	샤흐타르 도네츠크	(UKR)
	웨인 루니	(ENG)	맨체스터 Utd	(ENG)
	다비드 비야	(ESP)	바르셀로나	(ESP)

· 팀 오브 토너먼트 ·

골키퍼

빅토르 발데스(ESP)	바르셀로나(ESP)
에드빈 판데르사르(NED)	맨체스터 Utd(ENG)
이케르 카시야스(ESP)	레알 마드리드(ESP)

수비수

다니 아우베스(BRA)	바르셀로나(ESP)
제라르드 피케(ESP)	바르셀로나(ESP)
카를라스 푸욜(ESP)	바르셀로나(ESP)
존 테리(ENG)	첼시(ENG)
네마냐 비디치(SRB)	맨체스터 Utd(ENG)
마르셀루(BRA)	레알 마드리드(ESP)

미드필더

잭 윌셔(ENG)	아스널(ENG)
안드레스 이니에스타(ESP)	바르셀로나(ESP)
차비 에르난데스(ESP)	바르셀로나(ESP)
라이언 긱스(WAL)	맨체스터 Utd(ENG)
가레스 베일(WAL)	토트넘 홋스퍼(ENG)
루카 모드리치(CRO)	토트넘 홋스퍼(ENG)

공격수

리오넬 메시(ARG)	바르셀로나(ESP)
페드로 로드리게스(ESP)	바르셀로나(ESP)
다비드 비야(ESP)	바르셀로나(ESP)
사무엘 에토(CMR)	인테르나치오날레(ITA)
웨인 루니(ENG)	맨체스터 Utd(ENG)
크리스티아누 호날두(POR)	레알 마드리드(ESP)

완벽한, 너무나 완벽한
카탈루냐 중원 3인

2011년 12월 발롱도르 시상식에서 특이한 광경이 펼쳐졌다. 현장으로 후보를 보낸 팀이 바르셀로나 한 곳뿐이었다. 바르셀로나 소속의 메시, 차비, 이니에스타가 발롱도르 투표 1, 2, 3위를 독식했기 때문이다. 유례없는 최강팀의 출현이 만든 기현상 중 하나였다.

2008년부터 2012년까지 세계 축구는 스페인과 바르셀로나의 시대였다. 스페인 국가대표팀은 2008년 유로, 2010년 남아공월드컵, 2012년 유로를 내리 석권했다. 같은 기간 그 주축 멤버들의 소속팀 바르셀로나는 펩 과르디올라 감독과 함께 챔피언스리그 우승 2회를 포함해 메이저 타이틀 14개를 휩쓸었다. 메시는 2009년부터 2012년까지 발롱도르를 4연속 수상하는 전무후무한 기록도 남겼다. 축구 역사상 이토록 시대를 독점했던 팀은 없다.

과르디올라 감독은 점유와 공간이란 두 키워드를 앞세워 요한 크루이프와 아리고 사키의 축구를 압축해 21세기형 완성품을 내놓았다. 철저한 훈련을 거치면서 바르셀로나는 자동화 기계처럼 볼을 운반하고 템포를 조절해 상대를 질식사 상태에 빠뜨렸다. 2011년 결승전에서 완패한 맨유의 퍼거슨 감독은 "내 지도자 경력 중 상대했던 최고의 팀"이라고 극찬했다. 과르디올라의 축구 철학이 찬란하게 발현될 수 있었던 원동력은 바르셀로나가 배출한 황금 멤버들의 월드클래스 기량이었다. 스페인과 바르셀로나의 중원을 담당했던 차비, 이니에스타, 부스케츠의 콤비네이션은 경쟁자들과 차원이 다른 수준이었다. 바르셀로나 역대 최다 출전 순위를 보면 차비(767경기), 메시(748경기), 이니에스타(647경기) 그리고 부스케츠(595경기)로 이어진다. 네 명이 어떤 존재들인지 짐작할 수 있는 통계다.

1998년 차비가 데뷔하자 당시 1군의 터줏대감 미드필더였던 과르디올라는 동료들에게 "저 녀석 때문에 내가 은퇴할 것"이라고 장담했다. 다음 해 누캄프에서 열린 '나이키컵'에서 바르셀로나 유스팀은 로사리오 센트럴과 결승전에서 격돌했다. 당시 팀의 핵심 멤버가 15세 이니에스타였다. 결승전을 참관한 과르디올라는 이니에스타의 플레이를 보곤 차비에게 "네가 곧 나를 대체할 텐데, 여기 이 어린 녀석을 잘 봐둬라. 이 녀석이 우리 둘 다 은퇴시킬 테니까"라는 문자를 보냈다. 다행히 그의 장담은 어긋났다. 이니에스타는 차비와 영혼의 파트너십을 이뤄 감독이 된 자신에게 눈부신 영광을 선물했기 때문이다.

레이카르트 체제만 해도 차비와 이니에스타의 동시 기용은 비관적 논평을 받아야 했다. 현지 언론은 두 선수를 장난감에 비유했다. 체구가 작고 기술만 좋은 미드필더 두 명이 나란히 서면 거친 상대에 버티지 못한다는 이유였다. 하지만 결과적으로 차비와 이니에스타는 486경기를 함께 뛰면서 국가대표팀과 소속팀에서 황금기를 구가했다. 과르디올라 감독의 수석코치 로렌소 부에나벤투라는 "사람들은 차비와 이니에스타가 함께 뛰면 안 된다고 했다. 틀렸다. 둘은 절대 따로 뛰어선 안되는 선수들이었다"라고 설명한다.

차비는 유로2008의 대회 MVP, 이니에스타는 유로2012의 대회 MVP로 각각 선정되었다. 중간에 낀 2010남아공월드컵에서 우승을 확정한 주인공은 연장전 결승골을 터트린 이니에스타였다. 이니에스타는 결승전으로부터 1년 전 심장마비로 세상을 떠난 에스파뇰 전 주장 다니엘 자스케를 추모하는 셀러브레이션을 펼쳤다. 덕분에 이니에스타는 라이벌 에스파뇰 팬들로부터 유일하게 박수를 받는 바르셀로나 선수가 되었다.

과르디올라 전성기에서 절대 빼놓을 수 없는 또 한 명이 바로 부스케츠다. 2008/09시즌을 3부 소속 바르셀로나B에서 시작한 부스케츠는 곧바로 과르디올라 감독의 부름으로 1군에 합류했다. 라리가 2라운드에서 데뷔해 가치를 증명하자 12월 바이아웃 8천만 유로에 재계약했고 결국 로마에서 트레블 주역으로 시즌을 마감했다. 1992년 바르셀로나의 첫 우승 당시 결승전 벤치에 앉았던 부친 카를라스에 이어 아들도 챔피언스리그에서 우승한 것이다. 차비와 이니에스타 뒤에 서는 부스케츠는 흔히 메트로놈에 비유된다. 너무나 정확한 상황 판단과 패스 연계로 시스템 전체가 돌아가는 꼭짓점 역할을 수행한다. 스페인 국가대표팀을 이끌었던 비센테 델보스케 감독은 부스케츠의 열혈 팬이었다. 2010년 남아공월드컵 첫 경기에서 패하자 언론은 부스케츠를 원인으로 지목했다. 델보스케 감독은 단호했다. "나더러 어떤 선수가 되고 싶냐고 묻는다면 부스케츠를 선택한다. 모든 것을 가졌다. 팀을 돕고 배려심이 있고 팀이 필요할 때 항상 제일 먼저 움직인다. 경기를 보면 부스케츠가 보이지 않는다. 그러나 부스케츠를 보면 경기 전체가 눈에 들어온다" 클럽 레전드 크루이프는 "부스케츠는 어느 감독에게나 소중한 선물 같은 선수다. 패스의 세기가 완벽하고 뭔가 따로 지시할 필요가 없는 완벽한 선수"라며 극찬했다.

차비는 "볼을 가진 사람이 게임의 주인이다"라는 어록을 남겼다. 그 믿음은 본인과 함께 이니에스타, 부스케츠가 구성한 바르셀로나와 스페인 대표팀 미드필드에서 더할 나위 없이 완벽하게 실천되었다. 상대 수비진을 간단히 찢는 차비의 패스, 상대를 주저앉게 만드는 이니에스타의 볼컨트롤, 모든 플레이의 중심이 되어주는 부스케츠의 경기 운영, 그리고 가장 필요한 골을 해결하는 메시의 득점력이 한곳에서 폭발했던 과르디올라 감독의 바르셀로나야말로 축구 역사상 최강팀이라고 해도 손색이 없다.

★★★

2011/12 시즌

지옥에서 기어 올라와
최정상에 서다

⚽ **키워드** ⚽

#첼시 #아브라모비치 #드로그바 #램파드 #런던

백그라운드 Background

2011/12시즌은 미셸 플라티니 UEFA 회장의 개혁 구상이 가시화되기 시작한 원년이었다. 중하위권 리그의 챔피언이 들러리 신세를 벗어 던지고 본선 무대에서 족적을 남기기 시작했다. 빅클럽 중심 세계관에서는 '돌풍', '이변'으로 해석되지만 플라티니 회장의 '모두를 위한 축구' 신념에서는 올바른 방향성이 나타났다고 평가할 수 있다. 또 다른 큰 변화는 '재정적 페어플레이(Financial Fairplay; FFP)'의 발효였다.

이전 챕터에서 설명한 것처럼 1990년대 들어 유럽 축구 시장은 스포츠마케팅 기술, 위성방송과 이동통신의 발전이 융합하면서 시장 잠재력이 눈을 떴다. 활성화된 축구 시장은 곧 외부 투자 유치라는 선순환으로 연결되었다. 유럽 축구 시장은 다른 산업 분야의 상식을 뒤엎을 만큼 빠르게 팽창했다. 1997년부터 2009년까지 12년간 빅5 리그 국가의 국내총생산(GDP)은 44% 증가한 데에 비해 상위 20위권 클럽들의 매출은 무려 221%란 폭발적 성장세를 기록했다. 2007년 서브프라임 모기지 사태와 2008년 리먼 쇼크를 고려하면 유럽 축구 시장은 일반적 경기침체 악재의 영향을 받지 않는 예외적 분야라고 할 수 있다.

문제는 축구 시장에서는 매출 대비 수익률이 매우 나쁘다는 점이었다. 돈을 벌기보다 영광을 추구하는 축구의 전통적 가치가 여전했기 때문에 축구 클럽은 적자 재정이 당연시되었다. 특히 2000년대 들어 유럽 축구계에 대거 유입된 슈퍼리치 오너들은 단기간의 성공을 위해 상식에서 벗어난 투자를 감행했다. 경쟁 과열은 인건비 인플레이션을 부추겼다. 2010년 기준 UEFA 53개국 회원사의 1부 734개 클럽의 58%가 적자를 기록했다. 매출도 늘지만 지출은 더 빠르게 증가하면서 곳곳에서 위험 신호가 감지되었다.

플라티니 집행부로서는 망국적 경쟁 과열을 막아야 한다고 판단했다. 2009년 8월 각국 리그, 클럽, 선수들의 대표로 구성된 UEFA 재정감시위원회(Financial Control Panel)는 2004/05시즌부터 시행한 클럽라이선스 제도 중 재정 부문을 강화한 FFP 규정을 구체화했다. 기본 메시지는 '버는 만큼만 쓴다(Break-even rule)'였다. 재무제표를 기준으로 1단계 3시즌 적자 누계를 4,500만 유로로 제한했다. 다음 3시즌의 2단계 적자 상한선은 3천만 유로로 줄이고, 3단계에서는 흑자 재정을 의무화했다. 적자를 메우기 위한 방법에서 증자, 금융 대출, 제3자의 기부(오너 사재 출연)는 인정되지 않았다. 단, 유소년 및 시설 투자는 비용 항목에서 제외했다. 규정 위반 정도에 따라서 클럽들은 제재금 부과, 선수 신규 등록(영입) 금지, UEFA 주관 대회 등록 인원수 제한 또는 출전권 박탈 등의 처분을 받게 된다. UEFA는 일선 현상의 업무 혼란을 막기 위해서 2년간 시범적용기간을 설정했는데 그 첫해가 2011/12시즌이었다.

조별리그 Group Stage

A조에서는 2008년 세이크 만수르의 인수로부터 3년이 지난 맨체스터 시티(맨시티)가 드디어 챔피언스리그에 데뷔했다. 로베르토 만치니 감독의 맨시티는 좌충우돌 행보를 보였다. 2차전 바이에른 원정에서는 0-2 패전보다 카를로스 테베스의 교체 투입 거부 해프닝으로 여론의 비웃음을 샀다. 맨시티는 5차전에서 나폴리에 1-2로 패해 토너먼트 자력 진출 가능성이 사라졌고, 최종전 승리에도 불구하고 조 3위로 탈락했다. 2004년 파산으로 인한 3부 강등 이후 처음 챔피언스리그에 복귀한 나폴리는 대회 신입 5개 클럽(맨시티, 갈라치, 트라브존스포르, 플젠, 나폴리) 중 유일하게 16강에 올랐다.

C조에서 맨시티를 위한 큰 위안이 벌어졌다. 연고지 라이벌 맨유가 예상 밖 부진으로 16강 진출에 실패했기 때문이다. FFP 규정 탓에 젊은 선수들 위주로 세대교체를 시도했던 맨유는 선수단 줄부상에 크게 흔들렸다. 9점을 얻은 맨유는 최종전에서 8점 바젤에 1-2로 덜미를 잡혀 조 3위로 내려앉고 말았다. 12월 맨유는 은퇴했던 폴 스콜스를 단발 계약으로 소환하는 등 어려운 시즌을 보냈다.

E조 첼시는 전년도 유로파리그 챔피언 포르투에서 안드레 빌라스-보아스 감독을 영입해 출발했다. 5차전까지 박빙 승부를 이어가다가 최종전에서 승점 동률 발렌시아를 2-1로 꺾어 조 1위 통과에 성공했다. 라리가의 쌍벽 레알 마드리드와 바르셀로나는 순항했다. D조에서 레알은 크리스티아누 호날두, 카카, 카림 벤제마의 공격력을 앞세워 6경기에서 19골을 터트려 이번 시즌 유일한 6전 전승팀이 되었다. 같은 조 올랭피크 리옹은 최종전에서 거짓말 같은 7-0 대승을 거둬 아약스를 골득실로 밀어냈다. H조의 바르셀로나는 5승 1무로 레알보다 승점이 적었지만 6경기 20득점으로 쾌속 질주했다.

G조의 아포엘은 고전이 예상되었다. 3차 예선 챔피언패스를 거친 약체인 데다 세계 최대 가스회사 '가스프롬'의 자금 지원을 받는 제니트, 억만장자 아흐메토프의 샤흐타르 도네츠크, 전년도 유로파리그 챔피언 포르투와 함께 들어갔기 때문이다. 세르비아 출신

이반 요바노비치 감독이 이끄는 아포엘은 첫 경기부터 제니트를 2-1로 잡아 파란을 일으켰다. 원정에서도 끈질기게 승점 1점씩 챙긴 끝에 승점 9점으로 당당히 조 1위를 차지했다. 포르투는 빌라스-보아스 감독(첼시 계약)과 팀 내 주포 라다멜 팔카오(아틀레티코 마드리드 이적)의 공백을 메우지 못한 채 조 3위에 머물러 다시 유로파리그 신세가 되었다.

토너먼트 Tournament

16강전부터 유럽 곳곳에서 드라마가 펼쳐졌다. 토너먼트의 '깜짝 손님' 아포엘은 리옹과 1, 2차전 1-1 무승부 후 승부차기 승리로 창단 첫 챔피언스리그 8강 역사를 썼다. 프랑스 라이벌 마르세유는 인테르와 16강전에서 2차전 후반 추가시간 결정적 원정 득점으로 8강에 올랐다. 하지만 아포엘과 마르세유는 8강에서 각각 레알 마드리드(합산 8-2)와 바이에른(합산 4-0)의 높은 벽을 실감해야 했다.

발테르 마차리 감독의 나폴리는 토너먼트 유일의 백3 전술을 앞세워 1차전에서 첼시를 3-1로 격파했다. 첼시는 빌라스-보아스 감독을 해임하고 로베르토 디마테오 대행 체제로 2차전 4-1 승리로 합산 5-4 대역전 드라마를 썼다. 첼시는 8강에서 벤피카까지 꺾고 4강에 올라 프리미어리그의 부진을 챔피언스리그에서 구원받는 행보를 보였다. 첼시의 준결승 상대는 역시나 바르셀로나였다. 16강 2차전에서 리오넬 메시는 혼자 5골을 넣는 괴력을 보였다. 합산 10-2 대승을 견인했고, 8강에서도 밀란을 상대로 2골을 터트렸다.

바이에른과 레알, 첼시와 바르셀로나의 준결승전 대진이 완성되자 스페인 언론에서는 사상 첫 엘클라시코 결승전에 대한 기대감을 부풀렸다. 바이에른은 홈 1차전 2-1 승리를 안고 산티아고 베르나베우에 들어갔다. 호날두에게 초반 2연속 실점을 허용했으나 바이에른은 아리언 로번의 천금 페널티킥 득점으로 승부를 연장전 및 승부차기로 이어갔다. 홈 관중 앞에서 레알은 호날두, 카카, 세르히오 라모스가 연달아 실축해 좌절을 맛봤다. 14년 전 챔피언스리그 우승 8일 후 쫓겨나야 했던 유프 하인케스 감독으로선 짜릿한 복수극이었다.

첼시는 홈 1차전에서 수비적 전술로 바르셀로나를 1-0으로 꺾었다. 바르셀로나의 공격력을 고려하면 불안한 리드였다. 누캄프 원정 2차전에서 0-1로 뒤진 전반전 도중 존 테리의 퇴장과 안드레스 이니에스타의 득점이 이어졌다. 전반 종료 직전 첼시는 미드필 더 하미레스가 영리한 로빙슛으로 1-2를 만들었다. 합산 2-2 동률에서 원정 득점으로 뒤진 바르셀로나는 메시의 슛이 두 번이나 골대를 때리는 불운에 땅을 쳤다. 후반 추가 시간 '먹튀' 비난을 받던 페르난도 토레스가 합산 3-2를 만들어 승부에 쐐기를 박았다. 2008/09시즌 후반 추가시간 이니에스타에게 통한의 실점을 허용했던 첼시가 트라우마 를 씻는 순간이었다.

레알과 바르셀로나는 준결승 1, 2차전 사이에 낀 엘클라시코에 에너지를 소모해야 했 던 일정을 원망해야 했다. 모리뉴 감독의 레알은 승점 100점으로 라리가 타이틀을 차지 해 최소한의 위안을 얻었다. 시즌 종료 후 펩 과르디올라 감독은 심리적 탈진을 이유로 사임해 눈부셨던 첫 지도자 경력 챕터를 닫았다.

▎**결승전** Final
바이에른 뮌헨 1 : 1 (p. 3 : 4) 첼시 | 2012.05.19 | 뮌헨, 푸스발 아레나 뮌헨

경기 전 예상은 단연 바이에른 쪽으로 기울었다. 바이에른은 화려한 경기력뿐 아니라 결승전 장소가 홈경기장인 알리안츠 아레나였다. 프랑크 리베리와 로번은 '로베리'라는 애칭으로 유럽 최강의 날개로서 절찬받았다. 첼시의 상황은 정반대였다. 시즌 중 감독을 교체한 혼란은 물론 결승 진출팀치고는 지나치게 수비적이었기 때문이다.

양 팀 모두 기본 포메이션은 4-2-3-1이었다. 내용은 전혀 달랐다. 바이에른은 고메 즈, 토마스 뮐러, 리베리, 로번이 파이널서드에 머물며 초공격적 태세를 취했다. 첼시는 최대한 후진한 포진으로 버티다가 볼을 빼앗으면 살로몬 칼루의 드리블 전진과 디디에 드로그바의 피니시로 승부를 봤다. 첼시 선수들은 디펜시브서드 영역에서도 맨마크보 다 크로스와 슛의 루트만 막는 방법으로 맞섰다. 바이에른의 득점력 결핍이 첼시를 도 왔다. 21분 로번의 슛은 첼시 골키퍼 페트르 체흐의 발에 굴절된 뒤 골대를 맞고 튕겼다. 42분 황금 찬스는 고메즈의 하늘로 솟구친 슛으로 무산되었다. 전반전에만 바이에른은 슈팅 시도 13-2로 앞섰으나 결실은 없었다.

후반전 양상도 달라지지 않았다. 바이에른은 쉼 없이 상대를 밀지만 첼시가 벼랑끝에

서 계속 버티는 모양새였다. 정규시간 종료 7분 전, 왼쪽 측면에서 토니 크로스가 반대 편으로 크로스를 보냈다. 순간적으로 생긴 틈에서 마크맨이 없어진 뮐러가 머리로 내리 찍었다. 원바운드된 슛은 체흐와 크로스바 사이를 통과했다. 짜릿한 막판 선제골에 알리 안츠 아레나는 열광의 도가니로 변했다. 첼시는 종료 2분 전에서야 경기 첫 코너킥을 얻었다. 후안 마타가 찬 코너킥이 니어코너로 돌아 들어간 드로그바의 머리를 거쳐 상대 골문 안으로 들어갔다. 마지막 순간에 '빅매치의 사나이' 드로그바가 절벽 아래로 떨어 지던 첼시를 끌어올린 것이다.

연장전 시작 3분 만에 드로그바는 영웅에서 죄인으로 타락할 뻔했다. 페널티박스 안에서 리베리를 넘어트려 페널티킥을 헌납했기 때문이다. 로번의 페널티킥은 허무하게 체흐의 품에 안겼다. 한 달 전, 로번은 도르트문트전 페널티킥 실축에 이어 챔피언스리그 결승전에서도 같은 실수를 반복했다. 남은 시간에도 득점이 나오지 않아 두 팀은 승부차기 운명을 감내해야 했다. 첼시로서는 2008년에 이어 2연속 결승전 승부차기였다. 하지만, 1번 키커였던 마타가 실축했고 바이에른의 1~3번 키커들이 냉철한 성공으로 첼시는 2-3으로 뒤졌다. 상황은 눈 깜짝할 사이에 뒤바뀌었다. 바이에른의 4, 5번 키커가 연달아 실축한 것이다. 첼시의 마지막 키커 드로그바가 페널티킥을 성공시켜 승부차기 4-3으로 첼시가 유럽 챔피언에 등극했다.

첼시의 우승은 '다이하드' 그 자체였다. 16강 나폴리전, 4강 바르셀로나전에서 극적으로 살아났을 뿐 아니라 결승전에서도 죽을 고비를 몇 번이나 넘긴 끝에 최후의 승자가 되었다. 로만 아브라모비치 회장은 2003년 이후 최악이라고 해도 좋았을 2011/12시즌에 빅이어를 차지하는 아이러니를 경험했다. 해당 시즌 첼시는 프리미어리그에서 6위까지 미끄러졌지만 뮌헨에서의 기사회생으로 기어이 다음 시즌 출전권을 확보했다. 패자 바이에른은 분데스리가와 DFB포칼에 이어 챔피언스리그까지 3개 대회에서 모두 2위에 머무르는 비운을 감내해야 했다.

디디에 드로그바 Key Player
빅매치를 지배하는 자

첼시 역대 최다 득점자는 210골의 프랭크 램파드다. 그 뒤로 보비 탬블링(202골)과

케리 딕슨(193골)이 있다. 디디에 드로그바가 164골로 4위에 랭크되어 있다. 그렇다면 첼시 팬들이 생각하는 클럽 역사상 최고의 레전드는 누구일까? 바로 드로그바다. 결승전만 되면 자다가도 벌떡 일어나 골을 터트려 팀에 트로피를 선물했기 때문이다.

드로그바는 빅매치 플레이어의 전형이었다. 2004년부터 첼시 소속으로 출전했던 컵 대회 결승전 8경기에서 드로그바는 모두 득점을 기록했다. 2004/05시즌 리버풀과 격돌했던 리그컵(현 EFL컵) 결승전에서 드로그바는 연장전 2-1 결승골을 터트렸다. 2006/07시즌에는 리그컵과 FA컵에서 모두 결승골을 터트렸다. 단일 시즌 두 대회 결승전에서 모두 득점을 기록한 선수는 드로그바가 유일하다. 2011/12시즌 챔피언스리그 결승전으로부터 2주 전 런던 웸블리에서 벌어진 FA컵 결승전에서도 드로그바는 리버풀을 상대로 2-1 결승골을 넣었다. 동료 램파드는 "결승전 당일, 경기를 준비하는 드로그바는 완전히 다른 사람으로 변한다"라고 증언한다.

무대를 조국 코트디부아르로 옮기면 드로그바의 영향력은 더 커진다. 코트디부아르는 2002년부터 내전 상태에 빠졌다. 남부의 수도 아비잔에 있는 기독교 정부와 북부 부아케를 본거지로 삼는 무슬림 반군이 무력 충돌해 수많은 사상자와 난민이 발생했다. 내전이 심화되면서 유엔군과 프랑스군이 중재자로서 코트디부아르에 파병할 정도였다. 그런 와중에 2005년 10월 드로그바를 중심으로 한 축구 국가대표팀이 수단을 꺾고 사상 첫 월드컵 본선 진출에 성공했다. 경기 후, 드로그바는 TV 생중계팀을 라커룸 안으로 불렀다. 대표팀 동료들에 둘러싸인 드로그바는 마이크를 잡고 무릎을 꿇은 채로 대국민 메시지를 보냈다. 드로그바는 서로 용서할 것, 무기를 내려놓을 것, 민주적 선거를 치를 것을 요청했고, 이 장면이 코트디부아르 전국에 생중계되었다. 전 국민의 뜨거운 호응 속에서 내전 당사자들은 평화 회담을 약속했고 2006년 무혈 선거를 거쳐 2007년 평화협정 합의에 다다랐다.

2003년 로만 아브라모비치 회장의 등장 이후 유럽 챔피언에 등극할 때까지 첼시가 거친 과정에서 가장 빛났던 주인공은 다름 아닌 드로그바였다. 마르세유에서 건너온 드로그바가 일개 런던 인기 클럽을 국제적 빅클럽으로 변신시켰다고 해도 과언이 아니다. 조국 코트디부아르에서 드로그바는 내전 종식의 결정적 모멘텀을 만들었다. 득점, 테크닉, 체력 등 축구의 일반적 평가 항목들로는 드로그바를 논하기가 턱없이 부족하다. 위대한 레전드.

• 조별리그 결과 • (★ 16강, *유로파리그 합류)

A조	순위	팀명	전	승	무	패	득	실	득실	승점
	★1	바이에른 뮌헨	6	4	1	1	11	6	+5	13
	★2	나폴리	6	3	2	1	10	6	+4	11
	3*	맨체스터 시티	6	3	1	2	9	6	+3	10
	4	비야레알	6	0	0	6	2	14	−12	0

B조	순위	팀명	전	승	무	패	득	실	득실	승점
	★1	인테르나치오날레	6	3	1	2	8	7	+1	10
	★2	CSKA모스크바	6	2	2	2	9	8	+1	8
	3*	트라브존스포르	6	1	4	1	3	5	−2	7
	4	릴 OSC	6	1	3	2	6	6	0	6

C조	순위	팀명	전	승	무	패	득	실	득실	승점
	★1	벤피카	6	3	3	0	8	4	+4	12
	★2	바젤	6	3	2	1	11	10	+1	11
	3*	맨체스터 Utd	6	2	3	1	11	8	+3	9
	4	오첼룰 갈라치	6	0	0	6	3	11	−8	0

D조	순위	팀명	전	승	무	패	득	실	득실	승점
	★1	레알 마드리드	6	6	0	0	19	2	+17	18
**상대전적까지 동일, 6경기 골득실 우세	★2	올랭피크 리옹	6	2	2	2	9	7	+2	8**
	3*	아약스	6	2	2	2	6	6	0	8
	4**	디나모 자그레브	6	0	0	6	3	22	−19	0

E조	순위	팀명	전	승	무	패	득	실	득실	승점
	★1	첼시	6	3	2	1	13	4	+9	11
	★2	바이어 레버쿠젠	6	3	1	2	8	8	0	10
	3*	발렌시아	6	2	2	2	12	7	+5	8
	4	헹크	6	0	3	3	2	16	−14	3

F조	순위	팀명	전	승	무	패	득	실	득실	승점
	★1	아스널	6	3	2	1	7	6	+1	11
	★2	마르세유	6	3	1	2	7	4	+3	10
	3*	올림피아코스	6	3	0	3	8	6	+2	9
	4	보루시아 도르트문트	6	1	1	4	6	12	−6	4

G조	순위	팀명	전	승	무	패	득	실	득실	승점
	★1	아포엘	6	2	3	1	6	6	0	9**
	★2	제니트	6	2	3	1	7	5	+2	9
	3*	포르투	6	2	2	2	7	7	0	8
**상대전적 우세	4	샤흐타르 도네츠크	6	1	2	3	6	8	−2	5

G조	순위	팀명	전	승	무	패	득	실	득실	승점
	★1	바르셀로나	6	5	1	0	20	4	+16	16
	★2	밀란	6	2	3	1	11	8	+3	9
	3*	빅토리아 플젠	6	1	2	3	4	11	−7	5
	4	바테 보리소프	6	0	2	4	2	14	−12	2

• 토너먼트 결과 • (★ 승자)

16강

	1차전	2차전	합산	득점자
🔵 마르세유 ★	1	1	2*	**1차전** A.아예우 90'+3 **2차전** 브란당 90'+2
🔵 인테르나치오날레	0	2	2	**1차전** — **2차전** 밀리토 75', 파치니 90'+6(p)

* 원정득점 우세

	1차전	2차전	합산	득점자
🔴 바젤	1	0	1	**1차전** 스토커 87' **2차전** —
🔵 바이에른 뮌헨 ★	0	7	7	**1차전** — **2차전** 로번 11', 81', 뮐러 42', 고메즈 44', 50', 61', 67'

	1차전	2차전	합산	득점자
🔵 올랭피크 리옹	1	0	1(p3)	**1차전** 라카제트 58' **2차전** —
🟢 아포엘 ★	0	1	1(p4)	**1차전** — **2차전** 만두카 9'

* 승부차기 승

	1차전	2차전	합산	득점자
⚪ CSKA 모스크바	1	1	2	**1차전** 베른블룸 90'+3 **2차전** 토시치 77'
⚪ 레알 마드리드 ★	1	4	5	**1차전** 호날두 28' **2차전** 이과인 26', 호날두 55', 90'+4, 벤제마 70'

	1차전	2차전	합산	득점자
🔵 제니트	3	0	3	**1차전** 시로코프 27', 세마크 71', 시로코프 88' **2차전** —
🔴 벤피카 ★	2	2	4	**1차전** 페헤이라 21', 카르도소 87' **2차전** 페헤이라 45'+1, 올리베이라 90'+3

	1차전	2차전	합산	득점자
🔵 나폴리	3	1	4	**1차전** 라베치 38', 65', 카바니 45'+2 **2차전** 인러 55'
🔵 첼시 ★	1	4	5	**1차전** 마타 27' **2차전** 드로그바 28', 테리 47', 램파드 75'(p), 이바노비치 105'

	1차전	2차전	합산	득점자
🔴 밀란 ★	4	0	4	**1차전** 보아텡 15', 호비뉴 38', 49', 이브라히모비치 79'(p) **2차전** —
🔴 아스널	0	3	3	**1차전** — **2차전** 코시엘니 7', 로시츠키 26', 판페르시 43'(p)

	1차전	2차전	합산	득점자
🔴 바이어 레버쿠젠	1	1	2	**1차전** 카들레츠 52' **2차전** 벨라라비 90'+1
🔵 바르셀로나 ★	3	7	10	**1차전** 산체스 41', 55', 메시 88' **2차전** 메시 25', 43', 49', 58', 84', 테요 55', 62'

· 토너먼트 결과 · (★ 승자)

8강

	1차전	2차전	합산	득점자
마르세유	0	0	0	**1차전** – **2차전**
바이에른 뮌헨 ★	2	2	4	**1차전** 고메즈 44', 로번 69' **2차전** 올리치 13', 37'

	1차전	2차전	합산	득점자
아포엘	0	2	2	**1차전** – **2차전** 만두카 67', 솔라리 82'(p)
레알 마드리드 ★	3	5	8	**1차전** 벤제마 74', 90', 카카 82' **2차전** 호날두 26', 76', 카카 37', 카예혼 80', 디마리아 84'

	1차전	2차전	합산	득점자
벤피카	0	1	1	**1차전** – **2차전** 하비 가르시아 85'
첼시 ★	1	2	3	**1차전** 칼루 75' **2차전** 램파드 21'(p), 메이렐레스 90'+3

	1차전	2차전	합산	득점자
밀란	0	1	1	**1차전** – **2차전** 노체리노 32'
바르셀로나 ★	0	3	3	**1차전** – **2차전** 메시 11'(p), 41'(p), 이니에스타 53'

준결승

	1차전	2차전	합산	득점자
바이에른 뮌헨 ★	2	1	3(p3)	**1차전** 리베리 17', 고메즈 90' **2차전** 로번 27'(p)
레알 마드리드	1	2	3(p1)	**1차전** 외질 53' **2차전** 호날두 6'(p), 14

	1차전	2차전	합산	득점자
첼시 ★	1	2	3	**1차전** 드로그바 45'+2 **2차전** 하미레스 45'+1, 토레스 90'+2
바르셀로나	0	2	2	**1차전** – **2차전** 부스케츠 35', 이니에스타 43'

결승전

바이에른 뮌헨

3 : 4 p

1 : 1

2012.05.19. 뮌헨,
푸스발 아레나 뮌헨(62,500명)

첼시

득점

| 뮬러 83' | 드로그바 88' |

승부차기

람	○○○○●	1-0	○○○○○	마타
고메즈	○○○●●	2-1	●○○○○	다비드 루이스
노이어	○○●●●	3-2	●●○○○	램파드
올리치	○○●●●	3-3	●●●○○	A콜
슈바인슈타이거	○○●●●	3-4	●●●●○	드로그바

유프 하인케스 | **4-2-3-1**

로베르토 디마테오 | **4-2-3-1**

벤치

| 부트(GK), 하피냐, 페테르센, 프란치치, 우사미 | 턴불(GK), 에시엔, 로메우, 페헤이라, 스터리지 |

경고/퇴장

| 슈바인슈타이거 2' / – | A콜 81', 다비드 루이스 86', 드로그바 93', 토레스 120' / – |

주부심: 니콜라 리촐리(ITA), 레나토 파베라니(ITA), 안드레아 스테파니(ITA)
추가부심: 잔루카 로키(ITA), 파올로 타글리아벤토(ITA) **대기심:** 다미르 스코미나(SVN)

• 득점순위 •

득점	이름		클럽명	
14골	리오넬 메시	(ARG)	바르셀로나	(ESP)
12골	마리오 고메즈	(GER)	바이에른 뮌헨	(GER)
10골	크리스티아누 호날두	(POR)	레알 마드리드	(ESP)
7골	카림 벤제마	(FRA)	레알 마드리드	(ESP)
6골	디디에 드로그바	(CIV)	첼시	(ENG)
5골	호세 카예혼	(ESP)	레알 마드리드	(ESP)
	에딘손 카바니	(URU)	나폴리	(ITA)
	세이두 둠비아	(CIV)	CSKA모스크바	(RUS)
	알렉산더 프라이	(SUI)	바젤	(SUI)
	바페팀비 고미	(FRA)	올랭피크 리옹	(FRA)
	즐라탄 이브라히모비치	(SWE)	밀란	(ITA)
	로만 시로코프	(RUS)	제니트	(RUS)
	로베르토 솔다도	(ESP)	발렌시아	(ESP)

• 팀 오브 토너먼트 •

골키퍼

페트르 체흐(CZE)	첼시(ENG)
마누엘 노이어(GER)	바이에른 뮌헨(GER)
이케르 카시야스(ESP)	레알 마드리드(ESP)

수비수

세르히오 라모스(ESP)	레알 마드리드(ESP)
필립 람(GER)	바이에른 뮌헨(GER)
애슐리 콜(ENG)	첼시(ENG)
다니 아우베스(BRA)	바르셀로나(ESP)
제라르드 피케(ESP)	바르셀로나(ESP)
페페(POR)	레알 마드리드(ESP)

미드필더

사비 알론소(ESP)	레알 마드리드(ESP)
프랭크 램파드(ENG)	첼시(ENG)
차비 에르난데스(ESP)	바르셀로나(ESP)
안드레스 이니에스타(ESP)	바르셀로나(ESP)
하미레스(BRA)	첼시(ENG)
바스티안 슈바인슈타이거(GER)	바이에른 뮌헨(GER)

공격수

리오넬 메시(ARG)	바르셀로나(ESP)
크리스티아누 호날두(POR)	레알 마드리드(ESP)
즐라탄 이브라히모비치(SWE)	밀란(ITA)
로빈 판페르시(NED)	아스널(ENG)
메수트 외질(GER)	레알 마드리드(ESP)
디디에 드로그바(CIV)	첼시(ENG)

리오넬 메시

73골, 91골

2011/12시즌은 이야기 풍년이었다. 챔피언스리그에서는 역사상 최초로 런던 연고 우승 클럽이 나왔다. 프리미어리그에서는 맨시티의 세르히오 아구에로가 시즌 종료 30초 전에 우승을 확정하는 골을 터트렸다. 모리뉴 감독은 승점 100점짜리 팀을 만들어 과르디올라의 바르셀로나를 기어이 넘어섰다. 수많은 스토리를 늘어놓고 딱 한 가지만 고르자면? 단연 리오넬 메시다. 단일 시즌 73골, 2012년 한 해 기준 91골이란 불멸의 기록이 탄생했다.

2011년 여름 메시는 자국 개최 코파아메리카에서 곤욕을 치렀다. 대회 무득점과 팀의 8강 탈락(우루과이전 승부차기 4-5패)이 겹치면서 메시는 처음 홈 팬들로부터 야유를 받는 수모를 당했다. 그리고 스페인으로 복귀해 맞이한 2011/12시즌 당시 메시는 24세였다. 상상을 초월할 정도로 압박감이 심한 바르셀로나와 아르헨티나의 에이스가 되기엔 아직 젊은 나이였을지 모른다.

메시의 2011/12시즌은 레알과 수페르코파 홈&어웨이 일정으로 출발했다. 메시는 두 경기에서 3골을 넣어 시즌 첫 트로피를 획득했고 9일 뒤 UEFA 슈퍼컵 포르투전 1골로 두 번째 타이틀을 추가했다. 이후 메시의 득점은 활화산처럼 대폭발했다. 리그 37경기에서만 50골 고지를 밟아 라리가 역대 신기록을 작성했다. 해트트릭만 8회에 달했고 4골 경기도 두 번이나 나왔다. 10월 마요르카전 해트트릭은 단 17분밖에 걸리지 않았다. 이듬해 3월 그라나다전 해트트릭 중 첫 골로 메시는 체사레 로드리게스가 57년이나 보유했던 클럽 역대 최다 득점 기록(232골)을 넘어섰다. 챔피언스리그에서도 메시는 멈추지 않았다. 조별리그 플젠전의 해트트릭은 애피타이저에 불과했다. 16강 2차전에서 메시는 레버쿠젠을 상대로 혼자 다섯 골을 터트려 대회 신기록을 작성했다. 4강 탈락에도 불구하고 메시는 14골로 대회 득점왕 4연패에 성공하는 최초의 인물이 되었다. 2012년 5월 25일 코파델레이 결승전 1골(3-0승)이 메시의 시즌 73호 골이었다. 라리가 50골, 코파델레이 3골, 챔피언스리그 14골, UEFA 슈퍼컵 1골, 수페르코파 3골, 클럽 월드컵 2골. 1972/73시즌 바이에른의 게르트 뮐러가 작성한 67골 기록마저 넘어선 수치였다.

시즌이 아니라 2012년 한 해를 기준으로도 메시는 전무후무한 득점 기록을 쌓아 올렸다. 바르셀로나와 아르헨티나 국가대표팀에서 메시는 2012년에만 69경기에서 총 91골을 터트렸다. 바르셀로나에서 60경기 79골, 아르헨티나 대표팀에서 9경기 12골은 경기당 평균 1.31골, 66분당 1골로 환산할 수 있다. 2012년 말, 메시는 발롱도르 역사상 첫 4연속 수상자가 되었다. 통산 4회 수상도 최초 기록이었다. 2012년 안식년을 떠나기 전, 과르디올라 감독은 메시의 득점 기록을 묻는 취재진에게 이렇게 말했다. "메시에 관해서 뭔가 쓰거나 묘사하려고 하지 마라. 그냥 보기만 해라"

★★★

2012/13 시즌
분데스리가의 독무대

◎ 키워드 ◎

#바이에른 #로베리 #도르트문트 #게겐프레싱

백그라운드 Background

폴란드와 우크라이나가 공동 개최한 유로 2012에서 스페인이 대회 역사상 첫 연패를 달성했다. 결승전에서 스페인은 이탈리아를 4-0으로 대파해 유로 2008, 2010 남아공 월드컵에 이어 3연속 메이저 대회 우승이란 금자탑을 쌓았다. 라리가는 리그 1~3위(레알, 바르셀로나, 발렌시아)가 챔피언스리그 조별리그에 직행했고, 4위 말라가도 플레이오프 논챔피언패스에서 파나시나이코스를 제압하고 본선에 진출했다.

유로 준우승팀 이탈리아는 챔피언스리그에서도 우울한 시기를 맞이했다. 최근 대회 평균 성적에서 독일에 추월당하는 바람에 세리에A의 출전권이 4장에서 3장으로 줄었다. 설상가상 3위 우디네세는 플레이오프 논챔피언패스에서 브라가에 패하는 바람에 조별리그에 유벤투스와 밀란만 남아 왕년의 빛을 잃었다. 독일 분데스리가는 이탈리아로부터 빼앗은 출전권으로 묀헨글라드바흐(리그 4위)가 플레이오프에 출전했는데 동유럽 강호 디나모 키예프의 벽을 넘지 못해 탈락해 결국 분데스리가의 조별리그 출전 수는 전과 같이 3개 팀(바이에른 뮌헨, 도르트문트, 샬케 04)에 머물렀다.

잉글랜드는 전년도 챔피언스리그 우승(첼시)으로 상징하듯 챔피언스리그 출전권 배분 기준에서 정상에 섰다. 하지만 국가대표팀의 2012년 여름은 실망스러웠다. 유로와 런던 올림픽에서 모두 승부차기를 넘지 못해 8강 탈락했다. 유로 2012에서는 이탈리아에 패했고 2012 런던 올림픽에서는 사상 첫 영국 단일팀이란 흥행카드가 복병 대한민국(홍명보 감독)에 잡히고 말았다. 프리미어리그의 흥행은 외국인 그룹(자본, 지도자, 선수)의 주도였던 탓에 국가대표팀의 전력 강화로 연결되지 못했다.

2012년 여름 이적시장은 갑부 클럽으로 재탄생한 PSG의 독무대였다. 카타르 정부의 자금 지원을 등에 업은 PSG는 밀란의 치아구 시우바와 즐라탄 이브라히모비치, 나폴리의 에제키엘 라베치를 한꺼번에 영입해 경쟁자들을 위협했다. 토트넘의 루카 모드리치는 대니얼 레비 회장과 막장 협상 끝에 레알 마드리드 이적에 성공했다. 에당 아자르와 오스카를 영입한 첼시는 8월 31일 모나코에서 열린 UEFA 슈퍼컵에서 유로파리그 챔피언 아틀레티코에 1-4로 완패해 챔피언스리그 우승 체면을 구겼다.

조별리그 Group Stage

PSG에서 처음 풀타임 시즌을 시작하는 카를로 안첼로티 감독은 A조에서 포르투 원정 0-1 패배를 제외한 다섯 경기를 모두 잡아 조 1위 통과에 성공했다. B조에서는 샬케가 패배 없이 승점 12점으로 1위, 그 뒤를 10점 아스널이 따랐다. C조는 챔피언스리그 신입생인 말라가가 돋보였다. 지방 군소 클럽에 불과했던 말라가는 2010년 카타르의 자금 스테로이드 덕분에 챔피언스리그까지 수직상승했다. 밀란과 두 경기에서 1승 1무로 앞서면서 말라가는 조 1위를 차지해 데뷔 시즌 16강행에 성공했다.

D조는 '죽음의 조'로서 팬들의 주목을 받았다. 강력한 우승후보 레알 마드리드와 갑부 맨체스터 시티(맨시티)가 돋보이는 가운데 최근 힘을 키운 도르트문트와 전통의 명가 아약스가 한꺼번에 몰렸다. 분데스리가 2연패를 달성한 도르트문트는 3차전에서 거함 레알을 2-1로 잡았다. 위르겐 클롭 감독은 '게겐프레싱(counter-pressing; 역압박)'이 챔피언스리그 정상급 상대로도 먹힌다는 사실을 입증했다. 이어진 산티아고 베르나베우 원정에서도 도르트문트는 승점 1점을 획득했다. 맨시티는 좌절했다. 초반 3경기에서 1무 2패로 저조하더니 4, 5차전에서도 2연속 무승부로 탈락이 확정되었다. 맨시티는 최종전에서도 도르트문트에 0-1로 패하는 바람에 꼴찌가 되어 유로파리그 출전권마저 놓쳤다.

프리미어리그는 E조에서도 부진했다. 첼시는 지난 시즌 리그 6위이면서도 디펜딩챔피언 자격으로 4위 토트넘을 유로파리그로 밀어내고 본 대회에 출전했다. 하지만 5차전 유벤투스 원정에서 0-3으로 패해 16강행이 좌절되었다. 최종전에서 첼시가 이기고 샤흐타르가 패해도 둘의 상대전적 원정 득점에서 밀리기 때문이다. 로만 아브라모비치 회장은 6개월 전 뮌헨에서 챔피언스리그 우승을 함께 기뻐했던 디마테오 감독을 라파엘 베니테스로 갈아치웠다. 디펜딩챔피언의 조별리그 탈락은 첼시가 대회 첫 사례였다. 샤흐타르의 루이즈 아드리아누는 5차전 노르셸란 원정에서 부상자 치료 후 건넨 볼을 혼자 몰고 들어가 골을 넣어 논란을 낳았다. 경기 후 유럽축구연맹(UEFA)은 페어플레이 위반으로 아드리아누에게 1경기 출전정지 징계를 내렸다.

F조의 벨라루스 챔피언 바테 보리소프는 1, 2차전에서 릴과 바이에른을 꺾는 파란을 일으켰지만 이후 네 경기에서 전부 패해 조 3위에 만족해야 했다. 바이에른과 발렌시아가 승점 13점씩 챙기며 16강에 진출했다. G조에서는 바르셀로나의 당연한 조 1위 통

과와 함께 셀틱이 오랜만에 조별리그를 통과했다. 맨유가 조 1위 통과한 H조에서는 갈라타사라이가 초반 3경기에서 1점에 그친 뒤 후반 3경기를 모두 잡는 반전 드라마로 16강에 올랐다. 공격수 부락 일마즈는 팀의 7득점 중 6골을 터트렸다.

토너먼트 Tournament

조별리그에서 살아남은 프리미어리그 두 팀 맨유와 아스널은 16강전부터 난관에 부딪혔다. 맨유는 레알, 아스널은 바이에른과 맞붙는 불운의 대진 추첨이었다. 맨유는 원정 1차전을 1-1 무승부로 선방했지만 홈 2차전에서 56분 나니의 퇴장으로 인한 수적 열세를 극복하지 못한 채 1-2로 무릎을 꿇었다. 이후 알렉스 퍼거슨 감독은 시즌 종료와 함께 지도자 은퇴를 선언했다. 아스널은 원정 2차전 2-0 승리에도 불구하고 홈에서 당한 1-3 패배를 회복하지 못했다. 2000년대 중후반 대회를 지배했던 프리미어리그는 16강 전멸 성적표를 받고 말았다.

말라가는 16강에서 포르투를 제치고 도르트문트와 8강에서 만났다. 말라가 홈에서 벌어진 1차전에서 두 팀은 득점 없이 비겼다. 도르트문트는 '노란 벽'의 열광적 성원에도 불구하고 홈 2차전에서 82분 1-2 실점을 허용해 패색이 짙었다. 클롭 감독은 키가 작은 일카이 귄도간을 장신 수비수 마츠 후멜스로 교체해 상대 문전에 장신 선수들을 집중하는 육탄전 도박을 걸었다. 추가시간 돌입 1분 만에 혼전에서 마르코 로이스가 2-2 동점골을 터트렸다. 원정 득점에 뒤진 도르트문트로서는 한 골이 더 필요했다. 추가시간 종료 직전 센터백 펠리페 산타나가 천금 3-2 역전골을 터트린 순간 지그날 이두나 파크의 '노란 벽'은 환희에 뒤덮였다.

도르트문트는 4강 기쁨을 제대로 누릴 수 없었다. 결승으로 가는 문턱에서 조제 모리뉴 감독의 레알과 맞닥뜨렸기 때문이다. 레알은 16강에서 맨유, 8강에서 갈라타사라이를 따돌리고 3시즌 연속 준결승에 성공한 상태였다. 이번에야말로 '라데시마(통산 우승 10회)'를 달성하겠다며 투지를 불태웠다. 그런데 도르트문트에는 로베르토 레반도프스키가 있었다. 준결승 1차전에서 레반도프스키는 레알을 상대로 혼자 4골을 터트리는 괴력을 발휘했다. 1차전을 4-1로 승리한 도르트문트는 산티아고 베르나베우 원정 2차전에서 상대의 화려한 공격을 0-2로 막아내 합산 4-3 승리로 1996/97시즌 이후 16년 만에 결승 무대를 밟았다. 모리뉴 감독은 레알에서 3시즌 동안 챔피언스리그 16강 징크스를 씻었고 바르셀로나를 상대로도 우위를 지키는 성과를 남겼지만 챔피언스리그 우승 실패로 인해 2012/13시즌 종료와 함께 팀을 떠나야 했다.

16강에서 아스널을 꺾은 바이에른은 8강에서 유벤투스를 상대로 한 수 위의 경기력으로 합산 4-0 완승을 거뒀다. 준결승 상대는 밀란과 PSG를 연달아 제치고 6시즌 연속 4강 무대를 밟는 바르셀로나였다. 티토 빌라노바 감독의 바르셀로나는 PSG전에서 리오넬 메시가 햄스트링을 다쳐 근심이 컸다. 알리안츠 아레나 1차전에서 바이에른은 안정적 경기력과 토마스 뮐러의 2골을 묶어 4-0 대승을 거뒀다. 원정 2차전에서도 바이에른은 빛났다. 마리오 만주키치의 헌신적 9번 플레이를 앞세워 3-0 완승을 거둔 것이다. 메시가 부상으로 벤치를 지켰다곤 하지만 1, 2차전 180분 동안 바이에른의 경기력에는 의문의 여지가 없었다.

결승전 Final

보루시아 도르트문트 1 : 2 바이에른 뮌헨 | 2013.05.25 | 런던, 웸블리 스타디움

잉글랜드의 웸블리 스타디움은 2011년에 이어 2년 만에 다시 챔피언스리그 결승전을 유치하는 외교력을 선보였다. 1883년 세계 최초의 축구협회인 잉글랜드축구협회(The FA) 창설 150주년이란 역사성 어필 작전이 먹혔다. 잉글랜드의 역사적 결승전이 다름 아닌 독일의 독무대가 되었다는 사실이 아이러니했다. 분데스리가는 2000년 라리가(레알 vs 발렌시아), 2003년 세리에A(밀란 vs 유벤투스), 2008년 프리미어리그(맨유 vs 첼시)에 이어 네 번째로 챔피언스리그 결승전을 독점하는 개가를 올렸다.

바이에른은 3월에 분데스리가 우승을 확정해 힘을 비축했다. 결승전을 36시간 앞두고 마리오 괴체의 바이에른 이적이 발표되었다. 도르트문트의 클롭 감독은 발표 타이밍의 저의를 의심하며 불만을 토로했다. 괴체는 허벅지 부상으로 결승전에 결장했다.

경기 초반은 도르트문트의 패기가 앞섰다. 기본 4-2-3-1에서 상황에 따라 4-4-2, 4-4-1-1로 형태를 전환하면서 바이에른을 압박했다. 전반 13분부터 21분까지 도르트문트는 4연속 유효 슛을 기록했다. 바이에른은 '통곡의 벽' 마누엘 노이어의 선방에 안도할 수 있었다. 반대편 로만 바이덴펠러의 활약도 뒤지지 않았다. '대표팀 경력이 없는 골키퍼 중 최고'라는 국내 평가답게 바이덴펠러는 아리언 로번과 일대일로 맞서는 위기를 두 번이나 막는 수훈을 세웠다.

후반전부터 경기가 움직였다. '로베리' 연계가 만든 기회에서 만주키치가 선제골을 터트렸다. 8분 뒤 바이에른은 기껏 잡은 승기를 스스로 날렸다. 센터백 단테가 부주의한 킥 동작으로 마르코 로이스의 배를 걷어차 페널티킥을 헌납한 것이다. 귄도간이 침착하게 성공시켜 승부는 원점으로 돌아갔다. 1-1 균형이 이어진 탓에 양쪽 감독은 후반전 막판까지 교체를 사용하지 않았다. 모든 이가 연장전을 떠올리던 88분 바이에른의 롱패스가 상대 진영 아크에 있던 리베리에게 연결되었다. 영리한 힐패스를 받은 로번은 이날 세 번째 맞이한 일대일 상황을 놓치지 않았다. 1년 전, 홈 결승전 페널티킥을 실축했던 아픔은 사라지고 로번은 활짝 웃었다. 챔피언스리그 데어클라시커의 승자는 바이에른이었다.

이번 시즌을 끝으로 펩 과르디올라에게 감독직을 넘겨주고 은퇴할 예정인 하인케스 감독은 본인의 마지막 챔피언스리그 경기에서 생애 두 번째 우승을 안았다. 2개 클럽 우승은 에른스트 하펠, 오트마르 히츠펠트, 조제 모리뉴에 이어 네 번째 기록(2014년 안첼로티 감독은 2개 클럽 3회 우승 달성)이었다. 감독으로서 세 차례 출전했던 챔피언스리그에서 세 번 모두 결승전에 진출해 두 번 우승한 이력도 특기할 만하다. 하인케스 감독과 바이에른은 일주일 뒤 DFB포칼 결승전에서 슈투트가르트를 3-2로 물리치고 창단 첫 트레블을 달성했다. 바이에른은 챔피언스리그, 자국 리그와 컵을 모두 우승한 영광의 유러피언 트레블 클럽의 일곱 번째 회원이다. 앞서 달성한 트레블 클럽은 다음과 같다. 1966/97 셀틱, 1971/72 아약스, 1987/88 PSV, 1998/99 맨유, 2008/09 바르셀로나, 2009/10 인테르, 2012/13 바이에른.

▌ 드리블 + 스피드 + 골 + 도움 = 로베리 Key Player

차비 에르난데스와 안드레스 이니에스타, 프랑코 바레시와 파올로 말디니, 디디에 드로그바와 프랑크 램파드의 공통점은 파트너십이다. 그라운드 위에서 이들은 함께 뛸 때 더 빛났다. 2013년 5월 유럽 최정상으로 날아오른 바이에른의 등에는 아리언 로번과 프랑크 리베리라는 두 날개가 펄럭이고 있었다.

2000년대 중반 바이에른은 과도기를 보내고 있었다. 절대적 지주 올리버 칸, 비상트 리자라주, 미하일 발락, 루카 토니 등이 은퇴와 이적으로 떠났다. 젊고 확실한 카드가 필요했다. 2007년 바이에른은 마르세유의 윙어 리베리를 2500만 유로에 영입했다. 골문을 향해 폭발적으로 돌진하는 리베리는 베테랑 스트라이커 토니와 호흡을 맞췄다. 2년 뒤 도착한 루이스 판할 감독은 레알 마드리드의 로번을 데려왔다. 당시 로번은 크리스티아누 호날두와 카카의 가세에 자리를 잃은 상태였다. 로번의 합류 사흘 뒤 볼프스부르크전에서 '로베리'는 두 골을 합작했다. 리베리는 당시 경기를 "경기에서 뛰는 로번을 보곤 내 안에서 뭔가가 번쩍했다"라고 회상한다.

2011/12시즌은 바이에른, 로번, 리베리에게 실망이 큰 시즌이었다. 분데스리가와 DFB포칼에서 모두 도르트문트에 밀려 우승에 실패했다. 홈경기장에서 열린 시즌 최종전에서 바이에른은 한 수 아래로 보인 첼시에 승부차기로 패하는 바람에 '2위 트레블' 오명의 역사를 썼다. 당연히 내용은 순탄하지 않았다. 준결승 1차전에서 로번과 리베리는 프리킥을 놓고 말다툼을 벌였고, 하프타임에는 라커룸에서 주먹다짐까지 벌였다. 분데스리가 막판 데어클라시커에서 로번은 페널티킥을 실축했고 이어진 득점 기회를 허무하게 날려 0-1 패배의 원흉이 되었다. 로번은 챔피언스리그 결승전에서도 연장전 페널티킥을 놓쳤다.

2012/13시즌 전까지 실망한 로번이 팀을 떠날지도 모른다는 소문이 나돌았다. 다행히 로번은 잔류를 선택했고 시간이 지나면서 리베리와 앙금도 풀었다. 로번은 부상에 시달리면서도 출전하는 경기에선 확실한 결과를 남겼고 리베리는 리그에서만 도움 15개를 기록했다. 가장 중요한 시기인 시즌 막판 '로베리'는 폭발적 공격력을 합작하며 리그와 챔피언스리그, DFB포칼을 내리 제패하며 1년 전 상처로부터 영혼을 구원받았다.

2019년 여름 둘이 나란히 작별을 고할 때까지 '로베리'는 분데스리가 우승 8회, DFB 포칼 우승 5회, 챔피언스리그, UEFA 슈퍼컵, FIFA 클럽 월드컵 우승 각 1회를 합작했다. 로번은 309경기 144골 101도움, 리베리는 425경기 124골 183도움을 각각 기록했다. 2013년 발롱도르 투표에서 리베리는 호날두와 메시에 이어 3위를 차지했지만 많은 전문가는 소속팀의 실적을 감안해서 리베리가 받아야 했다고 입을 모은다. 이듬해 발롱도르에서는 로번이 4위에 올랐다.

• 조별리그 결과 •

(★ 16강, *유로파리그 합류)

A조	순위	팀명	전	승	무	패	득	실	득실	승점
	★1	파리 생제르맹	6	5	0	1	14	3	+11	15
	★2	포르투	6	4	1	1	10	4	+6	13
	3*	디나모 키예프	6	1	2	3	6	10	−4	5
	4	디나모 자그레브	6	0	1	5	1	14	−13	1

B조	순위	팀명	전	승	무	패	득	실	득실	승점
	★1	샬케 04	6	3	3	0	10	6	+4	12
	★2	아스널	6	3	1	2	10	8	+2	10
	3*	올림피아코스	6	3	0	3	9	9	0	9
	4	몽펠리에	6	0	2	4	6	12	−6	2

C조	순위	팀명	전	승	무	패	득	실	득실	승점
	★1	말라가	6	3	3	0	12	5	+7	12
	★2	밀란	6	2	2	2	7	6	+1	8
	3*	제니트	6	2	1	3	6	9	−3	7
	4	안더레흐트	6	1	2	3	4	9	−5	5

D조	순위	팀명	전	승	무	패	득	실	득실	승점
	★1	보루시아 도르트문트	6	4	2	0	11	5	+6	14
	★2	레알 마드리드	6	3	2	1	15	9	+6	11
	3*	아약스	6	1	1	4	8	16	−8	4
	4	맨체스터 시티	6	0	3	3	7	11	−4	3

E조	순위	팀명	전	승	무	패	득	실	득실	승점
	★1	유벤투스	6	3	3	0	12	4	+8	12
	★2	샤흐타르 도네츠크	6	3	1	2	12	8	+4	10**
**상대전적 원정득점 우세	3*	첼시	6	3	1	2	16	10	+6	10
	4	노르셸란	6	0	1	5	4	22	−18	1

F조	순위	팀명	전	승	무	패	득	실	득실	승점
	★1	바이에른 뮌헨	6	4	1	1	15	7	+8	13**
	★2	발렌시아	6	4	1	1	12	5	+7	13
	3*	바테 보리소프	6	2	0	4	9	15	−6	6
**상대전적 우세	4	릴 OSC	6	1	0	5	4	13	−9	3

G조	순위	팀명	전	승	무	패	득	실	득실	승점
	★1	바르셀로나	6	4	1	1	11	5	+6	13
	★2	셀틱	6	3	1	2	9	8	+1	10
	3*	벤피카	6	2	2	2	5	5	0	8
	4	스파르타크 모스크바	6	1	0	5	7	14	−7	3

H조	순위	팀명	전	승	무	패	득	실	득실	승점
	★1	맨체스터 Utd	6	4	0	2	9	6	+3	12
	★2	갈라타사라이	6	3	1	2	7	6	+1	10**
	3*	CFR 클루지	6	3	1	2	9	7	+2	10
**상대전적 우세	4	브라가	6	1	0	5	7	13	−6	3

• 토너먼트 결과 •

(★ 승자)

16강

	1차전	2차전	합산	득점자
포르투	1	0	1	**1차전** 무티뉴 56' **2차전** —
말라가★	0	2	2	**1차전** — **2차전** 이스코 43', 산타 크루즈 77'

	1차전	2차전	합산	득점자
샤흐타르 도네츠크	2	0	2	**1차전** 스르나 31', 더글라스 코스타 68' **2차전** —
보루시아 도르트문트★	2	3	5	**1차전** 레반도프스키 41', 후멜스 87' **2차전** 산타나 31', 괴체 37', 브와슈치코프스키 59'

	1차전	2차전	합산	득점자
레알 마드리드★	1	2	3	**1차전** 호날두 30' **2차전** 모드리치 66', 호날두 69'
맨체스터 Utd	1	1	2	**1차전** 웰벡 20' **2차전** 라모스 og48'

	1차전	2차전	합산	득점자
갈라타사라이★	1	3	4	**1차전** 일마즈 12' **2차전** 알틴톱 37', 일마즈 42', 우무트 불루트 90'+5
샬케 04	1	2	3	**1차전** 존스 45' **2차전** 노이슈테터 17', 미셰우 바스투스 63'

	1차전	2차전	합산	득점자
아스널	1	2	3	**1차전** 포돌스키 55' **2차전** 지루 3', 코시엘니 86'
바이에른 뮌헨★	3	0	3*	**1차전** 크로스 7', 뮐러 21', 만주키치 77' **2차전** —

* 원정득점 우세

	1차전	2차전	합산	득점자
셀틱	0	0	0	**1차전** — **2차전** —
유벤투스★	3	2	5	**1차전** 마트리 3', 마르키시오 77', 부치니치 83' **2차전** 마트리 24', 콸리아렐라 65'

	1차전	2차전	합산	득점자
발렌시아	1	1	2	**1차전** 라미 90' **2차전** 조나스 55'
파리 생제르맹★	2	1	3	**1차전** 라베치 10', 파스토레 43' **2차전** 라베치 66'

	1차전	2차전	합산	득점자
밀란	2	0	2	**1차전** 보아텡 57', 문타리 81' **2차전** —
바르셀로나★	0	4	4	**1차전** — **2차전** 메시 5', 40', 비야 55', 알바 90'+2

· 토너먼트 결과 ·

(★ 승자)

8강

		1차전	2차전	합산	득점자
🔵	말라가	0	2	2	**1차전** − **2차전** 호아킨 25', 엘리제우 82'
🟡	보루시아 도르트문트 ★	0	3	3	**1차전** − **2차전** 레반도프스키 40', 로이스 90'+1 산타나 90'+3

		1차전	2차전	합산	득점자
⚪	레알 마드리드 ★	3	2	5	**1차전** 호날두 9', 벤제마 29', 이과인 73' **2차전** 호날두 7', 90'+2
🔴	갈라타사라이	0	3	3	**1차전** − **2차전** 에부에 57', 스네이더르 70', 드로그바 72'

		1차전	2차전	합산	득점자
🔴	바이에른 뮌헨 ★	2	2	4	**1차전** 알라바 1', 뮐러 63' **2차전** 만주키치 64', 피사로 90'+1
⚫	유벤투스	0	0	0	**1차전** − **2차전** −

		1차전	2차전	합산	득점자
⚫	파리 생제르맹	2	1	3	**1차전** 이브라히모비치 79', 마투이디 90'+4 **2차전** 파스토레 50'
🔵	바르셀로나 ★	2	1	3*	**1차전** 메시 38', 차비 89'(p) **2차전** 페드로 71'

*원정득점 우세

준결승

		1차전	2차전	합산	득점자
🟡	보루시아 도르트문트 ★	4	0	4	**1차전** 레반도프스키 8', 50', 55', 66'(p) **2차전** −
⚪	레알 마드리드	1	2	3	**1차전** 호날두 43' **2차전** 벤제마 83', 라모스 88'

		1차전	2차전	합산	득점자
🔴	바이에른 뮌헨 ★	4	3	7	**1차전** 뮐러 25', 82', 고메즈 49', 로번 73' **2차전** 로번 49', 피케 72'(og), 뮐러 76'
🔵	바르셀로나	0	0	0	**1차전** − **2차전** −

· 결승전 ·

1 : 2

2013.05.25. 런던,
웸블리 스타디움 (86,298명)

보루시아 도르트문트　　　　　　　　　　**바이에른 뮌헨**

득점

권도간 68'(p)	만주키치 60', 로번 89'

위르겐 클롭 ｜ **4-2-3-1**　　　　유프 하인케스 ｜ **4-2-3-1**

벤치

랭거랙(GK), 산타나, 켈, 라이트너, 키르히	슈타르케(GK), 반부이텐, 샤키리, 티모슈크, 피사로

경고/퇴장

그로스크로이츠 73' / –	단테 29', 리베리 73' / –

주부심: 니콜라 리촐리(ITA), 레나토 파베라니(ITA), 안드레아 스테파니(ITA)
추가부심: 잔루카 로키(ITA), 파올로 타글리아벤토(ITA)
대기심: 다미르 스코미나(SVN)

• 득점순위 •

득점	이름		클럽명	
12골	크리스티아누 호날두	(POR)	레알 마드리드	(ESP)
10골	로베르트 레반도프스키	(POL)	보루시아 도르트문트	(GER)
8골	부락 일마즈	(TUR)	갈라타사라이	(TUR)
	리오넬 메시	(ARG)	바르셀로나	(ESP)
	토마스 뮐러	(GER)	바이에른 뮌헨	(GER)
5골	오스카	(BRA)	첼시	(ENG)
	조나스	(BRA)	발렌시아	(ESP)
	알란	(BRA)	브라가	(POR)
	카림 벤제마	(FRA)	레알 마드리드	(ESP)
	에제키엘 라베치	(ARG)	파리 생제르맹	(FRA)

• 팀 오브 토너먼트 •

골키퍼

로만 바이덴펠러(GER)	보루시아 도르트문트(GER)
마누엘 노이어(GER)	바이에른 뮌헨(GER)
디에고 로페스(ESP)	레알 마드리드(ESP)

수비수

다니 아우베스(BRA)	바르셀로나(ESP)
레오나르도 보누치(ITA)	유벤투스(ITA)
필립 람(GER)	바이에른 뮌헨(GER)
치아구 시우바(BRA)	파리 생제르맹(FRA)
단테(BRA)	바이에른 뮌헨(GER)
세르히오 라모스(ESP)	레알 마드리드(ESP)

미드필더

마리오 괴체(GER)	보루시아 도르트문트(GER)
일카이 귄도간(GER)	보루시아 도르트문트(GER)
안드레스 이니에스타(ESP)	바르셀로나(ESP)
안드레아 피를로(ITA)	유벤투스(ITA)
아리언 로번(NED)	바이에른 뮌헨(GER)
바스티안 슈바인슈타이거(GER)	바이에른 뮌헨(GER)

공격수

즐라탄 이브라히모비치(SWE)	파리 생제르맹(FRA)
토마스 뮐러(GER)	바이에른 뮌헨(GER)
로베르트 레반도프스키(POL)	보루시아 도르트문트(GER)
크리스티아누 호날두(POR)	레알 마드리드(ESP)
리오넬 메시(ARG)	바르셀로나(ESP)
로빈 판페르시(NED)	맨체스터 Utd(ENG)

게겐프레싱

공격 전환의 신세계

'게겐프레싱(gegenpressing)'은 한국어로 '역압박(counter pressing)'으로 번역할 수 있다. 상대의 역습을 압박한다는 뜻은 아니다. 상대 진영에서 공격하다가 볼을 빼앗기면 그 자리에서 곧바로 압박을 가해 최대한 빨리 볼 소유권을 되찾는 전술이다. 수비에서 공격으로 단번에 전환하는 플레이를 '역습(counter attack)'이라고 부르니까 공격이 끊긴 직후 뒤로 물러나지 않고 그 자리에서 곧바로 압박하는 플레이를 '역압박'으로 부르는 명명이 타당하다.

축구 전술사에서 압박 플레이를 보급한 인물은 단연 밀란의 아리고 사키다. 4-4-2 형태를 유지했던 사키의 밀란은 지역방어(zonal marking) 개념을 도입해 축구 전술사 흐름을 바꿔 놓았다. 지금은 흔해진 라인 유지, 수비 블록, 오프사이드 트랩 등은 밀란이 유러피언컵(현 챔피언스리그)을 연패했던 당시만 해도 혁명적 전술 구사였다. 1990년대와 2000년대에 걸쳐 이탈리아 축구계가 이런 흐름을 이어갔다면 2010년대 전술 리더의 역할은 독일 축구계로 넘어갔다고 할 수 있다. 비슷한 시기에 랄프 랑닉도 기본적으로 같은 개념의 축구를 선보였지만, 타이틀 획득이 없어 주목받지 못했다. 게겐프레싱 전술의 보급에서 클롭이 가장 큰 지분을 차지하는 근본적 이유이기도 하다.

2008년 감독 부임 후 클롭은 게겐프레싱을 바탕으로 도르트문트를 분데스리가 2연패와 챔피언스리그 결승전으로 이끌었다. 전력 보강 예산이 제한적인 상황에서 클롭 감독은 역압박 전술에 특화된 선수 중심으로 팀을 꾸렸다. 클롭 감독은 바르셀로나로부터도 영감을 받았다. 그는 "바르셀로나 선수들은 내일이 없는 사람처럼 압박한다. 나는 그런 플레이야말로 바르셀로나가 일군 최고의 업적이라고 생각한다. 지금까지 내가 봤던 최고의 모범이다"라고 극찬했다. 단, 바르셀로나와 도르트문트의 역압박 목적은 달랐다. 바르셀로나는 점유 시간을 최대한 길게 가져가기 위해 최대한 빨리 볼 소유권을 되찾았다. 도르트문트의 역압박 이유는 철저히 공격에 맞춰졌다. 클롭 감독은 "게겐프레싱이야말로 최고의 플레이메이커"라고 확신했다. 상대 골문 가까운 지점에서 볼을 되찾으면 패스 한 번으로 결정적 기회를 만들 수 있기 때문이다. 클롭 감독은 테크닉 부족을 체력으로 만회했다. 2012/13시즌 챔피언스리그에서 도르트문트의 평균 뛴 거리는 121,091km로 아약스에 이어 두 번째로 길었다. 괴체, 귄도간, 로이스는 매 경기 평균 13km 이상 뛰었다.

클롭 감독의 역압박 전술은 2010년대 중반을 거치면서 분데스리가에서는 완전히 보편화되었다. 1부의 절반 이상이 역압박 전술을 구사하고 있다. 랑닉의 제자라고 할 수 있는 토마스 투헬과 율리안 나겔스만이 이런 흐름을 주도한다. 축구 팬이라면 현재 유럽 축구가 더 빠르고 더 많이 뛰는 스타일로 바뀌는 과정을 목격하고 있을 것이다. 2010년대부터 클럽과 국가대표팀 레벨에서 실적을 내기 시작한 독일 축구계의 전술 혁신이야말로 진화를 주도하는 근간이다.

★★★

2013/14 시즌

라데시마

❂ 키워드 ❂

#레알 #아틀레티코 #마드리드 #라모스 #호날두

‖ 백그라운드 Background

1992년 챔피언스리그 리브랜딩 이후 유럽 축구 이적시장은 네 차례 계기로 팽창한다. 1995년 보스만 판례, 2003년 로만 아브라모비치의 첼시 인수, 2008년 셰이크 만수르의 맨체스터 시티(맨시티) 인수, 2017년 네이마르의 PSG 이적이다. 주식시장처럼 축구 이적시장도 빅클럽이 선도한다. 전술한 네 가지 분기점은 각각 빅클럽의 경쟁 심리를 부추기는 요인으로 작용했다. 2008년부터 맨시티는 단가간에 전력을 강화하기 위해 우수 선수들을 끌어모았다. 그 과정에서 톱클래스 선수의 몸값이 급등했고, 그 결과가 고스란히 2009년 크리스티아누 호날두, 2013년 가레스 베일의 세계 최고 이적료 신기록 경신이란 형태로 나타났다. 2013년 여름 이적시장에서 프리미어리그 클럽들의 이적료 지출 합계는 6억3천만 파운드로 역대 최고치를 기록했다. 당시 최대 수혜자는 토트넘이었다. 2012년 루카 모드리치에 이어 2013년 베일을 연달아 레알 마드리드에 보내면서 1억3500만 유로를 벌었다. 2012/13시즌 토트넘의 매출은 1억7200만 유로였다. 선수 2명을 팔아 1년 돈벌이의 78.4%를 충당한 것이다.

2013/14시즌을 앞둔 시점에서 대형 이적과 함께 또 다른 볼거리는 빅클럽에서 새롭게 둥지를 튼 감독들이었다. 바르셀로나을 떠나 안식년을 보내던 펩 과르디올라 감독이 독일 최강 바이에른 뮌헨에서 두 번째 지도자 챕터를 열었다. 바르셀로나에서 보였던 스타일과 거리가 먼 독일 성향을 어떻게 조합해갈지, 리오넬 메시, 차비 에르난데스, 안드레스 이니에스타가 없는 팀에서도 유럽 챔피언에 등극할 수 있을지가 초미의 관심사였다. 레알의 플로렌티노 페레스 회장은 조제 모리뉴 감독으로도 이루지 못한 '라데시마(챔피언스리그 통산 10회 우승)'의 꿈을 카를로 안첼로티 감독에게 걸기로 했다. 모리뉴 감독은 챔피언스리그 3연속 4강 탈락에 발목이 잡혀 최초의 3개 클럽 챔피언스리그 우승 도전을 친정 첼시에서 재개하기로 했다. 가장 큰 변화는 맨유였다. 알렉스 퍼거슨 감독은 찬란했던 26년 집권을 마감했다. 퍼거슨 감독은 스코틀랜드 동향 후배인 에버턴의 데이비드 모예스를 후임자로 점지했다. 맨유 감독직을 간절히 원했던 모리뉴 감독은 퍼거슨 감독의 최종 결정을 전해 들은 뒤 눈물을 흘렸다고 한다. 때가 되면 찾아오는 유럽 축구의 새 시즌이지만 역시 수많은 스토리를 만들며 2013/14시즌은 출발했다.

조별리그 Group Stage

F조 이야기부터 시작해야 한다. 리그 챔피언이 한 팀도 없지만, 궁극의 '죽음의 조'가 꾸며졌다. 전년도 준우승팀 도르트문트, 16강팀 아스널, 2년 전 16강팀 나폴리와 8강팀 마르세유가 한곳에 모였다. 마르세유가 6전 전패를 당했다. 나머지 세 팀이 마르세유전에서 승점 6점씩 얻었다는 뜻이다. 도르트문트, 아스널, 나폴리는 막상막하의 전력을 보이며 서로 1승 1패씩 기록했다. 6차전이 끝난 시점에서 세 팀의 승점이 모두 12점이 되는 해프닝이 벌어졌다. 순위 결정 기준은 상대 전적의 승점, 골득실, 다득점, 원정 득점 순서였다. 상대 전적 승점을 각각 6점씩 얻은 세 팀의 운명은 결국 골득실로 판가름 났다. 도르트문트(+1)가 1위, 아스널(0)이 2위, 그리고 나폴리(-1)는 3위 성적표를 받아 유로파리그로 밀리는 비운을 맞봤다.

안토니오 콘테 감독과 함께 세리에A 3연패 중이던 유벤투스는 유럽 무대에서 좀처럼 힘을 쓰지 못했다. B조 5차전에서야 상대적 약체 코펜하겐을 상대로 첫 승리를 신고했다. 최종전에서 갈라타사라이를 꺾으면 레알에 이어 자력 2위가 가능한 상황이 유일한 위안이었다. 이스탄불 튀르트텔레콤 아레나에서 벌어진 경기는 뜻밖의 폭설로 30분 만에 취소되었다. 나머지 60분은 익일 오후 1시부터 치러졌다. 곳곳이 얼거나 진흙이 된 그라운드에서 선수들은 미끄러지거나 뒤뚱거리기를 반복하다가 85분 베슬러이 스네이더르의 결승골로 갈라타사라이가 1-0으로 이겨 유벤투스를 추월해 16강에 올랐다. B조 1위는 6경기에서 20골을 몰아친 레알이었다. 호날두는 본인이 출전한 B조 5경기에서 9골을 터트렸다. 7점으로 16강에 오른 갈라타사라이와 달리 C조에서는 10점을 얻은 벤피카가 3위로 탈락했다. 유로파리그 2연속 준우승에 이어 벤피카는 유럽 불운에 울었다.

D조에서는 디펜딩챔피언 바이에른 뮌헨과 '큰손' 맨시티가 나란히 승점 15점을 따며 16강에 올랐다. 맨시티는 최종전인 바이에른 원정에서 3-2로 이겼지만 마누엘 페예그리니 감독은 조 1위를 위해 한 골이 더 필요한 상황에서 순위 결정 규정을 착각해 힘을 뺐다. 조 2위 맨시티가 16강 조 추첨에서 바르셀로나와 만나는 불행의 씨앗이었다. 라리가에서 엘클라시코 체제를 흔들고 있던 아틀레티코는 G조 여섯 경기를 5승 1무로 소화해 조 1위 통과에 성공했다. 같은 조 2위는 제니트였는데 승점이 6점에 불과했다. 타타마르티노 감독이 새로 부임한 바르셀로나는 H조에서 밀란과 함께 16강에 올랐다. 밀란은 최종전에서 아약스와 0-0으로 비겨 승점 1점 차이 리드를 간신히 지켜내 세리에A 유

일의 16강팀이 되었다.

토너먼트 Tournament

레알의 쓰리톱은 시간이 갈수록 화력이 세졌다. 16강 1차전에서 레알은 호날두, 벤제마, 베일이 사이좋게 두 골씩 터트리며 살케 원정 6-1 대승을 기록했다. 홈 2차전 (3-1승)에서도 호날두는 대회 12, 13호 골을 기록해 단일 시즌 최다 득점 기록인 14골 (1962/63 조세 알타피니, 2011/12 메시) 경신에 바짝 다가섰다. 8강에서 레알은 전년도 결승 진출팀 도르트문트를 상대로 1차전을 3-0으로 잡아 낙승이 예상되었다. 하지만 원정 2차전에서 전반전에만 마르코 로이스에게 두 골을 허용해 진땀을 흘렸다. 레알은 추가 실점 없이 경기를 마쳐 합산 3-2 승리를 방어하며 4시즌 연속 4강 진출에 성공했다.

준결승전에서 레알은 디펜딩챔피언 바이에른을 넘어야 했다. 바이에른은 16강과 8강에서 모두 프리미어리그인 아스널과 맨유를 각각 따돌렸다. 맨유의 모예스 감독은 8강 탈락 2주일 뒤 경질되었다. 결승 문턱에서 챔피언스리그 우승 2회 감독들인 안첼로티와 과르디올라의 맞대결 성사는 축구 팬들의 큰 관심을 받았다. 원정 1차전 0-1 패배를 안은 바이에른은 알리안츠 아레나로 돌아온 2차전에서 반전을 노렸다. 2차전을 앞두고 과르디올라 감독은 자신의 전 동료이자 바르셀로나 감독 후임인 티토 빌라노바가 투병 끝에 세상을 떠났다는 사실을 전해 들어야 했다. 2차전 시작 전 양 팀 선수들은 센터서클에서 묵념으로 애도의 뜻을 표시했다. 치열한 격돌 속에서 레알의 '수트라이커' 세르히오 라모스가 절정의 기량을 과시했다. 라모스는 16분 코너킥과 20분 프리킥을 모두 머리로 연결해 골을 터트렸다. 전반 종료 전 호날두는 대회 15호 골을 쏘아 올려 단일 시즌 최다 득점 신기록을 작성했다. 호날두가 한 골을 더 넣은 레알이 합산 스코어 5-0이란 일방적 스코어를 작성하며 '라데시마' 꿈에 다가섰다.

조 2위가 된 맨시티는 16강전에서 거함 바르셀로나를 상대해야 했다. 홈 1차전에서 잘 버틴 맨시티는 후반 초반 중앙수비수 마르틴 데미첼리스가 리오넬 메시의 단독 찬스를 무산시키는 태클로 일발 퇴장과 함께 페널티킥을 헌납했다. 메시의 잉글랜드 원정 첫 골에 이어 종료 직전 다니 아우베스의 쐐기골로 바르셀로나가 원정 2-0 승리를 거뒀다. 페예그리니 감독이 징계로 자리를 비운 원정 2차전에서도 맨시티는 1-2로 패했다. 바르셀로나의 8강 상대는 밀란을 제친 아틀레티코였다. 디에고 시메오네 감독은 단단한 4-4-2 포메이션을 바탕으로 점유를 상대에게 내주는 수동태 축구의 대가였다. 메시와 네이마르의 화력이 절실한 상황에서 바르셀로나는 56분 디에구의 '깜짝' 중거리포로 선제 실점을 내줬다. 네이마르의 골로 만회하긴 했지만, 홈에서 1-1 스코어는 실패에 가까웠다. 2차전에서 아틀레티코는 5분, 코케의 결승골을 끝까지 지켰다. 바르셀로나전 180분을 1실점으로 막는 아틀레티코의 수비력은 이미 유럽 최정상급 수준이었다.

아틀레티코는 준결승전에서 모리뉴 감독의 첼시를 만났다. 첼시는 아틀레티코에 임대 중인 자기 선수 티보 쿠르투아의 출전 불가를 주장했지만, 유럽축구연맹(UEFA)이 이를 인정하지 않았다. 쿠르투아는 두 경기에서 원소속팀 동료들을 상대로 선방쇼를 펼쳤다. 런던 2차전에서 아틀레티코의 아들 페르난도 토레스가 첼시의 선제골을 터트렸지만 아틀레티코가 전반 막판부터 3골 집중력을 선보여 합산 3-1 승리를 쟁취했다. 아틀레티코가 대회 역사상 최초의 동일 도시 클럽간 더비 결승전을 만든 것이다.

결승전 Final
레알 마드리드 4 : 1 아틀레티코 마드리드 | 2014.05.24 | 리스본, 에스타디우 다 루이즈

레알과 챔피언스리그 결승전 역사는 교집합 면적이 넓다. 포르투갈 리스본에서 열린 2014년 결승전은 레알의 13번째 도전이었다. 지휘봉을 잡은 안첼로티 감독은 선수(1989, 1990)와 감독(2003, 2005, 2007)으로서 결승전 무대에 이미 다섯 번이 섰다. 안첼로티 감독은 친화력과 안정적 전술로 레알 슈퍼스타들의 잠재력을 극대화했다. 아틀레티코는 시메오네 감독과 함께 거침없이 질주 중이었다. 결승전으로부터 일주일 전 누캄프에서 라리가 우승을 확정한 상태였다. 라리가 첫 마드리드 더비에서도 1-0으로 이겼다. 2010년과 2012년 유로파리그 우승, 코파델레이 역대 레알 상대 결승전 5전 4승 전력도 아틀레티코에 자신감을 주는 과거였다.

시메오네 감독은 결승전 하루 전 부상 복귀한 디에고 코스타를 선발 기용했다. 도박적 판단은 킥오프 9분 만에 코스타가 경기를 포기하면서 실패로 끝났다. 아틀레티코는 전반 중반까지 전방위적 압박으로 레알을 몰아댔다. 레알은 자기 템포보다 호날두와 베일의 압도적 개인 능력을 앞세웠다. 레알이 주도권을 쥐기 시작한 36분 부상 중인 페페 대신 출전한 라파엘 바란이 코너킥을 허용했다. 주장 가비의 코너킥은 문전에서 흘러나왔다가 다시 박스 안으로 들어갔다. 디에고 고딘의 백헤딩슛이 포물선을 그리며 골대 안으로 들어갔다. 이케르 카시야스가 어설픈 위치 선정 실수를 만회하려고 몸을 날려 쳐냈지만 볼은 이미 골라인을 넘어선 후였다. 해당 시즌 고딘의 8골은 전부 헤딩골이었다.

후반 초반까지 0-1 상황이 이어지자 안첼로티 감독은 사미 케디라를 이스코로, 코엔트랑을 마르셀루로 동시 교체를 단행했다. 공격적 교체는 즉시 효과를 나타냈다. 후반 중반 이후 아틀레티코 선수들의 운동량이 감소하면서 경기는 일방적으로 기울었다. 레알이 두들기고 아틀레티코가 몸을 불살라 막는 장면이 반복되었다. 후반 추가시간 2분째, 절박한 레알의 오른쪽 코너킥을 라모스가 정확한 헤더로 극적인 동점골을 터트렸다. 연장전 들어 아틀레티코의 체력은 한계에 도달했다. 후안프란과 아드리안이 절뚝이면서 버텼고, 가비도 근육 경련을 일으켰다. 경기 내내 레알에서 가장 위협적이었던 디마리아가 110분 왼쪽 측면을 무너트려 때린 슛이 쿠르투아를 맞고 굴절되었다. 파코너에서 베일이 머리로 받아 넣어 스코어를 뒤집었다. 이후 마르셀루와 호날두가 골을 보탠 레알이 4-1 승리를 장식했다. 멀게만 느껴졌던 라데시마가 도착했다.

역사상 첫 동일 연고지 더비 결승전은 많은 기록을 남겼다. 대회 출범 59년 만에 레알은 두 자릿수 우승을 달성하는 최초의 클럽이 되었다. 안첼로티 감독은 밥 페이즐리와 최다 우승(3회) 기록에 어깨를 나란히 했다. 호날두는 결승전 득점으로 단일 시즌 최다 득점 기록을 17골로 늘렸다. 경고 12장(레알 5장, 아틀레티코 7장)도 역대 최다 기록이었다. 에스타디우 다 루이즈에 모인 6만 관중은 패자 아틀레티코 선수들이 보여준 투혼에 힘찬 박수를 보냈다. 이날 코케, 티아고, 가비가 뛴 거리는 16km가 넘었다.

세르히오 라모스 Key Player
카드와 골 그리고 트로피

2014년 리스본 결승전의 공식 맨오브더매치는 레알의 앙헬 디마리아였다. 디마리아는 120분 내내 펜싱 검으로 찌르는 듯한 드리블 돌파로 득점 기회를 창출했다. 베일도 잊을 수 없다. 코파델레이 결승전 슈퍼골에 이어 챔피언스리그 결승전에서도 베일은 결승골을 터트렸다. 하지만 역사는 오직 한 사람, 세르히오 라모스만 기억한다. 후반 추가 시간 2분 극적인 동점골로 팀을 패배에서 구했기 때문이다.

결승전뿐 아니라 라모스는 2013/14시즌 '라데시마'에 결정적으로 기여했다. 레알은 라리가에서 막판까지 아틀레티코, 바르셀로나와 치열하게 우승을 다퉜다. 세 팀의 승점 차이가 작아 매 경기가 결승전이었다. 라모스는 4월 26일 오사수나전에서 한 골(시즌 2호)을 넣었다. 사흘 뒤 레알은 알리안츠아레나에서 바이에른을 상대로 챔피언스리그 준결승 2차전을 치렀다. 1년 전, 레알은 같은 상대와 준결승전에서 승부차기로 패해 결승 진출에 실패했다. 당시 호날두, 카카 그리고 라모스가 홈 팬들 앞에서 페널티킥을 실축했다. 트라우마를 씻겠다는 의지가 강했는지 두 번째 준결승전에서 라모스는 전반전에만 코너킥과 프리킥으로 두 골을 넣었다. 전반 20분 만에 레알이 합산 3-0으로 앞서기 시작했다. 바이에른이 뒤집으려면 4골을 넣어야 했으므로 라모스의 2골이 사실상 승부에 쐐기를 박은 셈이다. 라모스는 여기서 멈추지 않고 이어진 발렌시아와 바야돌리드 경기에서도 득점 행진을 이어갔다. 시즌 막판 4경기 연속 5골을 기록하는 센터백은 흔치 않다. 결승전의 천금 동점골은 라모스의 시즌 7호 골이었다. 2020년 12월 기준으로 라모스는 프로 105골, 스페인 A매치 23골을 기록해 개인 통산 득점 수가 128골에 달한다. 센터백으로 뛰면서 두 자릿수 득점 시즌이 세 번이나 된다.

득점과 함께 라모스를 유니크한 선수로 만드는 부문이 또 있다. 옐로카드와 레드카드 횟수다. 레알 데뷔 시즌(2005/06)에만 라모스는 무려 네 번이나 퇴장당했다. 2020년 12월 기준으로 라모스는 라리가 최다 옐로카드(171장)와 최다 레드카드(20장) 기록 보유자다. 챔피언스리그에서도 역대 최다 옐로카드(40장) 타이틀을 갖고 있다. 최다 레드카드(4장) 아쉽게도 공동 1위에 그치고 있다. 스페인 국가대표팀 역대 최다 옐로카드(24장)도 빼놓으면 섭섭하다. 카드 숫자만 놓고 보면 그라운드의 깡패라고 해도 좋겠지만, 우승 타이틀은 모든 것을 가리기 충분할 만큼 화려하다. 라리가 우승 5회, 챔피언스리그 우승 4회, 코파델레이 우승 2회, FIFA 클럽 월드컵 우승 4회, FIFA 월드컵 우승 1회, 유로 우승 2회. 라모스가 플로렌티노 페레스 회장의 갈락티코 1기 중 유일한 스페인 국적 영입생이었던 이유는 따로 있지 않다.

· 조별리그 결과 · (★ 16강, *유로파리그 합류)

A조	순위	팀명	전	승	무	패	득	실	득실	승점
	★1	맨체스터 Utd	6	4	2	0	12	3	+9	14
	★2	바이어 레버쿠젠	6	3	1	2	9	10	−1	10
	3*	샤흐타르 도네츠크	6	2	2	2	7	6	+1	8
	4	레알 소시에다드	6	0	1	5	1	10	−9	1

B조	순위	팀명	전	승	무	패	득	실	득실	승점
	★1	레알 마드리드	6	5	1	0	20	5	+15	16
	★2	갈라타사라이	6	2	1	3	8	14	−6	7
	3*	유벤투스	6	1	3	2	9	9	0	6
	4	코펜하겐	6	1	1	4	4	13	−9	4

C조	순위	팀명	전	승	무	패	득	실	득실	승점
	★1	파리 생제르맹	6	4	1	1	16	5	+11	13
	★2	올림피아코스	6	3	1	2	10	8	+2	10**
	3*	벤피카	6	3	1	2	8	8	0	10
**상대전적 우세	4	안더레흐트	6	0	1	5	4	17	−13	1

D조	순위	팀명	전	승	무	패	득	실	득실	승점
	★1	바이에른 뮌헨	6	5	0	1	17	5	+12	15**
**상대전적 골득실 우세	★2	맨체스터 시티	6	5	0	1	18	10	+8	15
***상대전적 원정득점 우세	3*	빅토리아 플젠	6	1	0	5	6	17	−11	3***
	4	CSKA 모스크바	6	1	0	5	8	17	−9	3

E조	순위	팀명	전	승	무	패	득	실	득실	승점
	★1	첼시	6	4	0	2	12	3	+9	12
	★2	샬케 04	6	3	1	2	6	6	0	10
	3*	바젤	6	2	2	2	5	6	−1	8
	4	스테아우아 부쿠레슈티	6	0	3	3	2	10	−8	3

F조	순위	팀명	전	승	무	패	득	실	득실	승점
	★1	보루시아 도르트문트	6	4	0	2	11	6	+5	12**
	★2	아스널	6	4	0	2	8	5	+3	12**
**상대전적 골 득실 우세	3*	나폴리	6	4	0	2	10	9	+1	12
	4	마르세유	6	0	0	6	5	14	−9	0

G조	순위	팀명	전	승	무	패	득	실	득실	승점
	★1	아틀레티코 마드리드	6	5	1	0	15	3	+12	16
	★2	제니트	6	1	3	2	5	9	−4	6
	3*	포르투	6	1	2	3	4	7	−3	5**
**상대전적 우세	4	오스트리아 빈	6	1	2	3	5	10	−5	5

H조	순위	팀명	전	승	무	패	득	실	득실	승점
	★1	바르셀로나	6	4	1	1	16	5	+11	13
	★2	밀란	6	2	3	1	8	5	+3	9
	3*	아약스	6	2	2	2	5	8	−3	8
	4	셀틱	6	1	0	5	3	14	−11	3

· 토너먼트 결과 ·

16강

	1차전	2차전	합산	득점자
🛡️ 샬케 04	1	1	2	**1차전** 훈텔라르 90'+1 **2차전** 후그란트 31'
🛡️ 레알 마드리드★	6	3	9	**1차전** 벤제마 13', 57', 베일 21', 69', 호날두 52', 89' **2차전** 호날두 21', 73', 모라타 75'

	1차전	2차전	합산	득점자
🛡️ 제니트	2	2	4	**1차전** 샤토프 57', 헐크 69'(p) **2차전** 헐크 16', 론돈 73'
🛡️ 보루시아 도르트문트★	4	1	5	**1차전** 미키타리안 4', 로이스 5', 레반도프스키 61', 71' **2차전** 켈 38'

	1차전	2차전	합산	득점자
🛡️ 올림피아코스	2	0	2	**1차전** 도밍게스 38', 캠벨 55' **2차전** -
🛡️ 맨체스터 Utd★	0	3	3	**1차전** - **2차전** 판페르시 25'(p), 45'+1, 52'

	1차전	2차전	합산	득점자
🛡️ 아스널	0	1	1	**1차전** - **2차전** 포돌스키 57'
🛡️ 바이에른 뮌헨★	2	1	3	**1차전** 크로스 54', 뮬러 88' **2차전** 슈바인슈타이거 55'

	1차전	2차전	합산	득점자
🛡️ 맨체스터 시티	0	1	1	**1차전** - **2차전** 콩파니 89'
🛡️ 바르셀로나★	2	2	4	**1차전** 메시 54'(p), 다니 아우베스 90' **2차전** 메시 67', 다니 아우베스 90'+1

	1차전	2차전	합산	득점자
🛡️ 밀란	0	1	1	**1차전** - **2차전** 카카 27'
🛡️ 아틀레티코 마드리드★	1	4	5	**1차전** 코스타 83' **2차전** 코스타 3', 85', 투란 40', 가르시아 71'

	1차전	2차전	합산	득점자
🛡️ 바이어 레버쿠젠	0	1	1	**1차전** - **2차전** 샘 6'
🛡️ 파리 생제르맹★	4	2	6	**1차전** 마투이디 3', 이브라히모비치 39'(p), 42', 카바예 88' **2차전** 마르키뇨스 13', 라베치 53'

	1차전	2차전	합산	득점자
🛡️ 갈라타사라이	1	0	1	**1차전** 체주 65' **2차전** -
🛡️ 첼시★	1	2	3	**1차전** 토레스 9' **2차전** 에토 4', 케이힐 42'

· 토너먼트 결과 ·

(★ 승자)

8강

	1차전	2차전	합산	득점자
레알 마드리드★	3	0	3	**1차전** 베일 3', 이스코 27', 호날두 57' **2차전** −
보루시아 도르트문트	0	2	2	**1차전** − **2차전** 로이스 24', 37'

	1차전	2차전	합산	득점자
맨체스터 Utd	1	1	2	**1차전** 비디치 58' **2차전** 에브라 57'
바이에른 뮌헨★	1	3	4	**1차전** 슈바인슈타이거 67' **2차전** 만주키치 59', 뮐러 68', 로번 76'

	1차전	2차전	합산	득점자
바르셀로나	1	0	1	**1차전** 네이마르 71' **2차전**
아틀레티코 마드리드★	1	1	2	**1차전** 디에구 56' **2차전** 코케 5'

	1차전	2차전	합산	득점자
파리 생제르맹	3	0	3	**1차전** 라베치 4', 다비드 루이스 61'(og), 파스토레 90'+3 **2차전** −
첼시★	1	2	3*	**1차전** 아자르 27'(p) **2차전** 쉬를레 32', 바 87'

*원정득점 우세

준결승

	1차전	2차전	합산	득점자
레알 마드리드★	1	4	5	**1차전** 벤제마 19' **2차전** 라모스 16', 20', 호날두 34', 90'
바이에른 뮌헨	0	0	0	**1차전** − **2차전** −

	1차전	2차전	합산	득점자
아틀레티코 마드리드★	0	3	3	**1차전** − **2차전** 아드리안 44', 코스타 60'(p), 투란 72'
첼시	0	1	1	**1차전** − **2차전** 토레스 36'

· 결승전 ·

4 : 1

2014.05.24. 리스본,
에스타디우 다 루이즈 (60,976명)

레알 마드리드 | | **아틀레티코 마드리드**

득점

라모스 90'+3, 베일 110', 마르셀루 118', 호날두 120'(p)	고딘 36'

카를로 안첼로티	**4-3-3**	디에고 시메오네	**4-4-2**

벤치

디에고 로페스(GK), 페페, 아르벨로아, 이야라멘디	아란수비아(GK), 수아레스, C.로드리게스, 디에구

경고/퇴장

라모스 27', 케디라 45'+1, 마르셀루 118', 호날두 120', 바란 120'+3 / –	가르시아 27', 미란다 53', 비야 72', 후안프란 74', 코케 86', 가비 100', 고딘 120' / –

주부심: 비요른 카이퍼스(NED), 산데르 판로켈(NED), 에르빈 젤른스트라(NED)
추가부심: 폴 판보켈(NED), 리차드 리스페르트(NED) **대기심:** 퀴네이트 차키르(TUR)

• 득점순위 •

득점	이름		클럽명	
17골	크리스티아누 호날두	(POR)	레알 마드리드	(ESP)
10골	즐라탄 이브라히모비치	(SWE)	파리 생제르맹	(FRA)
8골	디에고 코스타	(ESP)	아틀레티코 마드리드	(ESP)
	리오넬 메시	(ARG)	바르셀로나	(ESP)
6골	세르히오 아구에로	(ARG)	맨체스터 시티	(ENG)
	로베르트 레반도프스키	(POL)	보루시아 도르트문트	(GER)
	가레스 베일	(WAL)	레알 마드리드	(ESP)
5골	알바로 네그레도	(ESP)	맨체스터 시티	(ENG)
	아르투로 비달	(CHI)	유벤투스	(ITA)
	토마스 뮬러	(GER)	바이에른 뮌헨	(GER)
	마르코 로이스	(GER)	보루시아 도르트문트	(GER)
	카림 벤제마	(FRA)	레알 마드리드	(ESP)

• 팀 오브 토너먼트 •

골키퍼
티보 쿠르투아(BEL)	아틀레티코 마드리드(ESP)
마누엘 노이어(GER)	바이에른 뮌헨(GER)

수비수
다니엘 카르바할(ESP)	레알 마드리드(ESP)
디에고 고딘(URU)	아틀레티코 마드리드(ESP)
필립 람(GER)	바이에른 뮌헨(GER)
페페(POR)	레알 마드리드(ESP)
세르히오 라모스(ESP)	레알 마드리드(ESP)

미드필더
앙헬 디마리아(ARG)	레알 마드리드(ESP)
가비(ESP)	아틀레티코 마드리드(ESP)
안드레스 이니에스타(ESP)	바르셀로나(ESP)
토니 크로스(GER)	바이에른 뮌헨(GER)
루카 모드리치(CRO)	레알 마드리드(ESP)
사비 알론소(ESP)	레알 마드리드(ESP)

공격수
디에고 코스타(ESP)	아틀레티코 마드리드(ESP)
즐라탄 이브라히모비치(SWE)	파리 생제르맹(FRA)
마르코 로이스(GER)	보루시아 도르트문트(GER)
아리언 로번(NED)	바이에른 뮌헨(GER)
크리스티아누 호날두(POR)	레알 마드리드(ESP)

알렉스 퍼거슨의
빈자리

2013/14시즌 챔피언스리그에서 가장 낯선 광경은 맨유의 벤치였다. 1993/94시즌부터 20년 동안 그곳에 있었던 알렉스 퍼거슨 감독이 데이비드 모예스 감독으로 바뀌었기 때문이다. 이후 2020/21시즌까지 맨유의 감독 자리는 수시로 바뀌었다. 다섯 명이나 왔다 갔으니 이제 팬들도 그런 변화에 익숙해진 느낌이다.

퍼거슨 감독과 맨유가 챔피언스리그에 복귀한 것은 1993/94시즌이었다. 1년 전 출범한 프리미어리그에서 맨유가 우승을 차지하면서 유럽 엘리트 입지를 실로 오랜만에 회복했다. 이후 퍼거슨 감독은 1995/96시즌을 제외하고 21시즌 동안 챔피언스리그에 모두 출전했다. 결승전 진출 4회에서 2승 2패를 기록했다. 조별리그에서 탈락한 시즌은 두 차례뿐이었다. 출전만 하면 최소한 토너먼트 단계까지 올라가 그에 준하는 막대한 수입을 획득해 강세를 유지했다.

퍼거슨 감독의 은퇴 시점부터 맨유의 챔피언스리그 사이클은 크게 출렁거린다. 후임자 모예스 감독은 16강 탈락과 프리미어리그 부진으로 인해 한 시즌도 채우지 못하고 해고되었다. 루이스 판할 감독은 2015/16시즌 조별리그에서 탈락했고 해당 시즌 종료와 함께 퇴장했다. 판할 감독은 "한 해 매출이 6억 파운드씩이나 되는 클럽에서 내가 사달라는 1순위 선수를 한 명도 영입하지 못했다"라며 분통을 터트렸다. 후임자는 챔피언스리그 우승 2회 감독 모리뉴였다. 한 시즌을 건너뛰고 2017/18시즌 챔피언스리그에 복귀했다가 16강에서 세비야에 덜미를 잡혔다. 경기 후 기자회견에서 탈락을 질책하는 영국 취재진을 향해 모리뉴 감독은 "세비야가 약하다고? 지금 당장 맨유에서 선발로 뛸 수 있는 선수가 세비야에는 최소한 일곱 명이나 된다"라며 대립각을 세웠다. 모리뉴 감독은 세 번째 시즌을 절반도 채우지 못한 채 쫓겨났다. 감독대행으로 들어온 올레 군나르 솔샤르 감독은 8강까지 오르는 '반짝 효과'를 발휘하며 정식 감독 계약에 성공했다. 또 한 해를 쉬고 복귀한 2020/21시즌에서 솔샤르 감독의 맨유는 조별리그에서 허무하게 탈락했다.

포스트-퍼거슨 시대에서 맨유가 전력 강화에 소홀했던 것도 아니다. 절대적 리더가 없어진 충격을 톱클래스 완성품 선수로 메울 수밖에 없다는 조바심이 작용해 맨유는 퍼거슨 감독이 떠난 이후 오히려 돈을 더 썼다. 모예스 감독의 첫 영입 선수인 마루앙 펠라이니를 시작으로 2020년 여름 이적시장까지 맨유의 선수 영입 비용 누계는 10억 파운드를 돌파했다. 2016년 여름에는 폴 포그바를 1억5백만 유로에 영입하면서 세계 최고액 신기록을 작성하기도 했다. 하지만 포그바, 해리 맥과이어, 로멜루 루카쿠, 디마리아 등 초고액 영입생들이 약속이라도 한 듯이 몸값을 해주지 못했다. 위대한 감독이 떠난 자리를 메울 수 있는 유일한 방법은 또 다른 위대한 감독밖에 없어 보인다. 물론 말처럼 쉽지 않은 현실이 문제라면 문제다.

★★★

2014/15 시즌
역대 최강 스리톱

◈ 키워드 ◈

#바르셀로나 #유벤투스 #메시 #수아레스
#네이마르 #엔리케

백그라운드 Background

레알 마드리드 선수들은 라데시마 성취감을 오래 즐길 수 없었다. 2014년 5월 24일 결승전으로부터 3주 뒤 지구 반대편 브라질에서 FIFA 월드컵이 개최되었기 때문이다. 시즌 직후 회복이 더딘 탓이었을까? 크리스티아누 호날두의 포르투갈은 조별리그에서 탈락했고 레알과 바르셀로나 중심의 스페인도 네덜란드전 1-5 대패를 당하며 토너먼트 진출에 실패했다. 개최국 브라질은 벨루오리존치에서 열린 준결승전에서 독일에 1-7 참패에 눈물을 흘렸다. 요하임 뢰브 감독의 독일은 결승전에서 연장전 막판 마리오 괴체의 결승골로 아르헨티나를 꺾어 통산 네 번째 별을 달았다. 리오넬 메시는 골든볼에 만족해야 했다.

2013/14시즌 프리미어리그 득점왕(31골) 루이스 수아레스는 그라운드 안팎에서 화제를 만들었다. 브라질월드컵 D조 3차전에서 수아레스는 이탈리아 수비수 조르지오 키엘리니의 어깨를 무는 돌출 행위를 저질렀다. 현장에서는 주심의 눈을 피했지만, 국제축구연맹(FIFA)은 이틀 뒤 A매치 9경기 출전 정지, 4개월 축구 관련 활동 금지라는 중징계를 내렸다. 수아레스를 잃은 우루과이는 16강에서 콜롬비아에 0-2로 패했다. 뱀파이어라는 오명과 달리 수아레스는 2014년 여름 8,200만 유로로 바르셀로나 이적에 성공했다. FIFA의 징계로 인해 수아레스는 라리가 초반 두 달 동안 공식전에 출전하지 못했다.

여름 페스티벌이 끝나고 출발한 UEFA 챔피언스리그에는 오랜 단골 클럽이 자취를 감췄다. 1996/97시즌 이후 개근했던 맨유가 지난 시즌 프리미어리그 7위로 추락해 챔피언스리그는 물론 유로파리그 출전 자격마저 상실했다. 맨유 수뇌부는 2014 브라질 월드컵에서 네덜란드를 3위로 이끈 루이스 판할을 알렉스 퍼거슨 이후 두 번째 정식 감독으로 영입했고 레알의 앙헬 디마리아도 손에 넣어 엘리트 복귀를 꾀했다.

조별리그 Group Stage

A조 유벤투스는 안토니오 콘테 감독이 시즌 개막 직전 사퇴하는 바람에 부랴부랴 막시밀리아노 알레그리 전 밀란 감독 체제로 급전환해야 했다. 불안정한 유벤투스는 조별리그 초반부에 아틀레티코와 올림피아코스에 연달아 패했다. 다행히 4, 5차전을 잡고 최종전을 0-0으로 지켜 조 2위 통과에 성공했다. B조 리버풀은 수아레스의 공백을 준

척 여러 명으로 메우는 방법으로 5년 만의 챔피언스리그에 임했다. 첫 경기에서 루도고
레츠를 2-1로 꺾었지만 이후 다섯 경기에서 2무 3패로 부진해 탈락했다. 홈 최종전에서
바젤을 꺾어야 했지만 무기력한 내용 끝에 1-1 무승부에 그쳤다. 6전 전승을 기록한 레
알과 '깜짝 카드' 바젤이 B조의 승자였다.

C조에서는 레버쿠젠의 손흥민이 챔피언스리그 본선에 데뷔했다. 2차전에서 데뷔골
을 신고한 손흥민은 4차전 제니트 원정에서 2골 맹활약으로 2-1 승리를 견인했다. 해
당 경기의 프리킥 상황 득점은 시즌 종료 후 UEFA 테크니컬그룹의 '올 시즌 가장 멋진
세트피스 득점'으로 선정되었다. 모나코가 단 4골만으로 조 1위를 달성했고 레버쿠젠은
1점 차 2위로 16강에 진출했다. 퍼거슨 감독의 은퇴로 외로워진 아르센 벵거 감독의 아
스널은 D조에서 도르트문트와 함께 토너먼트에 올랐다. 같은 조 갈라타사라이는 6경기
에서 승점 1점에 그치는 부진으로 최하위 탈락했다. 2014 브라질 월드컵에서 조별리그
탈락의 책임으로 물러났던 체사레 프란델리 감독은 갈라타사라이에서도 시즌 도중 쫓
겨나는 망신을 당했다.

E조 맨체스터 시티(맨시티)의 유럽 울렁증은 여전했다. 맨시티는 4차전까지 2점에
그쳤다가 4, 5차전 2연승으로 바이에른 뮌헨에 이어 조 2위 통과에 간신히 성공했다.
2시즌 연속 조 2위 통과는 16강 바르셀로나전이라는 불운의 연속을 낳았다. 수아레스의
합류로 막강 MSN 라인을 완성한 바르셀로나는 F조 최종전에서 PSG를 3-1로 꺾어 중
동 갑부 클럽을 2위로 밀어냈다. G조에서는 첼시와 샬케, H조에서는 포르투와 샤흐타
르 도네츠크가 각각 16강에 올랐다. 샤흐타르의 브라질 공격수 루이즈 아드리아누는 바
테 보리소프를 상대로 원정에서 5골, 홈에서 3골을 터트리는 진기록을 작성했다.

▌▌**토너먼트** Tournament

16강 최대 매치업은 맨시티와 바르셀로나, PSG와 첼시의 두 경기였다. 2시즌 연속
16강에서 바르셀로나를 만난 맨시티는 홈 1차전에서 수아레스의 선제 2골과 후반전 가
엘 클리시의 경고 누적 퇴장이 겹쳐 1-2로 패했다. 원정 역전의 꿈도 0-1 패배로 깨졌
다. 파리 원정에서 1-1로 비긴 첼시는 홈 2차전에서 정규시간과 연장전에서 잡았던 리
드를 모두 마지막 순간에 날려 탈락의 고배를 마셨다. PSG는 어렵사리 오른 8강에서 바

르셀로나에 패해, 짐을 쌌다. 바르셀로나의 수아레스와 네이마르는 16강과 8강 네 경기에서 7골을 기록하며 팀의 준결승행을 견인했다. 바르셀로나의 4강 상대는 16강과 8강에서 14골을 폭발한 펩 과르디올라 감독의 바이에른 뮌헨이었다.

반대편 대진에서는 아무도 기대하지 않던 유벤투스가 힘을 냈다. 16강에서 도르트문트를 합산 5-1, 8강에서 모나코를 합산 1-0으로 제쳐 12년 만에 챔피언스리그 4강 고지를 밟았다. 준결승 상대는 레알이었다. 16강에서 레알은 샬케를 제쳤고 8강에서는 전년도 결승전 리턴매치를 합산 1-0으로 마무리했다. 2차전에서 카를로 안첼로티 감독의 세르히오 라모스 미드필더 기용과 맨유 임대생 하비에르 에르난데스의 결승골 덕분에 끈질긴 아틀레티코를 재차 따돌릴 수 있었다.

준결승 대진을 놓고 축구 팬들은 재차 엘클라시코 결승전 성사를 꿈꿨다. 유벤투스가 홈에서 레알을 2-1로 꺾었을 때만 해도 레알의 2차전 뒤집기에 예상이 집중되었다. 레알의 야망은 BBC 라인을 위해 임대 보냈던 공격수의 2경기 연속 득점에 의해 깨졌다. 알바로 모라타는 57분 결정적 1-1 동점골을 터트렸다. 알레그리 감독의 안정적인 유벤투스는 2차전도 1-1 무승부로 막아 2002/03시즌 이후 12년 만에 결승 진출에 성공했다. 시즌 종료 후, 레알의 안첼로티 감독은 사임했고 논란 속에서 라파엘 베니테스를 새 감독으로 영입했다.

1년 전 준결승전에서 레알에 막혔던 과르디올라 감독은 이번 시즌 바르셀로나와 만나는 얄궂은 팔자를 맞이했다. 원정 1차전에서 바이에른은 백3와 2선 사이에 바스티안 슈바인슈타이거를 세우는 패배 방지 카드를 꺼냈다. 하지만, MSN의 화력을 90분 동안 무실점으로 막기엔 역부족이었다. 후반 중반 이후 바르셀로나는 리오넬 메시가 2골, 추가시간 네이마르가 쐐기골을 터트려 3-0 완승을 장식했다. 메시는 두 번째 골 장면에서 제롬 보아텡은 균형을 잃고 엉덩방아를 찧게 해 개인 능력의 정점을 찍었다. 과르디올라 감독의 바르셀로나B 후임이었던 루이스 엔리케 감독은 원정을 2-3 패배로 막아 데뷔 시즌 결승 진출이란 쾌거를 달성했다.

결승전 Final

유벤투스 1 : 3 바르셀로나 | 2015.06.06 | 베를린, 올림피아슈타디온

2006 독일 월드컵 결승전 장소 베를린 올림피아슈타디온에서 유벤투스와 바르셀로나가 만났다. 양쪽 모두 국내 더블을 달성한 상태로 베를린에 입성했다. 2014년 월드컵 '뱀파이어 해프닝'의 재회는 키엘리니의 부상 결장으로 이루어지지 않았다.

유벤투스는 수비 핵심 키엘리니의 공백을 안드레아 바르잘리로 메웠다. 다이아몬드 4-4-2에서 아르투로 비달이 꼭짓점에 서서 전방 압박을 담당했다. 최전방 투톱은 카를로스 테베스와 레알에서 임대해온 모라타였다. 바르셀로나는 전통의 4-3-3 시스템이었다. 시즌 58골을 기록 중인 메시는 오른쪽 측면에서 출발했다. 경기 중 메시가 2선 중앙으로 진입하고 라이트백 다니 아우베스가 전진하는 장면이 반복되었다.

킥오프 직후 유벤투스가 단번에 페이스를 올려 바르셀로나 골문을 위협했다. 초반 어수선한 분위기가 진정되자 4분 바르셀로나가 첫 공격을 시도했다. 상대 페널티박스 왼쪽에서 네이마르의 감각적인 스루패스를 주장 안드레스 이니에스타가 다시 오른쪽으로 내줬다. 전년도 유로파리그 결승전 맨오브더매치(세비야)였던 이반 라키티치가 왼발로 연결해 선제골을 뽑았다. 마음만 먹으면 언제든 득점 기회를 만드는 바르셀로나의 능력이 재차 증명된 장면이었다. 오른쪽 측면에 있는 메시가 상대 마크맨들을 빨아들이면 반대편에 넓은 공간이 생겼다. 그곳에는 시즌 38골을 넣은 네이마르와 시즌 24골의 수아레스가 있었다. 유벤투스로서는 어느 한쪽이 약해질 수밖에 없는 상황 속에서 힘겹게 싸웠다. 9분, 13분, 16분 유벤투스는 잔루이지 부폰의 선방에 감사해야 했다.

54분 클라우디오 마르키시오가 상대 진영에서 볼을 빼앗아 감각적인 백힐 패스를 보냈다. 슈테판 리히텐슈타이너가 잡아 크로스를 보냈고 테베스의 슛이 리바운드되자 모라타가 밀어 넣었다. 드문 기회에서 1-1 동점을 만드는 저력이었다. 하지만 거기까지였다. 68분 메시가 혼자 몰고 들어가 때린 슛을 부폰이 쳐냈지만, 수아레스가 간단히 마무리했다. 스코어가 2-1이 되자 유벤투스의 공수 균형이 깨졌다. 6분 뒤 네이마르는 헤딩골이 핸드볼 판정으로 취소되어 불만을 터트렸다. 잔뜩 일그러졌던 네이마르의 표정은 후반 추가시간 3-1 쐐기골을 터트리는 순간 활짝 펴졌다.

베를린에서 바르셀로나는 유럽 축구 역사상 최초로 유러피언 트레블을 두 번 달성하는 클럽에 등극했다. 차비 에르난데스는 78분 교체 투입되어 바르셀로나 마지막 경기를 개인 통산 네 번째 챔피언스리그 우승으로 마무리했다. 막강 MSN 라인은 결승전에서도 두 골을 터트려 3인 합계 시즌 122골이란 전무후무한 기록을 작성했다. 유벤투스는 1997년, 1998년, 2003년에 이어 챔피언스리그 결승전 4연속 패배라는 사슬에 묶여 괴로워했다. 레프트백으로 선발 출전했던 유벤투스의 파트리스 에브라도 챔피언스리그 결승전에서만 네 번이나 패했는데 세 경기의 상대가 바르셀로나였다.

MSN Key Player

축구는 대표적 팀 종목이다. 조직력, 단합심, 배려와 희생을 추구한다. 하지만 위로 올라갈수록 축구는 다른 속성을 드러낸다. 수준이 높으면 높은 경기일수록 팀보다 개인능력이 중요해진다. 최고의 무대에서 압도적 개인기로 차이를 만드는 선수를 우리는 '레전드'라고 부른다.

2014/15시즌 바르셀로나의 스리톱 MSN 라인은 축구 역사에 한 획을 그었다. 메시, 수아레스, 네이마르는 한 시즌 동안 라리가, 코파델레이, 챔피언스리그에서 합계 122골 55도움을 기록했다. 모든 경쟁자를 평범하게 만드는 괴력이었다. 전설의 바르셀로나 스리톱은 2013년 네이마르, 2014년 수아레스가 각각 영입되면서 완성되었다. 남미를 대표하는 골잡이 셋이 한 팀에 모인 사실만으로도 대단한 관심거리인데 셋이 함께 뛴 첫 시즌부터 유러피언 트레블을 달성했으니 팬들은 흥분할 수밖에 없었다.

선봉장은 역시 메시였다. 해당 시즌 메시는 챔피언스리그에서 10골을 보태 크리스티아누 호날두와 함께 통산 77골로 라울 곤살레스의 기존 기록(71골)을 넘어서 대회 역대 최다 득점자가 되었다. 펩 과르디올라 감독 체제부터 중앙을 지켰던 메시는 수아레스를 위해 5년 만에 측면 이동을 자청했다. 메시는 오른쪽 측면과 중앙 2, 3선 사이를 오가면서 시즌 58골 27도움을 양산했다. 사실 메시는 시즌 내내 논란의 중심에 있었다. 루이스 엔리케 감독과 불화설과 첼시 이적설은 사후 당사자들이 모두 사실이었다고 밝혔다. 차비는 첼시로 떠나려는 메시를 직접 설득했다고 밝혔다. 논란 속에서 메시는 11월 22일 세비야전 해트트릭으로 라리가 역대 최다 득점자에 등극했다. 5월 30일 코파델레이 결승전에서 아슬레틱 빌바오의 수비수 4명을 제친 선제골 장면은 메시의 가장 멋진 득점 중 하나로 손꼽힌다. 2015년 12월 메시는 축구 역사상 최초로 발롱도르 5회 수상자에 등극했다.

바르셀로나 두 번째 시즌을 맞이한 네이마르도 39골 7도움으로 대폭발했다. 챔피언스리그에서는 메시, 호날두와 함께 10골로 어깨를 나란히 했다. 네이마르는 8강부터 결승까지 5경기 연속 골을 기록해 트레블 일등 공신이 되었다. 이번 우승으로 네이마르는 남미 클럽 최고 권위 대회인 코파리베르타도레스와 챔피언스리그에서 모두 우승한 여덟 번째 선수가 되었는데 두 대회 결승전에서 모두 득점을 기록한 선수는 네이마르가 유일하다. FIFA 징계 탓에 10월 말에야 공식전에 출전하기 시작한 수아레스는 적은 경기 수에도 불구하고, 시즌 25골 21도움 기록을 남겼다. 바르셀로나 공식 데뷔전이었던 시즌 첫 엘클라시코부터 도움을 기록했고 두 번째 엘클라시코에서는 2-1 결승골로 포효했다.

· 조별리그 결과 ·

(★ 16강, *유로파리그 합류)

A조	순위	팀명	전	승	무	패	득	실	득실	승점
	★1	아틀레티코 마드리드	6	4	1	1	14	3	+11	13
	★2	유벤투스	6	3	1	2	7	4	+3	10
	3*	올림피아코스	6	3	0	3	10	13	−3	9
	4	말뫼	6	1	0	5	4	15	−11	3

B조	순위	팀명	전	승	무	패	득	실	득실	승점
	★1	레알 마드리드	6	6	0	0	16	2	+14	18
	★2	바젤	6	2	1	3	7	8	−1	7
	3*	리버풀	6	1	2	3	5	9	−4	5
	4	루도고레츠 라즈그라드	6	1	1	4	5	14	−9	4

C조	순위	팀명	전	승	무	패	득	실	득실	승점
	★1	모나코	6	3	2	1	4	1	+3	11
	★2	바이어 레버쿠젠	6	3	1	2	7	4	+3	10
	3*	제니트	6	2	1	3	4	6	−2	7
	4	벤피카	6	1	2	3	2	6	−4	5

D조	순위	팀명	전	승	무	패	득	실	득실	승점
	★1	보루시아 도르트문트	6	4	1	1	14	4	+10	13**
	★2	아스널	6	4	1	1	15	8	+7	13
**6경기 골득실 우세	3*	안더레흐트	6	1	3	2	8	10	−2	6
	4	갈라타사라이	6	0	1	5	4	19	−15	1

E조	순위	팀명	전	승	무	패	득	실	득실	승점
	★1	바이에른 뮌헨	6	5	0	1	16	4	+12	15
	★2	맨체스터 시티	6	2	2	2	9	8	+1	8
	3*	로마	6	1	2	3	8	14	−6	5
	4	CSKA 모스크바	6	1	2	3	6	13	−7	5

F조	순위	팀명	전	승	무	패	득	실	득실	승점
	★1	바르셀로나	6	5	0	1	15	5	+10	15
	★2	파리 생제르맹	6	4	1	1	10	7	+3	13
	3*	아약스	6	1	2	3	8	10	−2	5
	4	아포엘	6	0	1	5	1	12	−11	1

G조	순위	팀명	전	승	무	패	득	실	득실	승점
	★1	첼시	6	4	2	0	17	3	+14	14
	★2	샬케 04	6	2	2	2	9	14	−5	8
	3*	스포르팅 CP	6	2	1	3	12	12	0	7
	4	마리보르	6	0	3	3	4	13	−9	3

H조	순위	팀명	전	승	무	패	득	실	득실	승점
	★1	포르투	6	4	2	0	16	4	+12	14
	★2	샤흐타르 도네츠크	6	2	3	1	15	4	+11	9
	3*	아슬레틱 빌바오	6	2	1	3	5	6	−1	7
	4	바테 보리소프	6	1	0	5	2	24	−22	3

• 토너먼트 결과 • (★ 승자)

16강

	1차전	2차전	합산	득점자
ⓙ 유벤투스★	2	3	5	**1차전** 테베스 13', 모라타 43' **2차전** 테베스 3', 79', 모라타 70'
ⓑ 보루시아 도르트문트	1	0	1	**1차전** 로이스 18' **2차전** –

	1차전	2차전	합산	득점자
아스널	1	2	3	**1차전** 옥슬레이드체임벌린 90'+1 **2차전** 지루 36', 램지 79'
모나코★	3	0	3*	**1차전** 콘도그비아 38', 베르바토프 53', 카라스코 90'+4 **2차전** –

*원정 득점 우세

	1차전	2차전	합산	득점자
바이어 레버쿠젠	1	0	1(p2)	**1차전** 찰하노글루 57' **2차전** –
아틀레티코 마드리드★	0	1	1(p3)	**1차전** – **2차전** M.수아레스 27'

	1차전	2차전	합산	득점자
ⓢ 샬케 04	0	4	4	**1차전** – **2차전** 푸흐스 20', 훈텔라르 40', 84', 사네 57'
레알 마드리드★	2	3	5	**1차전** 호날두 26', 마르셀루 79' **2차전** 호날두 25', 45', 벤제마 53'

	1차전	2차전	합산	득점자
파리 생제르맹★	1	2	3*	**1차전** 카바니 54' **2차전** 다비드 루이스 86', 티아구 시우바 114'
첼시	1	2	3	**1차전** 이바노비치 36' **2차전** 케이힐 81', 아자르 96'(p)

*원정 득점 우세

	1차전	2차전	합산	득점자
맨체스터 시티	1	0	1	**1차전** 아구에로 69' **2차전** –
바르셀로나★	2	1	3	**1차전** L.수아레스 16', 30' **2차전** 라키티치 31'

	1차전	2차전	합산	득점자
바젤	1	0	1	**1차전** 곤살레스 11' **2차전** –
포르투★	1	4	5	**1차전** 다닐루 79'(p) **2차전** 브라히미 14', 에레라 47', 카세미루 56', 아부바카르 76'

	1차전	2차전	합산	득점자
샤흐타르 도네츠크	0	0	0	**1차전** – **2차전** –
바이에른 뮌헨★	0	7	7	**1차전** – **2차전** 뮐러 52'(p), 보아텡 34', 리베리 49', 바드스투버 63', 레반도프스키 75', 괴체 87'

· 토너먼트 결과 · (★ 승자)

8강

	1차전	2차전	합산	득점자
유벤투스★	1	0	1	**1차전** 비달 57'(p) / **2차전** —
모나코	0	0	0	**1차전** — / **2차전** —

	1차전	2차전	합산	득점자
아틀레티코 마드리드	0	0	0	**1차전** — / **2차전** —
레알 마드리드★	0	1	1	**2차전** 에르난데스 88'

	1차전	2차전	합산	득점자
파리 생제르맹	1	0	1	**1차전** 마티유 82'(og) / **2차전** —
바르셀로나★	3	2	5	**1차전** 네이마르 18', L.수아레스 67', 79' / **2차전** 네이마르 14', 34'

	1차전	2차전	합산	득점자
포르투	3	1	4	**1차전** 콰레스마 3'(p), 10', 마르티네스 65' / **2차전** 마르티네스 73'
바이에른 뮌헨★	1	6	7	**1차전** 티아고 28' / **2차전** 티아고 14', 보아텡 22', 레반도프스키 27', 뮐러 36', 레반도프스키 40', 알론소 88'

준결승

	1차전	2차전	합산	득점자
유벤투스★	2	1	3	**1차전** 모라타 8', 테베스 58'(p) / **2차전** 모라타 57'
레알 마드리드	1	1	2	**1차전** 호날두 27' / **2차전** 호날두 23'(p)

	1차전	2차전	합산	득점자
바르셀로나★	3	2	5	**1차전** 메시 77', 80', 네이마르 90'+4 / **2차전** 네이마르 15', 29'
바이에른 뮌헨	0	3	3	**1차전** — / **2차전** 베나티아 7', 레반도프스키 59', 뮐러 74'

· 결승전 ·

유벤투스 **1 : 3** **바르셀로나**

2015.06.06. 베를린,
올림피아슈타디온 (70,442명)

득점

모라타 55'	라키티치 4', 수아레스 68', 네이마르 90'+7

마시밀리아노 알레그리	**4-4-2**	
루이스 엔리케	**4-3-3**	

벤치

스토라리(GK), 오그본나, 파도인, 스투라로	클라우디오 브라보(GK), 바르트라, 아드리아누, 하피냐

경고/퇴장

비달 11', 포그바 41' / –	수아레스 70' / –

주부심: 퀴네이트 차키르(TUR), 바하틴 두란(TUR), 타리크 온군(TUR)
추가부심: 후세인 괴체크(TUR), 반슈 시미섹(TUR)
대기심: 요나스 에릭손(SWE)

• 득점순위 •

득점	이름		클럽명	
10골	네이마르	(BRA)	바르셀로나	(ESP)
	크리스티아누 호날두	(POR)	레알 마드리드	(ESP)
	리오넬 메시	(ARG)	바르셀로나	(ESP)
9골	루이즈 아드리아누	(BRA)	샤흐타르 도네츠크	(UKR)
7골	잭슨 마르티네스	(COL)	포르투	(POR)
	토마스 뮬러	(GER)	바이에른 뮌헨	(GER)
	루이스 수아레스	(URU)	바르셀로나	(ESP)
	카를로스 테베스	(ARG)	유벤투스	(ITA)
6골	세르히오 아구에로	(ARG)	맨체스터 시티	(ENG)
	카림 벤제마	(FRA)	레알 마드리드	(ESP)
	에딘손 카바니	(URU)	파리 생제르맹	(FRA)
	로베르트 레반도프스키	(POL)	바이에른 뮌헨	(GER)

• 팀 오브 토너먼트 •

골키퍼

잔루이지 부폰(ITA)	유벤투스(ITA)
마르크안드레 테어슈테겐(GER)	바르셀로나(ESP)

수비수

호르디 알바(ESP)	바르셀로나(ESP)
조르지오 키엘리니(ITA)	유벤투스(ITA)
브라니슬라프 이바노비치(SRB)	첼시(ENG)
하비에르 마스체라노(ARG)	바르셀로나(ESP)
제라르드 피케(ESP)	바르셀로나(ESP)

미드필더

세르히오 부스케츠(ESP)	바르셀로나(ESP)
안드레스 이니에스타(ESP)	바르셀로나(ESP)
토니 크로스(GER)	바이에른 뮌헨(GER)
클라우디오 마르키시오(ITA)	유벤투스(ITA)
안드레아 피를로(ITA)	유벤투스(ITA)
이반 라키티치(CRO)	바르셀로나(ESP)

공격수

리오넬 메시(ARG)	바르셀로나(ESP)
알바로 모라타(ESP)	유벤투스(ITA)
네이마르(BRA)	바르셀로나(ESP)
크리스티아누 호날두(POR)	레알 마드리드(ESP)
루이스 수아레스(URU)	바르셀로나(ESP)

루이스 엔리케

바르셀로나가 역사상 최초의 유러피언 트레블 2회 클럽이 될 수 있었던 또 다른 원동력은 루이스 엔리케 감독이었다. 전술했듯이 바르셀로나의 2014/15시즌은 평화롭지 않았다. 슈퍼스타 메시와 새 감독이 공개적으로 다퉜다. 그런데도 타이틀을 싹쓸이했다. 엔리케 감독의 역할을 과소평가할 수 없는 이유다.

엔리케 감독도 스타 출신이다. 현역 시절 레알 마드리드에서 5시즌 213경기, 바르셀로나에서 8시즌 300경기를 뛰었다. 체력이 좋아, 주로 미드필더로 뛰었지만, 바르셀로나에서는 스트라이커로 기용되어 1997/98시즌에는 25골이나 기록했을 정도로 팔방미인이었다. 2008년 과르디올라가 떠난 바르셀로나B에서 지도자로서 데뷔했다. 엔리케 감독은 바르셀로나B를 11년 만에 2부로 승격시켰다. 이후 로마와 셀타비고를 거쳐 2014년 타타 마르티노의 후임으로 바르셀로나 1군의 지휘봉을 잡았다.

엔리케 감독 아래서 바르셀로나는 기본 틀 위에 직선적 스타일을 가미했다. 볼 점유도 좋지만, 상대의 틈을 발견할 때까지 심플하게 최전방의 메시, 수아레스, 네이마르에게 볼을 투입하는 방법을 선택했다. 전방 압박도 과하게 고집하지 않아 안정적 수비 전환을 도모했다. 골키퍼 포지션에서는 클라우디오 브라보가 라리가를, 마르크-안드레 테어슈테겐이 코파델레이와 챔피언스리그를 담당했다.

무엇보다 어려운 상황에서도 자기 신념을 버리지 않고 팀 전체의 중심을 잡았다. 엔리케 감독은 초반 스태프 인선에서 메시의 측근들을 정리하려고 했다가 슈퍼스타의 심기를 건드렸다. 둘의 관계는 급속히 냉각되었다. 바르셀로나는 10월 엘클라시코 원정 1-3 패배에 이어 홈에서 셀타비고에 0-1로 리그 2연패를 당했다. 경기 후 라커룸에서 메시와 엔리케 감독은 선수 라인업을 놓고 심한 말싸움을 벌였다. 해를 넘긴 1월 초 훈련과 레알 소시에다드전 0-1 패배에서 두 사람은 또 다퉜다. 메시가 팬 오픈 트레이닝에 무단 불참해 둘의 관계가 파국으로 치달았다. 호셉 마리아 바르토메우 회장까지 나서서 둘을 중재했다. 결국 둘은 팀을 위해 축구에 집중하는 선택을 내렸다. 슈퍼스타의 항명에도 불구하고 선수단은 악영향을 받지 않았다. 엔리케 감독의 맨 매니지먼트 능력을 엿볼 수 있는 대목이다. 결과적으로 엔리케 감독은 바르셀로나 역대 감독 중 부임 첫 50경기에서 가장 많은 42승을 기록했다. 내란 속에서 팀을 끌어간 감독의 성적치고는 매우 근사하다. 두 번째 시즌에도 엔리케 감독과 바르셀로나는 국내 더블을 기록했다.

★★★

2015/16 시즌
아틀레티코의 눈물

⚽ 키워드 ⚽

#레알 #아틀레티코 #시메오네 #FIFA스캔들

백그라운드 Background

　2015년 5월 축구 역사상 유례없는 사건이 벌어졌다. 미국 연방검찰이 국제축구연맹 (FIFA)의 부회장 2인을 포함한 고위 간부 14인을 뇌물 수수 혐의로 기소했다. 다음 날 스위스 취리히에서 회장 선거를 위해 호텔에 모여있던 간부 7명이 스위스 경찰에 의해 현장 체포되었다. 2010년 12월 있었던 2022월드컵 유치 경쟁에서 카타르에 밀린 미국이 치밀하게 준비한 4년의 복수극은 결국 축구계 권력 순위 1, 2위를 모두 제거하는 결말로 끝났다.

　2022년 월드컵 유치 투표가 모든 사달의 기점이었다. 애초 블라터 회장, 플라티니 부회장, 미국축구협회는 '미국이 2022년 대회 유치에 올인하면 2018년 대회는 유럽 국가가 가져가는 대신에 2022년 대회 투표에서 미국을 밀어주겠다.'라는 비밀 설계에 합의했다. 9월 언론 인터뷰에서도 플라티니 부회장은 미국 지지를 천명했다. 하지만 11월 프랑스 니콜라 사르코지 대통령이 마련한 카타르 알타니 수상 국빈 만찬에 플라티니 부회장이 참석하면서 반전이 일어났다. 프랑스 일간지 〈르몽드〉는 그 자리에서 사르코지 대통령이 플라티니 부회장에게 국익을 우선시하는 월드컵 개최지 투표하도록 외압을 행사했다고 보도했다. 12월 투표를 일주일 앞두고 플라티니 부회장은 블라터 회장에게 전화를 걸어 본인의 처지를 설명하면서 미국이 아닌 카타르 지지 결정을 통보했다. 이상 기류를 포착한 미국 측은 투표 하루 전, 취리히 현지에서 빌 클린턴 전 대통령이 플라티니 부회장에게 면담을 요청했으나 거절당했다. 실제 투표에서 플라티니 부회장의 영향력이 작용한 표심이 방향을 튼 덕분에, 카타르가 미국을 제치고 2022년 월드컵 유치에 성공했다.

　플라티니 부회장에게 뒤통수를 맞은 미국은 즉시 FIFA 고위층의 부정부패 수사에 착

2015년 FIFA 스캔들 타임라인

5월 27일	5월 29일	6월 22일	9월
취리히에서 FIFA 간부 7인 체포.	블라터 회장 5선 성공, 미국 마이애미 소재 중미축구연맹 (CONCACAF) 사무실 압수수색.	블라터 회장, 2016년 2월 차기 회장 선거 실시 후 본인 사임 발표.	스위스 검찰, 블라터 회장 입건. 2011년 플라티니 부회장(겸 UEFA회장)에게 고문료 2백만 스위스프랑 불법 지급 혐의.

수했다. 중미축구협회 사무실이 미국 영토인 마이애미에 있어 가능했다. 이후 재판에서 미국 연방 검찰은 2016년 코파아메리카 센테나리오의 미국 개최 결정, 2010년 남아공 월드컵 유치 결정, 2011년 FIFA 회장 선거 등에서 총 1억5천만 달러의 뇌물이 FIFA 고위층에게 제공된 사실을 확인했다. 〈르몽드〉가 보도한 '사르코지 대통령 외압설'은 진위 여부가 밝혀지지 않았지만 심증은 확실하다. 2022년 월드컵 유치 성공 이후 카타르는 파리 생제르맹을 인수해 대대적 투자를 개시했다. 국영 TV채널 〈알자지라〉 산하 〈BeIN 스포츠〉는 프랑스 리그앙의 TV 중계권을 사상 최고가로 구매해 부를 안겼다. 또 카타르는 프랑스로부터 전투기 36대를 일괄 주문했다. 차기 FIFA 회장 0순위 후보였던 플라티니가 정치 외풍에 날아갔다는 사실은 축구계 관점에서 큰 손실이었다.

조별리그 Group Stage

이번 시즌부터 유로파리그 챔피언의 조별리그 직행이 제도화되면서 스페인 라리가는 리그 1~4위와 함께 세비야까지 다섯 팀이 본선에 진출하는 경사를 맞이했다. 라파엘 베니테스 감독 체제로 출발한 레알 마드리드는 A조 6경기에서 19골을 터트리며 조 1위로 16강에 올랐다. 3시즌 연속 대회 득점왕 행진 중인 크리스티아누 호날두는 조별리그에서만 11골을 기록했다.

B조에서는 분데스리가 2위 볼프스부르크가 최종전에서 맨유를 3-2로 격파해 조 1위를 달성했다. 맨유는 루이스 판할 감독과 대형 스타들을 영입해 2년 만에 챔피언스리그에 복귀했다. 하지만 최종전에서 승점 8점에 머물러 같은 날 막판 역전승으로 승점 10점이 된 PSV에 밀려 조 3위로 밀렸다. 맨유는 유로파리그에서 리버풀에 패해 16강 탈락,

10월	12월	2016년 2월	2016년 9월
FIFA 윤리위원회, 블라터 회장 및 플라티니 부회장의 80일 자격정지 징계	FIFA윤리위원회, 블라터 회장 및 플라티니 부회장의 8년 자격정지 징계.	지아니 인판티노 UEFA사무국장이 새 FIFA회장으로 선출	알렉산다르 체페린 UEFA 법무위원회 부회장 (겸 슬로베니아축구협회장) 이 새 UEFA회장으로 선출

프리미어리그에서도 5위에 그쳐 판할 감독은 시즌 종료 후 물러나야 했다. 맨체스터 라이벌 시티는 D조에서 유벤투스에 1점 앞서 조 1위로 16강에 올라 세상 변화를 알렸다. E조에서는 바르셀로나가 압도적 1위를 차지한 가운데 로마가 승점 6점으로 조 2위를 차지하는 행운을 누렸다. F조 경쟁도 바이에른의 독주로 진행되었다. 아스널은 4차전까지 승점 3점에 머물러 탈락 위기에 몰렸으나 남은 두 경기를 모두 잡아내 올림피아코스를 상대 전적 스코어로 제치고 2위 턱걸이에 성공했다.

첼시는 G조 1위라는 가시적 성과를 얻으면서도 내홍을 겪었다. 조제 모리뉴 감독이 프리미어리그 개막전에서 자신의 의무 스태프인 에바 카네이로에게 욕설하는 장면이 카메라에 포착되었다. 해당 사건이 여성비하 논란으로 번지면서 첼시는 리그 성적이 곤두박질쳤다. 결국, 클럽 수뇌진은 12월 레스터 원정에서 패하고 돌아온 모리뉴 감독을 두 번째로 성질하고 거스 히딩크를 긴급 소방수로 투입했다. 카네이로는 첼시를 떠난 뒤 제기한 명예훼손 소송에서 이겨 위자료 5백만 파운드를 보상받았다. 한편 같은 조의 2위는 디나모 키예프가 차지했다. 홀렌 로페테기 감독의 포르투는 4차전까지 10점을 땄지만, 잔여 2경기에서 모두 패해 탈락했다.

토너먼트 Tournament

16강 최고 하이라이트는 유벤투스와 바이에른의 매치업이었다. 원정 1차전에서 2-2로 비긴 펩 과르디올라 감독의 바이에른은 홈 2차전 전반전에만 0-2로 끌려가 벼랑 끝에 몰렸다. 후반 중반 로베르토 레반도프스키의 골로 간신히 만회한 뒤 후반 추가시간 토마스 뮐러가 극적인 2-2 동점골을 터트려 팀을 살렸다. 연장전에서 바이에른은 두 골을 추가해 2차전 4-2, 합산 6-4 승리를 거둬 8강행에 성공했다. 바이에른은 8강에서 벤피카까지 제쳐, 3시즌 연속 4강 진출에 성공했다. 4강 상대는 험난한 과정을 거친 아틀레티코 마드리드였다. 16강에서 아틀레티코는 PSV를 8번 키커까지 가는 승부차기 혈투 끝에 겨우 제쳤다. 8강에서는 바르셀로나를 맞이해 30% 이하의 점유율을 기록하면서도 앙투안 그리즈만의 2차전 2골 활약으로 승리했다.

준결승전에서 아틀레티코는 수동태 축구의 진수를 선보였다. 홈 1차전에서 아틀레티코는 킥오프 11분 만에 사울 니게스가 수비수 4명을 제치고 터트린 선제 원더골을 끝까지 지켜냈다. 알리안츠 원정에서는 0-1로 뒤진 상황에서 수문장 얀 오블락이 뮐러의 페널티킥을 막았다. 후반 들어 역습으로 그리즈만이 1-1 동점골을 터트렸다. 바이에른은 경기를 압도하면서도, 상대의 끈질긴 수비에 막혀 한 골 추가에 그쳤다. 합산 2-2 동점에서 원정득점을 얻은 아틀레티코가 두 경기 평균 점유율 31.5% 내용으로 결승전에 올랐다. 과르디올라 감독의 바이에른은 3시즌 준결승전에서 라리가의 레알, 바르셀로나, 아틀레티코에 차례로 패하는 결과를 남겼다. 시즌 종료 후 과르디올라 감독은 2월 발표대로 맨시티 감독으로 부임했다.

레알 마드리드는 팀 장악에 실패한 베니테스를 카스티야의 지네딘 지단으로 감독을 갈아치운 뒤, 토너먼트 단계를 시작했다. 16강에서 레알은 루치아노 스팔레티로 감독을 바꾼 로마를 어렵지 않게 제쳤다. 8강 볼프스부르크전에서는 호날두의 구원이 필요했다. 1차전 0-2 패배에서 돌아온 홈 2차전에서 호날두는 해트트릭으로 합산 3-2 승리를 만들었다. 디나모 키예프와 PSG를 따돌린 맨시티가 준결승전 상대였다. 경험 부족 우려에도 불구하고 지단 감독은 슈퍼스타들과 순조롭게 교감하는 능력으로 팀 분위기를 일신했다. 결과를 낼 줄도 알았다. 준결승 원정 1차전에서 지단 감독은 수비적 운영으로 0-0 무승부로 막았다. 홈 2차전에서도 레알은 단단한 수비로 맨시티를 슈팅 시도 9개로 막았고 가레스 베일의 결승골로 결승 진출에 성공했다. 레알과 아틀레티코는 2013/14시즌 결승전, 2014/15시즌 8강전에 이어 이번 시즌 결승전에서 맞붙어 마드리드 천하를 이어갔다.

‖ 결승전 Final

‖ 레알 마드리드 1 : 1 (p. 5 : 3) 아틀레티코 마드리드 | 2016.05.28 | 밀란, 산시로

레알과 아틀레티코의 마드리드 더비는 같은 국가 맞대결 결승전으로는 여섯 번째, 같은 도시 맞대결 결승전으로는 두 번째였다. 밀라노 산시로에 차려진 무대가 레알의 통산 14번째 결승전이었다. 그중 레알은 열 번이나 우승했다. 아틀레티코의 자신감은 최근 상승세였다. 2014년 챔피언스리그 결승전 이후 아틀레티코는 상대 전적 5승 3무로 레알을 압도하고 있었다.

결승전 양상은 예상대로였다. 레알이 볼을 점유하며 먼저 움직였고 아틀레티코는 상대 플레이에 반응했다. 15분 레알이 왼쪽 측면에서 프리킥을 얻었다. 토니 크로스가 날 카롭게 올린 크로스가 베일의 머리를 스쳐 오블락 앞에 떨어졌다. 세트피스의 사나이 세르히오 라모스가 먼저 움직여 발을 갖다 댄 덕분에 볼은 오블락의 가랑이 사이를 통과해 골라인을 넘어갔다. 느린 그림상 오프사이드가 유력했지만, 마크 클라텐버그 주심의 휘슬은 울리지 않았다. 선제 실점 후에도 아틀레티코는 게임플랜을 바꾸지 않았다. 무리한 도전보다 4-4-2 형태를 촘촘히 유지하며 레알의 개인기 중심 공격을 차단했다.

후반 1분 만에 아틀레티코의 인내심이 보상받았다. 페널티박스 안에서 토레스가 페페에게 걸려 넘어져 페널티킥을 얻은 것이다. 키커는 그리즈만이었다. 골키퍼 정면 방향으로 날아간 페널티킥은 크로스바 아래를 강하게 맞고 튕겨 나왔다. 공격수 야닉 카라스코가 하프타임에 들어간 아틀레티코의 형태는 4-1-4-1로 바뀌었다. 78분 레알이 베일의 돌진으로 만든 기회를 살리지 못했다. 1분 뒤, 아틀레티코의 주장 가비가 페널티박스 오른쪽으로 감각적인 로빙패스를 보냈다. 후안프란이 한 템포 빠르게 문전으로 크로스를 보냈고 카라스코가 몸을 날려 1-1 동점골을 터트렸다. 연장전에 들어가면서 교체카드를 소진한 레알보다 2장을 보유한 아틀레티코가 유리해 보였다. 하지만 시메오네 감독이 쓸 공격 자원은 앙헬 코레아 한 명뿐이었다. 체력이 한계에 다다른 두 팀은 연장 30분에도 특별한 장면을 만들지 못한 채 승부차기 운명을 받아들였다.

결승전이란 부담감에도 불구하고 양 팀은 3번 키커까지 6명이 모두 페널티킥을 성공시켰다. 레알의 4번 키커 라모스도 성공해 스코어는 4-3이 되었다. 아틀레티코의 4번 키커 후안프란의 킥이 왼쪽 골대를 때리고 튕겼다. 레알의 마지막 키커 호날두의 다섯 번째 페널티킥이 성공되면서 결승전은 막을 내렸다. 레알이 또다시 마드리드 라이벌을 꺾어 통산 11번째 챔피언스리그 우승을 차지했다. 아틀레티코는 레알의 절반에도 못 미치는 재정 규모로 3년 사이에 두 번이나 파이널에 오르는 성과를 남겼지만, 두 번 모두 마지막 고비를 넘지 못해 잔혹 동화의 주인공으로 남았다.

크리스티아누 호날두 Key Player
유럽은 나의 것
팀 스포츠의 궁극적 성취는 우승이다. 축구가 대표적이다. 발롱도르나 득점왕처럼 개

인상도 명예롭지만, 선수를 평가하는 최대 지표는 역시 소속팀의 우승이다. 2016년이 크리스티아누 호날두를 찬양하기 위한 해로 기록된 이유이기도 하다.

밀란에서 열린 결승전의 승리는 호날두의 세 번째 챔피언스리그 우승이었다. 2008년 맨유 소속으로 첫 우승컵을 들어올렸던, 호날두는 레알로 이적해 2014년 라데시마(10회 우승), 2016년 라운데시마(11회 우승)를 달성했다. 개인의 영광도 뒤따랐다. 호날두는 2015/16시즌 조별리그 6경기에서 해트트릭 2회를 포함해 11골을 기록했다. 대회 조별리그 단계에서 두 자릿수 득점에 도달한 첫 사례였다. 8강 2차전 해트트릭으로 호날두는 16골로 대회를 마감해 4시즌 연속 득점왕 역사를 썼다. 2015/16시즌 기준 호날두의 챔피언스리그 개인 통산 93골은 역대 최다 득점이다. 전년도 대회에서 메시와 통산 77골로 역대 최다 득점자 타이틀을 공유했으나 이번 시즌부터 호날두가 성큼 앞서기 시작했다. 2020/21시즌 조별리그가 끝난 시점에서 호날두의 대회 통산 득점 수는 134골로 2위 메시보다 16골이나 많다. 2015/16시즌에만 호날두는 레알의 라리가 및 모든 대회 통산 득점 부문에서 모두 라울 곤살레스를 추월했다.

결승전으로부터 2주 뒤 프랑스에서 열린 유로2016에서도 호날두는 포르투갈 역사상 첫 메이저 타이틀 획득에 성공했다. 대회 내내 포르투갈(페르난두 산투스 감독)과 호날두는 답답한 경기력을 보였다. 조별리그 3경기에서 모두 비겨 3위 그룹에서 겨우 살아남았을 뿐 아니라 16강에서 연장전 1-0 승리, 8강에서 승부차기 승리로 힘겹게 올라갔다. 웨일스를 2-0으로 꺾었던 준결승이 본 대회에서 포르투갈이 90분 내 기록했던 유일한 승리였다. 결승전에서 호날두는 경기 시작 8분 만에 드미트리 파예의 태클에 쓰러져 치료와 출전 재개를 두 번이나 반복한 끝에 25분 눈물을 흘리며 경기를 포기해야 했다. 후반 막판 호날두는 테크니컬에어리어에서 산투스 감독과 함께 동료들을 정열적으로 독려해 눈길을 끌었다. 해당 영역에서 감독이나 코치 한 명만 설 수 있다는 축구 규정을 적용하는 이는 아무도 없었다. 그리고 109분 에데르 1-0 결승골 덕분에 포르투갈은 유럽 챔피언에 등극했다. 호날두는 6주 간격으로 유럽 클럽과 국가대항전의 최고 타이틀을 한꺼번에 거머쥐는 성취를 해냈다. 연말에는 개인 네 번째 발롱도르, 두 번째 UEFA '올해의 선수'까지 독식했다. 2016년 유럽 축구 대진의 기운은 오직 한 사람 호날두에게 쏟아졌다.

조별리그 결과

(★ 16강, *유로파리그 합류)

A조	순위	팀명	전	승	무	패	득	실	득실	승점
	★1	레알 마드리드	6	5	1	0	19	3	+16	16
	★2	파리 생제르맹	6	4	1	1	12	1	+11	13
	3*	샤흐타르 도네츠크	6	1	0	5	7	14	−7	3
	4	말뫼	6	1	0	5	1	21	−20	3

B조	순위	팀명	전	승	무	패	득	실	득실	승점
	★1	볼프스부르크	6	4	0	2	9	6	+3	12
	★2	PSV 에인트호번	6	3	1	2	8	7	+1	10
	3*	맨체스터 Utd	6	2	2	2	7	7	0	8
	4	CSKA 모스크바	6	1	1	4	5	9	−4	4

C조	순위	팀명	전	승	무	패	득	실	득실	승점
	★1	아틀레티코 마드리드	6	4	1	1	11	3	+8	13
	★2	벤피카	6	3	1	2	10	8	+2	10
	3*	갈라타사라이	6	1	2	3	6	10	−4	5
	4	아스타나	6	0	4	2	5	11	−6	4

D조	순위	팀명	전	승	무	패	득	실	득실	승점
	★1	맨체스터 시티	6	4	0	2	12	8	+4	12
	★2	유벤투스	6	3	2	1	6	3	+3	11
	3*	세비야	6	2	0	4	8	11	−3	6
	4	묀헨글라트바흐	6	1	2	3	8	12	−4	5

E조	순위	팀명	전	승	무	패	득	실	득실	승점
	★1	바르셀로나	6	4	2	0	15	4	+11	14
	★2	로마	6	1	3	2	11	16	−5	6
	3*	바이어 레버쿠젠	6	1	3	2	13	12	+1	6
	4	바테 보리소프	6	1	2	3	5	12	−7	5

F조	순위	팀명	전	승	무	패	득	실	득실	승점
	★1	바이에른 뮌헨	6	5	0	1	19	3	+16	15
	★2	아스널	6	3	0	3	12	10	+2	9
	3*	올림피아코스	6	3	0	3	6	13	−7	9
	4	디나모 자그레브	6	1	0	5	3	14	−11	3

G조	순위	팀명	전	승	무	패	득	실	득실	승점
	★1	첼시	6	4	1	1	13	3	+10	13
	★2	디나모 키예프	6	3	2	1	8	4	+4	11
	3*	포르투	6	3	1	2	9	8	+1	10
	4	마카비 텔아비브	6	0	0	6	1	16	−15	0

H조	순위	팀명	전	승	무	패	득	실	득실	승점
	★1	제니트	6	5	0	1	13	6	+7	15
	★2	헨트	6	3	1	2	8	7	+1	10
	3*	발렌시아	6	2	0	4	5	9	−4	6
	4	올랭피크 리옹	6	1	1	4	5	9	−4	4

· 토너먼트 결과 ·

(★ 승자)

16강

	1차전	2차전	합산	득점자
파리 생제르맹★	2	2	4	**1차전** 이브라히모비치 39', 카바니 78' **2차전** 라비오 16', 이브라히모비치 67'
첼시	1	1	2	**1차전** 미켈 45'+1 **2차전** 코스타 27'

	1차전	2차전	합산	득점자
디나모 키예프	1	0	1	**1차전** 부얄스키 59' **2차전** —
맨체스터 시티★	3	0	3	**1차전** 아구에로 15', 실바 40', 투레 90' **2차전** —

	1차전	2차전	합산	득점자
헨트	2	0	2	**1차전** 쿰스 80', 쿨리발리 89' **2차전** —
볼프스부르크★	3	1	4	**1차전** 드락슬러 44', 54', 크루스 60' **2차전** 쉬를레 74'

	1차전	2차전	합산	득점자
로마	0	0	0	**1차전** — **2차전** —
레알 마드리드★	2	2	4	**1차전** 호날두 57', 헤세 86' **2차전** 호날두 64', 로드리게스 68'

	1차전	2차전	합산	득점자
아스널	0	1	1	**1차전** — **2차전** 엘네니 51'
바르셀로나★	2	3	5	**1차전** 메시 71', 83'(p) **2차전** 네이마르 18', 수아레스 65', 메시 88'

	1차전	2차전	합산	득점자
PSV 에인트호번	0	0	0(p7)	**1차전** — **2차전** —
아틀레티코 마드리드★	0	0	0(p8)	**1차전** — **2차전** —

	1차전	2차전	합산	득점자
유벤투스	2	2	4	**1차전** 디발라 63', 스투라로 76' **2차전** 포그바 5', 콰드라도 28'
바이에른 뮌헨★	2	4	6	**1차전** 뮐러 43', 로번 55' **2차전** 레반도프스키 73', 뮐러 90'+1, 티아고 108', 코망 110'

	1차전	2차전	합산	득점자
벤피카★	1	2	3	**1차전** 조나스 90'+1 **2차전** 가이탄 85', 탈리스카 90'+6
제니트	0	1	1	**1차전** — **2차전** 헐크 69'

• 토너먼트 결과 • (★ 승자)

8강

	1차전	2차전	합산	득점자
파리 생제르맹	2	0	2	**1차전** 이브라히모비치 41', 라비오 59' **2차전** —
맨체스터 시티★	2	1	3	**1차전** 더브라위너 38', 페르난지뉴 72' **2차전** 더브라위너 76'

	1차전	2차전	합산	득점자
볼프스부르크	2	0	2	**1차전** 로드리게스 18'(p), 아놀드 25' **2차전** —
레알 마드리드★	0	3	3	**1차전** — **2차전** 호날두 15', 17', 77'

	1차전	2차전	합산	득점자
바르셀로나	2	0	2	**1차전** 수아레스 63', 74' **2차전** —
아틀레티코 마드리드★	1	2	3	**1차전** 토레스 25' **2차전** 그리즈만 36', 88'(p)

	1차전	2차전	합산	득점자
바이에른 뮌헨★	1	2	3	**1차전** 비달 2' **2차전** 비달 38', 뮬러 52'
벤피카	0	2	2	**1차전** — **2차전** 히메네스 27', 탈리스카 76'

준결승

	1차전	2차전	합산	득점자
맨체스터 시티	0	0	0	**1차전** — **2차전** —
레알 마드리드★	0	1	1	**1차전** — **2차전** 페르난도 20'(og)

	1차전	2차전	합산	득점자
아틀레티코 마드리드★	1	1	2*	**1차전** 사울 11' **2차전** 그리즈만 54'
바이에른 뮌헨	0	2	2	**1차전** — **2차전** 알론소 31', 레반도프스키 74'

*원정 득점 우세

· 결승전 ·

레알 마드리드

5 : 3 p
1 : 1
2016.05.28, 밀란,
산시로 (79,394명)

아틀레티코 마드리드

득점

라모스 15'	카라스코 79'

승부차기

선수	득점		선수
바스케스	○ ○ ○ ○ ●	1-1 ● ○ ○ ○ ○	그리즈만
마르셀루	○ ○ ○ ● ●	2-2 ● ● ○ ○ ○	가비
베일	○ ○ ● ● ●	3-3 ● ● ● ○ ○	니게스
라모스	○ ● ● ● ●	4-3 ● ● ● ○ ○	후안프란
호날두	● ● ● ● ●	5-3 ● ● ● ○ ○	–

지네딘 지단 | **4-3-3**

디에고 시메오네 | **4-4-2**

벤치

카시야(GK), 헤세, 하메스 로드리게스, 나초	모야(GK), 코레아, 히메네스, 티아구

경고/퇴장

카르바할 11', 나바스 47', 카세미루 79', 라모스 90'+3, 다닐루 93', 페페 112' / –	토레스 61', 가비 90'+3 / –

주부심: 마크 클라텐버그(ENG), 사이먼 벡(ENG), 제이크 콜린(ENG)
추가부심: 앤서니 테일러(ENG), 안드레 매리너(ENG) **대기심:** 빅토르 카사이(HUN)

· 득점순위 ·

득점	이름		클럽명	
16골	크리스티아누 호날두	(POR)	레알 마드리드	(ESP)
9골	로베르트 레반도프스키	(POL)	바이에른 뮌헨	(GER)
8골	토마스 뮐러	(GER)	바이에른 뮌헨	(GER)
	루이스 수아레스	(URU)	바르셀로나	(ESP)
7골	앙투안 그리즈만	(FRA)	아틀레티코 마드리드	(ESP)
6골	리오넬 메시	(ARG)	바르셀로나	(ESP)
	아르템 주바	(RUS)	제니트	(RUS)
5골	올리비에 지루	(FRA)	아스널	(ENG)
	하비에르 에르난데스	(MEX)	바이어 레버쿠젠	(GER)
	즐라탄 이브라히모비치	(SWE)	파리 생제르맹	(FRA)
	윌리안	(BRA)	첼시	(ENG)

· 팀 오브 토너먼트 ·

골키퍼

마누엘 노이어(GER) 바이에른 뮌헨(GER)
얀 오블락(SVN) 아틀레티코 마드리드(ESP)

수비수

디에고 고딘(URU) 아틀레티코 마드리드(ESP)
후안프란(ESP) 아틀레티코 마드리드(ESP)
티아구 시우바(BRA) 파리 생제르맹(FRA)
세르히오 라모스(ESP) 레알 마드리드(ESP)
마르셀루(BRA) 레알 마드리드(ESP)

미드필더

가비(ESP) 아틀레티코 마드리드(ESP)
코케(ESP) 아틀레티코 마드리드(ESP)
안드레스 이니에스타(ESP) 바르셀로나(ESP)
토니 크로스(GER) 레알 마드리드(ESP)
루카 모드리치(CRO) 레알 마드리드(ESP)

공격수

앙투안 그리즈만(FRA) 아틀레티코 마드리드(ESP)
루이스 수아레스(URU) 바르셀로나(ESP)
리오넬 메시(ARG) 바르셀로나(ESP)
로베르트 레반도프스키(POL) 바이에른 뮌헨(GER)
크리스티아누 호날두(POR) 레알 마드리드(ESP)
가레스 베일(WAL) 레알 마드리드(ESP)

디에고 시메오네

티키타카와 재력의 틈바구니

디에고 시메오네의 선수 시절은 1998 프랑스 월드컵 16강전에서 잉글랜드의 데이비드 베컴을 퇴장시키는 장면으로 상징된다. 불타는 승부욕과 상대를 잡아먹을 것 같은 몸싸움이 미드필더 시메오네의 전매특허였다. 그래서, 그의 영리한 플레이 센스는 항상 주목을 받지 못한다.

지도자가 된 지금도 시메오네의 연상 이미지는 격한 감정 표현, 정열적인 지시 등 '마초' 같은 모습이다. 선수 시절과 달라진 점이 있다면 '시메오네 감독'은 전 세계 축구계에서 가장 비싼 연봉을 받는 톱클래스 지도자로 추앙받는다는 사실이다. 2011년 12월 아틀레티코는 라리가에서 강등권 바로 위에 있었고 코파델레이에서 3부 알바세테에 패해 탈락했다. 수뇌진은 이탈리아에서 아르헨티나로 돌아간 지 반년도 되지 않았던 클럽 레전드 시메오네를 새 감독으로 선택했다. 시메오네 감독은 반년 만에 아틀레티코를 라리가 5위와 유로파리그 챔피언으로 만들었다.

시메오네 감독은 아틀레티코에 뛰던 시절 은사인 라비 안티치 감독의 방법론을 받아들였다. 폭을 최대한 좁힌 4-4-2 포메이션을 유지해 디펜시브서드에서 상대에게 공간을 주지 않았다. 상대에게 점유를 내준 상태에서 공간만 쥐어짜다가 볼을 빼앗는 순간, 급발진 역습을 시도한다. 결과만을 쫓는 '안티풋볼'이자 수동태 전술로 2012/13시즌 아틀레티코는 첼시를 꺾고 UEFA 슈퍼컵을 차지했고 레알을 제치고 코파델레이에서 우승했다. 라리가 3위는 17년 만에 아틀레티코가 기록한 최고 순위였다. 하이라이트는 2013/14시즌이었다. 시즌 전, 시메오네 감독은 주득점원인 라다멜 팔카오를 6천만 유로에 팔고 바르셀로나에서 다비드 비야를 공짜로 데려왔다. 돈과 스쿼드가 부족한 팀을 이끌고 시메오네 감독은 라리가에서 18년 만에 우승을 차지했을 뿐 아니라 챔피언스리그 결승 진출이란 쾌거를 이룩했다. 후반 추가시간 통한의 실점 이후 무너져 준우승에 그쳤지만 2014년 리스본 결승전의 주인공은 누가 뭐래도 골리앗의 거대한 몸집에 눌린 다비드 아틀레티코와 시메오네 감독이었다.

시메오네 감독이 부임했던 2011년은 바르셀로나의 티키타카가 세상을 지배하고 있었다. 마드리드 라이벌인 레알은 영원한 부르주아 클럽이다. 엘클라시코의 틈바구니에서 경쟁하기 위해선 단단한 수비와 일살필기 역습이 유일한 방법일 수밖에 없다. 하지만 그 일을 해낸 유일한 스페인 클럽이 시메오메 감독의 아틀레티코라는 사실이 중요하다. 2015/16시즌에도 아틀레티코는 챔피언스리그 결승전 무대에 섰다. 2011년 시메오네 감독의 부임 전까지 60년 동안 아틀레티코는 챔피언스리그 토너먼트에서 일곱 번 진출했다. 시메오네 감독이 아틀레티코 지도 10년 동안 기록한 횟수와 같다.

★★★

2016/17 시즌

개인의 힘은 위대하다

키워드

#레알 #유벤투스 #호날두 #지단 #부폰

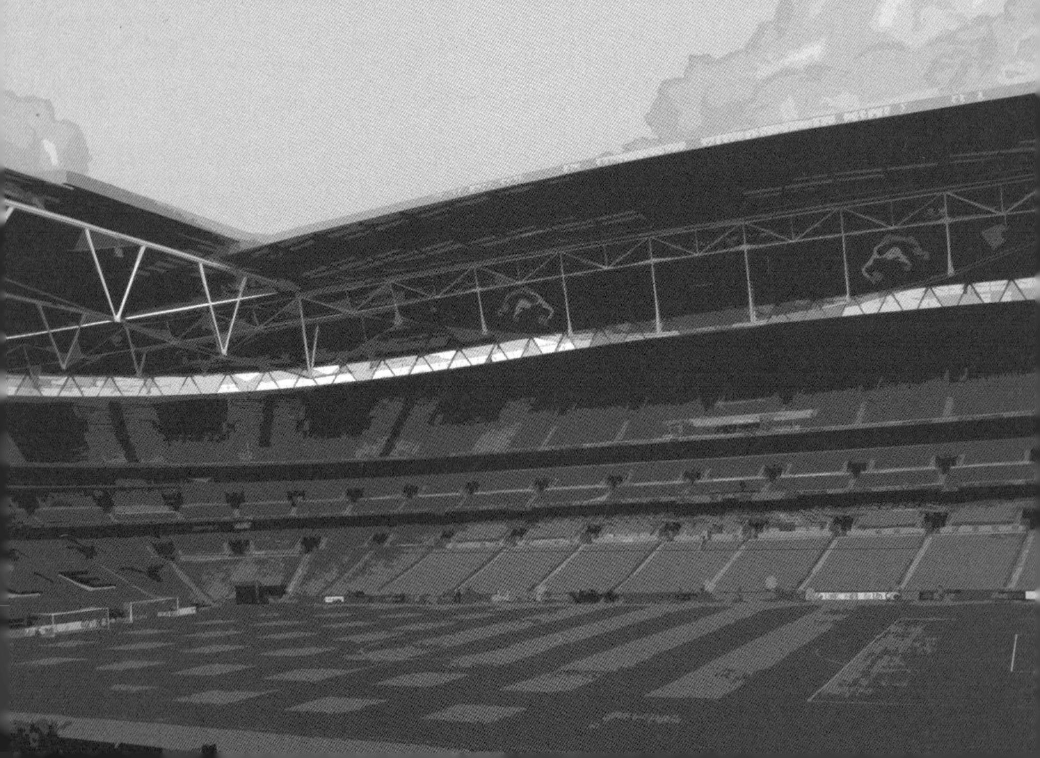

백그라운드 Background

유럽축구연맹(UEFA) 회장이 공석인 상태로 2016년 6월 유로 2016이 열렸다. 이번 대회는 24개국이 출전해 역대 최다 규모로 진행되었다. UEFA로서는 '모두를 위한 축구'라는 대의명분과 수입 극대화라는 두 마리 토끼를 다 잡은 셈이다. 하지만 토너먼트 단계에서 16강이 추가되면서 전반적인 경기력 수준 하락이라는 지적도 있었다. 포르투갈은 F조 3경기를 모두 무승부로 마쳐 승점 3점에 그쳤으나 각 조 3위 그룹 경쟁에서 앞서 16강에 진출하는 행운을 누렸다. 포르투갈은 토너먼트에서도 매 경기 힘겨운 행보를 보였으나 결승전에서 개최국 프랑스를 연장전 에데르의 결승골에 힘입어 사상 첫 메이저 타이틀 획득에 성공했다. 프랑스의 앙투안 그리즈만은 두 달도 채 되지 않는 사이에 챔피언스리그와 유로에서 모두 결승전 패배라는 아픔을 겪었다. 대회 MVP와 득점왕(6골)이 그나마 위안거리였다.

2016/17시즌 조별리그에는 낯선 챔피언이 등장해 눈길을 끌었다. 잉글랜드 챔피언 레스터 시티였다. 2015/16시즌 레스터는 특유의 역습을 매 경기 거짓말처럼 성공해, 우승 동화를 완성했다. 유럽 축구 역사에서도 손에 꼽을 만큼 드문 우승 덕분에 레스터는 유로파리그를 건너뛴 채 챔피언스리그로 직행했다. 레스터의 우승은 프리미어리그의 치열한 우승 경쟁을 말해주는 사례이기도 했다. 잉글랜드 외 5대 리그는 저마다 영원한 챔피언이 철옹성 뒤에서 군림한다. 스페인에서는 레알 마드리드와 바르셀로나가 번갈아 우승을 다툰다. 독일의 바이에른 뮌헨과 이탈리아의 유벤투스도 매 시즌 독주한다. 프리미어리그에서는 우승 경쟁 그룹 안에서 전력 차이가 크지 않다. 전 세계에서 몰려든 갑부가 경쟁적으로 돈을 쓰는 덕분이다. 2000년대 초반까지만 해도 잉글랜드 내에서는 해외 자본 유입에 대한 우려가 컸지만, 결과적으로 상위권 전력 평준화라는 뜻밖의 혜택을 얻었다. 왕년의 절대강자 리버풀과 맨유가 4위권 밖으로 내몰릴 정도로 치열한 순위 경쟁은 프리미어리그의 매력 중 하나다. 한편 맨유는 2016년 여름 조제 모리뉴 감독을 비롯해 폴 포그바, 헨리크 미키타리안 등 공격적 투자를 아끼지 않았다.

조별리그 Group Stage

유로파리그 3연패에 성공한 세비야가 조별리그로 직행한 덕분에 라리가는 2년 연속 다섯 클럽이 대회에 출전하는 기록을 세웠다. 하지만 이번 시즌 플레이오프에서 리그 4위 비야레알이 모나코에 패해 조별리그에는 4개 클럽만 합류했다. 세리에A는 플레이 오프에서 로마가 포르투에 패해 조별리그 전 단계에서 3시즌 연속 탈락 수모를 당했다.

초반 관심은 C조에 쏠렸다. 맨시티에서 첫 시즌을 맞이하는 펩 과르디올라 감독이 하 필이면 친정 바르셀로나와 함께 배정되었기 때문이다. 맨시티는 1년 전 케빈 더브라위 너와 라힘 스털링을 영입했고 2016년 여름에도 존 스톤스, 르로이 사네, 가브리에우 제 수스, 일카이 귄도간 등을 추가 영입하는 광폭 행보를 보였다. 아쉽게도 맨시티는 조별 리그부터 기복이 큰 경기력 문제를 드러냈다. 바르셀로나와 1승 1패로 대등하게 싸웠고 16강행에 성공도 했지만, 6경기 중 승리가 홈에서 거둔 2승밖에 없어 팬들의 실망을 샀 다. 조 1위는 승점 15점의 바르셀로나였다.

디펜딩챔피언 레알 마드리드는 F조에서 도르트문트(14점)에 이어 2위로 16강에 합류 했다. 3위 레기아와 승점 차이가 8점이나 났지만 내용을 들여다보면 레알은 고비를 여 러 차례 넘겼다. 첫 경기부터 종료 직전 연속 득점으로 겨우 2-1 역전승을 거뒀다. 4차 전 레기아 바르샤바 원정에서도 마테오 코바치치의 85분 동점골로 3-3 진땀 무승부로 마무리했다. 최종전에서는 도르트문트에 막판 동점골을 내줘 2-2 무승부에 그쳤다. 토 마스 투헬 감독의 도르트문트는 6경기에서 21골로 대폭발했다.

두 곳에서 이변이 일어났다. E조에서 레오나르두 자르딤 감독이 이끄는 모나코가 토 트넘을 상대로 2연승을 기록하며 한 경기 남은 상태에서 조 1위를 확정했다. 라다멜 팔 카오, 킬리앙 음바페, 베르나르두 실바, 파비뉴, 티에무에 바카요코 등 싱싱한 자원들이 번개 같은 역습을 차례차례 성공해 16강행에 성공했다. 대회 신입생 레스터는 G조에서 초반 4연속 무실점을 바탕으로 5차전 승리(vs 브뤼헤)로 조 1위를 확정하는 기염을 토했 다. 최종전 로테이션을 돌린 최종전에서만, 5실점을 내줘 6경기 총 실점은 6골이었다.

H조의 유벤투스는 폴 포그바의 이적 수입으로 곤살로 이과인을 영입했다. 막시밀리아노 알레그리 감독 아래서 팀 완성도를 높이며 기록한 2연속 국내 더블의 관록은 챔피언스리그 무대에서도 변함이 없었다. 세비야, 올랭피크 리옹과 기록한 무승부 두 경기를 제외한 나머 지 네 경기를 모두 잡아내 조 1위로 16강 대열에 합류했다. 6경기 실점은 2골에 불과했다.

토너먼트 Tournament

PSG와 바르셀로나의 16강에서 역사적 명승부가 펼쳐졌다. PSG는 홈 1차전에서 앙헬 디마리아의 2골을 앞세워 4-0 대승을 거뒀다. 바르셀로나전 대승 덕분에 PSG는 일약 우승 후보로 떠올랐다. 챔피언스리그 역사상 1차전 4골 차 리드가 뒤집힌 적은 없었다. 누캄프 2차전에서 루이스 엔리케 감독은 MSN 스리톱에 하피냐까지 보태 초 공격적인 3-3-4 포메이션을 선택했다. 바르셀로나는 후반 5분 리오넬 메시의 페널티킥 득점으로 3-0까지 따라가며 희망을 키웠다. 하지만 62분 에딘손 카바니에게 원정 득점을 허용했다. 합산 3-5를 뒤집으려면 3골이 필요했지만, 막판까지 골은 나오지 않았다. 네이마르가 88분 프리킥, 후반 추가 1분 페널티킥을 각각 성공해 합산 스코어 5-5를 만들었다. 아직 한 골이 더 필요했다. 5분의 추가시간도 다 되어 바르셀로나가 마지막 공격을 시도했다. 네이마르의 크로스가 몸을 날린 세르지 로베르토의 발에 걸쳐 골대 안으로 들어갔다. 바르셀로나가 1차전 0-4 패배를 2차전 6-1 승리로 뒤집는 '누캄프의 기적'을 만들었다.

여흥은 오래가지 못했다. 8강 1차전에서 바르셀로나는 유벤투스에 또 0-3 완패를 당했다. 홈 2차전에서 2연속 기적을 바라는 희망은 유벤투스의 조직적 수비 앞에서 물거품처럼 사라졌다. 유벤투스는 16강 포르투전, 8강 바르셀로나전으로 이어지는 4경기를 모두 무실점으로 막는 저력으로 4강에 올랐다. 준결승전 상대는 16강과 8강 단계를 2연속 6득점으로 돌파한 모나코였다. 19세 공격수 음바페는 토너먼트 4경기에서 다섯 골로 폭주했다. 모나코의 4강 진출은 결승전 무대에 섰던 2003/04시즌 이후 7년 만이었다. 유벤투스의 노련미는 호락호락하지 않았다. 준결승 2차전에서 연속 무실점 행진이 '애송이' 음바페에 의해 690분 만에 깨지긴 했지만, 합산 4-1 승리에는 큰 지장이 없었다.

레알의 지네딘 지단 감독은 8강전에서 옛 보스 카를로 안첼로티의 바이에른을 상대했다. 두 경기에서 2-1 승리를 주고받은 두 팀은 연장전에 들어갔다. 레알에는 크리스티아누 호날두가 있었다. 호날두는 연장전에서만 두 골을 보태 해트트릭 활약으로 4-2 승리를 견인했다. 팽팽한 내용과 달리 최종 스코어는 레알의 합산 6-3 완승으로 종료되었다. 준결승전에서 레알은 또 아틀레티코와 만났다. 챔피언스리그 토너먼트에서 4시즌 연속 마드리드 더비(2014년 결승, 2015년 8강, 2016년 결승, 2017년 준결승)가 성사된 것이다. 약자를 위한 역사는 없었다. 레알이 1차전에서 호날두의 2경기 연속 해트트릭으로 3-0 완승을 해 2차전 원정 1-2 패배에도 불구하고 결승에 올랐다. 챔피언스리그 역대 다섯 번째 디펜딩챔피언의 결승전 진출이었다.

결승전 Final
유벤투스 1 : 4 레알 마드리드 | 2017.06.03 | 카디프, 밀레니엄 스타디움

웨일스 카디프에서 열린 결승전의 두 자리는 역대 최다 우승팀과 역대 최다 준우승 팀의 맞대결로 펼쳐졌다. 레알은 이전 결승전 14경기에서 11차례 우승을 차지한 명실상 부 챔피언 클럽이었다. 1992/93시즌 대회 리브랜딩 이후로 따지면 결승전에서만 5연승 행진 중이었다. 유벤투스는 결승전 징크스를 깨야 했다. 통산 결승 진출 8회에서 우승이 2회에 그쳤다. 특히 1997년, 1998년, 2003년, 2015년 결승전에서 내리 패한 트라우마를 극복해야 했다.

유벤투스는 수비가 단단했다. 조르조 키엘리니가 2년 전 부상 결장의 아픔을 딛고 첫 결승 무대를 밟아 레오나르도 보누치, 안드레아 바르잘리와 함께 강력한 백3 라인을 구 축했다. 레알은 BBC의 한 축인 가레스 베일이 4월 말 부상에서 복귀했으나 지단 감독은 컨디션이 앞선 이스코를 선택했다. 2년 전 결승전에서 유벤투스 소속으로 골까지 터트 렸던 알바로 모라타는 벤치에 만족해야 했다.

경기 초반 유벤투스가 의외로 기세를 올리며 분위기를 잡았다. 이과인과 미랄렘 퍄니 치가 골문을 두드렸으나 케일러 나바스의 선방에 막혔다. 이번 대회 내내 그랬듯이 레 알은 조직력보다 상황에 반응하는 개인 퀄리티를 살리는 방식을 유지했다. 그게 또 통 했다. 20분 레알은 처음 만든 기회에서 호날두가 선제골을 뽑았다. 7분 뒤 유벤투스도 개인기의 은혜를 입었다. 페널티박스 안에서 마리오 만주키치가 역동적인 스탠딩 오버 헤드킥으로 1-1 동점골을 뽑았다. 후반전에도 유벤투스는 패턴으로 대응하며 잘 버텼 다. 하지만 레알의 클래스는 기회를 놓치지 않았다. 61분 카세미루의 중거리슛과 64분 호날두의 추가골이 나와 스코어가 순식간에 3-1로 변했다. 사실상 승부를 갈린 상태에 서 교체로 들어간 후안 콰드라도가 12분 사이에 경고 누적으로 퇴장당했다. 90분 호날 두의 프리킥이 굴절되어 흐른 것을 문전에서 마르코 아센시오가 밀어 넣어 4-1 승리를 마무리했다.

레알이 1992/93시즌 리브랜딩 이후 최초로 타이틀을 방어하는 역사를 썼다. 유러피언컵 원년부터 따지면 레알 마드리드, 벤피카, 인테르, 아약스, 바이에른, 리버풀, 노팅엄 포레스트에 이어 여덟 번째 대회 2연패였다. 2017년 카디프의 승리는 레알의 통산 12번째 우승이자 챔피언스리그 시대 결승전 5연승의 금자탑이었다. 반대로 유벤투스는 결승전 5연속 패배의 구렁텅이에 빠졌다. '메날두' 경쟁에서 호날두는 압승을 거뒀다. 2016년 챔피언스리그와 유로 우승, 발롱도르 및 FIFA 베스트플레이어 수상에 이어 한 시즌 만에 또 챔피언스리그, 발롱도르, FIFA 베스트플레이어를 연패하는 괴력을 발휘했다. 이번 시즌 8강부터 결승전까지 5경기에서 10골을 몰아쳐 대회 5연속 득점왕에 등극한 것은 물론이고 대회 역사상 결승전 3경기에서 득점을 기록한 최초의 인물이 되었다.

잔루이지 부폰 Key Player
유럽에 거절당한 슈퍼맨 (**모든 기록은 2021년 1월 기준)

2017년 잔루이지 부폰은 개인 세 번째 챔피언스리그 결승전에 출전했다. 그리고 모두 패했다. 레프 야신과 함께 축구 역사상 가장 위대한 골키퍼 중 한 명으로 손꼽히는 부폰에게는 지나치게 잔인한 결과였다.

골키퍼 포지션에서 부폰은 천부적 재능을 타고났다. 1995년 11월 19일 파르마에서 부폰은 17세 295일 나이로 프로에 데뷔했다. 상대는 유럽을 호령하던 밀란이었다. 부폰은 로베르토 바조, 조지 웨아, 마르코 시모네의 공격을 모두 막아내 무실점 데뷔를 신고했다. 주전 골키퍼, UEFA컵 출전, 챔피언스리그 출전, 이탈리아 A매치 출전이 전부 부폰의 20번째 생일이 되기 전에 기록되었다. 23세가 되던 해에 부폰은 5,200만 유로의 몸값으로 유벤투스로 이적했다. 부폰이 작성했던 골키퍼 이적료 기록은 16년 후이나 지나서야 깨졌다.

부폰의 최대 장점은 꾸준함이다. 20년 넘게 최정상에서 최고의 기량을 유지했다. 국가대표팀의 일원으로서 부폰은 월드컵 5개 대회(1998, 2002, 2006, 2010, 2014), 유로 4개 대회(2004, 2008, 2012, 2016)에 출전했다. A매치 176경기 출전은 이탈리아 역대 1위이자 전 세계 7위에 해당한다. 칼치오폴리의 회오리 속에서 출전했던 2006년 독일 월드컵에서 우승한 경험은 아주리 경력의 하이라이트였다. 부폰은 개인 통산 출전 수가

1천 경기를 넘긴 몇 안 되는 선수 중 한 명이다. 특히 유벤투스 팬들에게는 신앙과 같다. 승부 조작 파문으로 강제 강등된 뒤에도 부폰은 수많은 러브콜을 거절한 채 2부 골문을 지켰고 1부 복귀 후 세리에A 왕좌 탈환까지 함께했다. 2018/19시즌 PSG에서 1년을 보낸 뒤 토리노로 돌아온 부폰은 지금도 40년대(1990, 2000, 2010, 2020)에 걸쳐 뛰고 있다.

부폰의 찬란한 경력 안에 존재하는 어둠은 유독 챔피언스리그에 집중적으로 깔린다. 전술했듯이 세 번의 결승전에서 부폰과 유벤투스는 모두 패했다. 옛 동료 파올로 몬테로, 알레시오 타키나르디와 함께 부폰은 결승전 최다 패전 선수로 남아 있다. 우승 없는 최다 출전자 부문에서도 부폰은 132경기(파르마 8경기, 유벤투스 119경기, PSG 5경기)로 불명예 1위다. 그럼에도 25년에 걸친 부폰의 가치를 폄하하긴 불가능하다. 1997년 8월 인테르전에서 호나우두의 페널티킥을 막고 나서 선보인 슈퍼맨 티셔츠는 부폰을 상징하는 트레이드마크가 되었다. 챔피언스리그 역사도 부폰을 영원한 슈퍼맨으로 기억한다.

◆ 조별리그 결과 ◆

(★16강, *유로파리그 합류)

A조

순위	팀명	전	승	무	패	득	실	득실	승점
★1	아스널	6	4	2	0	18	6	+12	14
★2	파리 생제르맹	6	3	3	0	13	7	+6	12
3*	루도고레츠 라즈그라드	6	0	3	3	6	15	−9	3
4	바젤	6	0	2	4	3	12	−9	2

B조

순위	팀명	전	승	무	패	득	실	득실	승점
★1	나폴리	6	3	2	1	11	8	+3	11
★2	벤피카	6	2	2	2	10	10	0	8
3*	베식타쉬	6	1	4	1	9	14	−5	7
4	디나모 키예프	6	1	2	3	8	6	+2	5

C조

순위	팀명	전	승	무	패	득	실	득실	승점
★1	바르셀로나	6	5	0	1	20	4	+16	15
★2	맨체스터 시티	6	2	3	1	12	10	+2	9
3*	묀헨글라드바흐	6	1	2	3	5	12	−7	5
4	셀틱	6	0	3	3	5	16	−11	3

D조

순위	팀명	전	승	무	패	득	실	득실	승점
★1	아틀레티코 마드리드	6	5	0	1	7	2	+5	15
★2	바이에른 뮌헨	6	4	0	2	14	6	+8	12
3*	로스토프	6	1	2	3	6	12	−6	5
4	PSV 에인트호번	6	0	2	4	4	11	−7	2

E조

순위	팀명	전	승	무	패	득	실	득실	승점
★1	모나코	6	3	2	1	9	7	+2	11
★2	바이어 레버쿠젠	6	2	4	0	8	4	+4	10
3*	토트넘 홋스퍼	6	2	1	3	6	6	0	7
4	CSKA 모스크바	6	0	3	3	5	11	−6	3

F조

순위	팀명	전	승	무	패	득	실	득실	승점
★1	보루시아 도르트문트	6	4	2	0	21	9	+12	14
★2	레알 마드리드	6	3	3	0	16	10	+6	12
3*	레기아 바르샤바	6	1	1	4	9	24	−15	4
4	스포르팅 CP	6	1	0	5	5	8	−3	3

G조

순위	팀명	전	승	무	패	득	실	득실	승점
★1	레스터 시티	6	4	1	1	7	6	+1	13
★2	포르투	6	3	2	1	9	3	+6	11
3*	코펜하겐	6	2	3	1	7	2	+5	9
4	클럽 브뤼헤	6	0	0	6	2	14	−12	0

H조

순위	팀명	전	승	무	패	득	실	득실	승점
★1	유벤투스	6	4	2	0	11	2	+9	14
★2	세비야	6	3	2	1	7	3	+4	11
3*	올랭피크 리옹	6	2	2	2	5	3	+2	8
4	디나모 자그레브	6	0	0	6	0	15	−15	0

◆ 토너먼트 결과 ◆

(★ 승자)

16강

	1차전	2차전	합산	득점자
벤피카	1	0	1	**1차전** 미트로글루 48' **2차전** —
보루시아 도르트문트 ★	0	4	4	**1차전** — **2차전** 오바메양 4', 61', 85', 풀리식 59'

	1차전	2차전	합산	득점자
맨체스터 시티	5	1	6	**1차전** 스털링 26', 아구에로 58', 71', 스톤즈 77', 사네 82' **2차전** 사네 71'
모나코 ★	3	3	6*	**1차전** 팔카오 32', 61', 음바페 40' **2차전** 음바페 8', 파비뉴 29', 바카요코 77'

*원정 득점 우세

	1차전	2차전	합산	득점자
포르투	0	0	0	**1차전** — **2차전** —
유벤투스 ★	2	1	3	**1차전** 퍄차 72', 다니 아우베스 74' **2차전** 디발라 42'(p)

	1차전	2차전	합산	득점자
파리 생제르맹	4	1	5	**1차전** 디마리아 18', 55', 드락슬러 40', 카바니 72' **2차전** 카바니 62'
바르셀로나 ★	0	6	6	**1차전** — 수아레스 3', 쿠르자와 40'(og), 메시 50'(p), 네이마르 88', 90'+1(p), 세르지 로베르토 90'+5

	1차전	2차전	합산	득점자
바이에른 뮌헨 ★	5	5	10	**1차전** 로번 11', 레반도프스키 53', 티아고 56', 63', 뮬러 88' **2차전** 레반도프스키 55'(p), 로번 68', 더글라스 코스타 78', 비달 80', 86'
아스널	1	1	2	**1차전** 산체스 30' **2차전** 월콧 20'

	1차전	2차전	합산	득점자
레알 마드리드 ★	3	3	6	**1차전** 벤제마 18', 크로스 49', 카세미루 54' **2차전** 라모스 52', 메르텐스 57'(og), 모라타 90'+1
나폴리	1	1	2	**1차전** 인시녜 8' **2차전** 메르텐스 24'

	1차전	2차전	합산	득점자
바이어 레버쿠젠	2	0	2	**1차전** 벨라라비 48', 사비치 68'(og) **2차전** —
아틀레티코 마드리드 ★	4	0	4	**1차전** 사울 17', 그리즈만 25', 가메이로 59'(p), 토레스 86' **2차전** —

	1차전	2차전	합산	득점자
세비야	2	0	2	**1차전** 사라비아 25', 코레아 62' **2차전** —
레스터 시티 ★	1	2	3	**1차전** 바디 73' **2차전** 모건 27', 올브라이턴 54'

· 토너먼트 결과 · (★ 승자)

8강

	1차전	2차전	합산	득점자
BVB 보루시아 도르트문트	2	1	3	**1차전** 뎀벨레 57', 카가와 84' **2차전** 로이스 48'
모나코★	3	3	6	**1차전** 음바페 19', 79', 벤더 35'(og) **2차전** 음바페 3', 팔카오 17', 제르맹 81'

	1차전	2차전	합산	득점자
유벤투스★	3	0	3	**1차전** 디발라 7', 22', 키엘리니 55' **2차전** —
바르셀로나	0	0	0	**1차전** — **2차전** —

	1차전	2차전	합산	득점자
바이에른 뮌헨	1	2	3	**1차전** 비달 25' **2차전** 레반도프스키 53'(p), 라모스 78'(og)
레알 마드리드★	2	4	6	**1차전** 호날두 47', 77' **2차전** 호날두 76', 105', 110', 아센시오 112'

	1차전	2차전	합산	득점자
아틀레티코 마드리드★	1	1	2	**1차전** 그리즈만 28'(p) **2차전** 사울 26'
레스터 시티	0	1	1	**1차전** — **2차전** 바디 61'

준결승

	1차전	2차전	합산	득점자
모나코	0	1	1	**1차전** — **2차전** 음바페 69'
유벤투스★	2	2	4	**1차전** 이과인 29', 59' **2차전** 만주키치 33', 다니 아우베스 44'

	1차전	2차전	합산	득점자
레알 마드리드★	3	1	4	**1차전** 호날두 10', 73', 86' **2차전** 이스코 42'
아틀레티코 마드리드	0	2	2	**1차전** — **2차전** 사울 12', 그리즈만 16'(p)

• 결승전 •

유벤투스 **1 : 4** 레알 마드리드

2017.06.03. 카디프,
밀레니엄 스타디움 (65,842명)

득점

만주키치 27'

호날두 20', 64', 카세미루 61', 아센시오 90'

마시밀리아노 알레그리 | **3-5-2**

지네딘 지단 | **4-3-3**

벤치

네투(GK), 베나티아, 리히텐슈타이너, 아사모아

카시야(GK), 나초, 다닐루, 코바치치

경고/퇴장

디발라 12', 퍄니치 66', 산드루 70', 콰드라도 72'
/ 콰드라도 84' (경고누적)

라모스 31', 카르바할 42', 크로스 53',
아센시오 90'+1 / −

주부심: 펠릭스 브리히(GER), 마크 보르슈(GER), 슈테판 루프(GER)
추가부심: 바스티안 단케르트(GER), 마르코 프리츠(GER)
대기심: 밀로라드 마지치(SRB)

· 득점순위 ·

득점	이름		클럽명	
12골	크리스티아누 호날두	(POR)	레알 마드리드	(ESP)
11골	리오넬 메시	(ARG)	바르셀로나	(ESP)
8골	에딘손 카바니	(URU)	파리 생제르맹	(FRA)
	로베르트 레반도프스키	(POL)	바이에른 뮌헨	(GER)
7골	피에르에메릭 오바메양	(GAB)	보루시아 도르트문트	(GER)
6골	킬리앙 음바페	(FRA)	모나코	(FRA)
	앙투안 그리즈만	(FRA)	아틀레티코 마드리드	(ESP)
5골	세르히오 아구에로	(ARG)	맨체스터 시티	(ENG)
	드리스 메르텐스	(BEL)	나폴리	(ITA)
	라다멜 팔카오	(COL)	모나코	(FRA)
	카림 벤제마	(FRA)	레알 마드리드	(ESP)
	곤살로 이과인	(ARG)	유벤투스	(ITA)

· 팀 오브 토너먼트 ·

골키퍼

잔루이지 부폰(ITA)	유벤투스(ITA)
얀 오블락(SVN)	아틀레티코 마드리드(ESP)

수비수

레오나르도 보누치(ITA)	유벤투스(ITA)
다니 카르바할(ESP)	레알 마드리드(ESP)
마르셀루(BRA)	레알 마드리드(ESP)
세르히오 라모스(ESP)	레알 마드리드(ESP)
디에고 고딘(URU)	아틀레티코 마드리드(ESP)

미드필더

카세미루(BRA)	레알 마드리드(ESP)
토니 크로스(GER)	레알 마드리드(ESP)
루카 모드리치(CRO)	레알 마드리드(ESP)
이스코(ESP)	레알 마드리드(ESP)
미랄렘 퍄니치(BIH)	유벤투스(ITA)
티에무에 바카요코(FRA)	모나코(FRA)

공격수

크리스티아누 호날두(POR)	레알 마드리드(ESP)
리오넬 메시(ARG)	바르셀로나(ESP)
앙투안 그리즈만(FRA)	아틀레티코 마드리드(ESP)
킬리앙 음바페(FRA)	모나코(FRA)
로베르트 레반도프스키(POL)	바이에른 뮌헨(GER)

지네딘 지단

축구는 결국 전술보다 사람

2011/12시즌 첼시의 우승에도 불구하고 세상은 로베르토 디마테오 감독을 우승 명장으로 인정하지 않았다. 다음 시즌 초반 그는 밑천을 드러내 쫓겨났고 지금까지 별다른 족적을 남기지 못하고 있다. 행운아라는 세평이 옳았던 셈이다. 2015/16시즌 유럽 챔피언 지네딘 지단 감독도 마찬가지였다. 부임 5개월 만에 챔피언스리그에서 우승했으니 높은 평가를 받기 어려웠다. 그런데 지단 감독은 달랐다. 행운이라는 유럽 제패 이후 그의 레알은 라리가와 챔피언스리그를 한꺼번에 거머쥐었다. 1년 뒤에는 역사상 첫 챔피언스리그 3연패를 달성했다. 그런 성취가 단순히 운만 갖고 될 일이 아니라는 사실은 너무 뻔하다.

지단 감독은 항상 선술 부재라는 지적을 받는다. 실제로 레알은 뚜렷한 시스템이나 원칙을 콕 집기 어려운 팀이었다. 저조한 퍼포먼스 탓에 억지로 이겼다고 해야 할 경기도 잦았다. 챔피언스리그 3연패로 가는 여정에서 레알은 챔피언다운 강력함보다 다른 차원의 개인들이 팀을 살린다는 인상을 줬다. 전문가들은 펩 과르디올라의 디테일을 들먹이면서 지단 감독의 '심플 시스템' 철학을 꼬집기 일쑤였다. 하지만 지단 감독이 영감을 받았던 스승들의 면면을 살펴보면 그의 방법론을 인정하게 된다. 유벤투스의 마르셀로 리피는 항상 선수단 능력에 맞춘 전술을 구사했다. 비센테 델보스케와 카를로 안첼로티는 모든 선수를 세심하게 아울러 불만 없는 팀을 만드는 재주가 탁월했다. 2017년 챔피언스리그 연패 달성 후 지단 감독은 "성공 비결은 시즌 내내 모든 선수가 스스로 중요한 존재라고 믿게끔 했던 것"이라고 자평했다. 지단 감독은 특유의 일대일 관리를 통해 출전 기회가 적은 선수까지 자기편으로 끌어들이는 수완을 발휘했다. 크리스티아누 호날두의 라리가 출전 경기 수를 30경기 이하로 제한하면서 슈퍼스타의 원성을 듣지 않은 관리야말로 지단 감독의 특별한 재능이었다. 안첼로티 감독의 "모든 선수를 내 편으로 만들지 못하면 전술도 아무 소용이 없다"라는 신념이 지단 감독에게 고스란히 계승된 셈이다.

지단 감독을 진정한 명장으로 만든 위업은 2019/20시즌 라리가 우승이다. 2018년 3월 지단 감독은 훌렌 로페테기와 산티아고 솔라리를 거치면서 망가진 팀을 다시 물려받았다. 호날두는 이미 유벤투스로 떠났고 베일은 망가졌으며 에당 아자르는 연이은 부상에 활용도가 매우 떨어졌다. 지단 감독은 그런 팀을 추슬러 1년 만에 라리가 챔피언으로 만들었다. 지단이야말로 축구가 그럴싸한 전문용어의 나열이 아니라 사람 놀음이라는 진리를 누구보다 잘 이해하는 감독이다.

★★★

2017/18 시즌

챔피언스리그는 레알이다

⚽ 키워드 ⚽

#레알 #리버풀 #호날두 #라모스

██**백그라운드** Background

2017년 여름 초대형 이적이 성사되었다. 바르셀로나 MSN 라인의 한 축인 네이마르 가 PSG으로 거짓말처럼 이적했다. 지난 시즌 도중 체결된 재계약 시 삽입된 바이아웃 금액 2억2,200만 유로는 카타르 정부의 지갑 앞에서 무용지물이었다. 바르셀로나는 물론 라리가 사무국까지 나서 '바이아웃은 반드시 선수 본인의 돈으로 지급되어야 한다' 는 규정을 들어 선수 측의 지급을 거부하면서 저항했지만 소용없었다. 네이마르 측 대변인은 바르셀로나 측에 직접 2억2,200만 유로를 지급했고 나흘 뒤 PSG의 홈구장 파르크데프랭스에서 네이마르는 공식 입단식을 치러 이적을 완료했다.

네이마르의 PSG행은 선수 몸값 인플레이션 현상을 초래했다. 모든 선수의 몸값이 2억2,200만 유로라는 기준 금액에 연동되어 폭증했다. 같은 기간 맨유는 로멜루 루카쿠를 영입하기 위해 에버턴에 8,500만 유로나 지급해야 했다. 천문학적 금액으로 보였던 2억2,200만 유로를 갖고도 바르셀로나는 도르트문트의 우스만 뎀벨레와 리버풀의 필리페 쿠티뉴 두 명밖에 사지 못했다. PSG의 네이마르 바이아웃 금액 지급은 1995년 보스만 판례, 2003년 로만 아브라모비치의 첼시 인수, 2008년 UAE 왕자 셰이크 만수르의 맨체스터 시티(맨시티) 인수와 함께 이적시장을 요동치게 한 결정적 사건으로 기록된다.

PSG와 함께 리그앙에서 경쟁하는 모나코는 인재 유출 폭탄을 맞았다. 지난 시즌 챔피언스리그 4강 성과를 남겼던 주축들이 줄줄이 이탈했다. 킬리앙 음바페를 비롯해 벤자맹 멘디, 베르나르두 실바, 티에무에 바카요코, 귀도 카리요, 알랑 상트-막심 등이 모두 거액의 제안에 팔려나갔다. 유럽축구연맹(UEFA)은 재정적 페어플레이 규정까지 만들어 상식적 선수 영입을 도모하고 있지만, 자유무역주의에 가까운 유럽 축구 시장 현실 아래서 빅리그와 빅클럽의 선수 영입 욕구를 제어할 효과적 방법은 사실상 없었다. 상업화와 정글화가 급속히 진행되는 유럽 축구 시장에서 25년 동안 로마에서만 뛰었던 프란체스코 토티의 현역 은퇴는 올드팬들에게 더 큰 아쉬움을 줄 수밖에 없었다.

조별리그 Group Stage

맨유가 지난 시즌 유로파리그 챔피언 자격으로 조별리그에 직행해 프리미어리그에서 첼시, 토트넘 홋스퍼, 맨시티, 리버풀(플레이오프)까지 5개 클럽이 출전했다. 조제 모리뉴 감독의 맨유는 A조에서 5승 1패로 독주해 조 1위 16강행에 성공했다. 최종전에서 바젤은 벤피카에 6전 전패 수모를 안기며, 2위를 차지했고 CSKA는 이미 16강행을 확정한 맨유에 1-2로 패해 유로파리그로 내려갔다. 2017년 여름 최대 화제였던 PSG는 B조에서 바이에른과 15점 동률을 이뤄 조 1위 통과했다. 네이마르, 음바페, 에딘손 카바니를 앞세운 PSG는 6경기 25골로 이번 대회 조별리그 최다 득점을 기록했다.

위르겐 클롭 감독의 리버풀은 대회 3년 공백에도 불구하고 조별리그부터 득점력을 과시했다. 초반 2연속 무승부로 불안한 출발을 끊었지만, 3차전에서 약체 마리보르를 7-0으로 대파해 반등했다. 리버풀은 최종전에서도 스파르타크 모스크바를 상대로 7-0 스코어라인을 재현해 조 1위로 16강에 올랐다. 국내 축구 팬들에게 '마누라 라인'으로 통하는 사디오 마네, 피르미누, 모하메드 살라는 쾌속 역습으로 명가 부활을 알렸다. 디펜딩챔피언 레알은 H조에서 토트넘에 밀려 2위에 만족해야 했다. 마우리시오 포체티노 감독의 토트넘은 홈에서 레알을 3-1으로 격파해, 조 1위의 자격을 입증했다. 레알의 크리스티아누 호날두는 전 경기 득점 성공이라는 대회 첫 기록을 작성해 '신계'의 위엄을 피력했다. 도르트문트는 6경기 무승 탈락의 책임을 물어 피터 보츠 감독을 해고했다.

C조와 G조의 순위표는 팬들의 예상에서 크게 벗어났다. C조 아틀레티코는 약체 카라바흐와 2경기 연속 무승부에 그치면서 조별리그 탈락이 유력해졌다. 반면 에우제비오 디프란체스코 신임 감독의 로마는 첼시전 3-0 완파 등 오랜만에 챔피언스리그에서 힘을 냈다. 최종전에서 아틀레티코는 첼시와 비겨 16강행에 실패했고 로마는 카라바흐를 1-0으로 제압해 조 1위를 차지했다. G조는 전력이 비슷한 네 팀이 몰려 시작 전부터 혼전이 예상되었다. 하지만 FC서울을 지도한 바 있는 세놀 귀네쉬 감독의 베식타쉬가 초반 3연승 기세를 끝까지 밀고 나가 승점 14점 단독 1위를 달성해 이스탄불 팬들을 흥분시켰다. 지난 시즌 4강 모나코는 주축들의 대거 이탈 후폭풍에 휩쓸려 최하위 탈락하고 말았다. 돋보이는 성적은 없어도, 챔피언스리그에서 누구보다 꾸준한 포르투가 베식타쉬의 뒤를 이어 16강에 합류했다.

토너먼트 Tournament

PSG는 천문학적 지출로 거머쥔 스타와 관심을 자신감으로 치환해 16강전을 준비했다. 하필 상대가 2위 그룹의 디펜딩챔피언 레알이었다. 박빙 예상은 보기 좋게 어긋났다. 스타 퀄리티에 경험까지 갖춘 레알 앞에서 PSG는 미숙한 팀일 뿐이었다. 지네딘 지단 감독은 기본 4-3-3와 안정적 4-4-2를 적절히 구사하며 1, 2차전을 모두 잡아 중동 갑부의 야망을 가볍게 꺾었다. 또 다른 베테랑 유벤투스가 토트넘을 제치고 8강에서 레알과 만났다. 1차전에서 레알은 호날두의 9경기 연속 득점에 힘입어 3-0 완승을 거두고 홈으로 돌아왔다. 산티아고 베르나베우 2차전에서 유벤투스는 마리오 만주키치의 2골과 블라이시 마투이디의 세 번째 골로 합산 3-3 동점을 만들어냈다. 연장 돌입 직전이었던 후반 추가 3분 레알의 루카스 바스케스가 메흐디 베나티아에게 밀려 넘어져 페널티킥이 선언되었다. 격분한 잔루이지 부폰이 마이클 올리버 주심에게 거칠게 항의하다가 퇴장당했다. 호날두의 페널티킥이 성공되는 순간 유벤투스의 꿈은 연기처럼 사라졌다.

바르셀로나와 로마가 첼시와 샤흐타르 도네츠크를 각각 제치고, 8강에서 격돌했다. 누캄프 1차전에서 로마는 자책골을 두 개나 내주며 1-4로 완패했다. 하지만 에딘 제코의 원정 득점이 결정적이었다. 스타디오 올림피코에서 열린 2차전에서 로마는 제코와 다니엘레 데로시의 골로 2-0을 만들었다. 딱 한 골이 필요했던 82분 오른쪽 코너킥을 센터백 코스타스 마놀라스가 머리로 연결해 골을 터트렸다. 합산 4-4 동점에서 원정 득점이 많은 로마가 34년 만에 챔피언스리그 4강에 오르는 순간이었다. 지난 시즌 16강에서 누캄프의 기적을 일으켰던 바르셀로나는 1년 만에 대역전 드라마의 패배자가 되었다.

로마의 4강 진출은 1983/84시즌 준우승 이후 34년 만이었다. 당시 결승전에서 로마는 리버풀에 승부차기로 패했다. 실로 오랜만에 선 4강전의 상대가 또 리버풀이었다. 리버풀은 16강 포르투전, 8강 맨시티전를 각각 합산 5-0, 5-1 대승으로 거침없이 진격했다. 리버풀과 로마의 준결승전은 토너먼트의 수비 중심 속성을 전면 거부했다. 1차전에서 '마누라 라인'이 다섯 골 화력을 뿜었고 로마도 2골을 받아쳤다. 로마 2차전에서도 두 팀은 6골을 주고받는 난타전 끝에 리버풀이 합산 7-6 승리를 거뒀다.

반대편 준결승전 매치업은 바이에른 뮌헨과 레알의 진검승부였다. 원정 1차전에서 레알은 호날두의 연속 경기 득점 마감에도 불구하고 마르셀루와 마르코 아센시오의 두 골로 2-1 역전승에 성공했다. 산티아고 베르나베우에서는 카림 벤제마가 제몫을 해줘 레알이 2-1 리드를 잡았다. 하지만 바이에른은 63분 하메스 로드리게스의 2-2 동점골로 희망의 끈을 놓지 않았다. 승리의 여신은 마지막까지 수비 집중력을 잃지 않은 레알의 손을 들어줬다. 레알은 3년 연속, 최근 5시즌 중 네 번째 결승전 진출로 황금시대를 구가했다.

결승전 Final

레알 마드리드 3 : 1 리버풀 | 2018.05.26 | 키예프, 올림픽 스타디움

유럽 명가인 두 클럽은 1981년 파리 결승전에서 격돌한 적이 있었다. 37년 전 승자는 리버풀이었다. 2018년 결승전을 맞이하는 리버풀 팬들의 심정은 아련할 수밖에 없었다. 독일 구세주 위르겐 클롭 감독이 부임하면서 25년 넘는 정체기를 끝낼 수 있다는 희망이 피어올랐다. 키예프 결승전은 그런 희망의 가시적 증거였다.

클롭 감독은 결승전에서조차 '헤비메탈 축구'를 고수했다. 초반부터 강한 전방 압박과 속도감 넘치는 공격 전개로 레알을 일방적으로 몰아댔다. 하지만 레알은 챔피언이었다. 불리한 상황에서도 당황하지 않았다. 25분 변수가 생겼다. 세르히오 라모스와 엉켜넘어진 모하메드 살라가 왼쪽 어깨를 다친 것이다. 응급처치 후 출전을 강행했지만 결국 살라는 5분 만에 경기를 포기했다. 시즌 44골의 절대적 에이스가 빠지자 리버풀의 템포가 급락했다. 결승전을 처음 경험하는 리버풀 선수들에겐 상황 변화에 대처할 경험이 부족했다.

전반 막판부터 레알이 기회를 만들기 시작했다. 후반 시작하자마자 이스코의 슛이 리버풀의 크로스바를 강타했다. 그로부터 3분 뒤 리버풀의 약한 고리가 끊어졌다. 골키퍼 로리스 카리우스의 부주의한 언더스로가 벤제마가 뺀 발에 걸려 그대로 골대 안으로 들어갔다. 리버풀은 5분 뒤, 마네의 득점으로 자존심을 지켰다. 리버풀의 상승세 앞에서 레알은 정중동이었다. 이스코를 대신한 가레스 베일은 투입 2분 만에 오버헤드킥 슈퍼골을 터트려 양 팀의 격차를 선명하게 보여줬다. 특별한 전술 없이 상황을 능숙하게 처리하는 개인의 힘이 또다시 발휘된 순간이었다.

준결승전에서 알렉스 옥슬레이드체임벌린을 부상으로 잃은 리버풀로서는 새로 꺼낼 카드가 없었다. 70분 이후 체력까지 급격히 떨어졌다. 상황이 점점 유리해져도 레알은 침착하게 페이스를 유지했다. 83분 베일이 먼 거리에서 과감한 무회전슛을 시도했다. 카리우스는 정면으로 날아오는 볼을 뒤로 빠트려 세 번째 실점을 헌납했다. 레알은 흔들림 없는 클래스로 찬란한 대회 3연패에 성공했다. 대회 3연패 기록은 레알(1956~1960), 아약스(1971~73), 바이에른(1974~76) 이후 네 번째, 챔피언스리그 리브랜딩 이후 최초의 금자탑이었다.

키예프 결승전 승리는 레알의 역사가 곧 챔피언스리그 역사라는 등식을 굳혔다. 1981년 준우승 이후 레알은 대회 결승전 7연승 위업을 이었다. 통산 우승 13회는 해당 부문 2위인 밀란(7회)의 두 배에 가까운 기록이다. 지단 감독은 부임 2년 반 만에 챔피언스리그에서 세 번 우승하는 괴력을 선보였다. '신계' 호날두는 대회 전 경기 풀타임 출전에서 15골로 6시즌 연속 득점왕에 올랐다. 챔피언스리그에서 다섯 번 우승한 선수는 역사상 호날두가 유일하다.

▌**세르히오 라모스** Key Player

나의 천사, 너의 악마 (**모든 기록은 2021년 5월 기준)

레알 마드리드 팬들의 문신 중에는 '92:48'이란 숫자가 드물지 않다. 몸에 새긴 숫자는 우승 횟수나 연도이기 마련인데 이 숫자는 좀 다르다. 2013년 리스본 결승전의 극적 1-1 동점골 시각이 바로 92분 48초였다. 그 골로 레알은 기사회생한 뒤 연장전에서 세 골을 터트려 대망의 '라데시마(챔피언스리그 통산 10회 우승)'를 달성했다. '92:48'의 주인공은 알다시피 세르히오 라모스다.

라모스는 일찌감치 성인 무대에서 재능을 발산했다. 고향 클럽 세비야에서 17세 나이로 프로 데뷔를 신고했고 첫 풀타임 시즌부터 이미 주전 센터백으로 뛰었다. 중국을 상대로 스페인 국가대표팀 첫 출전을 기록했을 때도 라모스는 18세 햇병아리였다. 19세가 되자마자 라모스는 스페인 수비수 역대 최고 몸값인 2,700만 유로로 레알의 4번 센터백이 되었다. 그리고 2020/21시즌까지 레알에서만 16시즌째를 보내면서 라리가 우승 5회, 코파델레이 우승 2회, 수페르코파 우승 4회, UEFA 챔피언스리그 우승 4회, UEFA 슈퍼컵 우승 3회를 기록했다. 2016년부터 2018년까지 라모스는 주장으로서 레알의 빅이어를 가장 먼저 들어 올리는 영광을 안았다. 스페인 국가대표팀에서도 라모스는 180경기 출전으로 역대 최다 출전자가 되었다. 전 세계로 범위를 넓혀도 A매치 최다 출전 부문에서 라모스는 공동 3위에 올라 있다. 2021년 예정인 유로 2020 출전을 통해 이집트 아흐메드 하산의 184경기 기록을 넘어설 것으로 보인다. 국가대표팀에서는 월드컵과 유로(2회) 우승을 달성했고, 스페인 A매치 역대 최다 승리(131승) 기록도 보유한다.

'라데시마' 명장 카를로 안첼로티 감독은 라모스를 "칸나바로는 맨마킹, 바레시는 수비진을 잘 이끈다. 하지만 종합적으로 보면 세르히오 라모스가 가장 완성형 선수라고 할 수 있다"라고 극찬했다. 라모스를 더욱 특별하게 하는 기록은 득점이다. 센터백, 풀백, 수비형 미드필더로 뛰는 라모스는 2020/21시즌 챔피언스리그 B조 3차전에서 인테르를 상대로 레알 100호 골을 쏘아 올렸다. A매치 득점까지 합치면 개인 통산 득점 수가 128골에 달한다. 바르셀로나의 두 레전드 차비나 이니에스타보다 라모스가 골을 더 많이 넣었다는 사실은 놀라울 따름이다.

2018년 결승전에서도 드러났듯이 라모스는 상대에게 악마적 존재이기도 하다. 살라와 엉킨 장면은 VAR 판독이 적용되었더라면 전혀 다른 결과가 나왔을지 모른다. 라모스의 경고 및 퇴장 기록은 방대하다. 라리가 역대 최다 경고(171회), 최다 퇴장(20회), 챔피언스리그 역대 최다 카드(44회) 및 최다 퇴장 공동 1위(4회), 스페인 A매치 역대 최다 경고(24회)에 이르기까지 라모스는 축구와 격투 사이를 바쁘게 왕래한다.

• 조별리그 결과 •

(★ 16강, *유로파리그 합류)

A조	순위	팀명	전	승	무	패	득	실	득실	승점
	★1	맨체스터 Utd	6	5	0	1	12	3	+9	15
	★2	바젤	6	4	0	2	11	5	+6	12
	3*	CSKA 모스크바	6	3	0	3	8	10	−2	9
	4	벤피카	6	0	0	6	1	14	−13	0

B조	순위	팀명	전	승	무	패	득	실	득실	승점
	★1	파리 생제르맹	6	5	0	1	25	4	+21	15**
	★2	바이에른 뮌헨	6	5	0	1	13	6	+7	15
	3*	셀틱	6	1	0	5	5	18	−13	3**
**상대전적 우세	4	안더레흐트	6	1	0	5	2	17	−15	3

C조	순위	팀명	전	승	무	패	득	실	득실	승점
	★1	로마	6	3	2	1	9	6	+3	11**
	★2	첼시	6	3	2	1	16	8	+8	11
	3*	아틀레티코 마드리드	6	1	4	1	5	4	+1	7
**상대전적 우세	4	카라바흐	6	0	2	4	2	14	−12	2

D조	순위	팀명	전	승	무	패	득	실	득실	승점
	★1	바르셀로나	6	4	2	0	9	1	+8	14
	★2	유벤투스	6	3	2	1	7	5	+2	11
	3*	스포르팅 CP	6	2	1	3	8	9	−1	7
	4	올림피아코스	6	0	1	5	4	13	−9	1

E조	순위	팀명	전	승	무	패	득	실	득실	승점
	★1	리버풀	6	3	3	0	23	6	+17	12
	★2	세비야	6	2	3	1	12	12	0	9
	3*	스파르타크 모스크바	6	1	3	2	9	13	−4	6
	4	마리보르	6	0	3	3	3	16	−13	3

F조	순위	팀명	전	승	무	패	득	실	득실	승점
	★1	맨체스터 시티	6	5	0	1	14	5	+9	15
	★2	샤흐타르 도네츠크	6	4	0	2	9	9	0	12
	3*	나폴리	6	2	0	4	11	11	0	6
	4	페예노르트	6	1	0	5	5	14	−9	3

G조	순위	팀명	전	승	무	패	득	실	득실	승점
	★1	베식타쉬	6	4	2	0	11	5	+6	14
	★2	포르투	6	3	1	2	15	10	+5	10
	3*	RB 라이프치히	6	2	1	3	10	11	−1	7
	4	모나코	6	0	2	4	6	16	−10	2

H조	순위	팀명	전	승	무	패	득	실	득실	승점
	★1	토트넘 홋스퍼	6	5	1	0	15	4	+11	16
	★2	레알 마드리드	6	4	1	1	17	7	+10	13
	3*	보루시아 도르트문트	6	0	2	4	7	13	−6	2
	4	아포엘	6	0	2	4	2	17	−15	2

· 토너먼트 결과 ·

(★ 승자)

16강

		1차전	2차전	합산	득점자
🏆	세비야★	0	2	2	**1차전** – **2차전** 벤 예데르 74', 78'
🏆	맨체스터 Utd	0	1	1	**1차전** – **2차전** 루카쿠 84'

		1차전	2차전	합산	득점자
🏆	바이에른 뮌헨★	5	3	8	**1차전** 뮐러 43', 66', 코망 53', 레반도프스키 79', 88' **2차전** 티아고 18', 귀뉼 46'(og), 바그너 84'
🏆	베식타쉬	0	1	1	**1차전** – **2차전** 바그너 로베 59'

		1차전	2차전	합산	득점자
🏆	유벤투스★	2	2	4	**1차전** 이과인 2', 9'(p) **2차전** 이과인 64', 디발라 67'
🏆	토트넘 홋스퍼	2	1	3	**1차전** 케인 35', 에릭센 71' **2차전** 손흥민 39'

		1차전	2차전	합산	득점자
🏆	레알 마드리드★	3	2	5	**1차전** 호날두 45'(p), 83', 마르셀루 86' **2차전** 호날두 51', 카세미루 80'
🏆	파리 생제르맹	1	1	2	**1차전** 라비오 33' **2차전** 카바니 71'

		1차전	2차전	합산	득점자
🏆	포르투	0	0	0	**1차전** – **2차전** –
🏆	리버풀★	5	0	5	**1차전** 마네 25', 53', 85', 살라 29', 피르미누 69' **2차전**

		1차전	2차전	합산	득점자
🏆	바젤	0	2	2	**1차전** – **2차전** 엘리오누시 17', 랑 71'
🏆	맨체스터 시티★	4	1	5	**1차전** 귄도간 14', 53', B.실바 18', 아구에로 23' **2차전** 제수스 8'

		1차전	2차전	합산	득점자
🏆	첼시	1	0	1	**1차전** 윌리안 62' **2차전**
🏆	바르셀로나★	1	3	4	**1차전** 메시 75' **2차전** 메시 3', 63', 뎀벨레 20'

		1차전	2차전	합산	득점자
🏆	샤흐타르 도네츠크	2	0	2	**1차전** 페레이라 52', 프레드 71' **2차전**
🏆	로마★	1	1	2*	**1차전** 윈데르 41' **2차전** 제코 52'

*원정득점 우세

• 토너먼트 결과 •

(★ 승자)

8강

	1차전	2차전	합산	득점자
세비야	1	0	1	**1차전** 사라비아 31' **2차전** —
바이에른 뮌헨★	2	0	2	**1차전** 나바스 37'(og), 티아고 68' **2차전** —

	1차전	2차전	합산	득점자
유벤투스	0	3	3	**1차전** — **2차전** 만주키치 2', 37', 마투이디 61'
레알 마드리드★	3	1	4	**1차전** 호날두 3', 64', 마르셀루 72' **2차전** 호날두 90'+8(p)

	1차전	2차전	합산	득점자
리버풀★	3	2	5	**1차전** 살라 12', 옥슬레이드체임벌린 21', 마네 31' **2차전** 살라 56', 피르미누 77'
맨체스터 시티	0	1	1	**1차전** — **2차전** 제수스 2'

	1차전	2차전	합산	득점자
바르셀로나	4	0	4	**1차전** 데로시 38'(og), 마놀라스 55'(og), 피케 59', 수아레스 87' **2차전** —
로마★	1	3	4*	**1차전** 제코 80' **2차전** 제코 6', 데로시 58'(p), 마놀라스 82'

*원정득점 우세

준결승

	1차전	2차전	합산	득점자
바이에른 뮌헨	1	2	3	**1차전** 킴미히 28' **2차전** 킴미히 3', 로드리게스 63'
레알 마드리드★	2	2	4	**1차전** 마르셀루 44', 아센시오 57' **2차전** 벤제마 11', 46'

	1차전	2차전	합산	득점자
리버풀★	5	2	7	**1차전** 살라 36', 45'+1, 마네 56', 피르미누 61', 69' **2차전** 마네 9', 바이날둠 25'
로마	2	4	6	**1차전** 제코 81', 페로티 85'(p) **2차전** 밀너 15'(og), 제코 52', 나잉골란 86', 90'+4(p)

◆ 결승전 ◆

레알 마드리드

3 : 1

2018.05.26. 키예프,
올림픽 스타디움 (61,561명)

리버풀

득점

벤제마 51', 베일 64', 83'	마네 55'

호날두   벤제마
(아센시오 89')
이스코
(베일 61')
크로스   모드리치
카세미루
마르셀루   카르바할
(나초 37')
라모스   바란
나바스

지네딘 지단 | **4-4-2**

마네   피르미누   살라
(찬라나 31')
바이날둠   밀너
헨더슨   (찬 83')
로버트슨   알렉산더
판다이크   로브렌   아놀드
카리우스

위르겐 클롭 | **4-3-3**

벤치

카시야(GK), 테오 에르난데스, 루카스 바스케스, 코바치치	미뇰렛(GK), 클라인, 클라반, 모레노, 솔란케

경고/퇴장

– / –	마네 82' / –

주부심: 밀로라드 마지치(SRB), 밀로반 리스티치(SRB), 발리보르 주르제비치(SRB)
추가부심: 네나드 조키치(SRB), 다닐로 그루지치(SRB)
대기심: 클레망 투르핀(FRA)

· 득점순위 ·

득점	이름		클럽명	
15골	크리스티아누 호날두	(POR)	레알 마드리드	(ESP)
10골	모하메드 살라	(EGY)	리버풀	(ENG)
	사디오 마네	(GHA)	리버풀	(ENG)
	피르미누	(BRA)	리버풀	(ENG)
8골	비샴 벤 예데르	(FRA)	세비야	(ESP)
	에딘 제코	(BIH)	로마	(ITA)
7골	해리 케인	(ENG)	토트넘 홋스퍼	(ENG)
	에딘손 카바니	(URU)	파리 생제르맹	(FRA)
6골	네이마르	(BRA)	파리 생제르맹	(FRA)
	리오넬 메시	(ARG)	바르셀로나	(ESP)

· 팀 오브 토너먼트 ·

골키퍼

케일러 나바스(CRC)	레알 마드리드(ESP)
알리송 베커(BRA)	로마(ITA)

수비수

조슈아 킴미히(GER)	바이에른 뮌헨(GER)
세르히오 라모스(ESP)	레알 마드리드(ESP)
마르셀루(BRA)	레알 마드리드(ESP)
조르조 키엘리니(ITA)	유벤투스(ITA)
버질 판다이크(NED)	리버풀(ENG)
라파엘 바란(FRA)	레알 마드리드(ESP)

미드필더

케빈 더브라위너(BEL)	맨체스터 시티(ENG)
카세미루(BRA)	레알 마드리드(ESP)
루카 모드리치(CRO)	레알 마드리드(ESP)
토니 크로스(GER)	레알 마드리드(ESP)
하메스 로드리게스(COL)	바이에른 뮌헨(GER)

공격수

에딘 제코(BIH)	로마(ITA)
피르미누(BRA)	리버풀(ENG)
리오넬 메시(ARG)	바르셀로나(ESP)
크리스티아누 호날두(POR)	레알 마드리드(ESP)
모하메드 살라(EGY)	리버풀(ENG)

페이즐리, 안첼로티, 지단

쓰리스타 클럽

챔피언스리그는 세계 최고 수준의 축구 대회다. 규모, 선수, 감독, 내용, 결과까지 여타 대회들을 압도한다. 따라서 챔피언스리그 실적은 클럽, 선수, 감독의 평가에서 가장 중요한 기준으로 적용된다. 아틀레티코 마드리드를 결승전에 두 번이나 올린 디에고 시메오네 감독의 연봉이 4천만 유로나 되는 이유가 따로 있지 않다. 최정상을 세 번이나 차지한 지도자라면 축구사에서 영원한 추앙을 받아 마땅하다.

가장 먼저 통산 우승 3회 위업을 달성한 주인공은 잉글랜드 리버풀의 밥 페이즐리 감독이다. 페이즐리는 클럽 레전드 빌 생클리 감독의 오른팔이었다. 1974년 생클리 감독이 사임하자 클럽 이사회는 페이즐리를 차기 감독으로 낙점했다. 위대한 전임자를 잇는다는 부담감으로 인해 페이즐리는 이사회의 요청을 거절했다가 결국 도전에 나서기로 했다. 결과는 대성공이었다. 페이즐리 감독은 유러피언컵 우승 3회, 자국 리그 우승 6회 등 메이저타이틀을 20개를 수집해 리버풀을 유럽 최강으로 만들었다. 부임 전까지만 해도 페이즐리는 만년 2인자라는 이미지가 강했다. 알고 보니 리버풀 역사상 가장 화려한 명장이었다.

두 번째 3회 우승 감독은 페이즐리의 1981년 우승으로부터 33년이 지나서야 탄생했다. 주인공은 카를로 안첼로티 감독이었다. 페이즐리가 리버풀의 역사라면 안첼로티는 밀란 역사의 산증인이다. 아리고 사키 감독과 함께 안첼로티는 선수로서 유러피언컵 2연패를 이끈 레전드다. 하지만 지도자로서 업적이 더 빛난다. 1990년대 후반부터 2000년대 초반까지 이어진 밀란의 암흑기에 종지부를 찍었을 뿐 아니라 마지막 황금기를 구가했기 때문이다. 안첼로티 감독은 특유의 친화력과 전술 감각으로 밀란에서 2003년과 2007년 챔피언스리그 우승을 달성했다. 레알에서도 안첼로티는 마법을 부렸다. 부임 첫 시즌 챔피언스리그 우승은 레알의 11년 유럽 무관을 끊은 결과였을 뿐 아니라 '라데시마' 염원을 푼 결정적 업적이었다. 안첼로티는 역사상 다섯 명밖에 없는 '복수 클럽 우승 감독'의 한 자리도 차지한다.

2018년 우승으로 지네딘 지단 감독도 역대 유럽 명장 3인 중 한 명이 되었다. 부임 2년 반 만에 거둔 챔피언스리그 3회 우승은 믿기 힘든 실적이다. 아무리 세계 최고 스쿼드를 보유했더라도 유럽 최강자가 경쟁하는 대회에서 3년 연속 타이틀 차지하는 것은 지단 감독의 수완이라고 인정할 수밖에 없다. 지단 감독은 명장이다.

★★★

2018/19 시즌

대역전 활극

◈ **키워드** ◈

#클롭 #리버풀 #토트넘 #아약스 #전술대응력

백그라운드 Background

시즌 전 러시아에서 2018월드컵이 열렸다. 러시아라는 낯선 곳을 찾은 대회답게 이변이 속출했다. 완벽해 보였던 월드챔피언 독일이 조별리그 대한민국전 패배 수모를 당해 3경기를 끝으로 집으로 돌아갔다. 유로 챔피언 포르투갈, 리오넬 메시의 아르헨티나, 한 시대를 풍미했던 스페인이 모두 16강에서 탈락하고 말았다. 잉글랜드는 특유의 세트피스 득점력을 과시하며 준결승 진출에 성공해 가레스 사우스게이트 감독이 재평가받았다. 결승전에서 프랑스는 킬리앙 음바페, 앙투안 그리즈만, 폴 포그바 등 젊은 슈퍼스타들의 재능으로 사상 첫 결승 무대를 밟은 크로아티아를 4-2로 대파했다. 1998년 자국 개최 대회 이후 20년 만에 이룩한 통산 두 번째 우승이었다. 맨유에서 부진했던 포그바는 월드클래스 기량으로 소속팀 팬들을 혼란스럽게 했다. 크로아티아 영웅 루카 모드리치가 베스트플레이어, 토트넘 홋스퍼의 해리 케인은 득점왕(6골)에 올랐다. 프랑스의 디디에 데샹 감독은 선수와 감독으로서 모두 월드컵 우승을 차지한 세 번째 인물이 되는 영광을 안았다.

러시아월드컵에서 메이저 대회 데뷔를 신고한 비디오 어시스턴트 레프리(VAR) 시스템은 UEFA 챔피언스리그 입성까지 성공했다. 수년에 걸쳐 실전에서 VAR을 테스트했던 유럽축구연맹(UEFA)은 2018/19시즌 토너먼트 단계부터 비디오 판독을 적용하기로 했다. 조별리그 출전 규정도 소폭 변화가 생겼다. 전 시즌까지 플레이오프를 거쳐야 했던 유로파리그 우승자에게 조별리그 직행 티켓이 주어졌다.

대회 전 최대 관전 포인트는 2018년 여름 유벤투스로 이적한 크리스티아누 호날두였다. 2009/10시즌부터 호날두와 레알은 챔피언스리그 우승 4회, UEFA 슈퍼컵 우승 2회, FIFA 클럽 월드컵 우승 3회를 거머쥐면서 축구 세상의 지배자로 군림했다. 같은 기간 호날두는 축구선수 최고 영예인 발롱도르를 네 차례나 수상하며 페렌치 푸스카스, 알프레도 디스테파노 등의 전설을 뛰어넘었다. 2018년 러시아월드컵 직후 호날두는 레알 재계약보다 새로운 도전을 선택했다. 행선지는 이탈리아 최강자 유벤투스였다. 30대가 넘은 나이에도 불구하고 호날두는 이적료 1억 유로를 기록해 독보적 존재감을 입증했다. 자연스레 세상의 관심은 호날두가 떠난 레알과 호날두를 얻은 유벤투스가 각각 챔피언스리그에서 어떤 성적을 거둘지에 쏠렸다.

조별리그 Group Stage

8월 30일 모나코에서 열린 조 추첨식에서 호날두의 유벤투스는 맨유, 발렌시아, 영보이스와 함께 H조에 배정되었다. 이번 조 추첨은 '죽음의 조'를 두 곳이나 만들었다. B조에서 바르셀로나, 토트넘, 인테르, PSV가 만났다. 두 번째 '죽음의 조'는 C조였다. 1번 시드는 프랑스 챔피언 PSG, 전 시즌 준우승자 리버풀, 챔피언스리그 우승 3회 명장 카를로 안첼로티 감독의 나폴리가 들어갔다.

H조 유벤투스는 발렌시아 원정에서 출발을 끊었다. 주말 세리에A 데뷔골을 신고한 호날두는 경기 시작 29분 몸싸움 과정에서 헤이손 무리요의 머리에 손을 갖다 대 일발 퇴장을 받았다. 수적 열세 속에서 유벤투스는 미랄렘 퍄니치의 페널티킥 2골로 2-0 승리했지만, 경기가 끝나고도 언론과 팬은 호날두의 퇴장에 초점을 맞췄다. 호날두는 징계 복귀한 3차전에서 승리를 견인했고 4차전에서는 친정 맨유를 상대로 선제골을 터트려 이적 첫 챔피언스리그 득점을 신고했다. 뒤에서 날아온 롱패스를 논스톱으로 연결한 고난도 플레이로 시즌 종료 후 UEFA 기술보고서에서 '시즌 최고의 골'로 선정되었다. 유벤투스는 5차전에서 발렌시아를 다시 1-0으로 잡아 승점 12점으로 16강행을 확정했다. 맨유도 5차전에서 스위스의 영보이스를 1-0으로 제쳐 조 2위를 차지했다.

전년도 준우승자 리버풀은 불안한 행보를 보였다. 1차전에서 PSG를 3-2로 꺾어 상쾌하게 출발했지만 나폴리 원정 2차전에서 0-1로 덜미를 잡혔다. 4, 5차전에서 충격의 2연패를 당하는 바람에 최종전을 앞두고 탈락 위기에 몰렸다. 최종전에서 리버풀은 GK 알리송의 영웅적 세이브 덕분에 나폴리를 1-0으로 꺾어 극적으로 토너먼트 진출에 성공했다. 프리미어리그 라이벌 토트넘도 힘겨웠다. 1, 2차전에서 내리 패한 데다 3차전 PSV 원정마저 비겨 초반 3경기에서 승점 1점에 머물러 조별리그 탈락이 유력했다. 4, 5차전에서 PSV와 인테르를 한 골 차로 따돌린 토트넘은 승점 7점 상태로 최종전에서 막강 화력 바르셀로나 원정에 나섰다. 누캄프에서 토트넘은 루카스 모우라가 종료 5분 전 극적 1-1 동점골을 뽑아내 승점 1점을 획득했다. PSV와 비긴 인테르와 승점 8점 동률에서 상대 전적 원정 득점 원칙에 힘입어 16강 행운을 안았다.

토너먼트 Tournament

에릭 텐 하그 감독이 이끄는 아약스는 E조에서 승점 12점을 획득해 13년 만에 토너먼트에 진출하는 기쁨을 누렸다. 16강 상대는 디펜딩챔피언 레알 마드리드였다. 홈 1차전에서 1-2로 패한 아약스는 산티아고 베르나베우 원정 2차전에서 두산 타디치의 원맨쇼로 4-1 대승, 합산 5-3으로 이기며 파란을 일으켰다. 8강에서도 아약스는 호날두를 앞세운 유벤투스를 합산 3-2로 따돌려 4강까지 솟구쳤다. 아약스의 돌풍을 잠재운 팀은 토트넘이었다. 16강에서 도르트문트를 합산 4-0으로 따돌린 토트넘은 8강에서 리그 라이벌 맨시티와 만났다. 손흥민의 결승골로 1차전을 잡은 토트넘은 원정 2차전에서 7골을 주고받는 난타전 끝에 4강행 티켓을 땄다. 맨시티와 두 경기에서 손흥민이 3골로 맹활약했고, 2차전 후반 추가시간 라힘 스털링의 극적 득점이 VAR 판독으로 취소된 덕분에 토트넘이 합산 4-4 동점에서 원정 득점으로 준결승 진출에 성공했다. 대회에 처음 도입된 VAR이 존재감을 각인한 순간이기도 했다.

준결승 1차전에서 토트넘은 홈 어드밴티지를 살리지 못한 채 0-1로 패했다. 원정 2차전에서도 먼저 두 골을 내줘 합산 0-3으로 끌려갔다. 하지만 루카스 모우라가 후반전에만 해트트릭을 달성해 3-3 동점을 만들어 원정득점에서 아약스를 제치고, 창단 첫 챔피언스리그 결승전 무대에 섰다. 모우라의 결승행 득점은 후반 추가시간으로 주어진 5분이 끝나는 순간 터진 버저비터였다.

천신만고 끝에 16강에 오른 리버풀은 16강에서 바이에른, 8강에서 포르투를 연이어 따돌려 4강에 올랐다. 사디오 마네, 피르미누, 모하메드 살라의 '마누라' 라인이 화력을 뿜어 챔피언스리그 전통의 강자다운 모습을 되찾았다. 4강 상대는 거함 바르셀로나였다. 바르셀로나는 16강에서 올랭피크 리옹을 합산 5-1로 대파한 뒤, 8강에서 PSG를 극적으로 따돌리고 올라온 맨유를 3-0으로 가볍게 제압했다.

누캄프에서 벌어진 준결승 1차전에서 바르셀로나는 리오넬 메시의 두 골을 앞세워 3-0으로 승리했다. 모든 예상이 바르셀로나의 결승행에 쏠릴 때 리버풀이 안방에서 괴력을 발휘했다. 백업 스트라이커 디보크 오리기의 선제골을 시작으로 조르지니오 바이날둠이 교체로 들어가 두 골을 뽑아 합산스코어를 3-3 동점으로 만들었다. 경기 막판 트렌트 알렉산더아놀드의의 영리한 코너킥을 오리기가 네 번째 골로 연결해 리버풀이 4-3 대역전 드라마를 썼다. 바르셀로나는 지난 시즌 8강에 이어 2년 연속 1차전 3골 차이상 리드를 지키지 못하는 징크스에 빠졌다.

결승전 Final

토트넘 홋스퍼 0 : 2 리버풀 | 2019.06.01 | 마드리드, 메트로폴리타노 스타디움

대회 통산 64번째이자 챔피언스리그 리브랜딩 후 27번째 결승전의 두 주인공은 프리미어리그의 토트넘과 리버풀이었다. 프리미어리그의 결승전 맞대결은 2007/08시즌 맨체스터 유나이티드와 첼시가 만났던 모스크바 이후 11년 만이었다. 5월 12일 프리미어리그가 종료되어 두 팀은 결승전이 열릴 6월 1일까지 3주나 되는 준비 기간을 얻었다. 하지만 리그 종료에 따른 긴장감 및 실전감각 하락으로 두 팀 모두 컨디션 조절에 애를 먹었다.

토트넘의 포체티노 감독은 결승전 라인업에서 큰 결정을 두 개 내려야 했다. 8강 1차전에서 발목 인대를 다쳤던 해리 케인의 선발 기용, 그리고 준결승전 해트트릭 기적의 주인공 모우라의 벤치 스타트였다. 완전한 컨디션이 아닌 케인의 선발 출전은 전문가들 사이에서 논란으로 남았다.

결승전은 시작하자마자 뜻밖의 변수를 맞이했다. 킥오프 24초 만에 리버풀이 페널티킥을 얻었기 때문이다. 사디오 마네의 크로스가 동료들에게 주의를 주기 위해 들었던 무사 시소코의 오른팔에 맞았다. 슬로베니아 출신 스코미나 주심은 주저없이 페널티킥을 선언했다. 1년 전 결승전에서 불운의 어깨 부상으로 경기를 포기했던 모하메드 살라가 침착하게 선제 페널티킥을 성공시켰다. 뜻밖의 선제골은 양 팀 선수들에게 치명적 악영향을 끼쳤다. 한 골 리드를 얻은 리버풀은 전매특허인 역압박(게겐프레싱; counter-pressing)을 버리고 자기 진영으로 움츠러들었다. 경험이 부족한 토트넘 선수들은 우왕좌왕했다. 부상에서 돌아온 케인의 움직임은 무뎠으며, 손흥민과 델리 알리의 연계도 평상시와 달랐다. 경기 내용은 팬들의 기대에 미치지 못하는 수준으로 급락하고 말았다.

답답한 경기는 막판에 가서야 겨우 불이 붙었다. 74분 손흥민이 버질 판다이크와 조엘 마팁 사이로 빠르게 치고 들어갔다. 마지막 순간 리버풀의 판다이크가 볼을 코너아웃시켜 결정적 위기를 모면했다. 79분 손흥민은 결승전 최고의 득점 기회를 만들었다. 25m 지점에서 과감하게 때린 오른발 슛을 리버풀 수문장 알리송이 몸을 날려 막아냈다.

흐른 볼이 혼전 속에서 페널티박스 안 정면에 있던 모우라까지 연결되었지만 힘 없이 골키퍼의 품에 안겼다. 84분 알리송은 에릭센의 결정적 프리킥 슛까지 막아내는 수훈을 세웠다. 토트넘의 막판 공세가 끝날 즈음 리버풀은 코너킥 혼전 속에서 오리기가 왼발로 2-0 추가골을 터트려 승부에 쐐기를 박았다. 8강과 4강에서 연속 드라마를 썼던 토트넘은 마지막까지 희망을 버리지 않았으나 결국 후반 추가시간 5분이 끝날 때까지 득점에 실패했다. 리버풀이 통산 여섯 번째 유럽 챔피언에 올랐다. 클롭 감독은 준우승 징크스를 깨고 리버풀에서 첫 우승 트로피를 차지하는 기쁨을 안았다.

버질 판다이크, 프랭키 더용, 손흥민 Key Player
새로운 얼굴들

리버풀의 통산 여섯 번째 유럽 타이틀을 선사한 주인공은 단연 버질 판다이크였다. 2018/19시즌 판다이크는 프리미어리그 전 경기는 물론 챔피언스리그에서도 경고누적 징계로 인한 결장 1회 외에 12경기에서 풀타임 출전했다. 판다이크의 존재감은 압도적이었다. 큰 키(193cm)를 살린 공중볼 다툼은 물론 발까지 빨라 상대 공격수에게 틈을 허용하지 않는다. 바르셀로나를 상대했던 준결승 1차전에서 판다이크의 스프린트 34.5km/h 기록은 이번 대회에서 나왔던 가장 빠른 속도였다. 결승전 막판 손흥민의 빠른 돌파를 끈질기게 따라가 슛 블로킹에 성공했던 장면이 상징적이었다. 결승전 맨오브더매치, 2018/19시즌 UEFA '올해의 선수'도 판다이크가 차지했다.

아약스 돌풍의 핵심이었던 미드필더 프랭키 더용은 '제2의 크루이프'라는 찬사를 받았다. 3차 예선을 거친 아약스가 대회 4강의 한 자리를 차지할 수 있었던 것도 더용의 경기 운영이 있었기에 가능했다. 백4 라인과 2선 사이에 위치하는 더용은 상대 압박을 받는 상황에서 뛰어난 볼 소유 및 패스 능력을 선보였다. 2018/19시즌 에레디비지에 '올해의 선수'로 선정되었으며 해당 시즌 평균 패스 성공률이 무려 91.4%에 달했다. 토트넘 원정으로 치러진 4강 1차전에서 더용은 최다 볼터치(87회)와 최고 패스 성공률(86.2%)을 기록해 1-0 승리를 견인했다. 대회 종료 후 UEFA 기술위원회로부터 최우수 미드필더로 뽑혔고, 그해 여름 바르셀로나로 이적해 위대한 선배 크루이프의 길을 뒤따르고 있다.

아시아 원톱 손흥민도 이번 대회에서 빼놓을 수 없는 주인공이었다. 토트넘은 8강 1차전에서 주포 해리 케인을 부상으로 잃었다. 마우리시오 포체티노 감독은 정통 스트라이커 페르난도 욜렌테보다 손흥민과 루카스 모우라를 활용하기로 했다. 손흥민은 맨시티를 상대했던 8강 두 경기에서 혼자 3골을 터트렸다. 에티하드 스타디움에서 벌어진 2차전이 하이라이트였다. 이른 선제 실점에 흔드릴 수 있는 상황에서 손흥민은 혼자 두 골을 연달아 뽑아내며 경기장을 가득 메운 맨시티 팬들에게 찬물을 끼얹었다. 결승전에서도 토트넘이 가장 득점에 가까이 갔던 공격은 모두 손흥민에 의한 장면이었다. 2018/19시즌 손흥민은 러시아월드컵과 자카르타-팔렘방아시안게임에 모두 출전해 60경기가 넘는 경기를 소화하면서도 시즌 마지막 경기인 챔피언스리그 결승전에서도 날카로움을 잃지 않았다.

◆ 조별리그 결과 ◆

(★ 16강, *유로파리그 합류)

A조	순위	팀명	전	승	무	패	득	실	득실	승점
	★1	보루시아 도르트문트	6	4	1	1	10	2	+8	13
	★2	아틀레티코 마드리드	6	4	1	1	9	6	+3	13
	3*	클럽 브뤼헤	6	1	3	2	6	5	+1	6
	4	모나코	6	0	1	5	2	14	−12	1

B조	순위	팀명	전	승	무	패	득	실	득실	승점
	★1	바르셀로나	6	4	2	0	14	5	+9	14
	★2	토트넘 홋스퍼	6	2	2	2	9	10	−1	8**
**상대전적 원정득점 우세	3*	인테르나치오날레	6	2	2	2	6	7	−1	8
	4	PSV 에인트호번	6	0	2	4	6	13	−7	2

C조	순위	팀명	전	승	무	패	득	실	득실	승점
	★1	파리 생제르맹	6	3	2	1	17	9	+8	11
	★2	리버풀	6	3	0	3	9	7	+2	9**
**6경기 다득점 우세	3*	나폴리	6	2	3	1	7	5	+2	9
	4	레드 스타 베오그라드	6	1	1	4	5	17	−12	4

D조	순위	팀명	전	승	무	패	득	실	득실	승점
	★1	포르투	6	5	1	0	15	6	+9	16
	★2	샬케 04	6	3	2	1	6	4	+2	11
	3*	갈라타사라이	6	1	1	4	5	8	−3	4
	4	로코모티프 모스크바	6	1	0	5	4	12	−8	3

E조	순위	팀명	전	승	무	패	득	실	득실	승점
	★1	바이에른 뮌헨	6	4	2	0	15	5	+10	14
	★2	아약스	6	3	3	0	11	5	+6	12
	3*	벤피카	6	2	1	3	6	11	−5	7
	4	AEK 아테네	6	0	0	6	2	13	−11	0

F조	순위	팀명	전	승	무	패	득	실	득실	승점
	★1	맨체스터 시티	6	4	1	1	16	6	+10	13
	★2	올랭피크 리옹	6	1	5	0	12	11	+1	8
	3*	샤흐타르 도네츠크	6	1	3	2	8	16	−8	6
	4	1899 호펜하임	6	0	3	3	11	14	−3	3

G조	순위	팀명	전	승	무	패	득	실	득실	승점
	★1	레알 마드리드	6	4	0	2	12	5	+7	12
	★2	로마	6	3	0	3	11	8	+3	9
	3*	빅토리아 플젠	6	2	1	3	7	16	−9	7
	4	CSKA 모스크바	6	2	1	3	8	9	−1	7

H조	순위	팀명	전	승	무	패	득	실	득실	승점
	★1	유벤투스	6	4	0	2	9	4	+5	12
	★2	맨체스터 Utd	6	3	1	2	7	4	+3	10
	3*	발렌시아	6	2	2	2	6	6	0	8
	4	영 보이즈	6	1	1	4	4	12	−8	4

• 토너먼트 결과 •

(★ 승자)

16강

		1차전	2차전	합산	득점자
	토트넘 홋스퍼★	3	1	4	**1차전** 손흥민 47', 베르통언 83', 요렌테 86' **2차전** 케인 48'
	보루시아 도르트문트	0	0	0	**1차전** – **2차전** –

		1차전	2차전	합산	득점자
	샬케 04	2	0	2	**1차전** 벤탈렙 38'(p), 45'(p)
	맨체스터 시티★	3	7	10	**1차전** 아구에로 18', 사네 85', 스털링 90' **2차전** 아구에로 35'(p), 38', 사네 42', 스털링 56', B. 실바 71', 포든 78', 제수스 84'

		1차전	2차전	합산	득점자
	아약스★	1	4	5	**1차전** 지예흐 75' **2차전** 지예흐 7', 네레스 18', 타디치 62', 쇠네 72'
	레알 마드리드	2	1	3	**1차전** 벤제마 60', 아센시오 87' **2차전** 아센시오 70'

		1차전	2차전	합산	득점자
	아틀레티코 마드리드	2	0	2	**1차전** 히메네스 78', 고딘 83' **2차전**
	유벤투스★	0	3	3	**1차전** – **2차전** 호날두 27', 48', 86'(p)

		1차전	2차전	합산	득점자
	맨체스터 Utd★	0	3	3*	**1차전** – **2차전** 루카쿠 2', 30', 래시퍼드 90'+4(p)
	파리 생제르맹	2	1	3	**1차전** 킴펨베 53', 음바페 60' **2차전** 베르나르 12'

* 원정득점 우세

		1차전	2차전	합산	득점자
	올랭피크 리옹	0	1	1	**1차전** – **2차전** 투사르 58'
	바르셀로나★	0	5	5	**1차전** – **2차전** 메시 18'(p), 78', 쿠티뉴 31', 피케 81', 뎀벨레 86'

		1차전	2차전	합산	득점자
	리버풀★	0	3	3	**1차전** – **2차전** 마네 26', 84', 판다이크 69'
	바이에른 뮌헨	0	1	1	**1차전** – **2차전** 마팁 39'(og)

		1차전	2차전	합산	득점자
	로마	2	1	3	**1차전** 자니올로 70', 76' **2차전** 데로시 37'(p)
	포르투★	1	3	4	**1차전** 로페즈 79' **2차전** 소아레스 26', 마레가 52', 텔레스 117'(p)

· 토너먼트 결과 ·

(★ 승자)

8강

	1차전	2차전	합산	득점자
토트넘 홋스퍼★	1	3	4*	**1차전** 손흥민 78' **2차전** 손흥민 7', 10', 요렌테 73'
맨체스터 시티	0	4	4	**1차전** – **2차전** 스털링 4', 21', B.실바 11', 아구에로 59'

* 원정득점 우세

	1차전	2차전	합산	득점자
아약스★	1	2	3	**1차전** 네레스 46' **2차전** 판더비크 34', 더리흐트 67'
유벤투스	1	1	2	**1차전** 호날두 45' **2차전** 호날두 28'

	1차전	2차전	합산	득점자
맨체스터 Utd	0	0	0	**1차전** – **2차전** –
바르셀로나★	1	3	4	**1차전** 쇼 12'(og) **2차전** 메시 16', 20', 쿠티뉴 61'

	1차전	2차전	합산	득점자
리버풀★	2	4	6	**1차전** 케이타 5', 피르미누 26' **2차전** 마네 26', 살라 65', 피르미누 77', 판다이크 84'
포르투	0	1	1	**1차전** – **2차전** 밀리탕 69'

준결승

	1차전	2차전	합산	득점자
토트넘 홋스퍼★	0	3	3*	**1차전** – **2차전** 루카스 모우라 55', 59', 90'+6
아약스	1	2	3	**1차전** 판더비크 15' **2차전** 더리흐트 5', 지예흐 35'

* 원정득점 우세

	1차전	2차전	합산	득점자
바르셀로나	3	0	3	**1차전** 수아레스 26', 메시 75', 82' **2차전**
리버풀★	0	4	4	**1차전** – **2차전** 오리기 7', 79', 바이날둠 54', 56'

결승전

0 : 2

2019.06.01. 마드리드,
에스타디오 메트로폴리타노 (63,272명)

토트넘 훗스퍼

리버풀

득점

–	살라 2'(p), 오리기 87'

마우리시오 포체티노	**4-2-3-1**	위르겐 클롭	**4-3-3**

벤치

포름, 가자니가(이상 GK), 산체스, 라멜라, 완야마, 워커피터스, 포이스, 오리에, 데이비스	미뇰렛, 켈러허(이상 GK), 로브렌, 스터리지, 모레노, 랄라나, 옥슬레이드챔벌레인, 샤키리, 브루스터

경고/퇴장

– / –	– / –

주부심: 다미르 스코미나(SVN), 유레 프라프로트닉(SVN), 로버트 부칸(SVN)
추가부심: 유르 프라프로트닉((SVN), 로버트 부칸(SVN) **대기심:** 마테우 라호스(ESP)
VAR: 대니 마켈레(NED), 폴 판보켈(NED), 펠릭스 즈바이어(GER), 마크 보르쉬(GER)

· 득점순위 ·

득점	이름		클럽명	
12골	리오넬 메시	(ARG)	바르셀로나	(ESP)
8골	로베르트 레반도프스키	(POL)	바이에른 뮌헨	(GER)
6골	세르히오 아구에로	(ARG)	맨체스터 시티	(ENG)
	크리스티아누 호날두	(POR)	유벤투스	(ITA)
	무사 마레가	(MLI)	포르투	(POR)
	두산 타디치	(SRB)	아약스	(NED)
5골	안드레이 크라마리치	(CRO)	1899 호펜하임	(GER)
	파울로 디발라	(ARG)	유벤투스	(ITA)
	네이마르	(BRA)	파리 생제르맹	(FRA)
	루카스 모우라	(BRA)	토트넘 홋스퍼	(ENG)
	해리 케인	(ENG)	토트넘 홋스퍼	(ENG)
	라힘 스털링	(ENG)	맨체스터 시티	(ENG)
	모하메드 살라	(EGY)	리버풀	(ENG)
	에딘 제코	(BIH)	로마	(ITA)

· 팀 오브 토너먼트 ·

골키퍼
알리송 베커(BRA)　　　　로마(ITA)
마르크안드레 테어슈테겐(GER)　　바르셀로나(ESP)

수비수
버질 판다이크(NED)　　　리버풀(ENG)
마티야스 더리흐트(NED)　　아약스(NED)
얀 베르통언(BEL)　　　　토트넘 홋스퍼(ENG)
트렌트 알렉산더아놀드(ENG)　리버풀(ENG)
앤디 로버트슨(ENG)　　　리버풀(ENG)
무사 시소코(FRA)　　　　토트넘 홋스퍼(ENG)

미드필더
하켐 지예흐(MAR)　　　아약스(NED)
케빈 더브라위너(BEL)　　맨체스터 시티(ENG)
프랭키 더용(NED)　　　아약스(NED)
탕기 은돔벨레(FRA)　　　올랭피크 리옹(FRA)
조르지니오 바이날둠(NED)　리버풀(ENG)

공격수
라힘 스털링(ENG)　　　맨체스터 시티(ENG)
리오넬 메시(ARG)　　　바르셀로나(ESP)
두산 타디치(SRB)　　　아약스(NED)
사디오 마네(SEN)　　　리버풀(ENG)
크리스티아누 호날두(POR)　레알 마드리드(ESP)
루카스 모우라(BRA)　　토트넘 홋스퍼(ENG)
다비드 네레스(BRA)　　아약스(NED)

위르겐 클롭

리버풀의 운명을 바꾼 독일인

위르겐 클롭 감독은 2011년 DFB 슈퍼컵부터 이어진 7연속 컵대회 준우승 징크스를 가장 화려하게 깼다. 역압박 전술가라는 이미지와 달리 이번 시즌 클롭 감독은 점유율 열세 속에서 최종 승리를 따내는 요령을 선보였다. 토너먼트 기준 7경기에서 리버풀은 0-3으로 패했던 4강 1차전 외에 6경기에서 모두 상대보다 볼 점유율에서 뒤졌다. 2000년대 말부터 바르셀로나와 스페인 국가대표팀의 점유 축구가 쥐고 있던 전술 헤게모니가 독일의 역압박 스타일로 넘어간다는 증거였다. 맨시티에서도 점유에 집착하는 펩 과르디올라 감독이 최근 챔피언스리그에서 기대 이하의 성적을 거둔다는 사실도 참고할 만하다.

아약스의 텐하그 감독의 포지셔닝 중심 경기 운영은 새로운 전술 트렌드를 예고했다. 아약스는 볼의 소유 여부에 따라 아웃필더 10인의 위치와 전반적인 대형 유지에 철저히 집중했다. 경기 템포를 유지해주는 더용의 경기력 외에도 양측 풀백의 공격 가담, 2선에서 공격 루트를 개척하는 하킴 지예흐와 도니 판더비크 등 모든 선수가 빠른 상황 변화에 즉각적으로 최적의 위치를 잡아 경기를 유리하게 끌어갔다. 직접 볼을 다루는 개인 기술 외에 동료들과 어떻게 함께 뛰어야 하는지를 재빨리 파악하는 능력이 있어야만 가능한 경기 운영이다. 고도의 전술 이해가 필수적이다.

경기 중 다양한 상황에 따라 팀 전체가 최적의 포메이션으로 반응하는 능력이 성공 열쇠였다. 토트넘의 마우리시오 포체티노 감독과 맨시티의 과르디올라 감독은 스코어, 볼 점유, 경기 흐름에 따라서 과감하게 포메이션을 바꾸는 전술 유연성을 선보였다. 한 경기 내에서 백3와 백4 전술을 오갈 뿐 아니라 상대의 장점을 무력화하기 위한 선수 교체 등이 좋은 예시다. 실제로 포체티노 감독은 전문 스트라이커가 없는 상황에서 다양한 포지션을 소화하는 손흥민, 모우라, 윙크스 등을 적극적으로 활용해 창단 첫 결승 진출을 일궜다. 과르디올라 감독 역시 90분 안에서 계속 바뀌는 상황에 따라 주요 선수들의 위치나 전체적 대형을 바꾸는 시도를 보였다. 체력과 전술적 움직임이 고도화되면서 축구 전력의 부익부 빈익빈 현상에 가속도가 붙기 시작했다.

★★★

2019 / 20 시즌

독일 전차,
코로나를 뚫다

◎ **키워드** ◎

#바이에른 #PSG #레반도프스키
#한지플릭 #코로나19

백그라운드 Background

2019년 6월 UEFA 네이션스리그 파이널에서 포르투갈이 초대 챔피언에 올랐다. 네이션스리그는 유럽축구연맹(UEFA)과 클럽 사이에서 벌어지는 기 싸움의 부산물이었다. 21세기 들어 클럽 측은 각국 축구협회가 돈벌이 목적으로 진행하는 친선전이 많다는 약점을 집중 공략했다. 클럽들의 공세를 맞받아친 UEFA의 카드가 바로 네이션스리그였다. 친선전을 공식전으로 만든 것이다. 대회 성적을 UEFA 랭킹은 물론 유로 본선행과 연동시켜 놓았으니 클럽 측으로서는 선수 차출을 반대할 명분을 잃었다. 하지만 지나치게 복잡한 대회 설계로 인해 네이션스리그는 대중의 관심을 충분히 끌지 못했다.

이적시장 인플레이션 현상이 이어졌다. 레알 마드리드의 플로렌티노 페레스 회장은 크리스티아누 호날두의 대체자로 낙점한 첼시 미드필더 에당 아자르를 영입하기 위해 현금 1억1,500만 유로를 지불했다. 라이벌 바르셀로나가 에이스 앙투안 그리즈만을 데려오려고 쓴 1억2,000만 유로는 아틀레티코를 거쳐 고스란히 20세 신성 주앙 펠릭스를 보낸 벤피카의 지갑으로 들어갔다. 인건비 폭증세는 2019/20시즌 도중 벌어진 전대미문의 코로나19 팬데믹 앞에서 브레이크가 걸렸다. 챔피언스리그 16강 2차전이 진행되던 2020년 3월 17일 UEFA는 대회 일정의 무기한 연기를 발표했다. 그뿐 아니었다. 6월부터 7월에 걸쳐 유럽 12개 도시에서 개최할 예정이었던 유로 2020도 1년 뒤로 연기되었다.

유럽 축구계가 멈춘 것은 2차 세계대전 이후 처음이었다. 막대한 자금과 각종 계약이 얽힌 유럽 축구 시장이 멈추자 각지에서 파열음이 들렸다. TV 중계권자들은 리그 측의 계약 불이행을 이유로 대금 지급을 연기하거나 삭감했다. 스폰서 계약자들도 계산기를 다시 두드렸다. 코로나19 확산세가 진정 국면에 접어들던 6월 17일 UEFA는 챔피언스리그 8강부터 결승전 일정을 8월 12일부터 23일까지 포르투갈에서 재개한다고 밝혔다. 하지만 우리가 알던 챔피언스리그가 아니었다. 모든 경기는 홈&어웨이가 아닌 단판승부 방식으로 진행될 뿐 아니라 무관중, 5인 교체 등 고육지책이 동원되었다. 2019/20시즌 챔피언스리그는 코로나19 충격 속에서 완주에 만족해야 할 '뉴노멀'이 되고 말았다.

조별리그 Group Stage

토마스 투헬 감독의 PSG는 A조에서 단독 질주했다. 첫 경기부터 레알 마드리드를 3-0으로 완파한 기세를 끝까지 이어갔다. 5차전 레알 원정 2실점이 유일한 실점이었다는 사실이 PSG의 가능성을 말했다. 바이에른 뮌헨은 B조 초반 3경기에서 13골을 퍼부어 3연승을 기록했다. 하지만, 자국에서 프랑크푸르트전 1-5 대패와 리그 4위 부진 책임으로 니코 코바치 감독이 경질되었다. 감독 대행이 된 한지 플릭 수석코치는 잔여 3경기를 모두 잡아내 수뇌진의 마음을 사로잡았다. 로베르트 레반도프스키는 5차전 16분 사이에 4골을 터트리는 등 5경기에서 10골을 넣는 괴력을 발휘했다. B조 2위로 16강에 오른 토트넘도 4차전 후 마우리시오 포체티노 감독이 조제 모리뉴 감독으로 교체되는 혼란을 겪었다.

E조도 다사다난했다. 디펜딩챔피언 리버풀이 첫 경기에서 나폴리에 0-2로 패했고, 다음 경기에서도 한 수 아래인 잘츠부르크와 7골 난타전 끝에 4-3 진땀승을 거뒀다. 리버풀은 잘츠부르크를 다시 2-0으로 꺾은 최종전 결과 덕분에 조 1위로 일정을 마감했다. 나폴리의 카를로 안첼로티 감독은 최종전 승리로 조 2위를 확정한 지 몇 시간 만에 사임을 발표해 구단주와 불화가 사실로 드러났다. 잘츠부르크의 19세 공격수 에를링 홀란은 본인의 첫 챔피언스리그 경기에서 전반전 해트트릭 달성으로 충격적 데뷔를 신고했다. 이날 황희찬도 1골 2도움으로 팀의 6-2 대승에 공헌했다.

다른 조에서도 신인들의 활약이 돋보였다. F조 바르셀로나는 최종전에서 안수 파티의 2-1 결승골로 인테르의 16강 희망을 깼다. 파티는 16세 30일로 챔피언스리그 역대 최연소 득점의 주인공이 되었다. G조에서는 32세 율리안 나겔스만 감독이 라이프치히를 조 1위로 이끌어 대회 역사상 최연소 토너먼트 진출 감독으로 기록되었다. 같은 조의 올랭피크 리옹은 감독 교체와 승점 8점에도 불구하고 조 2위 행운을 누렸다.

C조와 H조의 키워드는 '드라마'였다. 잔 피에로 가스페리니 감독 아래서 초공격적 전술을 구사하는 아탈란타는 개막 3연패로 무너져 유럽의 높은 벽을 실감했다. 하지만 나머지 3경기에서 2승 1무를 기록해 극적인 16강행에 성공했다. 3패 후 토너먼트 진출에 성공한 예는 2002년 뉴캐슬 이후 18년 만이었다. H조의 5차전 기준 순위는 아약스(10점), 발렌시아, 첼시(이상 8점) 순서였다. 하지만 최종전에서 아약스가 발렌시아에 0-1로 잡혔고, 첼시가 릴을 2-1로 제압했다. 아약스는 90분 만에 1위에서 3위로 추락해 16강 진출에 실패했다.

토너먼트 Tournament

코로나19 팬데믹의 마수가 챔피언스리그를 멈춰 세웠다. UEFA는 16강 2차전 네 경기가 남은 3월 17일 부로 향후 일정을 무기한 연기했다. 이스탄불의 아타튀르크 올림픽 스타디움의 결승전 유치권도 1년 뒤로 유보되었다. 모든 것이 멈춘 지 3개월이 지나서야 UEFA는 재개안을 내놓을 수 있었다. 7월 9일 16강 2차전 네 경기를 원래 장소에서 진행하고, 8강부터 결승전까지 일정은 8월 12일부터 23일까지 포르투갈의 경기장 두 곳에 모여 단판승부로 진행하도록 조정되었다. 모든 경기는 무관중으로 진행되며 장기간 휴식에 따른 선수들의 부상 방지를 위해 경기당 교체 수를 5명으로 늘리되 횟수를 3회로 제한했다. 아탈란타와 발렌시아, 리버풀과 아틀레티코의 16강전 강행은 감염 확산의 원인으로 지목되어 사회적 지탄을 받았다.

지난 시즌 결승전에서 우승을 다퉜던 리버풀과 토트넘은 나란히 16강에서 고배를 마셨다. 토트넘은 라이프치히의 조직력 앞에서 무기력한 2연속 무득점으로 합산 0-4 패배를 기록했다. 리버풀은 안필드 2차전에서 승부를 연장전으로 몰아갔지만 연장 30분 동안 3실점으로 무너져 클롭 감독 체제에서 첫 챔피언스리그 홈 패전의 쓴맛을 봤다. 아탈란타는 발렌시아를 상대로 두 경기에서 8골 화력을 뿜내며, 8강 진출 쾌거를 이룩했고 리옹도 유벤투스를 원정 득점으로 탈락시키는 놀라움을 선사했다.

조별리그 6경기 2실점으로 증명되었듯이 이번 시즌 PSG는 단단했다. 16강 도르트문트전에서 1차전 1-2 패배 결과를 홈 2-0 승리로 뒤집었다. 아탈란타와 격돌한 8강전에선, 마지막 순간까지 포기하지 않는 승자다움을 보였다. 한 골 뒤진 PSG는 90분 마르키뇨스의 동점골, 추가 3분 막심 추포모팅의 극적인 역전골을 연달아 성공시켜 짜릿한 2-1 역전승으로 25년 만에 유럽 4강의 한 자리를 차지했다. PSG의 자신감은 라이프치히를 만난 준결승전에서 증폭되었다. 초반부터 경기를 장악한 PSG는 마르키뇨스, 앙헬 디마리아, 후안 베르나트의 3골로 대망의 결승행 티켓을 거머쥐었다.

바이에른은 거침없었다. 플릭 감독은 조별리그 6전 전승 통과를 정식 감독 계약으로 보상받았다. 16강에서 첼시를 합산 7-1로 대파한 바이에른은 8강에서 바르셀로나와 만났다. 바르셀로나는 시즌 도중 감독 교체, 선수단 급여 삭감, 장기 휴식에 따른 컨디션 난조로 정상이 아니었다. 바이에른은 단단한 조직력을 바탕으로 전후반 각 4골씩 터트리는 불꽃놀이를 즐겼다. 2-8 스코어라인은 1951년 이후 바르셀로나의 최다 골 차 패배였다. 준결승 상대 리옹은 유벤투스와 맨시티를 제쳤다는 자신감이 넘쳤지만 바이에른 앞에선 소용없었다. 레반도프스키의 대회 15호 골과 세르주 나브리의 대회 8, 9호 골을 앞세워 바이에른은 3-0으로 완승해 클럽 통산 11번째 결승 진출에 성공했다. 레반도프스키는 자신이 출전한 9경기에서 전부 골을 터트려 전 세계 축구 팬들의 찬사를 받았다.

결승전 Final

파리 생제르맹 1 : 0 바이에른 뮌헨 | 2020.08.23 | 리스본, 에스타디오 다 루즈

5월 30일 이스탄불에서 열려야 했던 결승전은 3개월 연기 끝에 리스본의 에스타디우 다루즈에서 진행되었다. 8강과 4강이 단판승부로 치러졌지만 PSG와 바이에른의 결승 진출은 정당한 결과였다. PSG는 16강 2차전부터 토너먼트 3경기에서 1실점만 허용한 3연승으로 결승 무대에 올랐다. 바이에른의 내용은 완벽 그 자체였다. 조별리그 6전 전승은 물론 토너먼트 4경기도 전부 이겨 대회 10연승으로 쾌속 질주했다. 양 팀은 클럽 크레스트 위에 코로나19에 맞서 싸우는 의료진을 향해 보내는 '감사합니다' 문구를 새긴 유니폼을 착용하고 마지막 승부에 나섰다.

초반부터 바이에른은 4-2-3-1 포메이션을 바탕으로 한 전방압박으로 PSG를 자기 진영에 묶어 놓았다. 한꺼번에 6명까지 상대 진영에 들어가는 공격적 압박으로 인해 PSG는 공격 전환에 애를 먹었다. 하지만 선수들의 높은 기량은 몇 차례 유려한 원터치 연결을 성공시켰다. 전반 18분 전진에 성공한 PSG는 네이마르의 위협적인 슛이 상대 수문장 마누엘 노이어의 슈퍼세이브에 무산되어 고개를 떨궜다. 3분 뒤, 레반도프스키의 오른발 슛은 PSG의 골대에 막혔다. 전반 종료 직전 킬리앙 음바페는 다비드 알라바의 치명적 패스 실수 덕분에 생긴 득점 기회를 골로 연결하지 못해 아쉬움을 남겼다. 양 팀의 약한 고리는 풀백 포지션이었다. 경기 내내 맞붙은 PSG의 틸로 케러와 바이에른의 알폰소 데이비스는 눈부신 공격력에 비해 수비에서 약점을 드러냈다.

후반 들어 두 팀 선수들의 몸싸움이 거칠어졌다. 51분 나브리가 네이마르를 태클로 넘어트린 직후 흥분이 거세졌다. 긴장감이 커질수록 빅매치 경험이 풍부한 바이에른이 유리해졌다. 59분 티아고의 날카로운 전진 롱패스가 PSG의 수비 밸런스를 무너트렸다. 조슈아 킴미히의 크로스가 파코너에 있던 킹글리 코망의 머리를 거쳐 PSG의 골네트를 갈랐다. PSG 역대 최연소 출전자이기도 한 코망이 친정에 뼈아픈 선제 실점을 선사한 것이다. 시간이 지날수록 PSG는 조급한 플레이와 체력 저하라는 이중고에 시달렸다. 네 이마르는 압도적 개인기에 비해 몸싸움이 너무 약했다. 과장된 표정으로 통증을 호소하는 습관도 전투적 분위기에서 진행되는 빅매치에서는 팀을 돕지 못했다. 바이에른은 모든 면에서 앞섰다. 역습 상황마다 득점에 가까운 장면을 연출했고 뒷문을 지키는 노이어는 철벽 그 자체였다. 바이에른이 챔피언스리그 통산 여섯 번째 우승을 차지하며 혼돈의 2019/20시즌 왕좌에 올랐다. 바이에른의 우승은 2013년 웸블리 결승전에서 도르트문트를 꺾은 지 7년 만의 성과였다. 시즌 도중 감독 대행으로 투입된 플릭 감독은 클럽 역사상 두 번째 유러피언 트레블을 달성해 새로운 스타로 떠올랐다.

로베르트 레반도프스키 Key Player
인간에서 신으로

레반도프스키는 축구 인생에서 두 차례 불가항력에 부딪혔다. 2010년 프리미어리그의 블랙번 로버스는 레흐 포즈난에서 2시즌 연속 20골을 넘긴 20대 초반 공격수를 영입하기 위해 공을 들였다. 이야기가 긍정적으로 진전된 덕분에 레반도프스키가 직접 블랙번으로 날아와 구체적 제안을 듣기로 했다. 거의 손에 넣은 영입 작업은 아이슬란드 화산 폭발로 인한 항공편 결항 사태로 무산되었다. 위르겐 클롭 감독의 도르트문트가 그 틈을 비집고 들어와 레반도프스키를 낚아챘다.

10년 뒤 레반도프스키는 2019/20시즌 47경기 55골로 대폭발했다. 분데스리가(34골)는 물론 DFL 포칼(6골)과 챔피언스리그(15골)에서 모두 득점왕과 우승을 차지했으니 2020년 말 예정된 발롱도르는 따놓은 당상이었다. 하지만 발롱도르 주최사 〈프랑스풋볼〉은 챔피언스리그 결승전이 열리기 한 달 전 코로나19 팬데믹으로 인한 각 리그의 비정상적 진행을 이유로 2020년 시상을 취소했다. 앞선 화산 폭발은 레반도프스키에게 기회로 작용했지만, 코로나19 바이러스의 창궐은 두고두고 아쉬울 수밖에 없다.

2000년대 중반부터 10년간 전 세계 축구는 '메날두 시대'로 정의된다. 레반도프스키는 '인간계' 최강 스트라이커라는 평가를 들었다. 하지만 바이에른 뮌헨에서 그가 기록한 득점력은 '인간계'라는 분류를 거부한다. 이적 첫 시즌이었던 2014/15시즌(25골)을 제외하곤 5시즌 연속 40골 이상 골을 터트렸기 때문이다. 특히 2019/20시즌의 경기당 1.17골 기록은 경쟁자들을 압도한다. 유럽 빅5 리그는 물론 챔피언스리그라는 최고 수준의 무대에서 이렇게 압도적 득점력을 유지한다면 레반도프스키를 '신계'로 분류해도 무리가 아니다. 9분 사이에 혼자 5골을 넣었고 12경기 연속 골을 기록했다. 2020/21시즌 내로 분데스리가 역대 득점 2위에 오를 확률이 매우 높다. 신의 영역으로만 보이던 게르트 뮐러의 365골 기록 경신도 가시권이라는 의견이 힘을 얻는다. 이 정도면 충분하지 않은가.

레반도프스키는 선천적 재능과 후천적 노력이 빚어낸 최고의 걸작품이다. 유도선수 부친과 배구선수 모친으로부터 완벽한 피지컬을 물려받았다. 가라데 선수 출신 영양사인 아내로부터 24시간 365일 연중무휴 관리를 받는다. 오른쪽 다리에 무리가 가지 않도록 잠을 잘 때도 항상 왼쪽으로 누워 잘 정도로 레반도프스키의 자기 관리는 철저하다. 바이에른에서 함께했던 펩 과르디올라 감독은 "그는 축구를 위해서 먹고 자고 훈련한다. 음식 섭취와 올바른 준비로 다치는 법이 없다"라고 극찬했다. 뛰어난 축구 센스와 철저한 자기관리가 클롭, 과르디올라, 안첼로티, 헤인케스처럼 당대 명장들로부터 지도를 받는 행운과 만났으니 위대한 스트라이커의 탄생은 필연적일지도 모른다.

◆ 조별리그 결과 ◆

(★ 16강, *유로파리그 합류)

A조	순위	팀명	전	승	무	패	득	실	득실	승점
	★1	파리 생제르맹	6	5	1	0	17	2	+15	16
	★2	레알 마드리드	6	3	2	1	14	8	+6	11
	3*	클럽 브뤼헤	6	0	3	3	4	12	−8	3
	4	갈라타사라이	6	0	2	4	1	14	−13	2

B조	순위	팀명	전	승	무	패	득	실	득실	승점
	★1	바이에른 뮌헨	6	6	0	0	24	5	+19	18
	★2	토트넘 홋스퍼	6	3	1	2	18	14	+4	10
	3*	올림피아코스	6	1	1	4	8	14	−6	4
	4	레드 스타 베오그라드	6	1	0	5	3	20	−17	3

C조	순위	팀명	전	승	무	패	득	실	득실	승점
	★1	맨체스터 시티	6	4	2	0	16	4	+12	14
	★2	아탈란타	6	2	1	3	8	12	−4	7
	3*	샤흐타르 도네츠크	6	1	3	2	8	13	−5	6
	4	디나모 자그레브	6	1	2	3	10	13	−3	5

D조	순위	팀명	전	승	무	패	득	실	득실	승점
	★1	유벤투스	6	5	1	0	12	4	+8	16
	★2	아틀레티코 마드리드	6	3	1	2	8	5	+3	10
	3*	바이어 레버쿠젠	6	2	0	4	5	9	−4	6
	4	로코모티프 모스크바	6	1	0	5	4	11	−7	3

E조	순위	팀명	전	승	무	패	득	실	득실	승점
	★1	리버풀	6	4	1	1	13	8	+5	13
	★2	나폴리	6	3	3	0	11	4	+7	12
	3*	잘츠부르크	6	2	1	3	16	13	+3	7
	4	헹크	6	0	1	5	5	20	−15	1

F조	순위	팀명	전	승	무	패	득	실	득실	승점
	★1	바르셀로나	6	4	2	0	9	4	+5	14
	★2	보루시아 도르트문트	6	3	1	2	8	8	0	10
	3*	인테르나치오날레	6	2	1	3	10	9	+1	7
	4	슬라비아 프라하	6	0	2	4	4	10	−6	2

G조	순위	팀명	전	승	무	패	득	실	득실	승점
	★1	RB 라이프치히	6	3	2	1	10	8	+2	11
	★2	올랭피크 리옹	6	2	2	2	9	8	+1	8
**상대전적 골득실 우세	3*	벤피카	6	2	1	3	10	11	−1	7**
	4	제니트	6	2	1	3	7	9	−2	7

H조	순위	팀명	전	승	무	패	득	실	득실	승점
	★1	발렌시아	6	3	2	1	9	7	+2	11**
	★2	첼시	6	3	2	1	11	9	+2	11
	3*	아약스	6	3	1	2	12	6	+6	10
**상대전적 우세	4	릴 OSC	6	0	1	5	4	14	−10	1

· 토너먼트 결과 · (★ 승자)

16강

	1차전	2차전	합산	득점자
토트넘 홋스퍼	0	0	0	**1차전** — **2차전** —
RB 라이프치히★	1	3	4	**1차전** 베르너 58'(p) **2차전** 자비처 10', 21', 포르스베리 87'

	1차전	2차전	합산	득점자
아틀레티코 마드리드★	1	3	4	**1차전** 사울 4' **2차전** 요렌테 97', 105'+1, 모라타 120'+1
리버풀	0	2	2	**1차전** — **2차전** 바이날둠 43', 피르미누 94'

	1차전	2차전	합산	득점자
아탈란타★	4	4	8	**1차전** 하테부르 16', 62', 일리치치 42', 프로일러 57' **2차전** 일리치치 3'(p), 43'(p), 71', 82'
발렌시아	1	3	4	**1차전** 체리셰프 66' **2차전** 가메이로 21', 51', 토레스 67'

	1차전	2차전	합산	득점자
보루시아 도르트문트	2	0	2	**1차전** 홀란 69', 77' **2차전** —
파리 생제르맹★	1	2	3	**1차전** 네이마르 75' **2차전** 네이마르 28', 베르나트 45'+1

	1차전	2차전	합산	득점자
레알 마드리드	1	1	2	**1차전** 이스코 60' **2차전** 벤제마 28'
맨체스터 시티★	2	2	4	**1차전** 제수스 78', 더브라위너 83'(p) **2차전** 스털링 9', 제수스 68'

	1차전	2차전	합산	득점자
올랭피크 리옹★	1	1	2*	**1차전** 투사르 31' **2차전** 데파이 12'(p)
유벤투스	0	2	2	**1차전** — **2차전** 호날두 43', 60'(p)

*원정득점 우세

	1차전	2차전	합산	득점자
나폴리	1	1	2	**1차전** 메르텐스 30' **2차전** 인시녜 45'+5(p)
바르셀로나★	1	3	4	**1차전** 그리즈만 57' **2차전** 랑글레 10', 메시 23', 수아레스 45'+1(p)

	1차전	2차전	합산	득점자
첼시	0	1	1	**1차전** — **2차전** 아브라함 44'
바이에른 뮌헨★	3	4	7	**1차전** 나브리 51', 54', 레반도프스키 76' **2차전** 레반도프스키 10'(p), 84', 페리시치 24', 톨리소 76'

· 토너먼트 결과 ·

(★ 승자)

코로나19 팬데믹으로 8강부터 모든 일정을 포르투갈 리스본에서 단판승부로 진행했음

8강

	단판	득점자
RB 라이프치히 ★	2	올모 51', 아담스 88'
아틀레티코 마드리드	1	펠릭스 71'(p)

	단판	득점자
아탈란타	1	파살리치 27'
파리 생제르맹 ★	2	마르키뇨스 90', 추포모팅 90'+3

	단판	득점자
맨체스터 시티	1	더브라위너 69'
올랭피크 리옹 ★	3	코르네 24', 뎀벨레 79', 87'

	단판	득점자
바르셀로나	2	알라바 7'(og), 수아레스 57'
바이에른 뮌헨 ★	8	뮐러 4', 31', 페리시치 22', 나브리 27', 킴미히 63', 레반도프스키 82', 쿠티뉴 85', 89'

준결승

	단판	득점자
RB 라이프치히	0	–
파리 생제르맹 ★	3	마르키뇨스 13', 디마리아 42', 베르나트 57'

	단판	득점자
올랭피크 리옹	0	–
바이에른 뮌헨 ★	3	나브리 18', 33', 레반도프스키 88'

결승전

0 : 1

2020.08.23. 리스본
에스타디오 다 루즈
(0명, 코로나19 팬데믹에 의한 무관중)

파리 생제르맹　　　　　　　　　　　　　　**바이에른 뮌헨**

득점

–	코망 59'

네이마르　음바페　디마리아
(추모모팅 80')
파레데스　마르키뇨스　에레라
(베라티 65')　(드락슬러 72')
베르나트　　　　　케러
(쿠르자와 80')　킴펨베　치아구 시우바
나바스

토마스 투헬　｜　**4-3-3**

레반도프스키
코망　뮬러　나브리
(페리시치 68')　(쿠티뉴 68')
고레츠카　티아고
(뮐리소 86')
데이비스　알라바　보아텡　킴미히
(쥘레 25')
노이어

한지 플릭　｜　**4-2-3-1**

벤치

리코, 불카(이상 GK), 이카르디, 사라비아, 디알로, 바커, 게예, 다그바	울라이히, 호프만(이상 GK), 오드리오솔라, 파바르, 하비 마르티네스, 퀴상스, 헤르난데스, 저르키

경고/퇴장

파레데스 52', 네이마르 81', 치아구 시우바 83', 쿠르자와 86' / –	데이비스 28', 나브리 52', 쥘레 56', 뮬러 90'+4 / –

주부심: 다니엘레 오르사토(ITA), 로렌초 마냐넬리(ITA), 알레산드로 지알라티니(ITA)
VAR: 마시밀리아노 이라티(ITA), 마르코 귀다(ITA), 알레한드로 에르만데스(ESP), 로베르토 디아스(ESP)
대기심: 오비디우 하테간(ROU)

· 득점순위 ·

득점	이름		클럽명	
15골	로베르트 레반도프스키	(POL)	바이에른 뮌헨	(GER)
10골	에를링 홀란	(NOR)	RB 라이프치히	(GER)
			보루시아 도르트문트	(GER)
9골	세르주 나브리	(GER)	바이에른 뮌헨	(GER)
6골	해리 케인	(ENG)	토트넘 홋스퍼	(ENG)
	드리스 메르텐스	(BEL)	나폴리	(ITA)
	가브리에우 제수스	(BRA)	맨체스터 시티	(ENG)
	멤피스 데파이	(NED)	올랭피크 리옹	(FRA)
	라힘 스털링	(ENG)	맨체스터 시티	(ENG)
5골	손흥민	(KOR)	토트넘 홋스퍼	(ENG)
	마우로 이카르디	(ARG)	파리 생제르맹	(FRA)
	조십 일리치치	(SVN)	아탈란타	(ITA)
	라우타로 마르티네스	(ARG)	인테르나치오날레	(ITA)
	루이스 수아레스	(URU)	바르셀로나	(ESP)
	카림 벤제마	(FRA)	레알 마드리드	(ESP)
	킬리앙 음바페	(FRA)	파리 생제르맹	(FRA)

· 팀 오브 토너먼트 ·

골키퍼

마누엘 노이어(GER) 바이에른 뮌헨(GER)
안 오블락(SVN) 아틀레티코 마드리드(ESP)
안소니 로페스(POR) 올랭피크 리옹(FRA)

수비수

알폰소 데이비스 바이에른 뮌헨(GER)
요수아 킴미히(GER) 바이에른 뮌헨(GER)
버질 판다이크(NED) 리버풀(ENG)
다요트 우파메카노(FRA) RB 라이프치히(GER)
앙헬리뇨(ESP) RB 라이프치히(GER)
다비드 알라바(AUT) 바이에른 뮌헨(GER)

미드필더

티아고 알칸타라(ESP) 바이에른 뮌헨(GER)
케빈 더브라위너(BEL) 맨체스터 시티(ENG)
후셈 아우아르(FRA) 올랭피크 리옹(FRA)
레온 고레츠카(GER) 바이에른 뮌헨(GER)
마르셀 사비처(AUT) RB 라이프치히(GER)
마르키뇨스(BRA) 파리 생제르맹(FRA)
알레한드로 고메스(ARG) 아탈란타(ITA)
토마스 뮐러(GER) 바이에른 뮌헨(GER)

공격수

로베르트 레반도프스키(GER) 바이에른 뮌헨(GER)
킬리앙 음바페(FRA) 파리 생제르맹(FRA)
네이마르(BRA) 파리 생제르맹(FRA)
리오넬 메시(ARG) 바르셀로나(ESP)
라힘 스털링(ENG) 맨체스터 시티(ENG)
세르주 나브리(GER) 바이에른 뮌헨(GER)

한지-디터 플릭

왜 이제야 왔을까?

2019년 11월 2일 바이에른이 프랑크푸르트 원정에 나섰다. 전반 9분 만에 제롬 보아텡이 일발 퇴장당하는 불상사가 벌어졌다. 90분 뒤, 바이에른 선수들은 1-5라는 스코어라인에서 망연자실했다. 다음 날 바이에른은 니코 코바치 감독을 해고하고, 한지-디터 플릭 코치를 감독 대행으로 세웠다. 바이에른 출신이긴 하지만 플릭 감독은 독일 A매치를 뛰어본 적이 없어 이름값이 떨어졌다. 그야말로 임시방편이었다. 부임 첫 경기였던 챔피언스리그 B조 4차전에서 플릭 감독은 올림피아코스를 2-0으로 꺾었다. 사흘 뒤 절체절명의 난관처럼 보였던 도르트문트전까지 4-0 대승으로 마무리했다. 플릭 감독 아래서 바이에른은 갑자기 챔피언의 DNA를 되찾았다. 클럽 수뇌진은 12월 시즌 종료 시까지 정식 계약, 이듬해 4월 2023년까지 장기 계약을 체결해 플릭 감독의 능력을 보상했다. 그로부터 4개월 뒤 플릭 감독은 바이에른을 클럽 역대 두 번째인 유러피언 트레블을 선물했다.

바이에른 감독이 되기 전까지 플릭의 축구계 행보는 눈에 띄지 않았다. 28세 나이에 일찍 선수 생활을 마감했고 2000년부터 2005년까지 호펜하임을 4부에서 3부로 이끈 게 거의 유일한 지도자 실적이었다. 레드불 잘츠부르크에서 1년 남짓 스포팅디렉터 직책을 수행한 뒤, 2006년부터 8년 동안 요아힘 뢰브 감독의 독일 국가대표팀 수석코치로 일했다. 월드컵 우승 공로는 오롯이 뢰브 감독의 몫일 뿐이었다. 브라질월드컵 후 플릭은 독일축구협회의 스포팅디렉터로서, 3년간 일했고 2019년 여름에야 니코 코바치 감독의 수석코치로 현장에 복귀했다.

플릭 감독은 전임자의 실수를 정확히 꿰뚫고 있었다. 라이트백 포지션에 있던 조슈아 킴미히를 수비형 미드필더로 옮겼고, 코바치 전 감독으로부터 푸대접을 받아 팀을 떠나기 일보 직전이었던 토마스 뮐러를 2선 중앙 미드필더로 다시 중용했다. 기본 포메이션 4-2-3-1, 수비시 4-1-4-1, 전방압박시 4-3-3으로 정확히 구분한 시스템 운영은 팀 전체의 안정성을 되찾았다. 조직이 자리를 잡자 선수들의 개인 기량이 만개했다. 킴미히 덕분에 티아고가 쉽게 공격 빌드업에 가담했다. 뮐러는 천재적 포지셔닝과 득점 기회 창출로 리그에서만, 도움을 21개나 기록하며 분데스리가 8연패의 일등공신으로 부활했다. 플릭 감독은 부임 후 2019/20시즌 35경기에서 무려 32승을 쓸어 담았다. 경기당 승점 2.78점은 펩 과르디올라(2.6점)는 물론 유프 하인케스(2.7점)를 뛰어넘는 기록이다. 올리버 칸은 "한지는 바이에른의 선수였고, 코치였다. 그리고 지금 감독이다. 클럽의 정신을 잘 이해하는 리더다"라고 칭찬했다. 난세가 영웅을 만든다는 이야기의 주인공이 알고 보니 플릭 감독이었다.

· 한눈에 보는 결승전 ·

1992 / 93

마르세유　1 - 0　밀란

1993 / 94

밀란　4 - 0　바르셀로나

1994 / 95

아약스　1 - 0　밀란

1995 / 96

아약스　1 - 1 ²⁻⁴ᵖ　유벤투스

1996 / 97

도르트문트　3 - 1　유벤투스

1997 / 98

유벤투스　0 - 1　레알 마드리드

1998 / 99

맨체스터 Utd.　2 - 1　바이에른 뮌헨

1999 / 00

레알 마드리드　3 - 0　발렌시아

2000 / 01

바이에른 뮌헨　1 - 1 ⁵⁻⁴ᵖ　발렌시아

2001 / 02

레버쿠젠　1 - 2　레알 마드리드

2002 / 03

유벤투스　0 - 0 ²⁻³ᵖ　밀란

2003 / 04

모나코　0 - 3　포르투

2004 / 05

밀란　3 - 3 ²⁻³ᵖ　리버풀

2005 / 06

바르셀로나　2 - 1　아스날

· 한눈에 보는 결승전 ·

2006 / 07

밀란 2-1 리버풀

2007 / 08

맨체스터 Utd. 1-1 (6-5p) 첼시

2008 / 09

바르셀로나 2-0 맨체스터 Utd.

2009 / 10

바이에른 뮌헨 0-2 인테르

2010 / 11

바르셀로나 3-1 맨체스터 Utd.

2011 / 12

바이에른 뮌헨 1-1 (3-4p) 첼시

2012 / 13

도르트문트 1-2 바이에른 뮌헨

2013 / 14

레알 마드리드 4-1 아틀레티코

2014 / 15

유벤투스 1-3 바르셀로나

2015 / 16

레알 마드리드 1-1 (5-3p) 아틀레티코

2016 / 17

유벤투스 1-4 레알 마드리드

2017 / 18

레알 마드리드 3-1 리버풀

2018 / 19

토트넘 0-2 리버풀

2019 / 20

PSG 0-1 바이에른 뮌헨

챔피언스리그
레전드

초판 1쇄 펴낸 날 | 2021년 5월 28일
초판 2쇄 펴낸 날 | 2023년 7월 6일

지은이 | 홍재민
펴낸이 | 홍정우
펴낸곳 | 브레인스토어

책임편집 | 김다니엘
편집진행 | 홍주미, 박혜림
디자인 | 황지영, 이예슬
마케팅 | 방경희

주소 | (04035) 서울특별시 마포구 양화로 7안길 31(서교동, 1층)
전화 | (02)3275-2915~7
팩스 | (02)3275-2918
이메일 | brainstore@chol.com
블로그 | https://blog.naver.com/brain_store
페이스북 | http://www.facebook.com/brainstorebooks
인스타그램 | https://instagram.com/brainstore_publishing

등록 | 2007년 11월 30일(제313-2007-000238호)

ⓒ 브레인스토어, 홍재민, 2021
ISBN 979-11-88073-73-3 (03690)